中國學術思想 研究輯刊

二十編

林慶彰 主編

第 3 冊

宋代史事易學之義理風華（下）

劉秀蘭 著

花木蘭文化出版社

國家圖書館出版品預行編目資料

宋代史事易學之義理風華（下）／劉秀蘭 著 — 初版 — 新
北市：花木蘭文化出版社，2015〔民104〕
目 8+278 面；19×26 公分
（中國學術思想研究輯刊 二十編；第 3 冊）
ISBN 978-986-322-992-6（精裝）
1. 易經 2. 易學 3. 研究考訂 4. 宋代
030.8   103026831

ISBN-978-986-322-992-6

9 789863 229926

中國學術思想研究輯刊
二十編 第三冊   ISBN：978-986-322-992-6

宋代史事易學之義理風華（下）

作　　者　劉秀蘭
主　　編　林慶彰
總 編 輯　杜潔祥
副總編輯　楊嘉樂
編　　輯　許郁翎
出　　版　花木蘭文化出版社
社　　長　高小娟
聯絡地址　235 新北市中和區中安街七二號十三樓
　　　　　電話：02-2923-1455／傳真：02-2923-1452
網　　址　http://www.huamulan.tw 信箱 hml810518@gmail.com
印　　刷　普羅文化出版廣告事業
封面設計　劉開工作室
初　　版　2015 年 3 月
定　　價　二十編 21 冊（精裝）台幣 38,000 元

宋代史事易學之義理風華（下）

劉秀蘭　著

目次

第五章 「陽剛陰柔」的互補與調和——風俗政策的形成與運用

　　本章探討風俗政策的形成與運用，分成正向及反向來論述。其實從政策的制定面本說，立意都是良善的，除卻少數統治者的享樂之外；然而從百姓的適應面來說，則有好壞之異，畢竟政策的推行，影響的因素層面很多。不過總括來說，正向的發展大多能達成愛民、養民、安民、保民、利民及化民的目的，並以之爲考量與決策的依據；而反向則多半導致擾民及殘民的後果。《尙書》說：「民惟邦本，本固邦寧。」意思是說人民是國家的根本，根本如果不堅固，國家難免紛擾不安；而有良好的政策、制度、風俗，百姓獲得妥善的照顧及保養，國家自然強盛、民族自然興盛。孟子著名的〈保民而王〉篇就是闡述這層道理，因此爲國者，有必要深思其意，引以爲鑒。

　　其實風俗的形成與政策的運用，是相互影響的。民情風俗是制定政策的依據；然反過來說，政策又有導正民風之效，可藉由這個過程達化民、新民的目的，或另創新局，這就是政策推行的效益。

　　而其原則在於：人民「苦」，執政就要尙寬，以簡易爲主，才能讓百姓獲得喘息，並感受到統治者的溫暖；人民「散」，執政就要嚴，才能凝聚民心，讓人民相信執政者的魄力；人民「疑」，執政就要確定，讓百姓重拾信心；人民「亂」，執政就要重法，才能修理滋事份子，重建道德秩序與社會規範，恢復社會安寧；人民「窮」，執政就要重視生產，幫人民創造財富；並開源節流，導正陋習，改善最基本的生活；人民「富」，執政就要重視禮義教化，提高百姓的素質與水平。總之，皆因病發藥，處方各不相同。因此，凡是大有爲之君，

莫不要在政策上下費苦心，或是召開國政會議，軍機處，與大臣商議，反覆再三，斟酌詳細，才能上路，否則影響的層面恐怕難以估計。因為有可能真正需要的人根本得不到幫助，而不需要的又有疊牀架屋，浪費公帑之嫌，造成世風貪得無厭。至於其形上依據，亦是源於陰陽、剛柔的變化，過陰則陽補之，過陽則陰洩之；過剛則柔和之，過柔則剛化之，務達陰陽調和之理想境地。

以下分向「正向」與「反向」來論述：

第一節　正向

一、愛民之道

（一）「用晦而明」的寬嚴並行

為政之道在恩威並施、寬嚴並行、剛柔並濟，因此制度制定的原則應取法中道，無過與不及，胡瑗在〈節・卦辭〉「亨，苦節不可貞。」就說：

> 夫節之道不可過，過則人不樂從。以其一身一家，節過則猶无大害；若于治天下人民之眾，而節之太甚，則必不樂從。是故聖人預為之備，曲為之防，酌中立法，使其車輿器用、宮室旌旗、衣服制度，皆有其節，一合于中正。苟苦之，則天下未易治也。且如賦稅之設，非欲聚斂其財貨，厚取于民以自足已，蓋有郊廟之祀，賓客之供，兵儲之備，此為國者不可廢也。是以不得已而取之，取之必有中道，故中者，天下之通制。取之過甚，則在下者財匱而不能給；取之薄，則在上者用度不足。是以量時之豐約，酌民之厚薄，使天下之人樂從而易于輸納，可謂得節之道也。故夏后氏五十而貢，殷人七十而助，周人百畝而徹，皆什一法而得天下之中。〔註1〕

節之太過，對一身一家雖無大害，然治國則不宜如此，因違反人情，必招民怨。因此國家賦稅之設，應以中為天下之通制，既不厚上，也不薄下，上下各得其宜。即為政者須考量國之需求用度，參酌時之豐約，民之厚薄，使天下人樂於從之，自然易于輸納。而節的作用來源是取法天地之道，李杞在〈節・象曰〉就提到大自然亦以節來調合寒暑，使不過度而流於極端，他說：「寒之過則節之以溫，暑之過則節之以涼，四時運行而不忒，此天地之所為節者也。」

〔註1〕〈節・卦辭〉，胡瑗：《周易口義》，頁 8-428。

〔註2〕所以人事亦當法之。

而〈謙·六五〉「不富以其鄰，利用侵伐，无不利。」〈象〉曰：「利用侵伐，征不服也。」則是談論軍事、用兵之道。王宗傳認爲六五爻可用侵伐以征討他人，與九三「勞謙君子」不同。因爲六五處人君之位，而人君之道不可專事謙柔、謙退，爲防流於懦弱，應該「威德並著」，所以爻辭才會斷之以「利用侵伐」，並且還說「无不利」，可見聖人也贊同六五在必要時得以武力「征不服」之舉。王宗傳還引程頤之言說：「程曰：『文德所不能服，而不用威武，何以平治天下。』又曰：『威德並著，然後盡君道之宜，而无所不利也。蓋五之謙柔，當防於過。』」〔註3〕至於德威並施的例子，王宗傳認爲漢文帝可以當之，他說：

> 人君之道，則不可以專於謙柔。漢之文帝，其初蓋謙遜仁柔之主也，賈生流涕之策，置而不用，自以和親之一策所以待單于也。……然其後世不堪其侮，勵兵講武，一戎服而匈奴遁，故後漢崔子眞作爲政論有曰：文帝以嚴致平，非以寬致平，則其於不服也而征之，此君道之宜也。（同上）

王氏舉漢文帝爲例，認爲文帝對匈奴的政策，恩威並用。起初採用仁柔政策，以和親爲主，並增加賄賂的金額；然匈奴並沒有因此而稍加安分，仍不時侵犯邊境，殺我官吏居民，簡直不堪其擾。文帝於是警覺與匈奴和親根本「無益」，不甘願再受屈辱，於是一改初衷，發憤圖強，秣馬厲兵，改以武力征討，才讓匈奴遁走而暫時不敢再犯邊疆。〔註4〕這證明了一味妥協順從也未

〔註2〕〈節·象曰〉，李杞：《用易詳解》，頁 19-514。
〔註3〕〈謙·六五〉，王宗傳：《童溪易傳》，庫本，頁 17-89；通本，頁 988。
〔註4〕漢自高祖以來，對匈奴的政策，向來以和親爲主，用賄賂財物的方式換取邊境的短暫和平。至孝惠、呂后、文帝等皆然，然匈奴並沒有因此而信守承諾，仍屢次背約，騷擾邊境，態度益形驕縱。文帝十四年，又入邊爲寇，殺北地都尉，文帝忍無可忍，打算御駕親征，因太后力止才罷。於是以張相如爲大將軍，出擊匈奴，匈奴遁走，邊境才維持了幾年的安寧，見《史記卷十·孝文本紀第十》：「十四年冬，匈奴謀入邊爲寇，攻朝那塞，殺北地都尉卬。上乃遣三將軍軍隴西、北地、上郡。中尉周舍爲衛將軍，郎中令張武爲車騎將軍，軍渭北，車千乘，騎卒十萬。帝親自勞軍勒兵，申教令，賜軍吏卒。帝欲自將擊匈奴，群臣諫，皆不聽。皇太后固要帝，帝乃止。於是以東陽侯張相如爲大將軍，成侯赤爲內史，欒布爲將軍，擊匈奴，匈奴遁走。」頁428。《漢書卷九十四下·匈奴傳第六十四下》則詳述文帝改重軍事的細節：「昔和親之論，發於劉敬。……孝惠、高后時遵而不違，匈奴寇盜不爲衰止，而單于反以加驕倨。逮至孝文，與通關市，妻以漢女，增厚其賂，歲以千金，而

必就能解決了事，當文德無法收服時，當濟之以威武，以軍事力量保障人民的安全。

至於〈明夷·象曰〉「明入地中，明夷。君子以莅眾用晦而明。」王宗傳也闡述「莅眾」之道說：

> 莅眾之道，在於有寬厚含容之德，而不任察以爲明也。夫苟无寬厚含容之德，而徒任察以爲明，則以人不能欺之爲得計也，而不知人情由此詭脆而不安，疑懼以生變，而群起以軋我矣，此又非計之得也。由是觀之，則莫明於用晦，而莫不明於任察也。昔有問安邊之策於班超者，超告之曰：「凡居邊者，類非忠臣孝子，察見淵魚不祥。問策者笑曰：「此但平平爾。」忽其言不用，而邊果以叛聞，豈非莫明於用晦，莫不明於任察乎？……用晦而明也，凡居人上者不可不知此。（「含容之德」，通志堂經解本作「含洪之德」）〔註5〕

「莅眾」就是統治群眾之道。王宗傳認爲莅眾之道需有「寬厚含容」之德，不能徒以「任察」爲明，否則會導致人情詭脆不安，甚至疑懼生變而叛亂，實非統禦之術，所以居上者要懂得「用晦而明」之道。什麼叫「用晦而明」？晦是昏暗，用晦而明即表面看似混同灰暗，其實內心是清明的。王氏還舉班超與任尚的對話爲例，說明水太清而魚現未必是好事；然而任尚卻似乎無法領略這個道理，才會讓班超的憂慮及提醒變成了事實。班超任職西域三十一年，準備返回洛陽，戊己校尉任尚繼任爲都尉。臨行時，任尚向班超請教邊政事宜，班超回答他要「蕩佚簡易」，勿過於明察。因爲任尚性情「嚴急」，所以班超以察政不得人心，而見淵中之魚是不祥的予以告誡。期望任尚對邊境人民不要過於嚴苛。因爲塞外之吏士，多半因罪而被流放，本非「孝子順孫」；況且蠻夷之民，「懷鳥獸之心」，難以教養，卻容易敗壞，因此爲政不宜苛察，宜寬小過，而總大綱即可。只是對於班超之言，任尚不以爲然，還認爲平平無新奇之處，因此不以爲意。而一意孤行的結果，西域果然反亂，應驗班超當時之言。這表示特殊地區要有特殊地區的處理

匈奴數背約束，邊境屢被其害。是以文帝中年，赫然發憤，遂躬戎服，親御鞌馬，從六郡良家材力之士，馳射上林，講習戰陳，聚天下精兵，軍於廣武，顧問馮唐，與論將帥，喟然歎息，思古名臣，此則和親無益，已然之明效也。」頁3830。

〔註5〕〈明夷·象曰〉，王宗傳：《童溪易傳》，庫本，頁17-184；通本，頁1065。

模式，應衡量實情，增減取捨。〔註6〕

　　楚漢相爭，劉邦先入關中，由於瞭解人民苦於秦法，於是約法三章，而以簡易苟的作風，也贏得百姓的愛戴。因此楊萬里在〈渙‧九五〉「渙汗其大號」中以商民及秦民爲例，說明天下在大難之時，唯有大號令、大創建才能圖救其蔽，猶如一身之有疾，非大汗則不足以除其疾，楊氏說：

> 蓋天下有大險難，如一身有大疾病也，除大疾病者，非一汗則疾不解；排大險難者，非大號則難不散。何謂「大號」？發號施令必大焉，先小者碎者，雖多无補也。商民所大病者，其政貪，散財發粟之令一出，而四海服；秦民所大病者，其政酷，約法三章之令一下，而萬民悅。大者舉矣，何必多乎哉！〔註7〕（殿本作「非大汗則疾不解」「非大號則難不解」「發一號令必大焉」）

楊氏認爲武王伐紂之後的「散財發粟」，與高祖入關中後「約法三章」，緩解商朝的「貪政」與秦朝的「酷政」，讓百姓得以休養生息。不過政策的推行，貴在固守不遷，持之有續，唯有「執之以金石之堅」、「行之以四時之信」，才能確實發揮良效，畢竟政策本即非一二天即能見效，執政者要更有耐心。〔註8〕

〔註6〕 班超認爲塞外之吏民，大都因爲有罪才被發配邊疆屯兵的，本就不是什麼善男信女，所以爲政之道，在於寬容小的過失，把握大的原則即可，否則水清魚見，恐怕不祥。然任尚沒有聽從班超之言。幾年後，預言成眞，西域叛亂，任尚因罪被徵回，即如超當年所告戒的，見《後漢書卷四十七：班梁列傳第三十七》：「超在西域三十一歲。十四年八月至洛陽，拜爲射聲校尉。……初，超被徵，以戊己校尉任尚爲都護。與超交代。尚謂超曰：『君侯在外國三十餘年，而小人猥承君後，任重慮淺，宜有以誨之。』超曰：「年老失智，任君數當大位，豈班超所能及哉！必不得已，願進愚言。塞外吏士，本非孝子順孫，皆以罪過徙補邊屯。而蠻夷懷鳥獸之心，難養易敗。今君性嚴急，水清無大魚，察政不得下和。宜蕩佚簡易，寬小過，總大綱而已。」超去後，尚私謂所親曰：『我以班君當有奇策，今所言平平耳。』尚至數年，而西域反亂，以罪被徵，如超所戒。」頁1586。

〔註7〕 〈渙‧九五〉，楊萬里：《誠齋易傳》，庫本，頁14-696；叢本，頁222；殿本，頁641。

〔註8〕 劉邦入關中後，知道百姓苦於秦苟法，於是與當地父老約法三章：殺人者死罪，傷人及搶劫者依法治罪。其餘，統統廢除秦法，所有官吏及百姓都照常安居樂業。由於爲民除害，所以秦老們皆感激劉邦之德政，見《史記卷八‧高祖本紀第八》：「漢元年十月，沛公兵遂先諸侯至霸上。……召諸縣父老豪傑曰：『父老苦秦苛法久矣，誹謗者族，偶語者棄市。吾與諸侯約，先入關者王之，吾當王關中。與父老約，法三章耳：殺人者死，傷人及盜抵罪。餘悉除去秦法。諸吏人皆案堵如故。凡吾所以來，爲父老除害，非有所侵暴，無

劉邦約法三章，除秦苛法之事，楊萬里也以〈鼎‧初六〉「鼎顛趾，利出否。」來比喻，認爲除舊佈新，爲利民之善舉，他說：

> 去惡不盡，良庖无潔清之鼎；去敝不盡，聖人无新美之治，是故不有傾寫，不可以盡去一鼎之惡；不有滌蕩，不可以盡去一世之敝。〈鼎〉之初六，天下草昧陰閉之初，猶宿昔滓濁之鼎也，將欲去其故，以取其新，可不傾寫滌蕩，使無一毫之不盡乎？……高祖之入關，必除秦之苛，布漢之寬也。〔註9〕

由於作風簡易，變秦之苛，盡去前朝不善，遂得以煥然一新，開展新氣象。如同鼎中殘渣如果不清除潔淨，殘留宿昔穢濁，必然影響新烹食物之美味，所以「鼎顛趾」即具此種功用，可以「利出否」。也正因爲「除秦之苛，布漢之寬。」因此高祖能得到百姓之支持，取得正統。

而〈革〉卦〈象曰〉說：「天地革而四時成，湯武革命，順乎天而應乎人，革之時義大矣哉。」林栗認爲湯武革命是法天地之革，可以糾正前朝缺失，如湯以寬代虐，武王反商政皆是，目的即是要有所調和：

> 天地之革，寒暑也，寒暑相革而四時成，君子之所以治歷明時者也。孔子曰：「政寬則民慢，慢則糾之以猛。猛則民殘，殘則施之以寬。寬以濟猛，猛以濟寬，政是以和。」法天地之革也。湯之代虐以寬，武王之反商政，所以順乎天而應乎人者，亦猶是爾。革之時義顧不大哉！〔註10〕

治歷明時，因時置宜，是施政損益的原則。文中「政寬則民慢」此段是孔子對子產論政的感觸。子產臨終之時，告誡子大叔，除非是有德者，否則難以「寬」服人，不能以寬服人，就以「猛」治之，才能收效。不過對於子產的告誡，子大叔不忍爲之，所以執政尚寬。沒想到國內盜賊興起，聚於萑苻之澤。面對這難以收拾的局面，大叔悔過，並出兵勘亂，盡殺盜賊而止。對此，孔子有感而發，說出執政當「寬以濟猛，猛以濟寬」的原則〔註11〕。

恐！且吾所以還軍霸上，待諸侯至而定約束耳。』乃使人與秦吏行縣鄉邑，告諭之。秦人大喜，爭持牛羊酒食獻饗軍士。沛公又讓不受，曰：『倉粟多，非乏，不欲費人。』人又益喜，唯恐沛公不爲秦王。」頁362。

〔註9〕 〈鼎‧初六〉，楊萬里：《誠齋易傳》，庫本，頁14-664；殿本，頁528。

〔註10〕 〈革‧象曰〉，林栗：《周易經傳集解》，頁12-333。

〔註11〕 見楊伯峻編著：《春秋左傳注》昭公二十年：「鄭子產有疾，謂子大叔曰：「我死，子必爲政。唯有德者能以寬服民，其次莫如猛。夫火烈，民望而畏之，故鮮死焉；水懦弱，民狎而翫之，則多死焉，故寬難。」疾數月而卒。大叔爲政，不忍猛而

另外，在〈師・象曰〉「剛中而應，行險而順，以此毒天下，而民從之。吉又何咎矣。」司馬光也提出他的政治主張：

> 治眾而不以剛，則慢而不振；用剛而不獲中，則暴而無親。上無應
> 于君，下無應于民，則身危而功不成；所施不在于順，則眾怒而民
> 不從。四者非所以吉而无咎也。〔註12〕

司馬光認為為政行師之道要剛、中、應、順四者齊備，若違反四要，就難以吉而无咎。

最後是〈渙・初六〉「用拯馬壯，吉。象曰：初六之吉，順也。」胡瑗也提到拯渙之道：

> 〈象〉曰：「初六之吉，順也」者，言當此渙散之時，固不可以剛暴
> 拯濟之，苟尚剛暴，則民愈怨而心愈離。今初九既以陰柔居于卦下，
> 　而復在事初，能執柔順之道以拯濟之，故得其吉也。〔註13〕

胡瑗認為渙散之時不宜再用剛暴處之，否則民心愈離，應執柔道以拯渙，而初六就符合柔順且居初始易治的條件，所以得吉。

（二）「中行」的情理兼備

為政之道要情理兼備，〈益・六四〉說：「中行，告公從，利用為依遷國。象曰：告公從，以益志也。」李杞就以遷國為例，說明「告公從」及「益志」的重要：

> 四本陽也，下降而為初，故有遷國之象。……夫遷國，大事也，必
> 有所依而後能立。四之所依者，初也，是以能自上而遷于下也。《春
> 秋傳》曰：「我周之東遷也，晉、鄭焉依」。夫自上而遷于下，則其
> 所依者民也。苟不能益民，則何以定遷？盤庚之遷，其民蓋有不欲
> 者矣，而三篇之書丁寧反覆，必欲得其心而後已，豈非欲有所依于
> 人，則不可不益其志也哉！〔註14〕

李杞認為遷國這種大事，要能有益於民，行中道，並且公告天下，得到公侯及眾人的信任支持，才能成功，所以爻辭才會強調「中」「公」「志」。如周平

寬。鄭國多盜，取人於萑苻之澤。大叔悔之，曰：「吾早從夫子，不及此。」興
徒兵以攻萑苻之盜，盡殺之，盜少止。仲尼曰：『善哉！政寬則民慢，慢則糾之
以猛。猛則民殘，殘則施之以寬。寬以濟猛，猛以濟寬，政以是和。』」頁1421。
〔註12〕〈師・象曰〉，司馬光：《溫公易說》，庫本，頁8-580。
〔註13〕〈渙・初六〉，胡瑗：《周易口義》，頁8-426。
〔註14〕〈益・六四〉，李杞：《用易詳解》，頁19-468。

王之東遷，也是依靠晉、鄭兩國，很難獨自完成。而如果在下者普遍反對，則在上者須有耐心，表現誠意，反覆叮嚀，得到人民意志的追隨才可，如〈象傳〉所言「以益志也」。李杞也以盤庚遷都，重述再三，以證明執政者之用心與體恤，務必讓人心歸順，再進行遷國大計。即除了合理外，也要符合民情，讓人民可以瞭解接納，而非強迫人民就範。

至於刑法，尤其是死刑，判案者尤應審慎爲之，不使有冤獄或草菅人命的離譜情況出現，所以在〈中孚・象曰〉「澤上有風，中孚。君子以議獄緩死。」王宗傳就解釋孚誠之意：

> 夫物之感動乎中者，无若刑獄之最可惻者也。蓋死者不可復生，而刑者一成而不可變，故君子於此加惻焉，而盡吾中心之誠以處之。皋陶之稱舜也，而曰：「罪疑惟輕」；又曰：「與其殺不辜，寧失不經」。故漢法於疑獄則有讞，而《周官》亦有八議之辟。蓋不如是，以其一成而不可變之刑，而加諸不可復生之死，非君子所謂盡心者。故議獄者所以緩其死，謂其有未必死者存也。〔註15〕

王氏認爲面對刑案的處理態度，最能看出此人的忠誠之德。因爲如果連面對死生大事，都企圖潦草結案，表示此人缺乏悲憫，其餘的也就不必期望太多。因此，面對刑獄，應盡最大之誠意來審理，務使真相水落石出，勿枉勿縱，以昭誠信。否則，導致無辜者喪命，而含冤莫辯；爲惡者卻逍遙法外，不僅讓死者怨，生者痛，而法理不明，更是人間悲劇。至於議獄緩死，王氏也舉漢朝的疑獄，及《周官》中的八議制度，說明一旦發現有爭議，古人往往「緩其死」以待其定，決不倉促行之，表現對人權的最大保障，而這即是情理法兼具的斷案精神。

（三）「使遄有喜」的緩急相須

執政之道，或緩或急，依情況而定，在〈明夷・九三〉「明夷于南狩，得其大首，不可疾貞。」〈象〉曰：「南狩之志，乃大得也。」楊簡就說：

> 「得其大首」，湯武之得桀紂也。舊染汙俗，不可疾貞，故周之治商頑民，知其深染，不可速化，寬以教之，歷三紀而始變。象曰「南狩之志，乃大得」者，不在乎位也，在乎道也，道可以大行於天下矣。〔註16〕

〔註15〕〈中孚・象曰〉，王宗傳：《童溪易傳》，庫本，頁 17-305；通本，頁 1163。
〔註16〕〈明夷・九三〉，楊簡：《楊氏易傳》，四明叢書本，頁 307。

楊簡提到周朝治商民,歷三紀而始變,能寬以教之,並不要求速化而馬上見效,這就是爻辭「不可疾貞」之意。

其次,在〈損‧六四〉「損其疾,使遄有喜,无咎。」〈象〉曰:「損其疾,亦可喜也。」胡瑗說損疾要快:

> 六四一爻當大臣之位,切近于至尊,故當盡忠于國,不可復往損于民,但民有疾則去之,有患則損之。……「使遄有喜」者,六四既為大臣,其責甚重。若有一小人在位,為國家之害,良民之蠹,則當損去之,而務在于速,不可使之滋蔓,如此則有喜悅之事而獲无咎矣![註17]

胡瑗認為〈損〉卦對人民來說,當然是不利的,但如果是損民之疾,則情況又不同,因為民有疾,則當去之,有患則當損之,並且愈快愈好。而六四為國之大臣,居近君之位,責任就落在他身上,所以爻辭才會說「損疾遄喜」。而國之疾為何?胡瑗認為就是小人,六四應防小人在位,若有小人在位,則宜速去之,免其蠹害人民,能如此,才能喜悅而無咎。

至於〈渙‧初六〉「用拯馬壯,吉。」〈象〉曰:「初六之吉,順也。」胡瑗說:

> 夫渙散之時,人民既違散,上下既乖離,救之緩則情偽交作,姦邪並起,无所不至,事難濟矣。今此初六以陰柔之質居一卦之下,又在渙散之始,……固當用剛壯之馬,急于解民之難,使得萃而不散,吉之道也。[註18]

渙是渙散,在天下渙散之時,如能得健壯之馬來拯救,必能得吉。因為上下乖離,人民違散,應於初始之際濟之,即在渙散之始就趕緊補救,否則「救之緩則情偽交作,姦邪並起。」總之,應「急于解民之難」,尋求援助,使之萃而不散,民心便不致於背離。

另外,〈革〉卦卦辭說:「巳日乃孚,元亨利貞,悔亡。」〈象〉曰:「……巳日乃孚,革而信之,文明以說。」林粟闡述為何要「巳日乃孚」,巳日表示需要時間,孚是信,意謂取信於民需要時間;此外,即要巽入,也就是深入改變人民的觀念及想法:

> 〈革〉之六二、上六為〈巽〉,九三、九五為〈乾〉。六二革而應於九

[註17] 〈損‧六四〉,胡瑗:《周易口義》,頁 8-353。
[註18] 〈渙‧初六〉,胡瑗:《周易口義》,頁 8-426。

五，上六革而應於九三，「巳日乃孚」，其斯之謂矣。六二之辭曰「巳
日乃革之」是其證也。所以然者，〈巽〉之言入也，巽而入之之謂也。
君子之爲政，將欲有所革命創制，移風易俗，其必巽而入之，民乃孚
矣。成湯之克寬克仁，所以彰信於兆民也。文王之徽柔懿恭，所以作
孚於萬邦也，其巽而入之之謂乎？……不從而強革之，亂之所生也。
盤庚之遷都，所以矢言籲眾如此之煩者，必欲其信而後革之也。商君
之變秦法也，猶將徒木以示信，而況革之。君子不待人信而遽革之哉？
故君子曰：革，巳日乃孚。革而信之，言久而後信也。〔註19〕

〈革〉卦的六二及上六互體爲〈巽〉，因此林栗認爲〈革〉有〈巽〉之意。革
是改革、革命，巽是深入。革爲巽之意是說改革要深入才算成功，否則只是
表面工夫，而深入人心是改革的關鍵。改革創制要順利，必須先取得人民的
信任，能獲得眾人的支持，才能見出成效，所以盤庚遷都，才會反覆重申，
陳述利弊，有一段時間讓人民相信遷都的必要及益處，才進行遷都事宜。商
鞅變法也是如此，徒木是爲了示信〔註20〕，民信之才能成之，即準備期不可
少，亦不可廢。又成湯及文王的執政之所以有成效，也是因爲有孚有信於兆
民萬邦，這即是巽入的證實。

因爲政令的推行，剛開始總有不適應，或未臻理想之處，因此爲政者切
莫因求好心切，要求立竿見影，以致急於收效而致反效果，應有緩衝之時日，
輔導人民逐漸適應，李杞就認爲〈巽・九五〉所說的「先庚三日，後庚三日」
就是在時間上的通融彈性之處，他說：

巽以行權，九五，行權之主也，……然九五之權，亦豈驟用之哉！
故必先庚三日，後庚三日，庚有變更之義，先三日而慮之，後三日
而申之。先後審慮以申其命，而動無不吉矣！盤庚遷都，一時之權
也。而三篇之書，丁寧反覆，所以告之者无所不用其至，古之聖人
審于用權而不敢輕發者蓋如此，豈若後世商鞅之徒，強民改作，而
自以爲權者哉！〔註21〕

〔註19〕〈革・卦辭〉，林栗：《周易經傳集解》，頁 12-332。
〔註20〕商鞅變法，爲使政令可以下達而有效執行，於是以徒木贈金的方式來建立威信，
見《史記卷六十八・商君列傳第八》：「令既具，未布，恐民之不信，巳乃立三丈
之木於國都市南門，募民有能徒置北門者予十金。民怪之，莫敢徒。復曰：『能
徒者予五十金。』有一人徒之，輒予五十金，以明不欺。卒下令。」頁 2231。
〔註21〕〈巽・九五〉，李杞：《用易詳解》，頁 19-508。

李杞以盤庚遷都來說明古之聖王不輕用權而審慎的態度，不似商鞅之急進而強民改作。

對於「〈雜卦〉曰：解，緩也。」林栗也提到緩在治民的意義：

〈解〉之爲卦，以雷雨解，緩而成，其在諸爻，以君子緩民爲義。

漢龔遂有言：「治亂民猶治亂絲，不可急也。唯緩之而後可治。」何則？上失其道，民散已久，難解之後，豈能以一朝而革之哉？張其綱紀，敷其教化，優柔寬緩，日漸月漬，使之遷善遠罪而不自知，是君子緩民之道也。……言君子之所以治小人，可緩而不可急也。

〔註22〕

〈雜卦〉認爲〈解〉卦有寬緩之意。而如果應用在政治上，說明有些事情急不得，事緩則圓，並非一味講究速度就好，畢竟有些事是欲速則不達，如果爲了求快，因而壞事，還不如緩而行之。林栗就舉漢朝龔遂之治民爲例，說明治亂民不可操之過急〔註23〕。因爲「上失其道，民散久矣。」（《論語·子張篇》），所以很難一時片刻見到成效，需要一段時日，在日漸月漬，潛移默化中逐漸移風易俗，以張其綱紀，敷其教化，優柔寬緩，使民遷善而遠罪，即在最自然的情況下，導民從善。

〔註22〕 〈雜卦〉，林栗：《周易經傳集解》，頁 12-271。

〔註23〕 漢宣帝時，渤海郡附近鬧饑荒，盜賊四起。宣帝相當憂慮，想選官吏去治理，丞相御史以爲龔遂可以勝任，帝遂派他爲渤海郡太守，並請教治理之道，即「何以息其盜賊？」龔遂以治亂民猶「治亂繩」而不可急來說明。認爲應當緩之而便宜行事，於是請求宣帝準許以特殊情況處理。後果得治，盜賊皆平，人民安土樂業。可見執政之道，不能只重視快速，凡事皆應視情況而定，唯有見機行事，才更能對症下藥，見《漢書卷八十九·循吏傳第五十九·龔遂》：「宣帝即位，久之，渤海左右郡歲飢，盜賊並起，二千石不能禽制。上選能治者，丞相御史舉遂可用，上以爲渤海太守。時遂年七十餘，召見，形貌短小，宣帝望見，不副所聞，心內輕焉，謂遂曰：『渤海廢亂，朕甚憂之。君欲何以息其盜賊，以稱朕意？』遂對曰：『海瀕遐遠，不霑聖化，其民困於飢寒而吏不恤，故使陛下赤子盜弄陛下之兵於橫池中耳。今欲使臣勝之邪，將安之也？』上聞遂對，甚說，答曰：『選用賢良，固欲安之也。』遂曰：『臣聞治亂民猶治亂繩，不可急也；唯緩之，然後可治。臣願丞相御史且無拘臣以文法，得一切便宜從事。』上許焉，加賜黃金，贈遣乘傳。至渤海界，郡聞新太守至，發兵以迎，遂皆遣還，移書敕屬縣悉罷逐捕盜賊吏。諸持鉏鉤田器者皆爲良民，吏無得問，持兵者乃爲盜賊。遂單車獨行至府，郡中翕然，盜賊亦皆罷。渤海又多劫略相隨，聞遂教命，即時解散，棄其兵弩而持鉤鉏。盜賊於是悉平，民安土樂業。」頁 3639。

二、養民之本——「厚下安宅」爲反本務實

　　古代社會以農立國，民以食爲天，農業是國之根本，所以鼓勵生產，增加穀物的收成向來都是歷代帝王的首要之務，才能讓人民衣食充足，財用豐實，百姓自然安居樂業，國家自然安定富庶，所以胡瑗在〈剝‧象曰〉「山附于地，剝，上以厚下安宅。」說：

> 山本至高，地本至下，今山反附著于地，是剝落之象也。猶君子之道
> 消，而天下生靈失所，不得其安，故凡居上者，當此之時，必先厚于
> 其下。所謂厚下者，蓋以仁義之道務農重本，輕徭薄賦，天下之人衣
> 食充足，財用豐實；而又安其所居，使各得其所，如此是可謂治剝之
> 道也。何哉？蓋國以民爲本，本既不立，則國何由而治哉！〔註24〕

剝是消剝、剝落之意，意即政治動盪，生靈塗炭，百姓流離失所，如同山剝下至地，這是國危的象徵。當此之時，居上者應「輕徭薄賦」、「務農重本」，才能厚民之基礎，以重新鞏固根本。

　　李光在〈剝〉卦〈象曰〉也強調重本業，才能養生送死無憾，預防失業之患：

> 山當峻極于天，今反附地，有〈剝〉之象。……人君觀此象，雖未
> 能有所進退，且當培其根本，使基業堅固。……上能厚下安宅，則
> 敦本務農，不失其時，雖當亂世，而百姓免離散失業之患。古之聖
> 王每于此加意焉，〈七月〉之詩是也。百姓不失本業，各安其田里，
> 養生送死而无憾，雖驅之使爲亂，不可也。秦之苛暴，一夫作難而
> 社稷傾隕矣！〈剝〉之六爻皆有剝下之象，聖人垂戒後世之意，豈
> 不深遠哉！〔註25〕

李光提到《詩經‧豳風‧七月》所描述的就是敦本務農的情況。能敦本務農，基業堅固，即便遇到亂世，也能免於離散之苦，並保障最起碼的養生送死〔註26〕。能夠生死無憾，就能厚下安宅，既是聖王治國的首要之務，

〔註24〕〈剝‧象曰〉，胡瑗：《周易口義》，頁 8-286。

〔註25〕〈剝‧象曰〉，李光：《讀易詳說》，頁 10-336。

〔註26〕「養生喪死無憾」是孟子對梁惠王的勸說。梁惠王自認爲對國事盡心盡力，「河內凶，則移其民于河東，移其粟于河內。」不過如此大費周章，百姓的數量卻沒有因此而增加，對於這種情況深感疑惑，於是向孟子請益。孟子回答梁惠王，認爲解決民生問題，在於敦本務農，不失其時，例如不剝奪農時，不竭澤而漁，不砍伐無節，自能源源不絕，永保生機。因爲事先防範，更勝於事後補救，所以災難時，將百姓移來移去的，並非真正的解決之道。（見《孟子‧梁惠王上》，十三經注疏本），頁 11。

也是保民而王之法。而觀秦之滅亡，就是因為苛暴失本所致，不知「厚下」，卻在「剝下」，才會社稷傾隕，因此〈剝〉卦「垂戒」之意，理當深思。

而在〈剝・初六〉「剝牀以足，蔑貞凶。」〈象〉曰：「剝牀以足，以滅下也。」胡瑗認為足是民之象，「剝牀以足」即是剝民之象，而牀又是安身之處，牀塌了，民即不得安，民不得安，國焉得寧：

> 足居牀之下，初六最處一卦之下，民之象也。……夫民者，君所賴為本也。在《書》曰「民惟邦本，本固邦寧。」今小人在上，肆其姦惡，奪民之財，困民之力，使之舍安而就危，去存而即亡，父母不能保而離散，兄弟妻子不相守而逃亡，怨氣交而上下不通，是其本已弱矣，其本既弱，則君子之正道微蔑而不行，是凶之極也。〔註27〕

〈剝〉卦五陰浸長，只有上九一陽爻，象徵昏暗之世，小人道長，君子道消。而初六爻是消剝的開始，表示國家根本已開始被侵蝕，這通常是小人在上，肆其姦惡，而剝削百姓，然最終必然是國之凶，所以都絜說：

> 此〈剝〉之〈頤〉也，而爻辭云爾者。夫〈頤〉之為言養也，而其〈象〉曰：「天地養萬物，聖人養賢以及萬民。」蓋下不厚則剝之所以起，剝不已則上之所以危。厚下之道無他焉，養之而已。有六府以養其外，則既庶且富而無相凌之志；有三事以養其內，則既富方穀而無相害之心，由是歸美報上而君臣並受其福，尚何剝之有哉！……剝牀以足，言民之不可不養也；蔑正則凶，言賢之不可不養也。〔註28〕

都絜認為厚下之道即是養之，畢竟民以食為天，能養民才能使民富庶，能富庶，自然能欣欣向榮。

至於〈賁・六五〉「賁于丘園，束帛戔戔，吝，終吉。」〈象〉曰：「六五之吉，有喜也。」胡瑗則將「賁于丘園」解釋成務農重本之意。因為賁雖是裝飾之意，然至六五，表示賁飾已至某種程度，不宜再務奢華，應返回樸實之地，重新重視根本，才能鞏固根基。而國之本即是農桑之事，胡瑗說：

> 丘園，謂敦實之地，若務農重本之類也。六五秉柔中之德，居至尊之位，而為〈賁〉之主。在初九則賁飾其趾，二又能待時而飾身，

〔註27〕〈剝・象曰〉，胡瑗：《周易口義》，頁 8-287。

〔註28〕〈剝・初六〉，都絜：《易變體義》，庫本（以下皆略），頁 11-682。

至此則是賁飾已至，即不可更務文華，而反賁飾于敦實之地，使天下知其本而務于農桑之事，故國用豐阜，民財充實，而貨帛眾多，炎炎然而至盛也。……吝謂吝嗇也，凡王者治天下，國用既阜，民財既實，則不可更務奢侈，必當吝嗇其財，節儉其用，然後終于富盛而獲吉也。〔註29〕

吝是吝嗇，即國家在財用充裕之後，宜重本務農，節儉其用，才能終保富盛，而獲吉祥，能珍惜資源，則「上不匱于用度，下不乏于財力，上下之情交相喜悅，所以不惟獲吉而又有喜慶之事也。」（同上）。

三、安民之心

安民即是安定民心，這在天下初定之時，特別重要，尤為開國皇帝的當務之急，此時除應休養生息外，更應寬容並蓄，以寬和、寬大政策為優先考量：

（一）「无所往」的休養生息

大難之後，如何收服民心，考驗繼任者的智慧，唯有採取安定民心的政策，並尚簡易寬和之風，才能讓百姓有機會得到平復安息，因此程頤在〈解‧卦辭〉「利西南，无所往，其來復，吉。有攸往，夙吉。」說：

西南，坤方。〈坤〉之體，廣大平易。當天下之難方解，人始離艱苦，不可復以煩苛嚴急治之，當濟以寬大簡易，乃其宜也。如是，則人心懷而安之，故利於西南也。湯除桀之虐，而以寬治；武王誅紂之暴，而反商政，皆從寬易也。……「无所往」，謂天下之難已解散，无所為也。〔註30〕

西南仍〈坤〉地，也就是平易之地。而「无所往」是說此時不宜有所往，也就是一動不如一靜，即表示在大難解除之後，暫不宜有所作為，才能讓人民得到充分的休養，以解民倒懸，離民水火。如湯除桀之「虐」，武王誅紂之「暴」，都是寬治的表現。元趙汸在《周易文詮》說：

解，難之散也。居險能動，才足出險，故為解。大難方解，百姓始離湯火之日，故必去煩滌苛務為寬大，以養方復之元氣，保未固之生機，如西南平易乃為利也。如此時亂流盡殄而无所往，固當與民

〔註29〕〈賁‧六五〉，胡瑗：《周易口義》，頁8-283。
〔註30〕〈解‧卦辭〉，程頤：《伊川易傳》，叢本，頁191。

休息，來復其所而安靜，使國家相安于无事而吉。〔註31〕

患難解散之際，百姓剛獲得喘息，因此宜掃除煩雜，務爲寬大之政，以與民休息，才能回復「元氣」，保養「生機」，國家才能相安無事。〈解〉卦的這種作爲，李中正強調有「安」的效果：

> 〈解〉者，寒難解散之時也。〈坤〉位西南，西南者，寬大之方，故利乎以寬大之道而除其虐政。「無攸往」，謂不可過乎此也。「其來復吉」者，復先王之舊政，而無事乎變更，則民心安而不擾。「有攸往，夙吉」者，斯民憔悴於虐政，急於除虐救亂，故有攸往而以夙爲吉也。武王克商，未及下車，乃反商政。政猶舊，而萬姓說服。(「無攸往」應爲「無所往」之誤) 〔註32〕

「無事乎變更」即是沿襲舊制，率由舊章，而少了變革、變動，爲的就是要解民憔悴，「除虐救亂」。而湯、武之外，宋《易》也稱讚漢光武帝的做法，否決臧宮、馬武攻伐匈奴的建議，除非不得已，否則不動用軍事，不胡亂發動戰爭。

至於〈蠱・初六〉「幹父之蠱，有子，考无咎，厲，終吉。」〈象〉曰：「幹父之蠱，意承考也。」王宗傳提及漢昭帝承武帝的治國之策，以休養生息爲要，因爲這是破敗之後最好的因應之道，才能讓孝昭幹父之蠱，成功挽救危局：

> 秦皇、漢武，窮兵黷武，一也。秦亡而漢存者，始皇无子，而武皇有以幹之故也。姑以武昭之事言之：孝昭以八歲即皇帝位，承武帝彫弊之後，此正〈蠱〉之初，而以六之柔弱之才居之也。其元年則遣使者行郡國，舉賢良問疾苦。其二年則遣使者賑貸貧民。其六年則采賢良文學之議，罷鹽鐵搉酤。元平之元年，又詔罷不急官，減外繇，減口賦錢，凡此皆因武帝既弊之事，而力幹之也。武皇得不與始皇同科者，賴有此子爾，故曰「考无咎」，曰「考」云者，謂得其所以有終之道也。向使武皇非有孝昭，則大漢之業其能復存而有終矣乎！〔註33〕

王氏認爲秦皇、漢武同爲製蠱之君，由於巡行及征伐過度，致民生彫弊；然秦亡而漢卻存，此天淵之別，在於有子與無子。武帝有孝昭之賢子以幹父蠱，

〔註31〕　〈解・卦辭〉，趙汸：《周易文詮》，庫本，頁 27-531。

〔註32〕　〈解・卦辭〉，李中正：《泰軒易傳》，叢本，頁 143。

〔註33〕　〈蠱・初六〉，王宗傳：《童溪易傳》，庫本，頁 17-103；通本，頁 998。

所以「大漢之業」得免於危亡；而二世胡亥，則昏庸異常，因此國勢積重難返，最後導致民變，斷送秦祚。昭帝之不同於二世，在於即位後，霍光輔政，推行各項措施，匡補時弊，如舉「賢良文學」，拔擢人才，巡行郡國，弔問民生疾苦；更發倉粟，賑濟災民，減免賦稅與徭役，試圖減輕百姓的負擔〔註34〕。總之，對於武帝施政的不當處，能力圖改革，所以可以平穩政局，安撫百姓。由於孝昭能斟酌損益，與時俱變，不完全承襲舊制，因此王宗傳稱他為「意承考」，即比起〈蠱〉卦六四爻「事事承考」的拘泥，更顯得通達而具遠見，他說：

> 夫以意而承考，與事事而承考不同也。事有可否，理有是非，故時有損益，不可以盡承之也，於其所不便者，量其可否，度其是非，從而行止之，而不失乎損益之宜，此其子道也。若事事承之以為孝，此則六四「裕父之蠱」，而非所謂幹蠱者也。（同上）

〈蠱〉卦初六與六四不同，初六雖陰柔但居陽位，所以可以「幹父之蠱」，阻止腐敗繼續惡化；而六四則陰柔又居陰位，能力不濟，所以反而「裕父之蠱」，不僅於事無補，更加深危機。

（二）「見惡人无咎」的寬容並蓄

寬容並蓄最能反映出開國君主的恢宏氣度，所以在〈泰・九二〉「包荒，用馮河，不遐遺。朋亡，得尚于中行。」〈象〉曰：「包荒，得尚于中行，以光大也。」方聞一就引郭忠孝的講法，提到武王克商後，分別向太公、召公及周公三人詢問治商之道，結果武王最後選擇去認同周公的做法，以包容百姓、安定生活為施政的方向目標。而這種做法符合〈泰〉卦九二爻的精神，即「包含荒穢」，因此方聞一認為武王、周公將此爻的精神發揮得淋漓盡致，最足當之：

〔註34〕霍光輔政，大抵延續武帝晚年的策略，「知時務之要」，施政與民休息，「舉賢良文學」，問民疾苦，所以不到十年便收到成效，百姓充實，國力漸復，所以才會叫「昭」帝，見《漢書卷八十九・循吏傳第五十九》：「孝昭幼沖，霍光秉政，承奢侈師旅之後，海內虛耗，光因循守職，無所改作。至於始元、元鳳之間，匈奴鄉化，百姓益富，舉賢良文學，問民所疾苦，於是罷酒榷而議鹽鐵矣。」頁3624。《漢書卷七・昭帝紀第七》：「承孝武奢侈餘敝師旅之後，海內虛耗，戶口減半，光知時務之要，輕繇薄賦，與民休息。至始元、元鳳之間，匈奴和親，百姓充實。舉賢良文學，問民所疾苦，議鹽鐵而罷榷酤，尊號曰『昭』，不亦宜乎！」頁233。

昔武王克商，召太公而問之曰：「將奈其士眾何？」太公曰：「臣聞愛
其人者，兼屋上之烏；憎其人者，惡其儲胥，咸劉厥敵，靡使有餘。」
王曰：「不可。」太公出，召公入，王曰：「爲之奈何？」召公曰：「有
罪者殺之，无罪者活之。」王曰：「不可。」召公出，周公入，王曰：
「爲之奈何？」周公曰：「使各居其宅田，无變舊新，唯仁是親，百
姓有過，在予一人。」王曰：「廣大乎！平天下矣！」方是時，皆商
之頑民也。武王、周公處之如是，況包荒馮河之徒歟！〈泰〉之九二，
武王、周公盡之矣！謂之〈泰誓〉，宜无媿也。〔註35〕

方氏認爲武王對待頑固商民的做法，體現了〈泰〉卦「包荒」的精神。據《武
王克殷日記》的記載，武王克殷之後，向太公詢問處置商民之道，結果太公
提出愛屋及烏，憎人及胥，「咸劉厥敵」〔註36〕的看法，建議將敵人統統殺了，
然武王不以爲然。其次，又向召公詢問，召公提出殺有罪，活無罪的方式，
武王也認爲不可。最後，王向周公請益，周公提出「使各居宅田」、「唯仁是
親」、「百姓有過，在予一人」的方法，讓一切照舊，而自己承擔百姓的罪過。
武王聽了之後，盛讚周公之言可以平治天下，因而採納之。因此對於武王克
殷之道稱爲〈泰誓〉，方聞一認爲當之無愧。〔註37〕因爲任何人當國君，都不
可能全天下人皆信服，所以對於不服之人，不妨以寬容的胸襟對待。

而〈睽・初九〉「悔亡，喪馬勿逐，自復。見惡人，无咎。」〈象〉曰：「見
惡人，以辟咎也。」林栗解釋睽之時，初九見九四交這個「惡人」是有必要
及意義的：

四雖上行，而二五三之各從其配，四无所與，然後復歸于初，初則
受而納之，是以謂之「悔亡」也。……初九之有九四，可謂健矣，
而介於六三、六五之間，宜其逸而不可禁也。然方〈睽〉之時，物
情乖異，九四雖欲從於三五，而不免按劍之疑。五自應二，三自應
上，四无所歸，其勢自復，雖勿逐可也。……方〈睽〉之時，臣主
未定，或離或合、或叛或從，苟以爲懟，何者非罪？喪而逐之，是
使之不敢復也；復而不納，是使之无所容也。惡人无所容，君子豈
久安之道哉！昔之有大度者，惟能寬容博愛，含垢納汙，來者勿拒，

〔註35〕〈泰・九二〉，方聞一引郭忠孝的說法：《大易粹言》，庫本，頁15-153。
〔註36〕咸，皆：劉，殺。見《尚書・君奭》。
〔註37〕關於僞古文尚書，清代閻若璩已羅列證據，論證其僞。對於造假的證據，可
　　　　參考屈萬里先生：《尚書釋義》。「百姓有過，在予一人」見《論語・堯曰》。

> 去者勿追，然後天下狙詐咸作吾使，又何咎之有哉！若不忘舊惡，
> 皆讐敵也，故子曰「見惡人，以辟咎也。」〔註38〕

睽指分離、離散。在人心渙散之時，「見惡人，无咎」意謂要能容納惡人，或是所仇怨之人；若能見之，則表示不再追究小人之過，才能免咎，因此〈小象〉說「見惡人，以辟咎。」而「惡人」是指九四爻。九四周旋在三、五之間，飄浮不定，因無所遇而無所歸，因此最後必然又會回到初九的身邊，初九若能不計前嫌，重新接納他，則能「悔亡」。況且睽離之時，臣主未定，以此而究責，實屬不必，因此對九四爻的游移，初九就不必過於耿耿於懷。此外，疾惡小人或不忘舊怨，使天下人皆與我為仇敵，不僅使惡人無所容或懼怕，亦非君子久安之道。因此有大度者，能適度「寬容博愛」，「含垢納汙」、「來者勿拒」、「去者勿追」，才能信使天下。而對於初九爻，林栗也舉史例說之：

> 晉文公歸國，寺人披請見，公使人讓之，且辭焉。對曰：「臣謂君之入也，其知之矣，若猶未也，又將及難。行者甚眾，豈惟刑臣。」公見之，以呂、郤之難告。里鳬須又請見。公之出也，竊其藏以逃，公辭焉以沐。里鳬須謂僕人曰：「沐則心覆，心覆則圖反，宜吾不得見也。國君而讐匹夫，懼者眾矣。」僕人以告，公遽見之。漢高帝先雍齒之封，赦季布之罪，推此類也。豈非見惡人以辟咎乎哉！（同上）

對於初九的不念舊惡，林栗舉晉文公見寺人披〔註39〕、里鳬須〔註40〕，以及

〔註38〕〈睽・初九〉，林栗：《周易經傳集解》，頁12-260-261。

〔註39〕晉公子重耳（晉文公）因驪姬之亂，在外流亡了十九年才又重新回到晉國，執掌政權，成為春秋五霸之一。回國後，晉惠公的舊臣，呂、郤二氏打算放火燒死他，寺人披知道，於是求見，要通告文公。然文公卻因舊怨懷恨在心，而不肯接見。因為當初文公流亡在外時，寺人披曾奉君命要殺他，結果卻比預期還要快，前後二次都是如此，文公險些喪命，因此怨恨寺人披。認為就算奉君命，也沒有必要這麼快；然寺人披則以「君命無二」，來表示忠於君命並沒有錯，不能因此而責怪他。此外，寺人披還舉齊桓公能放下對管仲的私人仇恨，任他為相，說明桓公的度量。最後寺人披還告訴文公，如果要翻舊帳，也用不著您命令，我自己自動就會走，但走的人又何只是我，一定會很多。此話一出，文公馬上改變心意接見他，見《左傳・僖公二十四年》：「呂、郤畏偪，將焚公宮而弒晉侯。寺人披請見。公使讓之，且辭焉，曰：『蒲城之役，君命一宿，女即至。其後余從狄君以田渭濱，女為惠公來求殺余，命女三宿，女中宿至。雖有君命，何其速也？夫袪猶在。女其行乎！』對曰：『臣謂君之入也，其知之矣！若猶未也，又將及難。君命無二，古之制也。除君之惡，唯力是視。蒲人、狄人，余何有焉？……齊桓公置射鉤，而使管仲相。君若易之，何辱命焉？行者甚眾，豈唯刑臣？』公見之，以難告。」（見楊伯峻編著：《春秋左傳注》），頁414。

漢高祖封雍齒〔註41〕，赦季布〔註42〕之事，來說明此一爻的寓意：棄小怨而

〔註40〕 文公流亡在外時，守藏者里頭須並沒有跟隨流亡，而是將保管的財物偷了出去，謀求要讓重耳回國，但是沒有成功，不過這事，文公並不知情。等到重耳回國即位，里頭須跑來求見，但文公推說在洗頭，不肯接見他。於是頭須用洗頭的人，心是顛倒的，來諷刺文公此時的想法也是不對頭的。並且認為留在國內與流亡在外，其實都是在盡一己之力，又何必去仇視這些人，而讓人懼怕？文公聽了，立刻接見里頭須，見《左傳》僖公二十四年：「初，晉侯之豎頭須，守藏者也。其出也，竊藏以逃，盡用以求納之。及入，求見。公辭焉以沐。謂僕人曰：『沐則心覆，心覆則圖反，宜吾不得見也。居者為社稷之守，行者為羈紲之僕，其亦可也，何必罪居者？國君而讎匹夫，懼者其眾矣。』僕人以告，公遽見之。」頁415。

〔註41〕 漢定天下後，高祖封功臣，然除大功臣外，餘皆未及得封。諸將害怕有功沒有被封賞，有過反而被殺，因而軍心惶惶，聚集沙中私語，準備謀反。對於這種情況，留侯向高祖反應，高祖憂心，反問留侯，留侯獻計，要高祖封賞生平最憎恨之人（雍齒），以示群臣，便可安定軍心。結果雍齒受封為什方侯，諸將遂安定。因為雍齒與高祖舊怨甚深，然以其功多，故高祖不忍誅之，所以留侯安排雍齒受封，實具有指標性意義，即表示高祖既往不咎，所以大家就不必擔心了，見《史記卷五十五·留侯世家第二十五》：「（高祖）上已封大功臣二十餘人，其餘日夜爭功不決，未得行封。上在雒陽南宮，從復道望見諸將往往相與坐沙中語。上曰：『此何語？』留侯曰：『陛下不知乎？此謀反耳。』上曰：『天下屬安定，何故反乎？』留侯曰：『陛下起布衣，以此屬取天下，今陛下為天子，而所封皆蕭、曹故人所親愛，而所誅者皆生平所仇怨。今軍吏計功，以天下不足徧封，此屬畏陛下不能盡封，恐又見疑平生過失及誅，故即相聚謀反耳。』上乃憂曰：『為之奈何？』留侯曰：『上平生所憎，群臣所共知，誰最甚者？』上曰：『雍齒與我故，數嘗窘辱我。我欲殺之，為其功多，故不忍。』留侯曰：『今急先封雍齒以示群臣，群臣見雍齒封，則人人自堅矣。』於是上乃置酒，封雍齒為什方侯，而急趣丞相、御史定功行封。群臣罷酒，皆喜曰：『雍齒尚為侯，我屬無患矣。』」頁2042。

〔註42〕 季布乃楚地名俠，楚漢相爭時，曾多次為項羽帶兵困窘高祖，高祖怨之，即位後，懸賞緝補。後經周氏、朱家之營救遊說，並透過夏侯嬰之進言，以各為其主說服劉邦，才得以免罪，並拜為郎中，可見劉邦對善人之言的聽從，此見《史記卷一百·季布欒布列傳第四十》：「項籍使將兵，數窘漢王。及項羽滅，高祖購求布千金，敢有舍匿，罪及三族。季布匿濮陽周氏。……迺髡鉗季布，衣褐衣，置廣柳車中，並與其家僮數十人，之魯朱家所賣之。朱家心知是季布，迺買而置之田。……（朱家）因謂滕公曰：『季布何大罪，而上求之急也？』滕公曰：『布數為項羽窘上，上怨之，故必欲得之。』朱家曰：『君視季布何如人也？』曰：『賢者也。』朱家曰：『臣各為其主用，季布為項籍用，職耳。項氏臣可盡誅邪？今上始得天下，獨以己之私怨求一人，何示天下之不廣也！且以季布之賢而漢求之急如此，此不北走胡即南走越耳。夫忌壯士以資敵國，此伍子胥所以鞭荊平王之墓也。君何不從容為上言邪？』汝陰侯滕公心知朱家大俠，意季布匿其所，迺許曰：『諾。』待閒，果言如朱家指。上迺赦季布。」頁2729。

安眾心。晉文公及漢高祖在當國君及平定天下，取得政權後，為了國家安定，都能放下私人恩怨，不再挾怨報復，能寬大心胸去接見討厭的人，甚至分封仇人，如此寬宏之舉才能安定民心，免去動盪，不僅是明智之舉，更是從善如流的表現。

　　至於〈解・六五〉「君子維有解，吉。有孚于小人。」〈象〉曰：「君子有解，小人退也。」王宗傳認為天下之難所以難解，是因小人不肯退去，於是君子要日夜思慮，竭謀以求終止其難，卻也不一定可以解除小人之患。其實對於小人的處置之道，應該「保信之」，學習〈解〉卦六五爻「維有解」之道，使小人也有容身之處，俾其改過自新，有機會得到寬宥，而得「更生之望」、「自新之路」，如此則小人自然退去，不與君子對立，王氏說：

> 夫天下之難所以未去者，在於小人有不肯已之心故也。夫小人之心所以不肯已者，非果難已之也，以君子之舉動无以保信之，而彼遂不肯已也。……此天下之難所以作而不休，而君子日夜用其智、竭其謀，求以已其難而難卒未已也。然則如之何而可以保信之乎？曰：維有解而已矣。君子維有解，則彼小人者必曰：吾君子我赦也，不我殛也；我宥也，不我迫也，吾有更生之望矣，吾有自新之路矣！曩者，吾以為斯世之棄人也，今復得以齒於天地之間矣；曩者，吾以為逃刑避罪之不暇也，今復得以為太平之人矣，吾何為而為此亂民也哉。〔註43〕

除非君子容不下小人，否則對小人而言，如有太平之日可過，又何必身處亂世，東奔西竄，逃刑避罪，成為天地之棄人。而從古至今，能解天下之難，並且有孚于小人者，王宗傳認為「周武王」足以當之，他說：

> 夫武王之既伐商也，歸馬於華山，散牛於桃林，示天下不復用兵，此「維有解」之謂也。而又發鉅橋之粟，散鹿臺之財，大賚於四海而致萬姓之悅服，此「有孚於小人」也。當是時也，為小人者，雖欲不已其不肯已之心，得乎？〈象曰〉：「解之時大矣哉！」盡是大者，則六五是也，於古人則武王是也。（同上）

武王伐紂之後，馬歸於華山，牛散於桃林，以示天下不復用兵之意。對於商民，也能加以輔恤，不僅發粟以賑濟災民，又將財貨分散給大家，因此萬民悅服，使得小人亦得分享盛世的光彩，這就是有孚於小人的恩惠。

〔註43〕〈解・六五〉，王宗傳：《童溪易傳》，庫本，頁 17-207；通本，頁 1083。

不過，大赦、特赦畢竟是特殊狀況，只有在特定時期才能使用，因此不能以常態視之，所以在〈解‧象曰〉「雷雨作，解，君子以赦過宥罪。」王宗傳就說：

> 夫當大難方解之初，天下之人始出塗炭，去昏而即明，去亂而歸治。苟惟上之人追罪其罪，追尤其過，而盡誅之，則更起天下之難矣，此非所以為解也！故必也法天地之解，有聳動之大號，滂沛之大恩，如雷雨之作，而萬物均被其澤焉，則向之有罪與過者，咸釋然有更始自新之望矣，故曰：「君子以赦過宥罪」。赦者，舍也；宥者，寬也。於過誤，則赦而舍之；於罪惡，則宥而寬之，此雖不能无輕重淺深之異，然待之以不死，一也。雖然，人君之政，有所謂赦宥云者，特因亂難既解之後而有是也。若屢行而不已焉，則適所以長寇而滋姦，非政也。〔註44〕

因受暴政的影響，民性趨向昏亂，因此大難初解之時，不要太計較，能赦則赦，能宥則宥；不過這是權宜之計，有其適用期，過度使用，反而滋姦長寇而生反效果。

四、保民之法

保民就是保障人民的安全，這是執政者的天職。而保民就必須重視軍事組織，必要時得以武力保護國家的安全，如兵民合一、眾建諸侯、險易並用等：

（一）「戒不虞」的兵民合一

保民之道，在於平日就要訓練人民有作戰能力，才能在危急時保衛自己的家園，否則等到禍患興起，才倉皇處理，必然措手不及，因此即便萃聚之世，軍旅亦不可廢，所以胡瑗在〈萃‧象曰〉「澤上于地，萃。君子以除戎器、戒不虞。」就解釋「戒不虞」：

> 然天下雖安，忘戰必危，故雖萃聚之世，民已和會，然不可不有所備。蓋事久則弊，隆極必替，故聖人于是時，亦常因民之際，訓習師旅，以為國備，而戒不虞。至如堯、舜、商、周之時，可謂極治矣。然猶立司馬、司徒、司空、司寇之職，以訓習兵戎。……此乃聖人安不忘危，存不忘亡之道也。〔註45〕

〔註44〕〈解‧象曰〉，王宗傳：《童溪易傳》，庫本，頁 17-205；通本，頁 1081。
〔註45〕〈萃‧象曰〉，胡瑗：《周易口義》，頁 8-369。

胡瑗舉堯舜及商周時代的措施，證明聖人安不忘危的智慧，即便在治平之世，亦當戒不虞，以備不時之須，如同古代司馬等職及軍隊的訓練，都是常設機構及例行事務，不因盛衰而廢，說明平日之修習才能未雨綢繆，以確保人民之安全。

其次，寓兵於農也是保民之法，即有事而戰，無事而耕，而達到「兵民合一」的理想。使兵在民之中，隨時有戰備應變的能力，則人心必然不敢隨意啟釁，自可促進國家的長治久安，所以李杞在〈師・象曰〉：「地中有水，師，君子以容民畜眾。」提到「周之井田」、「齊之內政」、「漢之材官」以及「唐之府兵」皆是寓兵於農的例子，而這就是「容民畜眾」之意：

> 兵形象水，水之行也而伏於地中，則其形有不可測者矣。君子觀師之象，故其為兵也，常容之于民而畜之于眾，使天下見其為民而不見其為兵，夫孰得而狎之哉！周之井田，齊之內政，漢之材官，唐之府兵，皆寓兵于農，無事而耕，有事而戰，此容民畜眾之義也。〔註46〕

而統兵之道首重紀律，紀律嚴明，面對突發狀況時，才有解決的能力，而這種臨機應變的智慧往往就是取勝之關鍵，因此在〈師・初六〉「師出以律，否臧凶。」王宗傳就舉李廣及程不識的帶兵方式，說明紀律乃軍人之天職：

> 李廣與程不識同時制軍，廣之軍廢刁斗，逐水草，自便而已；而不識則日夜持嚴，常若敵至。諸軍樂廣而苦程不識也，然不識未嘗遇敗也，而廣雖以勇名，竟以勇敗，此所謂失律也。〔註47〕

李廣與程不識的管理方式差異甚大，李廣隨性自便〔註48〕，而程不識則重視軍紀，不過結果也有天壤之別，程不識統兵未常有敗績，而李廣終無功。

（二）「利建侯」的眾建諸侯

靖康之難後，北宋宣告結束。南渡之後，面對國家存亡之際，士大夫於是主張眾建諸侯，恢復古制。不過這種主張實際上與宋太祖強幹弱枝、重文輕武的開國政策是背道而馳的。而提倡這種政策如李光，他在〈比・象曰〉「地

〔註46〕 〈師・象曰〉，李杞：《用易詳解》，頁 19-381。
〔註47〕 〈師・初六〉，王宗傳：《童溪易傳》，庫本，頁 17-51；通本，頁 957。
〔註48〕 《史記卷一百九・李將軍列傳第四十九》：「廣行無部伍行陣，就善水草屯，舍止，人人自便，不擊刁斗以自衛，莫府省約文書籍事。……不識曰：『李廣軍極簡易，然虜卒犯之，無以禁也；而其士卒亦佚樂，咸樂為之死。我軍雖煩擾，然虜亦不得犯我。』」頁 2869-2870。

上有水，比。先王以建萬國，親諸侯。」就重申返回唐、虞三代之制的必要，才能避免步秦亡之後塵：

> 先王觀地上有水而得〈比〉之象。非特地水之相比也，蓋地上有水，
> 非有溝洫畎澮以防範儲蓄之，則泛濫奔衝，反爲害矣。聖人觀此象，
> 故建萬國，親諸侯。小大強弱，不相陵犯，或以德懷，或以力制，
> 咸親比于我矣。自堯舜三代，不敢廢也。至秦并吞諸侯而郡縣之，
> 一夫叫號，天下響應，孰有親比于我者。王氏論本朝罷侯置守，則
> 曰萬一有秦之變，豈可諱哉！靖康之禍，金人長驅，如入无人之境，
> 諸路守臣，奔竄迎降之不暇，其間能仗節死難者，不過數人，何補
> 于治亂哉！然則眾建諸侯，或大封同姓，以復唐虞三代之制，豈非
> 今日之先務哉！〔註49〕

因爲從靖康之難，金人長驅直入，如入無人之境，以及秦設郡縣，一夫作難，天下響應，不多時秦便瓦解的歷史教訓來看，宋《易》認爲眾建諸侯，學習堯舜三代之制，大封同姓，或許才能保國之安。因爲在國難當頭之際，諸路守臣能仗節死難者，實在寥寥可數，因此應該學習〈比〉卦的精神，建萬國、親諸侯，或以德或以力，才能抵抗外族之侵略，而長保安定，如同溝洫，防止水的氾濫一般。李光之外，王宗傳也認爲眾建諸侯可以遠近相通，四方親比而萬眾一心：

> 建萬國、親諸侯，使上下遠近，脈絡相通，則君民之勢交相比矣。
> 蓋國者，所以域民也；侯者，所以君國也。建萬國則君之所親者諸
> 侯，而諸侯之所親者民。四方萬里之遠，不患其不相比也。或曰：「後
> 世罷諸侯而置守令，其與先王之勢同乎？異乎？」曰：「後世之心，
> 患諸侯之難制也，故守且令焉，而分茅胙土之恩薄矣。守令有過則
> 賜之一札，奔命而服罪之不暇，得保終？更則亦指日以求去。此易
> 制之法也，然更易紛紛，官吏民情愈不相親矣。」〔註50〕

王氏指出古代諸侯之制，有利於君民相親，因爲君主親諸侯，諸侯親百姓，層層下達，所以即使萬里之外，朝野之間亦能相親相比，脈絡相通，有利民心之凝聚，不愁其散逸。後世因害怕諸侯難以控制，所以廢封建，改置守令以治理地方，然官吏一有過失，則難逃法網，從而長官亦不免頻頻更換，而

〔註49〕　〈比・象曰〉，李光：《讀易詳說》，頁 10-293。
〔註50〕　〈比・象曰〉，王宗傳：《童溪易傳》，庫本，頁 17-55；通本，頁 961。

缺乏穩定性，連帶的吏民之間的關係就更加疏遠渙散。由於上下感情淡薄，所以王宗傳認爲並不利於帝國的統治及安全。

而封建的實行，就是建立屏藩，護衛王室，尤其在斯民泮渙之時，立主才能拯難，保生業，所以在〈屯‧卦辭〉「利建侯」李光說：

> 自唐虞三代，莫不建侯樹屏，内以蕃王室，外以寧萬民。況屯難之世，干戈日尋，斯民離散泮渙，強弱相陵，眾寡相暴，非立主以定之，孰與保其生業哉！故利建侯也。〔註51〕

李光認爲由唐虞三代的例子，可印證「建侯」之利。

（三）「思患豫防」是險易並用

國須設險，才能抵禦外侮，項安世在〈坎〉卦「六爻」中談及周公即是能設險者：

> 下卦在下而受險者，故下三爻言出險之道；上卦在上而治險者，故上三爻言設險之道。猶恨二五皆陷於險中，故二不能盡出險之功，五不能盡設險之道。……周公制禮樂、立政刑，以起八百年之業，无敢侮之者，可謂能盡設險之道矣，故曰「險之時用大矣哉！」〔註52〕

〈坎〉卦下卦言「出險」之道，上卦言「設險」之道。然二、五俱陷險中，因此二無出險，五亦無設險之能力。而何謂設險？如周公制禮作樂，奠定八百年之基業，即是善設險者。禮樂教化是國家久治之道，是保國之基，因此險之用大矣哉！

而〈既濟‧小象〉之「思患豫防」，項安世認爲水上火下，有防患之意：

> 〈未濟〉以水下火上爲辨物居方，正與象合，豈於〈既濟〉而不然乎？天下之患无窮，惟有以濟之而後无患。人之用莫大於火，而火常足以生患，善濟火者莫若水。思火之爲患而儲水以防之，使水常在火上，其力足以勝之，則其患亡矣。是故君子制行立教，行政舉事，必皆有以濟之，防末流之生患也。〔註53〕

天下之患無窮，只有濟之才能無患，君子之行政舉事須防患未然，即在禍患未形之前，「制行立教」以濟之，如同〈既濟〉卦爲水在火上，以水滅火，水能滅火，才能消弭禍患。

〔註51〕 〈屯‧卦象〉，李光：《讀易詳說》，頁 10-277。

〔註52〕 〈坎‧六爻〉，項安世：《周易玩辭》，庫本，頁 14-314；通本，頁 1649。

〔註53〕 〈既濟‧思患豫防〉，項安世：《周易玩辭》，庫本，頁 14-395；通本，頁 1714。

　　至於〈萃·象曰〉「澤上於地,萃。君子以除戎器、戒不虞。」王宗傳舉秦始皇爲例,認爲即便海內統一,天下底定,仍應存戒懼之心,修戰備以應不時之需,豈能掉以輕心,他說:

> 澤水上聚於地,則其聚者多矣,故爲〈萃〉之象;然所聚者既多,
> 則播蕩匯漾之患生矣。故地大而物眾,人繁而事叢,則兼取并奪之
> 禍常生於此時。若以爲時方和會也,而忘其所可戒,此正秦人夷名
> 城,而銷鋒鏑者也。夫四海已囊括矣,天下已席卷矣,當此之時,
> 自以爲豪傑既徂,海內一統,子孫萬世帝王之業。故向之天下之兵,
> 今也聚之咸陽爲十二金人,宜其无有可慮者矣。居无何,陳涉以氓
> 隸之人,斬木爲兵,揭竿爲旗,天下雲合響應,而秦亡矣。是何也?
> 不知不虞之爲可戒也。〔註54〕

始皇以爲天下統一,便可銷鋒鏑,而長保帝王萬世之業,這種輕忽的心態,就是不知「戒不虞」的重要。因爲在天下萃聚之時,表面看似高枕無憂,其實萬物群萃,優劣叢處,隱藏的問題更多,更複雜,更不易爲人所察覺。若因此以爲便可長治久安,而鬆懈疏忽,俟災變發生,便易措手不及。這就是陳涉、吳廣等揭竿起義,而天下豪傑雲起響應,致秦土崩瓦解之因。

五、利民之舉

　　利民是爲人民謀福利,即爲人民創造財富,成爲均富理想的社會。其次,在政策的制定上,也要儘量興利除弊,改善人民的生活。最後是各行各業能分工合作,互通有無,以便利民生經濟,讓物盡其用,貨暢其流:

(一)「施祿及下」是以財聚民

　　利民最直接的方式就是使民富裕,執政者有能力改善人民的生活,自然可得到百姓的親附。其實《論語》中孔子教弟子冉有也是重視「先富後教」〔註55〕,因爲如果連謀生都有問題,其它的就不用談了。而《易經》也重視施惠於民,如〈益〉卦即是,所以胡瑗在〈益·九五〉「有孚惠心,勿問元吉,有孚惠我德。」〈象〉曰:「有孚惠心,勿問之矣。惠我德,大得志也。」就說:

〔註54〕〈萃·象曰〉,王宗傳:《童溪易傳》,庫本,頁 17-233;通本,頁 1106。
〔註55〕《論語·子路篇》:「子適衛,冉有僕。子曰:『庶矣哉!』冉有曰:『既庶矣,
又何加焉?』曰:『富之。』曰:『既富矣,又何加焉?』曰:『教之。』」

九五以剛明果斷之德，處至尊之位，下應六二賢明之臣，是能以由
中之信興利于民也。「惠心」者，夫天下之廣，生靈之眾，聖人在上，
非可以家撫而戶養之也，蓋所惠者，惠于心而已。天下民之溫飽，
非待王者耕而食之，織而衣之也，但勸之、教之，通商惠工而已，
如此則是王者惠心之謂也。《論語》所謂「因民所利而利之，惠而不
費」者是也。「勿問元吉」者，言九五既以仁義之心惠及于天下，則
不待問而自獲元大之吉也。〔註56〕

〈益〉卦九五爻以剛明果斷之德，又得六二賢明之臣之輔，以仁義之心利天
下，由於惠民，所以獲「元大之吉」。不過，聖人之惠民其實是惠心，「惠心」
就是勸民、教民，使之勤於百工，這是興利天下的根本方法，而非王者親自
耕種，親自編織。

而〈夬‧象曰〉「澤上于天，夬。君子以施祿及下，居德則忌。」李光則
強調在位者要懂得施恩祿給下民，他說：

山澤之氣上升則下降，蓋未有升而不降者。……眾陽並進，以決
一陰，則朝廷无害，治之人其能施澤于天下，无可疑者。君子體
此象，則施祿及下，使天下蒙其惠利，如澤之上于天，復降而爲
雨露也。若屯其膏施，獨擅富有，而不與眾共之，則眾皆忌嫉之
矣。〔註57〕

〈夬〉卦的卦象是澤上于天，然澤之水雖上昇到天空，其實最終又降而爲雨
露，回潤大地。以示治國者當「施澤于下」，惠利百姓，使天下人蒙其利，「與
眾共之」，才符合大自然循環的規律。因此如果將利澤據爲己有，不與他人分
享，必爲眾所忌恨，甚至成爲成就帝業的關鍵，如武王與項羽即是。武王能
「施祿及下」，項羽則「屯其膏施」，結果前者最後貴爲天子，建立周朝，後
者則從號令一時到自刎烏江：

武王伐紂，誅一獨夫耳，周公、太公之徒爲輔佐。克商之後，分土
列爵，散鹿臺之財，發鉅橋之粟，大賚四海而萬姓悅服。項羽使人
有功，當封爵，刻印刓，忍不能予，豈足以成大功哉！武王所以長
有天下，項氏卒爲漢所滅，成敗之效，豈不昭然哉！（同上）

李光認爲武王伐紂，在克商之後，散鹿臺之「財」，發鉅橋之「粟」，不獨擅

〔註56〕〈益‧九五〉，胡瑗：《周易口義》，頁8-358。
〔註57〕〈夬‧象曰〉，李光：《讀易詳說》，頁10-388。

其富，所以萬民悅服。而項羽則相反，將領有功時，卻捨不得分封〔註58〕，雖有婦人之仁，但心胸畢竟不夠開闊，所以被劉邦所滅。二者做風大相逕庭，而成敗也異數。

至於〈繫辭下〉「何以聚人，曰財。」胡瑗也分析財的功用，可使衣食豐足，用度常備，自然有凝聚民心之效，他說：

> 夫聖人何以萃聚於人哉？必曰財而已。財者使衣食豐足，用度常備，仰有所奉，俯有所畜，則天下有戴君之心。若其衣食不足，用度不備，則不能萃於天下之民。是故古之聖人，修其水火金木土五行之事，正德、利用、厚生，使天下之人各得其所，如是則父子兄弟遞相親睦矣。至於為農者勤於耕，為商者勤於貨，為工者勤於器，如此之類，則可以保六親。六親既相保，則親族內外自相親愛，如是是聚人曰財也。〔註59〕

古之聖人修金木水火土五行之事，以「正德」、「利用」、「厚生」，使天下人各得其所，農商工皆能勤於耕貨器，自可保六親，繫親族。不過財富的分配要平均，否則易引發爭議，胡瑗在〈繫辭下〉「理財正辭，禁民為非曰義。」就說：

> 聖人既能守位以仁，又能聚人以財，使天下父子各有所養，各得其所；然而貨財之道，必主於均平，使多者不得積其私，少者皆得盡其養，……使皆合於義而得其宜矣。然則所謂義者，蓋裁制合宜之謂義也。〔註60〕

財貨的分配要均平，窮人與富人的差距不宜懸殊太大，這樣才合於義，義就是「合宜」。

（二）「省方觀民」為興利除弊

興利除弊是執政重要的一環，能損益適中，才能為百姓帶來福祉，所以〈觀〉卦上九爻才會說：「觀其生，君子无咎。」〈象〉曰：「觀其生，志未平也。」「觀其生」就是觀察人民的生活，才能苦民所苦，王宗傳說：

〔註58〕《史記卷九十二·淮陰侯列傳第三十二》：「項王見人恭敬慈愛，言語嘔嘔，人有疾病，涕泣分食飲，至使人有功當封爵者，印刓敝，忍不能予，此所謂婦人之仁也。」頁2612。

〔註59〕〈賁·六五〉，胡瑗：《周易口義》，頁8-512。

〔註60〕〈繫辭下傳〉，胡瑗：《周易口義》，頁8-512。

〈觀〉以二陽在上，而下為眾陰之所觀。九五居中履正，故為〈觀〉之主。上九以聖人之德，處一卦之外，而當觀民之極，其將何所取義乎？曰：以聖人之德，處一卦之外，而當觀民之極，此所謂省方觀民之聖人也。夫古者以人情之未叶，民俗之未一，而民隱之未究也，故其志亦為之未平，而有省方巡狩之禮，所以協其時日，正其器數，修其禮物。又如晏子所謂省耕省斂，而救其所謂補助之政，凡以一民俗，求民瘼，而協民情也。此之謂其生，謂天下人之動作施為者，而周覽洞究其利害休戚者，而為之興去也。〔註61〕

〈觀〉卦上九爻處一卦之極，觀民之俗，為省方觀民之聖人。而〈小象〉會說「志未平」，是因為聖人以「人情之未叶」、「民俗之未一」，與「民隱之未究」而擔憂，所以才要四處巡察，以便能更加了解民生狀況，施政才能視百姓需求而隨時調整，或「正器數」，或「修禮物」。而具體方法就是晏子所提到的「省耕省斂」，即藉由「補助之政」來關心民瘼。換言之，從人民的苦樂就可看出施政之良窳，所以觀民即是觀我，也就是自我觀察政績。

　　其實晏子提到的「省耕省斂」，就是仁政，王宗傳在〈觀・象曰〉「風行地上，觀。先王以省方觀民設教。」就引述這段話（出自《孟子・梁惠王下》），認為晏子的執政理念就是〈觀〉卦的實踐者：

晏子對曰：「善哉問也！天子適諸侯曰巡守。巡守者，巡所守也。諸侯朝於天子曰述職。述職者，述所職也，無非事者。春省耕而補不足，秋省斂而助不給。夏諺曰：『吾王不遊，吾何以休？吾王不豫，吾何以助？一遊一豫，為諸侯度。』」夫由晏子之言，則先王之觀，亦不過曰省耕省斂以為補助之政云爾。〔註62〕

春秋時，齊景公想到轉附及朝舞二處遊歷，以媲美古代聖王之巡行，於是向晏子請教比美古人之法。然晏子沒有直接回答，而是舉古代先王為例。認為古時天子「巡守」及諸侯「述職」都是有目的的〔註63〕，「春省耕」是補不足，「秋省斂」是助不給。是要給貧困的農民，歉收的災民予以實質的幫助，作為施政參考，蘊觀照之意涵在內，並非帝王之遊樂。因此，不同於後世昏君

〔註61〕〈觀・上九〉，王宗傳：《童溪易傳》，庫本，頁 17-115；通本，頁 1007。

〔註62〕〈觀・象曰〉，王宗傳：《童溪易傳》，庫本，頁 17-113；通本，頁 1005。

〔註63〕古代天子及諸侯於春、秋兩季都會有「省耕省斂」的制度。天子適諸侯，視察各地的情形，叫「巡守」；而諸侯朝天子，報告施政的狀況，叫「述職」。

之「流連荒亡」〔註64〕，造成「飢者弗食，勞者弗息」的暴政，所以這一卦才會叫〈觀〉卦，表示有觀察之意。因此對於天子的巡視考察，百姓當然是樂觀其成，所以諺語才會歌頌：「吾王不遊，吾何以休？吾王不豫，吾何以助。」而對於晏子的回答，景公認同，於是發倉濟貧。這說明「省耕省斂」與〈觀〉卦「先王以省方觀民設教」的精神是相通的。

帝王的巡守既有利民的效益，王宗傳在〈觀‧象曰〉「風行地上，觀。先王以省方觀民設教。」就舉舜為例說明：

> 虞舜之時，則當嗣位之初，歲二月東巡守至於岱宗，五月南巡守至於南岳，八月西巡守至于西岳，十有一月朔巡守至于北岳。各觀其方之后，協其時日，同其器數，修其禮物。自此以往，則五載一巡守，群后四朝。其在《周官》，則六年五服一朝，又六年，王乃時巡，考制度于四岳，諸侯各朝于方岳，大明黜陟。夫先王省方之禮，非固為是煩擾也，以謂不如是，則無以觀覽夫民俗，而施設其教條也。〔註65〕

舜每五年一巡守的措施，即依次東巡、南巡、西巡、朔巡的安排，到東西南北岳考察各地的風物民情，實際上是藉此瞭解施政的優劣，以便設施政教，所以絕不是要無故擾民。〔註66〕

至於〈隨‧上六〉「拘係之，乃從維之，王用亨于西山。」郭雍舉文王行仁政，因利民愛民，自然可以維繫天下之人，使百姓自動歸附，來證明善政的影響是深入人心的，能站在百姓的立場來制定政策，必然可以深得民心的追「隨」：

> 舍己從人，隨也；達則兼善天下，亦隨也；不當時命而獨善其身，亦隨也。故始之言父子、夫婦、朋友之隨，而終之以文王之成王道，皆隨時之義也。雍曰：上六隨道之成，盡動而說。隨之義，故如水

〔註64〕晏子認為國君如果流連荒亡，諸侯們將為此而憂慮。而何謂「流連荒亡」，晏子說：「從流下而忘反謂之流，從流上而忘反謂之連，從獸無厭謂之荒，樂酒無厭謂之亡。」（見《孟子‧梁惠王下》篇，十三經注疏本，頁33）。按照晏子的說法，如果君主遊樂無度、畋獵無節，或酗酒無止，就是流連荒亡。

〔註65〕〈觀‧象曰〉，王宗傳：《童溪易傳》，庫本，頁17-113。

〔註66〕舜巡守的時程見《尚書‧舜典》：「歲二月，東巡守，至于岱宗，柴；望秩于山川。肆覲東后。……五月，南巡守，至于南岳，如岱禮。八月，西巡守，至于西岳，如初。十有一月，朔巡守，至于北岳，如西禮。……五載一巡守，群后四朝；敷奏以言，明試以功，車服以庸。」頁38。

之就下，獸之走壙，各從其類。拘係而來，莫之能禦也。為之主者，
乃從而以道維之而已。觀二老之歸文王，孟子曰：「天下之父歸之，
其子焉往？」夫其歸也，如父子相拘而來，豈非「拘係」之謂乎？……
然文王發政施仁，必先于鰥寡孤獨，視之如傷，使无凍餒，是為「維
之」之道。〔註67〕

郭雍認為隨之義有三：「舍己從人」是隨，「達則兼善天下」是隨，「窮則獨善
其身」也是隨。舍己從人的隨是追隨善人、善言或善行；兼善天下的隨是被
人追隨；獨善其身的隨是隨遇而安，隨順際遇。對於達則兼善天下的類型，
郭雍認為周文王足以當之。由於紂王暴虐，伯夷、姜太公二老為了避禍，隱
居在北海與東海之濱。因為聽聞文王善養老者，因此二人先後歸附。〔註68〕
在孟子看來，如此有聲望的二老歸附文王，意謂著天下的老父及其子弟都將
隨之歸順。而這種現象說明民心之向背就如同水之就下，獸之走壙，是一股
無法阻擋的力量，各從其類，必然聚合民心。總之，行仁政、善政，百姓自
然近悅遠來，甚至趨之若鶩。如此，以道聚民，父子相繫而來，就如同無形
的線將百姓的心緊密連結，所以爻辭說「拘係之，乃從維之。」至於「維之」
的最高境界，就是郭雍所闡述的「以道維之」，即用仁道來維繫人心，所以根
本無需強迫。而「維之」之法，即是「發政施仁」，「視民如傷」。對於鰥寡孤
獨，貧病殘疾者的體恤與關懷，則孤苦無依者皆能得到安置，獲得保養，此
即王道之基，如此行之，又何愁不能王天下。

而〈益‧六三〉「益之用凶事，无咎。有孚中行，告公用圭。」李光認為
益道的思想尤應發揮在凶年災變之時，這是因時制宜的權變做法，也是利民
益下的表現，他說：

六三處上卦之下，下卦之上，遠君而近民也。凶年饑歲，欲為損上

〔註67〕〈隨‧上六〉，郭雍：《郭氏傳家易說》，庫本，頁 13-69；叢本，頁 71。
〔註68〕伯夷、姜太公（太公望、呂尚、姜尚、姜子牙），散宜生、閎天等人聽說西伯
文王是賢者，並且善養老者，於是往歸之，皆有志一同去投靠文王。《孟子‧
離婁上》引孟子之語說：「伯夷辟紂，居北海之濱。聞文王作興，曰：『盍歸
乎來？吾聞西伯善養老者。太公辟紂，居東海之濱，聞文王作興，曰：『盍歸
乎來？吾聞西伯善養老者。』」（十三經注疏本，頁 133）另《史記卷三十二‧
齊太公世家第二》也記載太公望呂尚的事蹟：「或曰，太公博聞，嘗事紂。紂
無道，去之。游說諸侯，無所遇，而卒西歸周西伯。或曰，呂尚處士，隱海
濱。周西伯拘羑里，散宜生、閎天素知而招呂尚。呂尚亦曰『吾聞西伯賢，
又善養老，盍往焉。』」頁 1478。

益下之道，則發倉廩，損逋負，使老弱无轉徙溝壑之患，雖矯制專
輒，何咎之有？……三之用凶事，蓋君子遭變之時，以身任之，無
所歸咎也。……以見人臣于凶荒之歲，能以身任責，而不恤禍患者，
非愛民之誠素定乎胸中，能若是乎！故曰「固有之也」，漢之汲黯是
已。〔註69〕

李光還以漢朝的汲黯為例〔註70〕，認為他是能「益之用凶事」的優良典範。〈益〉
卦六三爻處上卦之下，下卦之上，表示遠上而近下，象徵遠君而近民。因為
近民，所以更能瞭解百姓的疾苦與需求。「益之用凶事」指六三這個臣子在凶
年饑歲，百姓遭變之時，能夠「損上益下」，及時發倉賑濟，裒多益寡，將國
家資源有效運用在災民身上，使老弱凶殘者免於離散顛沛之苦，所以有裕民
之功。不過六三爻的仁慈與體恤，是源於其素有愛民之誠。由於平日涵養長
期積累胸中，才能在緊急時立即發揮功效，做出最恰當的處理，因此〈小象〉
說「固有之也」。

最後，對於〈損‧卦辭〉「有孚，元吉，无咎，可貞，利有攸往。曷之用，
二簋可用享。」李光認為損如果是損上益下，就是人民之福：

以上下二卦言之，〈兌〉下〈艮〉上為損。陽能益物者也，〈兌〉本
乾剛也，〈坤〉以陰柔損之而成〈兌〉，所謂損下也。陰受益者也，〈艮〉
本〈坤〉柔也，〈乾〉以陽剛益之而成〈艮〉，所謂益上也。世之人
皆知損之為損，而不知損之為益。故損下益上則謂之損，而損上益
下則謂之益。……堯之土階茅茨，漢文之弋綈革舄，人主之尊，能
深自貶損，若武王克商之後，散鹿臺之財，發鉅橋之粟，大賚四海，
而萬姓悅服，此當損之時，益莫大焉。〔註71〕

〈損〉卦上〈兌〉下〈艮〉，原本是上〈乾〉下〈坤〉，如今乾分一陽給坤，
所以坤變成艮，而乾變成兌。對乾來講，雖然是損，但對坤來說則是益，因
為乾將陽貢獻給陰，坤則從乾那裡得到陽。從這個面向來看，損有好有壞，「損
下益上」是損，「損上益下」則是益。即有些事情，名為損，實為益；有些事
情則是名為益，實為損，或者對這一方是有益，對另一方則是有損，所以損
益總是相對的。舉例來說，帝王能深自減損，對他來說是節儉，但對人民來

〔註69〕〈益‧六三〉，李光：《讀易詳說》，庫本，頁10-385。
〔註70〕汲黯的事蹟見第一章。
〔註71〕〈損‧卦辭〉，李光：《讀易詳說》，頁10-379。

說卻是最大的利益，李光也以堯帝〔註72〕、漢文帝〔註73〕、周武王〔註74〕的執政風格來說明，認爲這三人皆是損己益人的模範，所以他們的子民都欣然有喜色。

（三）「各得其所」在互通有無

互通有無就是分工合作，各盡其力，各取所需。畢竟一日之所需，百工斯爲備，所以〈繫辭下傳〉就說：「日中爲市，致天下之民，聚天下之貨，交易而退，各得其所，蓋取諸〈噬嗑〉。」胡瑗發揮其意說：

> 言於日中爲其市，以貿遷於貨財，以萃聚於天下之人，使皆貿易之相交，民之无者從而有之，民之有者從而散施之。既貨財交易，貿遷有无，天下之民各得其所，各得其宜，故曰「市」也。〔註75〕

有無相通就是讓無者可以有之，而有者可以散施之，以解決匱乏與過盛的問題，這就是市場的功能，在供需之間取得平衡及利益。不過這需要先設官分職，使各有其業，各司其職，才能交通互易，因此胡瑗在〈艮〉卦卦辭「艮

〔註72〕 堯以節儉爲德，見《韓非子・五蠹篇》：「堯之王天下也，茅茨不翦，采椽不斲，糲粢之食，藜藿之羹，冬日麑裘，夏日葛衣，雖監門之養，不虧於此矣。」而《史記卷一百三十・太史公自序第七十》也引述墨家對堯舜之道的形容，就是強調「彊本節用」：「墨者亦尚堯舜道，言其德行曰：『堂高三尺，土階三等，茅茨不翦，采椽不刮。食土簋，啜土刑，糲粱之食，藜藿之羹。夏日葛衣，冬日鹿裘。』其送死，桐棺三寸，舉音不盡其哀。」頁 3290。

〔註73〕 文帝簡樸之風由下見之：一、從代地即位二十三年來，宮中用度沒有增加，凡事以「利民」爲原則，所以曾原本打算要造「露臺」，結果估計費用太大，會花掉相當中產階級「十」家人的財產，文帝覺得羞愧，於是作罷。二、宮中尚節儉，連寵幸的夫人，都規定衣服、幃帳不可以浪費拖地，也不可以裝飾華麗，要敦樸，當天下人的表率。三、修「霸陵」，用瓦器，不用金銀銅錫，以免「煩民」。一代帝王能如此儉樸愛民，難怪能成爲永恆的典範，被世人懷念，而觀漢以下之歷代帝王，幾無出其右者，見《史記卷十・孝文本紀第十》：「孝文帝從代來，即位二十三年，宮室苑囿狗馬服御無所增益，有不便，輒弛以利民。嘗欲作露臺，召匠計之，直百金。上曰：『百金中民十家之產，吾奉先帝宮室，常恐羞之，何以臺爲！』上常衣綈衣，所幸愼夫人，令衣不得曳地，幃帳不得文繡，以示敦朴，爲天下先。治霸陵皆以瓦器，不得以金銀銅錫爲飾，不治墳，欲爲省，毋煩民。」頁 433。

〔註74〕 武王克殷之後，散鹿臺之財，發鉅橋之粟，以振貧弱萌隸，見《史記卷四・周本紀第四》，頁 126。鹿臺、鉅橋是紂王放置錢財及米糧之處，以供享樂，《史記卷三・殷本紀第三》說：「（紂王）厚賦稅以實鹿臺之錢，而盈鉅橋之粟。」頁 105。

〔註75〕 〈繫辭下〉，胡瑗：《周易口義》，頁 8-514。

其背，不獲其身，行其庭，不見其人，无咎。」也說：

> 古之聖人之治天下也，其在建官分職，各有所責，若習禮者專掌于禮，習樂者專掌于樂，習兵者專掌于兵，習刑者專掌于刑，各守其職而不相干也。又如天下之民為士者，止于為士，為農者止于為農，為工者止于為工，為商者止于為商，是亦各有定分，不相揉雜處，不易業而守其常。〔註76〕

古聖王之治天下，必使禮樂兵刑、士農工商，各種行業，「各有定分」，不相揉雜處，民自可安於其業而守其常。而這種安定類似〈艮〉卦「行其庭，不見其人」的情況，胡瑗說：「夫庭者，指淺近之處而言之也。行于淺近而猶不見其人者，蓋止得其道。各守其所，而有定分，不相揉雜故也。」（同上），因為止得其所，所以官民靜而不亂。

六、化民之俗

化民的方式很多，可藉由宗教、德行、風俗、禮法、刑罰等達到變化習性，校正不良行為的目的，或感化，或教化，或潛移默化，茲述如下：

（一）「神道設教」的宗教之化

宗教是感化人民的一股力量，藉由祭祀表達虔誠之意，影響是深遠的，因此古代帝王皆重視祭祀上帝、山川、神靈及先祖等，強調神道設教，而《易經》〈觀〉卦〈象曰〉就說：「大觀在上，順而巽，中正以觀天下。觀，盥而不薦，有孚顒若。下觀而化也，觀天之神道而四時不忒，聖人以神道設教而天下服矣。」林栗認為由「盥」這個步驟即可看出化民之道：

> 化民之道莫遠於誠，行誠之道莫重於祭，祭祀之禮莫先於盥。盥，洗手也。奠幣酌鬯以求神之初也。宗廟致敬，精誠專一，莫盛於此時。及夫既灌之後，三獻而薦腥，五獻而薦熟，其文繁，其禮縟，雖強有力者，猶有時而惰矣。則其精誠之著見，豈能如沃盥之時耶？〔註77〕

「盥」是洗手灌地，「薦」是擺設牲品。林栗認為人在祭祀時，以起始沃盥之時最具誠敬，之後因為繁文縟節，難免怠惰，所以精誠之心不免些許渙散，因此這種始祭時的誠意最容易感動他人，因為沒有任何矯揉造作，所以「下觀而化」，天下人觀之，定能受到很大的感染，誠敬之心也必然油然而生，所

〔註76〕〈艮·卦辭〉，胡瑗：《周易口義》，頁 8-396。
〔註77〕〈觀·象曰〉，林栗：《周易經傳集解》，頁 12-141。

以化民之效最好。因此郭雍也說：

> 故盥而不薦，一示于上，則有孚顒若，必見于下，觀而化也。馬氏
> 曰：「盥者，進爵灌地，以降神也。……祭必先灌，而後薦腥薦熟。
> 方灌之時，其道一于誠而已，非若薦之託物也。灌者，祭之本也；
> 薦者，祭末也。」……夫誠之感人，不行而至，故方盥之時，欲誠
> 于求神，初非有意于化天下，而天下觀之者，感其誠，而顒肅之心
> 自生焉。惟其不期化而自化，此所謂大觀之道。使聖人有意于化民，
> 是教以化之，非大觀之意也。〔註78〕

因為盥灌之時，始欲求神，所以至誠，而此誠足以感化天下之人，使人受其濡
染，生肅穆之心，如此「不期化而自化」，便是大觀化民之道。而這種化是自然
而然，是無意之化，與經由教化的有意之化並不同，因此不能同一視之。總之，
祭祀初期的灌地是祭祀之「本」，最能顯示內心的誠意，至於接下來的獻上祭物
貢品，則為祭祀之「末」，因為誠意已大打折扣，所以才會連孔子都不想再看。

　　而〈渙・卦辭〉「亨，王假有廟，利涉大川，利貞。」王宗傳則強調王祭
祀祖先有拯渙之效：

> 〈萃〉與〈渙〉皆云「王假有廟」者。萃，聚也，欲祖宗精神之聚
> 於此也，故假有廟以亨之。渙，散也，懼其散也，又假有廟以收之。
> 鬼神之理，聚散而已矣。王者以孝治天下者也，故設為廟祧以萃祖
> 宗之精神於其間，常欲其聚而或懼其散，此於〈萃〉、〈渙〉而併及
> 之，所以起天下孝子順孫思親之心，而盡奉先之道也。〔註79〕

〈萃〉卦及〈渙〉卦都提到「王假有廟」，是因為二者可以相通。〈萃〉卦是
假廟以「亨之」，因為祖廟能萃聚祖宗之神靈，從而萃聚人心，得到庇佑而亨
通。〈渙〉卦是假廟以「收之」，因為天下人心渙散，所以藉由宗教收拾民心，
凝聚民意。此外，祭祀祖廟也是孝道的表現，可藉此教化人民興起孝子賢孫
思親之心，以達王者以孝治天下的目的，這就是宗教祭祀的功能。

（二）「賢德善俗」的德行之化

　　宗教之外，人的德行也能感化他人，「賢德」是好的品行，「善俗」是改
變風俗，然須漸進而行，李光在〈漸・象曰〉「山上有木，漸。君子以居賢德
善俗。」就說：

〔註78〕〈觀・卦辭〉，郭雍：《郭氏傳家易說》，庫本，頁 13-75；叢本，頁 79。
〔註79〕〈渙・象曰〉，王宗傳：《童溪易傳》，庫本，頁 17-298。

山之有木，長養而成就之。自青蔥以至合抱，必有其漸。君子以祿
位處賢有德之士，與夫化導天下之俗，使入于禮義，亦必皆有其漸
而不可遽也。……善人爲邦百年，可以勝殘去殺。〔註80〕

李光認爲化民成俗就如同樹木之長成，漸而使之，以禮義化之，才可以慢慢
改變殘暴或不良的民風。

〈訟‧上九〉「或錫之鞶帶，終朝三褫之。」〈象〉曰：「以訟受服，亦不
足敬也。」李杞則舉漢文帝對群臣的寬容來證明君王也可以以德化民：

以剛居上，健不能止訟而勝者也。訟而勝，故錫之鞶帶之服，是豈
德賞也哉！蓋所以愧之也。既服之，又褫之，褫之不已，而至於三，
愧而不安之甚也。夫有功而獲賞，固可貴也。今以訟而受服，尚何
足敬乎？古之聖人所以開天下愧恥之心，蓋亦有道矣！吳王不朝，
錫以几杖，張武受賂，賜以金錢。文帝所以待二子者，是豈有所畏
而然哉！凡以愧其心爾，此以訟受服之義也。〔註81〕

〈訟〉卦上九雖獲賞賜，但是爭訟而得，備受爭議，到底難以長久。意同待
罪之身，反受祿賜，此非榮耀之事。不過這不是在包庇縱容，而是在引發訟
者的愧疚之心，使失德者自動悔過，所以並非敬之，而是愧之。而「三褫之」
是表示失德者或內心愧疚，才會褫之又褫，而隨時有被奪回的可能。因爲有
功獲賞是理所當然，而觸犯刑法卻受到賞賜，意謂著「以訟受服」，並非光彩
之事，李杞舉漢文帝爲例說明。漢文帝自代國來，即位二十三年，勤政愛民，
專務「以德化民」，如吳王劉濞假託生病不來京城朝見，文帝爲他開脫，就賜
給他「几杖」（古賜几杖以示敬老），以示可以免去朝覲之禮儀。臣下張武等
收受金錢賄賂，東窗事發，文帝不僅沒有懲處治罪，還從皇宮府庫中拿錢賜
給他們，李杞認爲文帝對待這些有過失的臣子，並不是畏懼他們，也不是尊
敬他們，而是要使他們感到漸愧，自我反省，目的在以仁德感化臣民。〔註82〕

〔註80〕〈漸‧象曰〉，李光：《讀易詳說》，頁 10-423。
〔註81〕〈訟‧上九〉，李杞：《用易詳解》，頁 19-380。
〔註82〕文帝顧全大局，以生民爲念的舉措見《史記卷十‧孝文本紀第十》：「孝文帝
從代來，即位二十三年，宮室苑囿狗馬服御無所增益，有不便，輒弛以利
民。……南越王尉佗自立爲武帝，然上召貴尉佗兄弟，以德報之，佗遂去帝
稱臣。與匈奴和親，匈奴背約入盜，然令邊備守，不發兵深入，惡煩苦百姓。
吳王詐病不朝，就賜几杖。群臣如袁盎等稱說雖切，常假借用之。群臣如張
武等受賂遺金錢，覺，上乃發御府金錢賜之，以愧其心，弗下吏。專務以德
化民，是以海內殷富，興於禮義。」頁 433。

〈睽・初九〉「悔亡，喪馬勿逐，自復。見惡人，无咎。」〈象〉曰：「見惡人，以辟咎也。」程頤則說明要感化惡人，見惡人而弗絕：

> 當〈睽〉之時，雖同德者相與，然小人乖異者至眾，若棄絕之，不幾盡天下以仇君子乎！如此，則失含弘之義，致凶咎之道也，又安能化不善而使之合乎？故必見惡人則无咎也。古之聖王，所以能化姦凶為善良，革仇敵為臣民者，由弗絕也。〔註83〕

睽者離也，天下乖睽之際，初九與九四因為同德，所以相與，故能亡其悔。然此仍不足，因為所合者仍有限，因為離散之際，惡人眾多，若不能以「含弘」之德與小人共處，則無異與天下為敵。因此程頤強調對惡人要感化之，使之變姦凶而為良善，故不應絕之，若能辟咎（辟為避），自有可合之道，即「无怨咎，則有可合之道」（同上），這才是解決離散，重新聚合的方法。

而新舊政權的交替，往往會遇到頑民不化的案例，李杞在〈觀・上九〉「觀其生，君子无咎。」〈象〉曰：「觀其生，志未平也。」就說：

> 上九以陽剛在上，為一卦之極，以我而觀人者也。舉天下之大，以觀乎我之所為，在我者雖自盡，而人情之不一，安得每人而悅之哉？祁寒暑雨，雖天地之大，而人猶有憾，則夫觀其生者，宜其容有未平之志也。以堯、舜之聖，而不免苗民之不服；以成王、周公之德，而猶有商民之難化，君子于此，亦自反而已矣！夫何咎之有？〔註84〕

李杞認為天地變化，祁寒暑雨，連老天都無法讓每個人都滿意，何況是人事，因此即使有遺憾，也是在所難免，所以〈小象〉說「志未平也」，意即容許有未平之志存焉。對於自然與人事的缺憾，李杞也以「苗民之不服」，與「商民之難化」為例，說明聖如堯舜、周公，都無法完全感化那些遺民了，遑論他人？因此對於舊政權之子民，可以更寬容，然感化與否，則順其自然，未必人力可以完全改變。若不能盡如人意，亦無須自責，因為自反而不愧，又何咎之有？

化民的典範，郭雍舉文王為例，他在〈隨・上六〉「拘係之，乃從維之，王用享于西山。」〈象〉曰：「拘係之，上窮也。」說：

> 先人曰：……方文王之三分天下有其二，固有不隨者也。至于其化，自北而南，皆有德以維其心，此亨于西山之道也。故《詩》曰：「自

〔註83〕〈睽・初九〉，程頤：《伊川易傳》，叢本，頁184。
〔註84〕〈觀・上九〉，李杞：《用易詳解》，頁19-416。

西自東，自南自北，無思不服。」方是時，民歸之，若自拘係，乃
從而維之也。〔註85〕

郭雍提到先人（雍父）對文王之化的稱揚。雖然在三分天下之時，猶有不
隨之者，不過隨著文王之化所及，因為以德維之，所以東西南北，無思不
服，民之歸附，自動拘繫，如同《詩經》所言，「自西自東，自南自北，無
思不服」。

（三）「觀我生」的風俗之化

風俗之化，即是移風易俗，不過移風易俗首重上位者以身作則，人民觀
摩學習，耳濡目染，自然化民成俗，這就是〈觀〉卦的意思，所以在〈觀·
九五〉「觀我生，君子无咎。」〈象〉曰：「觀我生，觀民也。」王宗傳就強調
上行下效的功效：

夫堯、舜率天下以仁而民從之；桀、紂率天下以暴而民從之。當〈觀〉
之時，堯、舜在上，則君子之化行；桀、紂在上，則君子之化息。
故當此之時，人君之動作施為，行於上而效於下者，必君子而後無
咎。不然，則人心一訛，民俗一壞，不可復理矣。〔註86〕

領導人的言行、政策在無形中對人民的感染力是難以計算的，如同孔子所言：
「君子之德風，小人之德草，草上之風，必偃。」所以居上者的行為、舉措
要相當謹慎。因為好壞往往一夕間，尤其是風俗的敗壞，道德的淪喪，有時
更一發不可收拾，所以「化行」與「化息」存乎在位者之品德。

而俞琰在〈蠱〉卦「山下有風，君子以振民育德。」也說：

君子以振民育德者，民心偷惰而風俗澆薄，則當振起之，使之深耕
易耨，歡於生業，而壯者以暇日修其孝悌忠信，則庶乎民德歸厚
也。……〈蒙〉言育德乃君子之德，〈蠱〉言育德乃民之德。〔註87〕

俞琰認為如果民風澆薄，就應注重孝悌忠信的倫理，要根據病情用藥，才能
有效導正，使民德歸厚，這就是「振民育德」之意。

（四）「正家而天下定」的禮義之化

禮義的訓練目的在使知內外、明上下、識尊卑、有先後之別，茲述如下：

〔註85〕〈隨·上六〉，郭雍：《郭氏傳家易説》，庫本，頁 13-68；叢本，頁 71。
〔註86〕〈觀·九五〉，王宗傳：《童溪易傳》，庫本，頁 17-115。
〔註87〕〈蠱〉，俞琰：《周易集説》，庫本，頁 21-110。

1、內外有別

禮義的制定，有很大的一環是在端正男女關係與夫妻職分，因為家是天下的根本，根本鞏固，社會國家的發展才能正常。而夫妻關係最重要的是辨內外，使男女各得其正，有內有外，內外輔成，家庭倫理才能發揮正常的功能。因為孝、慈、愛、敬、悌這些人倫價值、道德觀念的建立，都是要從家庭這個環境慢慢開始培養的，所以家庭的功能不彰，社會很難安定，風氣也很難改善，李光在〈家人·象曰〉「女正位乎內，男正位乎外。男女正，天地之大義也。家人有嚴君焉，父母之謂也。父父子子、兄兄弟弟、夫夫婦婦，而家道正。正家而天下定矣。」就舉六二及九五為例，認為陰陽（男女）皆得其「正」，六二陰爻居陰位，九五陽爻居陽位，又二五相應，所以是家道的理想狀態，他說：

> 人倫之道，自夫婦始。《詩》言先王以是經夫婦、成孝敬、厚人倫、美教化、移風俗。女正位乎內，謂六二也；男正位乎外，謂九五也。六二、九五得陰位、陽位之正。二爻正應在五，男女各得其正，如天地處上下之位，而不可亂也。家有嚴君，則上下內外莫不肅治。父母雖以恩為主，然于辨內外，別上下，尤以威嚴為貴，故通謂之嚴君焉。〔註88〕

家道要正，須重視內外、上下的分際，不能混亂無別。古代社會，男主外，女主內，各司其職；此外，父子兄弟也有上下的倫理，不能因流於恩情而失去界限，甚至喪失尊嚴，應如天地高下，各得其位，自然可以厚人倫、成孝敬、美教化。因為女不安於內，男不正乎外，上不端嚴，下不恭順，家道渙散，則天下國家之根基必然動搖毀壞，此為人倫之大端。而不能正家的例子，李光也舉唐高宗為例說：

> 父子兄弟夫婦，此三者，皆人倫之大端也。上下內外之分嚴，則家道正，而天下定也。……然則定天下之道，在乎修身、齊家而已。唐高宗之不君，百司奏事，多決于武氏，其後遂不能制，以至毒流天下，幾危社稷，蓋由不能正其家也。（同上）

《易經》說男女是「天地之大義」，並強調「嚴君」的重要，然高宗不能正家室，對武氏幸嬖縱容，「百司奏事，多決于武氏」，任由其擅權，後竟遂不能制之，而演成女主之禍。

〔註88〕〈家人·象曰〉，李光：《讀易詳說》，頁 10-371。

至於〈家人・九五〉「王假有家，勿恤，吉。」〈象〉曰：「王假有家，交相愛也。」李杞也說：

> 假，至也。王者之象，以天下爲家者也。自內以及乎外，自家以及乎國，君臣上下父子，粲然有文以相接，懽然有恩以相愛，而无乖爭凌犯之風。王者之至于斯也，其家亦大矣，而尙何憂恤之有乎！文王刑于寡妻，至于兄弟，以御于家邦，二南之化，家道之正也。故以王季爲父，武王爲子，父作子述，而文王可以無憂，然則九五之所謂「勿恤，吉」者，惟文王足以當之。〔註89〕

治家爲治國之本，修身、齊家，才能治國、平天下，所謂萬丈高樓平地起，沒有人可以身不修、家不齊，而能治國、平天下的。因此，文王能刑於寡妻，至于兄弟，自然能推而及於天下，成爲仁德之君，所以李杞認爲〈家人〉卦九五爻，文王實足當之。

2、上下有分

上下、尊卑之分是人類社會存在的必然現象，而禮法之制，即在確立此等分際，以免相互侵陵，引發動盪，李杞在〈履・象曰〉「上天下澤，履。君子以辯上下、定民志。」就提到禮能辨上下、定民志，他說：

> 上天下澤，而貴賤之位已定於三極肇判之先，此禮之所由起也。君子觀〈履〉之象，而以辯上下、定民志。夫民志之不定，皆生於上下之分不嚴，而各有覬覦之心。苟能辨其分之所當得，使上者安乎其上，下者安乎其下，則榮願有餘，而爭奪自息，尙安有凌犯之習哉！〔註90〕

〈履〉卦上天下澤，天在上，澤在下，表示自然界就有尊卑之序，是天地存在的自然現象，所以人事也不能廢上下之辨。而欲使上下各安其分，即是制定禮法，以防凌犯侵奪之事，而免紛爭。李光也說：

> 天體在上，澤最處下，聖人觀此二象，故以禮義治天下，使各安其性分之情，然後天下可得而治也。……雖妾滕之賤，知尊卑之不可踰，貴賤之不可易，能安于義命如此，天下豈有夸跂之心哉！秦之失道，禮義消亡，陳勝、項籍之徒，或輟耕隴上，或歎息道傍，自此豪傑並起，天下紛紛，民志何由而定乎！〔註91〕

〔註89〕 〈家人・九五〉，李杞：《用易詳解》，頁19-459。
〔註90〕 〈履・象曰〉，李杞：《用易詳解》，頁19-391。
〔註91〕 〈履・象曰〉，李光：《讀易詳說》，頁10-299。

李光認爲如果上下皆安于義命，人心穩定，下不陵上，卑不踰尊，自然沒有犯上作亂之事，或萌生僭越之心。以秦朝爲例，焚書坑儒，禮義廢棄，致人心浮動，民志紛紛，人有了非分之想，遂引起豪傑窺伺之心，皆欲取而代之，而致滅亡。

其實禮法除維持秩序，有利於統治外，也是安邦定國，抵抗外侮的重要力量，對侵略之國也有一定的嚇阻之效，李杞在〈賁‧九三〉「賁如濡如，永貞吉。」〈象〉曰：「永貞之吉，終莫之陵也。」就提到東周末期的政治實況，認爲是「終莫之陵」（很難侵陵）的見證：

> 賁如濡如，潤色之至焉者也。聖人以文治天下，制度皆修，而紀綱具舉。君臣上下之分，寓于禮文之表，歷千萬世而不可紊，故天下永守其貞，而莫爲犯陵之習。韓宣子適魯，見《易》象與魯《春秋》曰：周禮盡在魯矣！吾乃今知周公之德與周之所以王。當是之時，周室之衰亦已久矣，而猶足以憑藉維持而永其天命。故齊、晉雖強，而亦知有尊王之義，而不敢萌犯上之心，所謂「終莫之陵」者，于周見之。〔註92〕

〈賁〉卦談增色、包裝，即文對質的修飾。對國家來說，禮樂、制度、綱紀即具潤色之功效。此外，亦有穩定政權，鞏固領導核心的作用，對國家的治亂安危，不無影響。以東周晚期來說，周王室雖早已疲弱不振，周邊大國也虎視眈眈，然周天子的地位並沒有因此而迅速被取代，仍具有一定的影響力，即便齊、晉等大國，早已有問鼎中原的氣勢與實力，對周王朝，仍是敬畏三分，而不失「尊王」之義，就是因爲有禮制約束之故，所以爻辭說「終莫之陵」。而溯其源，即因周公之深明遠見，制禮作樂，以定君臣、上下之分，爲後代子孫奠定良好根基。可見禮文的柔性約制，長期規範人心的力量，不容小覷，所以李杞說：「歷千萬世而不可紊」。

禮樂法度是維繫國家的積極力量，司馬光在〈明夷‧上六〉「不明晦，初登于天，後入于地。」〈象〉曰：「初登于天，照四國也；後入于地，失則也。」也說：

> 國家之所以立者，法也。故爲工者，規矩繩墨不可去也；爲國者，禮樂法度不可失也。度差而機失，綱絕而網紊，紀散而絲亂，法壞則國家從之。嗚呼！爲人君者，可不慎哉！魯有慶父之難，齊桓公

〔註92〕〈賁‧九三〉，李杞：《用易詳解》，頁19-420。

使仲孫湫視之曰：「魯可取乎？」對曰：「不可，猶秉周禮，周禮所
以本也。」然則法之于國，豈不重哉！〔註93〕

司馬光認爲禮法是立國之根基，如同規矩繩墨對工人的意義是一樣的，甚至
還能阻止他國的覷覦、窺視。如齊桓公想趁魯國的內亂（慶父弑君之亂）而
攻取之，然臣子仲孫湫到魯國慰問視察後，則認爲魯國仍本周禮，根基穩固，
因此「未可動」。而這樣的看法及結論竟然就打消了齊桓公的非分之想與興
兵之念，讓春秋時期少了一場戰爭；此外，仲孫湫還進一步勸桓公要幫助魯
國平定內難，並親近這種有禮儀的國家，作爲日後成就「霸王」的條件。可
見禮義對一身、一國之重要，不只讓人看重，更讓人畏懼，不敢輕易冒犯。
〔註94〕

其實就家庭層面來看，禮法使彼此之間的應對進退有一定的規則秩序，
不致雜亂無章。以婚姻關係來說，胡瑗在〈歸妹・卦辭〉：「征凶，无攸利。」
就提及聖人之制禮，使諸侯一次娶九女，以廣嗣息，保社稷之祀，而這些女
人的地位上下，就有嚴格的規定，他說：

所謂「歸妹」者，謂姪娣從女兄而適于人，故謂之歸妹。夫人之不
孝，无後爲大。其諸侯守宗廟社稷之大，其事尤重。故聖人制禮，
使一娶九女，廣其繼嗣，生生不絕，永可以守宗廟社稷之祀而不廢
也。故娶一而二往從之爲左右媵，各有姪娣同姓者九人，必須同姓，
所以親親相睦，絕爭妒之心。……「征凶，无攸利」者，此言姪娣
雖從于人，然上有女兄爲之正配，當退守其分；苟非其位而有征進，
則是侵女兄之權，奪女兄之寵，欲以下而陵于上，以卑而侵于尊，
以庶而亂于嫡，是凶之道，必无所利也。〔註95〕

不過姪娣九女不一定同時歸嫁，其中若有年幼而未可適人者，則先待之於父
母之國，俟其年長，再行歸嫁。此外，姪娣之從人，其上下尊卑之禮甚嚴，
因上有女兄爲正配，故當退守其次，以長爲先。如正室死，則右媵繼之，以
至於左媵，而後姪娣補之。因此如在下者征進，則是侵犯女兄之權，此乃以

〔註93〕〈明夷・上六〉，司馬光：《溫公易說》，易學叢書本，頁134；中華書局叢書
集成本，頁65。
〔註94〕《左傳》閔公元年說：「（仲孫）臣聞之：『國將亡，本必先顚，而後枝葉從之。』
魯不棄周禮，未可動也。君其務寧魯難而親之。親有禮，因重固，間攜貳，
覆昏亂，霸王之器也。」（公元前661年）。
〔註95〕〈歸妹・卦辭〉，胡瑗：《周易口義》，頁8-404。

下犯上，以庶亂嫡，而此爭奪侵權，爲取凶之道，所以卦辭才會說無利可言。

然禮法的制定施行雖是深入各個層面，但必須以中爲原則，所以《易經》有〈節〉卦，談的就是禮法制定的原則，要本乎人情，合乎道理，才能長久，李杞在〈節・九五〉「甘節，吉，往有尚。」〈象〉曰：「甘節之吉，居位中也。」就說：

> 古者帝王之世，貧富貴賤，各有其等；尊卑上下，各有其制。其所以立天下之定分，而爲之裁節者，亦嚴矣。惟其用之得中，是以人皆樂從而不敢少踰。〔註96〕

這說明制度訂定的目的，雖使尊卑有制，貴賤有等，各有常分，但仍要「用中」合宜，才能爲人所接納，而行之久遠，否則人情必斥退之。

3、先後有序

禮制除注重內外、上下之分，也重視先後次第，畢竟有步驟、有規劃，行事才不會雜亂。以婚嫁爲例，女子之歸合於禮制，漸進以序，不可少躐，方能爲婚禮之正，李杞在〈漸・彖曰〉：「漸之進也，女歸吉也。……，止而巽，動不窮也。」就說：

> 先之以媒妁，申之以介紹，將之以幣帛，決之以卜筮、納采、問名、納吉、請期、親迎，而後告之於廟，其品節次第所以防閑之甚嚴而不可少躐。夫如是而後可以爲婚禮之正，一有僭差則始進不正，其終有不可勝言者矣。故漸之進以女歸吉爲主者，欲其進之以禮也。〔註97〕

女歸之禮從媒妁、介紹、幣帛，到卜筮、納采、問名、納吉、請期、親迎等，皆不可逾越而進，否則因僭越而心念流於不正，終有不可勝言者。

4、哀樂有節

教育使人知禮義之道，以變化氣質，使生活、活動有常節、常處。因爲孰悉條理，危難之際自能自處有道，而不致進退失據，慌亂失措，因此在〈履・卦辭〉「履虎尾，不咥人，亨。」〈象〉曰：「履，柔履剛也。說而應乎乾，是以履虎尾，不咥人，亨。剛中正，履帝位而不疚，光明也。」李過就強調禮有助於履危應變，並提昇危機處理能力：

> 天上澤下，上下之分，尊卑之等，禮之所由起也。履，行也。制行莫如禮，動容周旋皆中禮，盛德之至也。……履虎尾，蹈危機也。

〔註96〕〈節・九五〉，李杞：《用易詳解》，頁19-516。
〔註97〕〈漸・彖曰〉，李杞：《用易詳解》，頁19-495。

> 人惟履患難而不爲患難所傷，然後爲履道之亨。此古人制行必以禮，
> 喜怒哀樂有常節，尊卑貴賤有常級，飲食起居有常處，耳目手足習
> 熟乎此，無敢過而不及也，則異時死生利害之變，卒然遇之若平時。
> 虞舜歌南風，文王演《周易》，雍容暇逸，恐懼不足以累其心，此特
> 踐形之至者能之，而學者由禮以入也。〔註98〕

李過藉由「履虎尾」這種蹈患難而不被患難所傷、所噬的機警、鎮定，來說
明禮義之教的功效。因爲平日訓練有素，喜怒哀樂、尊卑貴賤、飲食起居皆
有常度，舉止行爲合於準則，所以面對緊急情況時也能應對有節，如文王被
囚羑里時的從容演《易》即是，不因恐懼而脫軌失常，這就是禮的教化所致。
可見涵養要平素就建立，不是一朝一夕可成，所以教育的形塑過程是不容輕
視的。

（五）「議獄緩死」的刑罰之化

刑化是以刑法懲治惡人，維護人間正義，郭雍在〈中孚・象曰〉「澤上有
風，中孚。君子以議獄緩死。」就提到《尙書》〈大禹謨〉及〈堯典〉篇章中
舜與皋陶的對話，來說明聖人用刑之動機，郭雍說：

> 治獄聽訟，虛中爲先，實其中則有闊，此〈中孚〉之卦，君子所以
> 議獄緩死也。議獄亦舉一端言之也。凡天下之務，當虛中者，皆如
> 治獄，用中孚之道也。且聖人之爲治也，有道以爲之本，刑罰助治
> 而已，非聖人之所專任以治天下也。……舜之戒皋陶曰：「明于五刑，
> 以弼五教。」則五刑者，正所以弼五教，故命皋陶于契之後，非五
> 刑可獨任以致治也。曰：「刑期于无刑，民協于中。」則聖人之心，
> 以无刑在刑之先，此蓋虛中之道也。其命皋陶則先曰：「蠻夷猾夏，
> 寇賊姦宄。」故知舜之刑，由蠻夷猾夏、寇賊姦宄而有之，非此則
> 无用于刑也。〔註99〕

根據〈大禹謨〉的記載，舜告誡皋陶要「明于五刑，以弼五教」，而最終目的
是要「刑期于無刑，民協于中」。對於舜的告誡之語，郭雍認爲「五刑」就是
對「五教」的輔弼，意謂治理國家，光靠刑罰是不夠的，主要仍在教化道義，
因爲道才是根本，所以刑罰「助治」而已。而刑罰的原則在於虛中，虛中即
是中孚之道，以「孚誠」面對人間的刑案。其次，從〈堯典〉中舜命皋陶作

〔註98〕〈履・卦辭〉，李過：《西溪易說》，庫本，頁 17-660。
〔註99〕〈中孚・象曰〉，郭雍：《郭氏傳家易說》，庫本，頁 13-203；叢本，頁 234。

士時提到：「蠻夷猾夏，寇賊姦宄」，就可以證明刑罰的產生，是由於夷夏之姦宄陋習所致，因此聖人用之，實是出於不得已，是因病發藥，若無姦宄之事，其實就用不著刑罰。何況在刑罰的運用時，皋陶也強調「與其殺不辜，寧失不經。」（〈大禹謨〉），即寧願錯放罪人，也不願錯殺無罪之人，造成冤假錯案，令生者死者痛心疾首。凡此皆可說明聖人之用心若此，因此郭雍說：「則知聖人之刑，皆不得已而用也；不得已而用，則由天下有罪，而後有刑。蓋聖人不先刑以制天下也。」（同上）

七、新民之要

新民是改革前朝不良的制度或因習，一新天下耳目，如胡瑗在〈解・九二〉「田獲三狐，得黃矢，貞吉。」〈象〉曰：「九二貞吉，得中道也。」說：

> 蹇難初解，民心尚疑，猶恐未脫于難，而又入于蹇，故君子當行其
> 教化，革其殘暴之政，易服色，改正朔，以新天下之耳目，使民心
> 无所疑矣，如以田獵而獲三狐，猶言群疑亡也。〔註100〕

「田，獵也；狐者，隱伏多疑之獸也。」（同上），田獲三狐即象徵去人民之疑。〈解〉卦指患難解除，而天下蹇難剛解之際，其實人民猶有疑懼者，畢竟一個新朝代才剛開始，百姓生疏，還不能完全適應，所以宜改殘暴之政，並制定良策，推行教化，才能恢復民眾的信心，民心無所疑，才能貞吉。

其實〈鼎・初六〉「鼎顛趾，利出否，得妾以其子，无咎。」〈象〉曰：「鼎顛趾，未悖也；利出否，以從貴也。」也談去否納新，胡瑗說：

> 鼎雖顛趾，然利于出否去穢以納新也。……君子承弊亂之後，思欲
> 鼎新天下之事，其所爲雖有小害，然利于覆去否穢，建立新法，以
> 新天下之耳目，終立天下之大功，所以得其无咎。〔註101〕

「鼎顛趾」，目的是要將汙穢清出，才能烹調出新鮮的食物，如同天下動亂之後，必有新的作爲思維，才能重整天下秩序，重新運作。

第二節 反向

反向就是反面的影響。政策的影響有好有壞，好的可以發揮良善的功效，壞的也能產生一定的破壞力量，對國家社會造成負面的損傷，長期以往，必

〔註100〕〈解・九二〉，胡瑗：《周易口義》，頁8-349。
〔註101〕〈鼎・初六〉，胡瑗：《周易口義》，頁8-389。

然積重難返，因此關係甚大，應慎思而行。對於反面的影響，我們以擾民、殘民兩項來敘述：

一、「无妄之藥」的擾民

關於政策之擾民，宋《易》也有批評，例如秦皇、漢武的窮兵黷武即是。李中正認為漢武帝對四夷的征討，乃輕啓事端，無故擾民，無利而有害，所以在〈无妄・九五〉「无妄之疾，勿藥有喜。」〈象〉曰：「无妄之藥，不可試也。」就說：

> 九五以剛健之資，備中正之德，聖人慮其挟剛健之資，舉天下事事物物，紛更而膠擾之，則適以啓妄而致疾。譬人之四肢和平，而寒暑燥濕偶侵之，不過調和其血氣，以俟其自定，或者乃欲攻之以決裂所未嘗試之藥，祗益其疾爾。……漢武帝承富庶之餘，當天下廓然無事，內則疾禮文之多闕，外則疾夷狄之未賓。自恃雄才大略，舉天下之事，莫不求快吾意。變法易令，好大喜功，窮山林而索禽獸，凡以試吾之藥也，而其毒滋多矣。〔註102〕

九五由於剛健，所以聖人憂其無事而擾民，將帶來无妄之疾，才會提出如此警訓，建議或許「勿藥有喜」，最明顯的例子就是漢武帝。武帝雖雄才大略，卻也「好大喜功」，由於過度征討開疆闢地，不免造成「啓妄而致疾」的後果。而這種「窮山森索禽獸」之事，為國家帶來的就不是藥，而是疾與毒，最後險些斷送國祚。因為九五即便有疾，亦如人偶感風寒，其實並無大礙，稍事休息，調整血氣，便可痊癒，所以根本無需用藥，用了反而有害身體。因此對於「無妄之疾」、「無妄之藥」，當然要有所分辨而遠之，否則以妄治妄，更加虛妄，所以李中正說：「蓋無妄而遇疾，則妄在疾，從而藥之，則妄在藥。以妄治妄，天理滅矣。」（同上）

對於〈无妄〉九五的「无妄之疾」，王宗傳也舉武帝討伐匈奴，太宗遠征高麗來說明，認為皆為无妄之藥，不必然要如此，多用反而有害，他說：

> 嘗聞聖人之治天下也，刑罰不可妄施於人，兵師不可妄加於下國。刑罰而妄施於人則為失刑，兵師而妄加於下國則為失師。當无妄之世，蓋亦處之以无妄而已矣。夫苟不能自克己私，而人欲以勝，則天下生靈之禍，自此始矣。此〈无妄〉於九五而有无妄之疾，勿藥

有喜之戒也！……以商之高宗，史謂有德可高者也，而傳說猶有惟
甲冑起戎，惟干戈省厥躬之戒，又況後世好大喜功之主，如漢武帝、
唐太宗，代不乏人也乎！蓋有是疾而後試之以是藥，則藥不爲妄；
无是疾而試之以是藥，則妄矣。武帝蓋嘗試是藥於匈奴矣，太宗嘗
試是藥於高麗矣，皆无疾而藥，而反以致悔者也。〔註103〕

无妄之世，要以无妄處之，无妄就是不虛妄，何爲虛妄？王宗傳舉刑罰兵師胡亂加之於人民或他國即是妄，既然妄，就不免「失刑」、「失師」。而妄的起因是因人欲，人的非分之念。人有妄心，就會妄動，因妄動而招致災禍，如漢武帝及唐太宗的過度征伐即是。大抵國事清平，不必大動干戈，但因開疆拓土的欲念，使這兩位帝王或征伐無度，或發動爭戰。而沒有節制，當然以悔吝收場，所以武帝及太宗皆不免要因此而自責、自咎，證明無妄之藥，實在不可試。因爲無疾而試藥，不僅無功，反致疲憊。而如何防範妄，王宗傳說：「正則不妄」（同上），即舉措能合乎天理，行事就能有所約束，不致勞民傷財而勞苦天下。

因此王宗傳在〈觀・上九〉「觀其生，君子无咎。」才會認爲唯有君子才能觀其生，看到別人的不幸，並以天下蒼生爲念。至於小人則只知有一身之樂，不知萬民之憂，所以根本無法觀民之生，他說：

及後世則不然，巡行遊幸，止爲遊觀之象。而流連荒亡，勞動騷擾，
冤苦失職者无告，而萬乘千騎所至，徒有供億之苦。此无他，知有
一身之樂，而不知以萬民爲憂故也，庸免天下萬世之議乎？故處觀
其生之任，亦必君子而後无咎，何者？君子之志，不以一身爲樂，
而以萬民爲憂故也。使其以一身爲樂，則无有所謂未平之志者矣。
（通志堂經解本作「勞動搔擾」）〔註104〕

王宗傳認爲後世帝王之遊觀，萬乘千騎，其實只爲一身享樂，流連荒亡，勞動騷擾，徒增百姓之苦而已。

至於〈既濟・九三〉「高宗伐鬼方，三年克之，小人勿用。」〈象〉曰：「三年克之，憊也。」對於高宗伐鬼方，王宗傳認爲亦不值得稱許，因爲即使是伐鬼方的小國，也要耗費三年的時間，而結果僅只克之，並沒有什麼大功績可言，無疑在勞師動眾、勞民傷財，他說：

高宗伐鬼方，三年克之，而象曰：「憊也」。夫高宗，古所謂賢主也，

〔註103〕〈无妄・九五〉，王宗傳：《童溪易傳》，庫本，頁 17-135；通本，頁 1023。
〔註104〕〈觀・上九〉，王宗傳：《童溪易傳》，庫本，頁 17-116；通本，頁 1007。

鬼方，其小醜也。以賢主而伐一小醜，歷時滋久，至於三年而僅克之，則其功固不足多，而在我者，老師費財亦已甚矣。〔註105〕

處〈既濟〉之時，居上者所思應該是如何保其盛世，而不是興兵遠討，致民疲憊，因此對於九三之舉，王宗傳認爲實在有「過剛之失」：

〈既濟〉至九三，濟道已盛矣，當思有以保其盛，可也。不知出此，則將勞內而事外，勤兵以伐遠，故雖以賢聖之君，僅有克獲之功，亦不免於有過剛之失，而失於困憊也。（同上）

其實勤兵伐「遠」，即便是聖賢之君，亦難以有爲，這就是〈既濟〉卦九三爻對世人的告戒。

二、「往見吝」的殘民

殘民就是塗炭生靈，除非遇大才大德之人，才能解民倒懸，開創新局。關於帝王的荒謬之舉，王宗傳在〈蠱‧六四〉「裕父之蠱，往見吝。」〈象〉曰：「裕父之蠱，往未得也。」就舉胡亥爲例，說明「裕父之蠱」。「裕父之蠱」就是加速敗壞，而且往往就是山雨欲來風滿樓，一發不可收拾：

昔者嘗讀太史遷《史記》至〈秦本記〉，而知始皇之所以失者，蓋不勝計也。末年以遊豫之失遂亡厥軀，而驪山、阿房之役，民不堪命，在後之似所宜鑑而懲之也。胡亥今日即位，明日與趙高謀曰：先帝循行郡縣以示威強，服海內，今宴然不巡行，即見弱矣。乃東行郡縣至會稽，盡刻始皇所立刻石，石旁著大臣從者名，以彰先帝成功盛德。還至咸陽，又曰：先帝謂咸陽朝廷小，故營阿房，今釋阿房弗就，則是彰先帝舉事過也，其令復作阿房宮，如始皇計。嗚呼！此〈蠱〉之六四所謂「裕父之蠱」也。夫當斯時也，不能幹其蠱而增裕之，何也？太史遷曰：胡亥極愚，驪山未畢，復作阿房，以遂前策。又稱誦其言曰：凡所以爲貴天下者，肆意極欲，大臣至欲罷先君所爲，嗚呼！彼以罷先君之所爲之爲失也，而不知「裕父之蠱」之未爲得也。夫始皇成功盛德何在，而舉事之過正在巡行與營築也。今而刻所立石，復營阿房，乃所以益彰其過也，豈能少損其過之萬一歟！〔註106〕

蠱是腐敗，「裕父之蠱」表示對先人的蠱敗，或製造的問題，無法收拾，又

〔註105〕〈既濟‧九三〉，王宗傳：《童溪易傳》，庫本，頁 17-313；通本，頁 1170。
〔註106〕〈蠱‧六四〉，王宗傳：《童溪易傳》，庫本，頁 17-105；通本，頁 999。

因處置不當，沒有緩和而反有惡化的趨勢，最典型的例子就是胡亥。王宗傳認為始皇之所以亡天下，其關鍵即在巡行與營築，以致民不聊生。對於始皇的不當作為，胡亥本應有所警覺，立刻終止先皇的不當政策。然繼位後，不但沒有稍事收斂，還變本加厲。為宣示初登大位，胡亥學始皇四處巡行。大隊人馬所到之處，皆刻始皇所立碑石，藉以彰顯先帝功業；又為證明先帝決策之正確，不顧百姓安危，於驪山陵墓尚未完工，又急著興建阿房。大興土木，窮奢極欲的決策，完全以享樂為考量，難怪會塗炭生靈。這些荒唐的行徑，比起始皇，簡直是青出於藍，難怪會「裕父之蠱」，加速秦朝的垮台，所以司馬遷才會以「極愚」稱之〔註107〕，即胡亥昏昧至極，不明事理，印證〈蠱〉卦六四爻所言，不僅「往見吝」，而且「往未得」，最後不免以亡國收場，又何只是「吝」而已。這與初六比起來，有顯著的不同。初六因能覺悟隱藏的危機，所以對先皇的蠱敗，能及時挽救，以振衰起蔽，做有力的扭轉，所以爻辭才會說：「无咎」、「終吉」，表示結局改善很多。然六四則不同，因陰柔又居陰位，陰暗無光，因此所往所為皆見鄙吝，根本毫無能力匡正先祖之弊亂，因此每下愈況，到最後局勢失控，才會又天下大亂，群雄並起，所以王宗傳說：

> 六，陰也；四，亦陰也。陰暗而无覩，此史遷所謂極愚也，故曰：「往見吝」，又曰：「往未得也」，謂其以陰暗无覩之才，凡有所往，皆見鄙吝。（同上）

至於〈損·六四〉「損其疾，使遄有喜，无咎。」王宗傳認為六四能損民之疾，解民之苦，所以天下人皆欣欣然有喜色；反之，如不能體恤百姓疾苦，則必然遭到唾棄，如鄒穆公之事即可說明：

> 六四以柔順之才，處近君之位，所謂人臣之高位也。處此之位，當損之時，宜如何哉！務在順民之心，損其疾苦，而又不至於困憊。……
> 孟子謂鄒穆公曰：「凶年饑歲，君之民老弱轉乎溝壑，壯者散而之四方者，幾千人矣；而君之倉廩實，府庫充，有司莫以告，是上慢而殘下也。」夫饑饉之來，賑之、恤之，惟恐其後，如六四之所謂「使

〔註107〕胡亥對帝國的危機渾然不覺，荒唐的行徑讓《史記》以「極愚」評價之，見《史記卷六·秦始皇本紀第六》：「始皇既歿，胡亥極愚，酈山未畢，復作阿房，以遂前策。云：『凡所為貴有天下者，肆意極欲，大臣至欲罷先君所為。』誅斯、去疾，任用趙高。痛哉言乎！人頭畜鳴，不威不伐惡，不篤不虛亡，距之不得留，殘虐以促期，雖居形便之國，猶不得存。」頁292。

遄有喜」，可也。今也不能損其疾苦，使之流離轉徙，及至兵戈之日，

斯民疾視其長上而不救其死，則怨咎之心至此始獲逞矣。〔註108〕

遄是快速，疾是痛苦，「使遄有喜」是說要快速解決百姓的困苦。戰國時期，鄒國與魯國發生戰爭，結果鄒民對於自己的長官死於戰亂中，無動於衷，沒人要營救。對於鄒民冷漠的態度，鄒穆公欲嚴懲。然孟子告戒穆公，凶年饑歲，在上者對百姓的痛苦袖手旁觀，不聞不問，則一旦發生危難，百姓自然對長上冷漠以對，視而不見〔註109〕。這說明官吏平日如何對待百姓，戰亂時百姓就如何回報官員。當災民轉輾流離時，君上的府庫充實盈滿，卻不及時援救，上慢殘下，百姓當然怨咎。總之，出乎爾者，反乎爾者，有國者行善政，百姓自然有向心力。

而〈損·卦辭〉「有孚，元吉，无咎，可貞，利有攸往。曷之用，二簋可用享。」李光指出損有二種，損下益上謂損，損上益下則謂益，所以損下才是損：

唐明皇用宇文融、韋堅之流，行聚斂刻剝之政，歲進羨餘，爲天子

私藏。百姓流亡，海內耗竭，致祿山之禍，損莫大焉。〔註110〕

李光還舉唐玄宗用宇文融〔註111〕及韋堅〔註112〕之流，搜括民脂民膏，進獻天子，成爲私人寶藏〔註113〕，卻造成海內虛空，百姓流亡，如此民不堪命，致

〔註108〕〈損·六四〉，王宗傳：《童溪易傳》，庫本，頁17-213；通本，頁1087。

〔註109〕見《孟子·梁惠王下篇》。

〔註110〕〈損·卦辭〉，李光：《讀易詳說》，頁10-379。

〔註111〕宇文融聚斂的手法，使國家在財稅方面有很大的收入，因此玄宗以爲「能」，《舊唐書卷四十八·志第二十八·食貨上》說：「開元中，有御史宇文融獻策，括籍外剩田、色役偽濫，及逃戶許歸首，免五年征賦。……得戶八十餘萬，田亦稱是，得錢數百萬貫。玄宗以爲能。」頁2086。這是唐玄宗晚期重用小人而敗德斂財之事，聚斂者如宇文融，奸邪者如李林甫，從此國政日非，每下愈況，《舊唐書卷十五·本紀第十五·憲宗下》就引崔群之語說：「玄宗少歷民間，身經迍難，故即位之初，知人疾苦，躬勤庶政。加之姚崇、宋璟、蘇頲、盧懷慎等守正之輔，孜孜獻納，故致治平。及後承平日久，安於逸樂，漸遠端士，而近小人。宇文融以聚斂媚上心，李林甫以奸邪惑上意，加之以國忠，故及於亂。」頁470。

〔註112〕韋堅搜括財物的能力亦不下宇文融，玄宗也很欣賞他對國庫的貢獻，見《舊唐書卷一百五·列傳第五十五·韋堅》：「（韋堅）見宇文融、楊慎矜父子以勾剝財物爭行進奉而致恩顧，堅乃以轉運江淮租賦，所在置吏督察，以裨國之倉廩，歲益鉅萬。玄宗以爲能。」頁3222。

〔註113〕《舊唐書卷一百五·列傳第五十五·史臣曰》總結這些作威作福之人說：「宇文融、韋堅、楊慎矜、王鉷，皆開元之倖人也，或以括戶取媚，或以漕運承恩，或以聚貨得權，或以剝下獲寵，負勢自用，人莫敢違。」頁3232。

安祿山叛亂，所以李光認為損沒有比這個更嚴重的了。

小結

最後，關於風俗政策的探討，其結如下：

一、宋《易》對政策的探討，大抵屬於原理、原則的討論，細節並不多，即在執行面及行政體系方面，並沒有詳盡具體的介紹，所以無法看出完整的組織系統或架構，要深入瞭解，應從其它文獻資料、典章制度入手，在此僅能就制度成形的思想面來說明。

二、而這種原則的探討是強調中和之道，即在剛與柔、情與理之間找到適點，因為中道的效益最好。而好的政策應該要能保護人民的安全，解決人民的需求，改善人民的生活，例如愛民的政策應該要剛柔並濟、情理兼備、緩急相須。養民則應反本務實。安民則要休養生息，寬容並蓄。保民則強調兵民合一，眾建諸侯，險易並用。利民則要以財聚民、興利除弊、互通有無。化民也要多管齊下，如應用宗教、德行、禮法、刑罰等，或感化、或教化、或修正、或處罰，才能真正化民成俗，導民從善。而壞的政策則經常是帝王逞其私欲的藉口，才會造成擾民、殘民的負面結果，所以舉措不得不慎，而對於不良政策造成人民的傷害，亦應有所警戒。總之，政策的制定要能因時制宜、因地制宜，隨時調整，才能避免拘泥不化，而達到預期的成效。

第六章 「陽尊陰卑」的錯亂與還原——
道德價值的開展與崩解

　　人類社會在進化，而道德型態及內涵也跟著時代在改變，隨著複雜的人倫、人際關係產生，必然有新的觀念、元素融入其中，以因應多元的價值需求與發展。其實「德」在西周時期已是政治思想的核心，周人以德決定天命之所歸，認為有德才配有天命，所以天命是不會隨便加諸在任何人身上的，除非他有什麼努力或貢獻。而這也是周人與殷人在思想上的進化與創新之處，表示對以德治國的體認與自覺，朱鳳瀚在〈遂公盨銘文初釋〉中就對遂公盨重德的內容說：

> 銘文全篇重點在於闡述德對於治國、社會安寧的重要性，是瞭解與研究西周政治思想史彌足珍貴的資料。「德」的觀念是西周政治思想之核心。西周貴族固然仍崇仰「天」，喜講「天命」，但是已將「天命」與「德」的觀念相結合，並為「德」規定了一套具體的倫理及行為標準。能否尊奉「德」已成為能否享受天命的關鍵，只有秉德為政，才能不蹈殷人覆轍。……本篇銘文則在如何貫徹「德」的方面做了較為深入的闡述。銘文以禹之功績為例，說明保民對於德政推行的重要性；銘文還論及「好德」不僅是對社會上層的要求，也是對民眾的要求；遵奉德對於個人來講，重在於孝友、好祀及從德的高度對待婚姻。凡此均有助於更深入地瞭解西周時期王朝推行的德治的內容與德的深刻思想內涵。〔註1〕

〔註1〕參《遂公盨——大禹治水與為政以德》，（北京：保利藝術博物館編著，2002年10月第一版第一次印刷），頁64。

德有利於國家的統治，因為有安定社會的功效，而德就落實在保民的推行上，所以，照顧百姓的人才能長久地享有天命。而這也是對王權的挑戰及警示，意謂著天意不會是一成不變的，不修德隨時都有可能地位不保。〔註2〕下至春秋戰國，諸子百家的思想中以孔子儒家最重視修德，所以仁學的核心價值就是對倫理道德的建構及闡述，同時重道德也是儒學引人入勝之處。其實在儒家的思想中，「仁」是一個道德的總稱，由仁可以演化出許多條目，如禮、義、孝、悌、忠、信、愛、智、恭、敬等，這些在《論語》中都有許多分析提點，而這些德目對後世的影響，甚至是民族性的形塑，不僅僅是深遠，而是深刻的。

下至宋代理學，人們稱之為新儒學，也就是新的道德學型態，只是為什麼叫做「新」？因為其中有對孔子「原始」儒家思想的繼承與發揮，也有宋儒自己的創造、發明與體會，以及吸收外來的知識。只是不管是舊有的觀點也好，還是新的突破也罷，某種程度都能反映在《易經》的著述中。宋儒在援史證《易》的過程中所提出來的評語、評價往往就帶有道德層面的判斷，以之為衡量歷史人物的是非功過、行徑舉止的標準，並寄託一己的價值觀及生命觀。這其中有儒家所重視的寬仁、中正、好善、誠信、反求諸己、公義、女德，以及窮達進退的抉擇等等；也有道家自然無為、超然物外、守拙處卑、功成身退等價值的強調；有時也滲進去佛理的思維，這些討論，皆從不同面向豐富《易經》的形上思維，也開拓道德學的更深一層意涵。

而論道德，必論其根源與形上依據，根源與《易經》尊卑、健順、動靜、中正、剛柔、比應、終始與陰陽相求等概念是息息相關的，而其情如下：

道德源於《易經》陽尊陰卑的本位，即乾坤上下的分別，也就是正位思想。〈繫辭上〉說：「天尊地卑，乾坤定矣。」這表示陽有陽位，陰有陰位，本有其位，雖可替換於一時，卻難以長期錯置，所以坤本居下，如妄想居上，或小人不安於下，而妄進高位，就常會為自己或國家帶來凶險。以〈咸〉卦、〈歸妹〉卦來說，〈歸妹〉卦的陰爻皆在陽爻之上，因為「柔乘剛」、「位不當」

〔註2〕陳來在《古代思想文化的世界——春秋時代的宗教倫理與社會思想‧第九章‧德行》一書中將德行的類型分成四類：一是性情之德：齊聖廣淵寬肅明允。二是道德之德：仁義勇讓固信禮。三是倫理之德：孝慈悌敬愛友忠。四是理智之德：智咨詢度諏謀。並且認為「倫理之德是與人際的直接倫理關係的規範相聯繫的德目，而道德之德則是相對來說比較個人的道德品行。」（北京三聯書店出版，2009年4月一版），頁365-366。

〈象傳〉，所以卦辭才會說「征凶」、「无攸利」。意即顛倒陰陽，違逆天地之情的事，一般是難以長久的，所以即便結爲夫妻，亦恐有分離之憂，世人當有所警悟，因此李光以「逆德」說之，所謂「陰之乘陽，柔之乘剛，豈非逆德也哉！」〔註3〕即融入強烈的道德批判。而〈咸〉卦也是，〈咸〉卦表示男女交往之初的情況。男女相戀，男在下，女在上，一切以女方爲主；然一旦進入婚姻關係，則必須回歸正位，夫居上，婦順承於下，方爲久長之計，所以〈恒〉卦才是家道之常，〈咸〉卦只是一時心動的愉悅。而理想狀態如〈巽〉卦，因爲〈巽〉卦符合陽尊陰卑之序，陰爻皆順承於下，表示柔皆順乎剛，小人皆順從君子，因此卦辭才會以「小亨」斷之，表示這種情況還不錯，而宋《易》也以此稱讚唐太宗時期的政治型態，表示小人在君子之下，不致於危害朝政，而這也是太宗引以自豪之處。

　　道德源於《易經》崇陽抑陰的思想。這體現在君臣觀上，反映帝制時期，以君王爲中心的政治思想。即君爲陽，臣爲陰，陰要順從陽，以陽爲主體而退居輔佐之地位。因此，陽是被尊崇、被抬高的，甚至是可以被原諒的；陰是被壓抑、推下，甚至是被要求要忍耐的。因此，即使面對昏君，宋《易》對臣子的要求，都遠遠大過對君主的譴責，如〈豐〉卦的六二爻便是。由於相應的六五爻是柔暗之君，又加上上六這個小人的蒙蔽，簡直暗上加暗，因此對六二來說，形勢極爲不利，如唐朝的陸贄即是。楊萬里舉陸贄與德宗的故事爲例，對於德宗對待忠臣之刻薄行徑，楊萬里雖也批評；然而面對昏庸的德宗，楊萬里卻仍認爲臣子之道猶應孚誠以對，不管明或暗、疑或疾，皆不能貳其心〔註4〕，顯然是一種無奈的忠誠。其次，因爲崇陽抑陰，陽是君子，陰是小人，所以陽是被看重，而可以親近的；至於陰，則要試圖與之保持適當的距離，才能獲得陽的認同，這表現在〈隨〉卦上面。楊萬里在〈隨・六二〉「係小子，失丈夫。象曰：係小子，弗兼與也。」就認爲六二可以親近「六三」這個小子，也可以親近「九四」這個丈夫，但六二最終選擇親近六三，導致九四的疏遠，所以爻辭說「弗兼與」，表示不能兼顧，並且有「係小子失丈夫」的貶損預測。雖然這一爻並沒有吉凶的直接占斷，但從字裡行間是可

〔註3〕〈歸妹・象曰〉，李光：《讀易詳說》，頁10-426。

〔註4〕楊萬里在〈豐・六二〉說：「臣子之道不以君之明暗而二其心也，一於至誠孚信，以發吾志而已。盡吾之誠心而君不疑不疾，固吉也；疑焉、疾焉，亦吉也。故梁州之行，求贄不得而帝泣，贄不以爲己悅；忠州之貶，終其身而不還，贄不以爲己凶。」，見《誠齋易傳》，庫本，頁14-682；殿本，頁592。

以感受出聖人在某種程度上並不太認同六二奇特的選擇。

道德源於《易經》的中正概念。《易經》強調中正，所以中位最佳，即二、五爻的位置。二居下卦之中，五居上卦之中，得先天之利；其次是正位。正位就是陽爻居陽位，陰爻居陰位。陽位是一三五爻，陰位是二四六爻。因此，三與上位就比較不利，因為處上下卦的極端，已不中，如又不正，常會為自己帶來凶險，而引起道德的非議。除非自制，受貴人之助，或靠道德修養來自我修正，否則便易招致悔吝，留下遺憾，因此〈繫辭下〉說：「三多凶」，意即在此。而靠道德修養成功轉換吉凶的，如〈乾〉卦九三爻即是。〈乾·文言傳〉就分析九三爻是如何化解「不中」這個危機的，即因「惕」而免咎，「九三重剛而不中，上不在天，下不在田，故乾乾因其時而惕，雖危无咎矣。」即九三雖上不上，下不下的，也就是先天位置比較差，既不居五之天位，也不居二之中位；然若能因時警惕，「乾乾而惕」，就算面臨危險也不致於有咎。這就是靠自身努力而解除困境的例子。

道德源於《易經》陽剛陰柔的本質。乾為君，坤為臣，乾當剛健，坤當柔順；然現實中，不剛不柔、過剛過柔的情況所在多是。常常是君不剛，臣不柔；或君過剛，臣過柔，因此剛柔失調，難以陰陽合德，而有軟弱的帝王，或跋扈僭越的臣子出現。因為對帝王或國家領導人來說，原應剛健，如柔弱，實在不適合當國君，易被小人操控，國家大事交到這種皇帝手上，怎能有什麼期待？如漢元帝即是。此時免不了有悔吝或凶咎之事發生，所以宋《易》便以〈豫〉卦六五爻的陰柔之質卻居君位，來說明漢元帝行事舉措之荒謬。意謂著元帝本人本應有所自覺而剛強振作，否則縱容小人為所欲為，本非明君之行。而〈巽〉卦上九爻也是，上九本應陽剛，又居高位，卻「巽在牀下」，過度卑巽；由於自喪陽剛之德，所以爻辭才會以「凶」斷之。而反觀九二爻，同樣「巽在牀下」，卻沒有凶咎，爻辭反說「吉」，是因九二居下，對位卑之人來說，謙虛是本分，本無不可，只要不過分，其實合乎中道，所以爻辭才會說「得中也」；然對上九之居高位者來說則不宜，因位高而自甘卑屈，簡直反常，此種行徑也難以被世人認同，如李斯即是，而李斯的下場就是最好的證明，所以楊萬里才會以「中正之順」、「姦邪之順」來作強烈的對比。

道德源於《易經》的比應概念。《易經》有比應的情況。即一四爻、二五爻、三六爻，各居相應之地。相應之爻有相屬及相牽引的義務，而有應才有

養的正當性,「相應則相養」〔註5〕,以〈頤〉卦六二爻來說,便是無應而失養的困頓情況。因為陰不能自養,需求養於陽,然上九及初九又皆非其正應,導致六二不管是從下或從上,皆不合倫理,而有道德上的疑慮,因此爻辭才會有「凶」辭;然有些情況是相應者根本就不滿意與自己相應的爻,因為覺得不理想,或見到其它條件更好的,便欲捨棄元配,而去另覓新歡。如此心猿意馬,見異思遷,也容易招來非議,而受人批評,如〈萃〉卦初六爻便是;因為《易經》的思維,「應」大於「比」,一般情況,正「應」比親「比」還要重要,意即人生的道義責任比起人心的情感,有時還要重要。但人畢竟是情感之物,日久難免生情;然若因情而忘記自己的所應,則有失責之慮,難免受到指責。總之,人雖有感情的好惡,但同時也存在著理性的進退與抉擇,情理之間,如何取捨,此種兩難,考驗著每一個人,是生命的重要課題,《易經》反映人生,即反映現實;但也有少數情況是例外的,如〈姤〉卦便是。畢竟有些時候是近水樓台先得月,有時地利之便,更勝先天之局。〈姤〉卦全卦只有初六這一陰爻,而初六又與九二接近,所以容易為九二所得,此時對九四爻來說,最終只能接受初六必須拱手讓人的事實,因為初六已有更好的歸宿,所以即便九四為其正應,也只能成人之美,也必須成人之美,因為此時的變化已不是他所能決定的。而這種情況便是項羽與劉邦的寫照,對人民來說,劉邦恐怕更符合民意,所以天下終歸劉邦所有,而與項羽擦肩而過,因此宋儒以「包有魚」及「包无魚」來比喻這二人的歷史境遇及殘酷的結局。

　　道德源於《易經》陰陽相求的質性。這通常會發生在全卦只有一個陰爻或一個陽爻的情況,如〈同人〉卦即是。〈同人〉卦只有六二一個陰爻,所以其它五個陽爻都想親近,甚至據有己有;然二五本即正應,二已有所屬,導致其它陽爻皆為非理窺視,若因此而有所行動,必然產生搶奪現象,實屬非分之想。必要時甚至要與五開戰,五為了護衛自己的所屬,勢必引起紛爭。其中又以九三爻最不安份,最跋扈,因為陽剛之質,又居陽位,剛性太過,容易一意孤行,蔑視禮教,而有衝動之舉,因此仍不時覬覦,並隨時準備伺機而動,所以才會有「伏戎于莽」的緊張情勢,暗指箭在弦上,不小心,便有可能局勢失控。相反的,如能像九四爻,陽爻而居陰位,陰能節陽,不失柔順,便能稍事收斂,甚至「困而反則」,如趙盾即是,因此不致失道太甚,偏離太過。

〔註5〕〈頤・六二〉,程頤:《伊川易傳》。

　　道德源於《易經》重視陰陽平衡，即陰陽數量、勢力不宜差距懸殊，形成眾寡之局，而造成陽盛陰衰、陰盛陽衰的失衡，形成不穩定狀態的偏離，如〈復〉卦、〈大過〉卦、〈大壯〉卦便是。〈復〉卦只有一個陽爻，而且居下，屬於陽氣始復階段，因此力量有限，所以六爻中只有初、二爻吉，以上全無吉者。尤其對六五這個國君來說，更應警惕，因為陽氣始復，尚未成熟，處「剛長」階段，示陽剛之臣有限；而六五本身又陰柔，因此若想在朝政上有一番作為，六五勢必要自己多振作，以養陽為首要任務，才能漸入佳境，取得執政成效，所以爻辭才會沒有吉辭占斷，表示離吉還有一段路要走，怎麼走？自立自強。至於〈大過〉卦、〈大壯〉卦也是。〈大過〉，示大者過也；〈大壯〉，示大者壯也。大即陽，所以大過、大壯皆示陽氣過盛。因為六爻中就有四個陽爻，且集中在中間四爻，或下四爻，陽氣滙聚。由於剛性太過，補救之道便是以陰緩之，所以爻位中，以陽居陰者較吉，如九二、九四爻；而以陽居陽者則明顯不吉，如初九、九三爻。這是提醒占卜者，過度崇尚陽剛亦有危機，多必折損。然過度推崇陰柔更不宜，所以〈小過〉卦沒有一爻是吉的，因陰氣過盛，陽元必定耗損，不利陽界生存。

　　道德源於《易經》強調始與終。因為人生在世，可以善始慎終者，蓋為少數。人若不是苦盡甘來，便是有始無終，不了了之，甚至不得善終，所以〈泰〉卦雖從好走到不好，〈否〉卦卻從不好走到好。儘管有人在否極泰來，有人卻在福盡悲來，不為什麼？因人皆有墮性。又或者人往往該慎始而不慎始，該終了卻不了斷，舉棋不定，於是就在該進不進與該退不退間形成悔吝，因此〈蠱〉卦上九爻才會提到「高尚其事」，即提醒上九爻已居治蠱之終，問題既已解決，又可退休，或許榮退更理想，可以不必再事王侯，而清靜修道，走向另一種境界。

　　關於道德，以下分成「道德價值的開展」與「道德價值的崩解」兩個層面來論述：

第一節　道德價值的開展

一、儒家

（一）「勿憂」的寬仁好善

　　李光解釋〈恆〉卦〈象傳〉「日月得天而能久照，四時變化而能久成，聖

人久于其道而天下化成。」之意，認爲聖人能得天地之心，達乎天地之情，在日月四時的變化中，體認默識「貞恒」之理，他說：「聖人默觀天地造化之變，如日月四時往來變化，而得貞恒之理，故能達乎天地萬物之情，位乎兩間而成三才之功也。」〔註6〕而天地的貞恒是什麼？李光認爲天之恒以「運轉不窮」爲恒，而地之恒以「安靜不變」爲恒，天有日月往來而未嘗變，地有四時寒暑而未嘗變，至於聖人之恒爲何？即是仁德。李光也以周王朝爲例，認爲周朝自后稷以來，至於文、武等賢君，皆能效法天地恒長之道，代代相傳，久于仁道，世代累仁積德，以致功被四海，德化天下。而其成周之治，更光耀古今，「獨冠百王」，歷來爲人所稱道：

> 周室之興，本乎后稷，十五王而文基之，十六王而武居之。其積德
> 累仁，可謂久矣！故成周之治，獨冠百王，功德之被海隅者，廣仁
> 恩之決生靈者深，故曰：「聖人久于其道而天下化成也。」（同上）

周朝的興盛，由始祖后稷開始，歷經十五代而至文王奠基，十六代武王伐紂爲止，都能秉持仁心，施恩德於天下，稱得上是「聖人久于其道而天下化成」的人間典範。

　　而〈復・象曰〉「復其見天地之心乎！」李光認爲「君子道消，小人道長。」就是天地之心，表示天地有生化之德，生生不息，他說：

> 復其見天地之心者，于復之時，君子道長，小人道消，天地之心，
> 于此可見矣！天地豈有心哉！而禍福休祥之證，皆有以窺見天心。
> 至天地之變，五緯失其常度，五行失其常性，皆逆知其過。董仲舒
> 言天心之仁愛人君，故出災異以譴告之，以天地爲漠然無心，可乎？
> 〔註7〕

李光認爲禍福休祥即足以見證天心，所以董仲舒才會有天心仁愛仁君之說。

　　其次，對於文王可升而不進，勢雖足以有天下，卻止於岐山，而服事殷王的情形，李光在〈升〉卦六四爻以「至德」稱之，即以德而升。〈升〉卦六四爻說：「王用亨于岐山，吉，无咎。」而周朝爲何符合爻義？因周家世代以德相傳，而文王繼之，所以雖三分天下有其二，卻不因居六四近君之「尊位」而起陵犯之心，仍謹守臣子之分際而不踰越，因此得吉而無咎，他說：

> 六四處近君之位，上承于五，處尊位而无陵犯之志者，文王是也。

〔註6〕〈恒・象曰〉，李光：《讀易詳說》，頁 10-359。
〔註7〕〈復・象曰〉，李光：《讀易詳說》，頁 10-340。

> 太王居豳，狄人侵之，去之岐山之下居焉，從之者如歸市，文王因
> 之，此周家王業之所基也。居六四之地，勢足以亨于天下，然止于
> 岐山者，此文王之至德也。〔註8〕

周太王居豳，狄人侵之，於是遷到岐山之下定居，結果從之者如歸市，文王
也紹承祖德，因而奠定周朝基業，與〈升〉卦升進之意象相合。

　　至於〈豐・勿憂〉，項安世則認爲一國之君應有包容臣子之雅量，學習〈豐〉
卦所言「勿憂」，不必對功臣良將疑神疑鬼的，三不五時就猜忌他們有貳心，
因爲憂慮愈多，疑惑愈深，卻非「保大之道」：

> 既豐矣而言勿憂者，有大則患失其大。……此古今之至情也。漢高
> 祖之除彭、韓，繫蕭何，疑陳平。唐太宗之殺劉洎、李君羨，皆既
> 豐之後，憂之深也。聖人曰：是不必憂，愈憂則愈惑，非保大之道
> 也。〔註9〕

功業草創之際，君臣多能推心置腹，恩怨情仇放一邊；但等到功業建立，處
豐泰之世後，則人主多半就有患得患失的心理，甚至懷疑身邊近臣有篡奪之
心，才會有誅殺功臣的情況出現，如劉邦誅彭、韓，疑蕭何、陳平，以及唐
太宗殺劉洎、李君羨等便是。項安世認爲連天地自然的變化，都難保不會有
陰晴圓缺，「盈虛之變」，何況是人事，所以對功臣不妨寬心以待，不必過度
憂慮，應有日照下土的寬宏。盛衰之理，既然不是人力所能完全掌控的，那
麼憂慮也沒用，與其杞人憂天，不如順其自然，而靜觀其變，所以項氏又說：

> 君人者，昭吾明德，如日之中，照臨下土，豈有陰慝敢干其間哉！
> 如此則不必憂矣。雖然，日月爲高矣，猶有昃食之虞；天地爲大矣，
> 猶有盈虛之變；人之智不免於死生；鬼神之靈，不免於聚散，則豐
> 亦豈吾之所能常有，就使失之，亦常理也，又豈憂慮之所能如何哉！
> （同上）

總之，人主應有寬大仁厚之心，既然世之豐泰不能「常有」，而失去又是「常
理」，又何必趕盡殺絕，不留餘地；若能對功臣多一分體恤及愛護，必能更得
人心。

　　而好善是欣賞別人的優點，〈益・六二〉說：「或益之，十朋之龜弗克違。
永貞吉。王用享于帝，吉。」王宗傳舉魯國樂正子之「好善」而從政，以及

〔註8〕〈升・六四〉，李光：《讀易詳說》，頁 10-399。
〔註9〕〈豐・勿憂〉，項安世：《周易玩辭》，庫本，頁 14-376；通本，頁 1699。

秦穆公想得到一介「休休能容」的臣子為例，說明心能容善的重要，因為益道沒有比這個更好的了：

> 昔者魯欲使樂正子為政，而孟子為之喜而不寐。而公孫丑乃疑而問之曰：「樂正子強乎？有智慮乎？多聞識乎？」孟子皆曰：「否」。但曰：「其為人也好善而已」。蓋嘗論之矣，強則自用，有智慮則多疑，多聞識則務以所長者。蓋人人心有是三累，其能使四海之內，輕千里而來告之以善乎？……此正秦穆公所謂一介臣之無他技者，然其心休休能容，而天下之益皆歸焉，以是而輔相人主，優於天下矣！此好善之力也。〔註10〕

魯國國君想請樂正子為政，孟子聽了「喜而不寐」，即高興得睡不者。〔註11〕弟子公孫丑對老師的反應深感不解，以為是樂正子的本事了得，於是向孟子詢問原因。結果既不是樂正子能力很強，也不是他很有遠見，更不是見聞廣博，而是樂正子「為人也好善」，而「好善優於天下」。這是一種愛人以德、好人之善的表現，即能欣賞別人的優點。孟子認為好善之人，就足以治理天下，為天下帶來好處，何況是區區的魯國。因為喜歡聽取善言，「四海之內皆將輕千里而來告之以善」，自然能夠吸納天下之賢士，如此國家又豈能不治？而不能好善者，就往往「拒人於千里之外」，其顏色聲容就足以使人裹足不前。影響所及，賢人不來，「讒諂面諛之人」就容易趁虛而入，而一旦小人被重用，國政又豈能上軌道。所以王宗傳認為樂正子沒有那三項優點反而是他最大的優點。因為強者、智者、多聞者，難免溺於所見，或自恃其才，而容不下善言，於是助力變阻力，優點變缺點，成為人心之三累，因為「強則自用，有智慮則多疑，多聞識則務以所長者。」而一個人如果自用，多疑，或自矜所長，還能大度容善嗎？

　樂正子之外，王宗傳也舉秦穆公悔過的例子說明容善的重要。〈秦誓〉是穆公敗於崤之戰而自悔之辭。〔註12〕穆公深思朝中如果有一個臣子，雖然他本身並沒有什麼技巧，但他的心能容天下之善，並且視人之善如己之善，即「人之有技，若己有之。人之彥聖，其心好之，不啻若自其口出。」則天下

〔註10〕〈益・六二〉，王宗傳：《童溪易傳》，庫本，頁 17-217；通本，頁 1091。庫本：「多聞識則務以所長」，通本：「多聞識則務以所長者」，通本多一「者」字。

〔註11〕見《孟子・告子篇下》。

〔註12〕見《尚書・泰誓篇》。

之益都將歸向於他，自然可以使國家強盛，而「保我子孫黎民」，這就是「好善之力」的影響，也是嫉善和好善的區別。而樂正子之「好善」，與穆公所期盼的臣子之特質，與〈益〉卦六二爻不謀而合，能納天下之善，如任其為臣子，輔相人主，必能如大海般，萬川歸之，當然可以優於天下，所以吉無不利，因此爻辭才會說「或益之十朋之龜，弗克違，永貞吉。」表示連鬼神，十朋的大龜都贊同而不違背，當然吉莫大焉。

（二）「九五含章」的中正

「中正」是《易經》的重要概念之一，不過「中」與「正」的意義不同，「中」是指一卦的二、五爻，因為二、五居下卦及上卦的中間，所以只有二、五爻才可稱之為中位。至於「正」是指陰爻居陰位，陽爻居陽位這二種情況。如一、三、五爻為陽位，如果剛好又陽爻居之，即為正位；而二、四、六爻為陰位，如果也是陰爻居之，亦為正位，否則即是不正。如此看來，中未必正，正也未必中，只有少數情況才能既中且正，而這只能在二、五爻的位置才會發生，如〈乾〉卦的九五爻，〈坤〉卦的六二爻即是。因此《易經》提到「中正」二字時一定是指九五爻及六二爻。

《易經》強調中正，只是若不能中正皆有之，向來是中大於正，也就是說中比正還要重要，而這就是中國中庸、中和思想的淵源之一。關於中〔註13〕、正〔註14〕、中正〔註15〕、正中〔註16〕的思想及其價值，宋《易》也很強調，並在《易經》原有基礎上予以發揮，使其思想概念、體系更豐富、完整，例如〈訟・九五〉「訟，元吉。」〈象〉曰：「訟，元吉，以中正也。」王宗傳就解釋中正二字說：

> 得時措之宜之謂中，循天理之自然之謂正。〈呂刑〉曰：「咸庶中正」，

〔註13〕 《易經》提到「中」的卦如：〈訟・卦辭〉「剛來而得中也。」〈師・九二〉「在師中吉。」〈鼎・象曰〉「得中而應乎剛。」〈益・六三〉「有孚中行。」

〔註14〕 《易經》提到「正」的卦如：〈臨・象曰〉「大亨以正。」〈大壯・象曰〉〈正大而天地之情可見矣。〉〈明夷・象曰〉「內難而能正其志。」〈渙・九五・小象〉：「王居无咎，正位也。」

〔註15〕 《易經》提到「中正」的卦如：〈需・九五・小象〉：「酒食貞吉，以中正也。」〈訟・九五・小象〉：「訟，元吉，以中正也。」〈豫・六二・小象〉：「不終日，貞吉，以中正也。」〈姤・九五・小象〉：「九五含章，中正也。有隕自天，志不舍命也。」。

〔註16〕 《易經》提到「正中」的卦如：〈乾・文言・九二〉「龍德而正中者也。」〈巽・九五・小象〉「九五之吉，位正中也。」

> 則中正之道，獄訟之所以恃也、尚矣！〈訟〉之九五，以天德居中
> 履正，而聽天下之訟，則天下莫不赴焉。……孟子以獄訟者，不之
> 堯之子而之舜，而曰此天也，而不知此中正也。〔註17〕

〈訟〉卦九五爻能夠元吉，是因爲中正，九五爲陽剛之性，又居陽位、中位，因此既中且正，道德莫吉乎此。而獄訟之事，最強調的就是中正，中正才能服人心。而中正就是能夠得時措之宜，並循天理之自然，如舜即是。王宗傳認爲舜能得人心，是因爲中正，而不是如孟子所言乃天命之故。

而〈師·象曰〉說：「師，眾也。貞，正也。」李杞就引用《左傳》「師直爲壯，曲爲老。」來說明「師直」就是《易傳》「師正」之意。古代師出必有名，要有正當的理由及目的，不是爲了伐不仁，就是爲了伐不義，絕非爲了個人的私欲或野心。因爲唯有正義之師才能得民心，否則無端挑起戰事，必然受到百姓的譴責，所以戰爭的意義是在「以戰止戰」、「以殺止殺」，目的是要保國衛民，而不是戕害人民，李杞就說：

> 夫用師之道，雖以眾爲主，而用眾之道，必以貞爲先。正者，眾之
> 所恃以取勝者也。《春秋傳》曰：「師直爲壯，曲爲老」。《傳》之所
> 謂直，即《易》之所謂正也。其動也有辭，其出也有名，以至仁伐
> 不仁，以至義伐不義，能以眾正，非湯武之師而誰爲之哉！……兵，
> 凶器；戰，危事，其險亦可畏矣！而濟之以順，應天順人，王者之
> 舉也。夫兵本所以衛民也，而不免於傷民，以戰止戰，以殺止殺，
> 要在其終而後可見也。譬如以藥而攻疾，雖復瞑眩，豈所以毒之哉！
> 此宜若有咎者，而吉且无咎，以其心乎愛也。〔註18〕

戰爭本是凶事，卻能得吉，是因爲出師以正，本乎愛人。而且用兵者的心態及動機，也能決定勝敗，如果殘民、傷民，一定會受到世人的唾棄。如能順天應人，更是王者之舉，古代的王者之師，如湯武之師即是。至於丈人之師，則如姜尚、周勃、衛青、孔明、郭子儀等皆是，所以李杞說：「丈人者，師之主也。威譽德業足以服三軍之心，使敵人聞風而畏，如周之尚父，漢之周勃、衛、霍，蜀之諸葛孔明，晉之羊祜，唐之郭子儀即其人也。」（同上），這些都是強調用眾以正，正以取勝的重要。

而〈剝·六三〉「剝之无咎。」〈象〉曰：「剝之无咎，失上下也。」李杞

〔註17〕〈訟·九五〉，王宗傳：《童溪易傳》，庫本，頁17-49。
〔註18〕〈師·象曰〉，李杞：《用易詳解》，頁19-381。

舉東漢呂強爲例，說明他能失小人而行正道，所以无咎：

> 上下謂二與四也。二與四皆三之黨也。三有應于上，能去其黨而從
> 乎上九之正。蓋小人而能爲君子之助者也。舍陰即陽，雖失上下之
> 朋，而在我者得其正，可以无咎矣。東漢呂強雖在宦者之列，而清
> 忠奉上，數有危言正論，謂曹節等佞邪徼寵，而欲罷其封，「剝之无
> 咎」，其斯人歟！〔註19〕

即呂強雖在小人之列，但能清忠奉公，以正道自守，舍二四之小人，不與之
同黨，而獨應上九之正，誠屬難得。

至於〈姤‧九五〉「以杞包瓜，含章，有隕自天。」〈象〉曰：「九五含章，
中正也；有隕自天，志不舍命也。」王宗傳也強調中正之德與天命的關係：

> 命，天理也。在天謂之命，在人則中正之德是也。中正之德蘊蓄於
> 內，則在我之外無別有天矣。故人謀既盡，天命在是。天人之理相
> 合而不相舍，則天命之修短又在我而不在天矣。〔註20〕

王宗傳認爲君主繼承天命的關鍵在於有無「中正之德」，中正之外，別無天命。
因此統治者若想保有國祚，唯有修己之德，才是正途。這種強調人爲的力量，
王宗傳還舉〈召誥〉爲例，說明召公寫此誥的目的，就是告誡成王要「敬吾
之德」，謹慎所行，才能以德承天，他說：

> 昔召公作〈召誥〉一書，以誥成王，專以天命告之也。然一書之旨，
> 則在於祈天永命之一語而已爾。及吾求其所以祈天永命云者，則又
> 不過於敬吾之德焉。觀其悉數夏、商而告之曰：「我不敢知曰：有夏
> 服天命，惟有歷年；我不敢知曰：不其延，惟不敬厥德，乃早墜厥
> 命。我不敢知曰：有殷受天命，惟有歷年；我不敢知曰：不其延，
> 惟不敬厥德，乃早墜厥命。」……命在天，故皆非我所敢知也。然
> 我所以敢知者，惟知不敬厥德，乃早墜厥命云爾。然則厥命之早墜
> 云者，乃在於厥德之不敬。（同上）

這段話的意思是，天命在「德」之中。成王年幼，周公攝政，並於執政第七
年還政成王。成王決定重新營建洛邑，所以委派召公主持營建工程。後來周
公與成王先後到洛邑視察，召公率領各國諸侯朝見周公和成王。藉著這個機
會，召公向成王總結夏朝與商朝亡國的教訓，勉勵成王要施行德政，以發揚

〔註19〕〈剝‧六三〉，李杞：《用易詳解》，頁 19-423。
〔註20〕〈姤‧九五〉，王宗傳：《童溪易傳》，庫本，頁 17-231；通本，頁 1103。

文王、武王的功業。文中提到不曉得夏朝及商朝應該享有多久的天命，也不曉得國祚會不會延長，但可以確定的是他們都是因為不認真行德，才會早早失去福命，所以召公說：「惟不敬厥德，乃早墜厥命」。由於兩國皆因承受天命而享有國祚，亦因敗德而喪國，因此召公期勉成王應以此為戒，思考天命之允墜，實存乎人事之修為。總之，王宗傳認為〈召誥〉一文的重點，不外乎「祈天永命」一語，而祈天永命即在於敬德修德，才能永續天命。

　　〈損・九二〉「利貞，征凶。弗損益之。」〈象〉曰：「九二利貞，中以為志也。」王宗傳也強調中正在君臣損益間的重要性，即臣對君，最好是無損於己，又能益於上，不枉己以曲從，不損己以為益，以免累及道德，他說：

> 庸人之事君也，惟知曲意媚說，竭力順從而以為忠也，而曰此益上之道然也。然以媚說順從為事，則在己者所損多矣，安能裨益於人主之萬一哉！君子於此，則以无所損於己者益於上也。夫所謂无所損於己者，何謂也？曰：中正是也。〔註21〕

益上之道要吉，必須利貞，貞是正，即堅守「中正」之道。所謂「弗損益之」，即為人臣子，要在不損傷己德的情況下裨益君主，這才是正道。因為臣子如果損己之德以益上，必然征凶，往而有凶險，且也不見得對君主有幫助，這時損己也未必益人。即是說如果以敗德的方式來幫助國君，是很難吉祥的。而九二之臣因為能「中以為志」，所以是「弗損益之」的良好示範。王宗傳就舉唐太宗及玄宗時期的多位賢臣為例，說明這些臣子對太宗、玄宗的規諫之誠，都能及時阻止帝王的墮落及短暫偏失，而將之導向正途，他說：

> 李大亮之都督涼州也，臺使至，諷大亮獻名鷹。大亮密表曰：陛下絕田獵久矣，而使者求鷹，如陛下意，乃乖昔旨；如有擅求，是使非其才。太宗報書曰：「有臣如此，朕何憂？」倪若水為江州刺史，明皇遣使江南採鸂鶒，若水論之，為反其使。李德裕之在浙西也，詔造銀盝子粧具二十事，織綾二千疋，德裕上疏極論罷之。又詔益州織半臂背子，琵琶捍撥，鏤牙合子等，蘇頲不奉詔。唐家諸臣所以益上也如此，正得「利貞，弗損益之」之義。（同上）（通志堂經解本作「正德『利貞，弗損益之』之義」，德應為得之誤）

王宗傳舉李大亮、倪若水、李德裕及蘇頲等人的事跡，說明唐家諸臣對太宗、玄宗諍諫益上的程度，連日常小事都不放過。首先是涼州都督李大亮對太宗

〔註21〕　〈損・九二〉，王宗傳：《童溪易傳》，庫本，頁 17-212；通本，頁 1087。

的規諫，認為不要再溺於田獵。對於李大亮的規諫，太宗不僅沒有責怪，還稱許其直言無隱，於是下詔褒揚，認為是忠貞之人，方正耿直。〔註22〕其次，是倪若水對於玄宗求鵁鶄諸鳥一事，上書非之，結果玄宗亦嘉納之。另外，是李德裕在浙西，接獲玄宗之詔，要製銀盝子粧具及織綾二千疋，結果德裕上疏極論其非，認為此舉有損聖上之德。最後是蘇頲對於玄宗下詔要進貢益州織半臂，及琵琶捍撥、鏤牙合子等，相當不以為然，而玄宗亦不加罪。總之，這些賢臣，對於太宗、玄宗的享樂貪欲，都能及時遏止，以免聖上勞人損德，敗壞風氣；更防玩物喪志，荒廢朝政，真正體現了〈損〉卦九二爻「利貞」，弗損益人的精神。而難能可貴的是太宗及玄宗對這些諫言，也都能虛心接納，展現了一代賢明之主的風範及器度。

（三）「納約自牖」的忠誠

〈坎〉卦六四爻的「納約自牖」就是心中有誠，因為內心有誠意，便可以超越外在的禮數，而以誠感通彼此，遵從信約。〈坎・六四〉說：「樽酒，簋貳，用缶，納約自牖，終无咎。」郭雍認為這就是行險而不失其信：

> 有孚者，〈坎〉之德。君子行險而不失其信，所以法其德也。觀乎六四，蓋可見矣！且一樽之酒，貳簋之食，瓦缶之器，至微物也。苟能虛中盡誠，以通交際之道，君子不以微薄為失禮，亦猶自牖納約，其誠已至，不必階序行禮之地，是以終无咎也。〔註23〕

只要虛中至誠，微薄之物也能盡交際之道；雖然於禮未備，不過君子不以為失禮。而會自牖納約，就表示不是清明之世，不過即使不是清平之世，或身處險中，仍不失信約，郭雍就舉春秋時齊侯與衛侯結約之事說之：

> 春秋之時，齊侯、衛侯胥命于蒲，蓋申約言而退，終二公之世，未嘗相征伐。雖二君未賢于當時之君，胥命未為得禮，亦猶自牖納約之事，而聖人有取焉。《傳》亦言其『近古』、『近正』者，蓋其信為有餘也。（同上）

〔註22〕 據《貞觀政要・論納諫》的記載，唐太宗貞觀三年，李大亮為涼州都督，當時有臺使在涼州邊境看到名鷹，便暗示李大亮進獻。然大亮卻私下向太宗上表密陳，認為聖上既已絕畋獵許久，即不宜再背昔日之德，溺於狩獵；而如果是臺使自作主張，揣摩君心，欲迎合上意，而其實找尋名鷹並非聖上本意，則顯然也是聖上用人不當，所以更當深思其蔽。太宗聽了之後，不僅沒動怒，還頗欣賞李大亮，所以賜予金胡瓶、金碗，以及荀悅的《漢紀》，以資嘉勉。

〔註23〕 〈坎・六四〉，郭雍：《郭氏傳家易說》，庫本，頁 13-112；叢本，頁 122。

《左傳・桓公三年》記載：「夏，齊侯、衛侯胥命于蒲，不盟也。」「胥命」是指諸侯相見，有約言但不歃血，不歃血就沒有結盟。〔註24〕這表示齊僖公與衛宣公雖然在蒲地見了面，有了口頭約定，然而並沒有正式的盟誓。不過，雖然沒有正式的儀式，然終二公之世，皆能信守承諾，所以二國間並沒有攻伐之事發生。郭雍認爲這在春秋的亂世中實在難能可貴。何況二公在當時都並非賢能之君，卻能達到〈坎〉卦六四爻「納約自牖」的精神，以簡薄的儀式互通誠意，且無「背信」之事。因此，郭雍認爲這二公的行爲雖然不合中道（因爲不合禮制），不過也算是狂狷者，能言行合一，說到做到，因此聖人嘉許之，所以《公羊傳》及《穀梁傳》分別以「近正」、「近古」予以肯定褒揚。

而〈訟・初六〉「不永所事，小有言，終吉。」李杞以子路重然諾的個性說明：

> 所事，謂所爭之事也。初與四爲訟者也，以陰柔之質居下卦之下，
> 上應於四，而不相能以至於訟，是以四不免於有言。然四雖小有言，
> 而初能不永其所事而止之，故獲終吉。夫四之所以有言者，非以紛
> 爭相競者也，蓋將以辨其曲直之理也。惟其辨之也明，是以初知其
> 訟之不可長也。〔註25〕

〈訟〉卦的初六及九四爻雖有訴訟事件，然爲時不久，因此〈小象〉說「不可長也」。這是因爲初六知道九四之訟只是爲了要辨明曲直，並非徒增紛擾，所以爻辭才會說「小有言，終吉」。對於刑獄之事，孔子就曾稱讚子路具有片言折獄的長才，不難見出子路的明斷及果決，李杞說：

> 孔子曰：「片言可以折獄者，其由也與！」故小邾射之來，千乘之國
> 不信其盟而信子路之言，豈非以其辨明也哉！（同上）

關於小邾射之事見於《左傳・哀公十四年》。小邾國的大夫射欲以句繹的土地作爲條件，以換取逃奔到魯國。魯國想要與他盟誓，卻被射拒絕了，因爲射只要求子路前去口頭約定即可。然而子路因爲射不盡人臣之職，德行有虧而予推辭回絕。從小邾國大夫射的例子來看，連堂堂魯國的誓約都比不上子路個人的承諾，可見子路的爲人必然重誠信，才能獲得他人的信賴。而子路重然諾的個性當然也爲孔子所稱道，《論語・顏淵》就記載孔子曾稱讚子路有「無宿諾」的優點。

〔註24〕 參見胡樸隸：《春秋三傳比義》，頁 87。
〔註25〕 〈訟・初六〉，李杞：《用易詳解》，頁 19-379。

（四）「艮其身」的反求諸己

反身而誠才能感動他人，尤其在勸諫別人時，更應由自身做起，否則己身不正，何能正他人，〈艮‧六四〉「艮其身，无咎。」〈象〉曰：「艮其身，止諸躬也。」楊萬里就說：

> 六四居大臣之任，上欲止其君之不善，下欲止天下之不善，惟不止諸人，不咎諸人，而自止諸躬則得之矣。楚莊王好獵，而樊姬不食禽獸之肉；太宗喜武功，而魏徵不視七德之舞，此其事也。王吉之賢，能疎昌邑之獵；楊綰之清，能減汾陽之樂，此其效也。〔註26〕

〈艮〉卦九四爻能自止其身，堅守原則，反躬修己，以爲示範，所以能夠感動影響國君，而達到勸諫的效果。戰國時期的樊姬就符合這一爻的精神。樊姬是楚莊王的夫人，莊王初即位，喜好打獵，樊姬屢諫不聽，於是戒吃飛禽走獸之肉。三年後，莊王改正過失，並對政事勤奮不懈。〔註27〕而漢朝的王吉也是。王吉是昌邑王的中尉，昌邑沈迷遊樂，王吉就上書規勸，雖然效果有限，也沒有因此而讓昌邑從此改頭換面，痛改前非，但昌邑對王吉之賢與忠諫，仍是相當敬重的，才會下令褒揚並賞賜他，可見自我要求有時更甚於千言萬語。〔註28〕至於魏徵也是，以不視「破陣武德舞」來諷切太宗的好戰，皆能以端正自己來影響他人。〔註29〕

其實〈艮〉卦的「艮其身」就是孔子所說的「反求諸己」，王宗傳說：

> 「艮其身」，謂施止道於其身也。夫人之一身，患不知所止爾，如知

〔註26〕〈艮‧六四〉，楊萬里：《誠齋易傳》，庫本，頁14-672；殿本，頁559。

〔註27〕《列女傳卷二‧賢明傳》記載：「樊姬，楚莊王之夫人也。莊王即位，好狩獵。樊姬諫不止，乃不食禽獸之肉。王改過，勤於政事。」

〔註28〕昌邑王賀（當了二十七天的皇帝，就被霍光廢了，改立漢宣帝）好遊獵而無節制，王吉上書勸諫，王雖因此而稍加收斂，但不久又故態復萌。只是效果雖然有限，昌邑王卻對王吉相當敬重，知爲賢者而禮敬之，所以國人亦知其賢，見《漢書卷七十二‧王貢兩龔鮑傳第四十二‧王吉》：「王吉，字子陽，琅邪皋虞人也。少學明經，以郡吏舉孝廉爲郎，補若盧右丞，遷雲陽令。舉賢良爲昌邑中尉，而王好遊獵，驅馳國中，動作亡節，吉上疏諫，曰：『……皇帝仁聖，至今思慕未怠，於宮館園池弋獵之樂未有所幸，大王宜夙夜念此，以承聖意。……』王賀雖不遵循，然猶知敬待吉，乃下令：『寡人造行不能亡惰，中尉甚忠，數輔吾過。使謁者千秋賜中尉牛肉五百斤，酒五石，脯五束。』其後復放從自若。吉輒諫爭，甚得輔弼之義，雖不治民，國中莫不敬重焉。」頁3058-3061。

〔註29〕《舊唐書卷九十七‧列傳第二十二‧魏徵》：「（唐太宗）帝本以兵定天下，雖已治，不忘經略四夷也。故徵侍宴，奏破陣武德舞，則俛首不顧；至慶善樂，則諦玩無斁，舉有所諷切如此。」頁3881。

其所止，則能置其身於无過之地，以此齊家，以此治國，以此平天
下，皆自此身始矣。……孔子曰：「射有似乎君子，失諸正鵠，反求
諸其身。」太甲自怨自艾之言曰：欲敗度，縱敗禮，以速戾于厥躬。
古之聖賢施止道於其身也，蓋汲汲如此，誠知所本矣。孟子曰：天
下之本在國，國之本在家，家之本在身，身與躬即一物也。〔註30〕

「艮其身」是指一切道德行為皆應從自身做起，而齊家、治國、平天下，更
是如此。因為能反省，改過向善，才有資格去端正他人。所以王宗傳才會舉
孔子、孟子的話，以及太甲悔過〔註31〕為例說明。尤其是太甲，從沒有善始，
到努力求善終，算是一位傑出的帝王。這說明止道制止的價值，只要肯改過，
其實都不算晚，證明古之聖人實不好高騖遠，而是強調從根本著眼。

（五）「困而反則」的公義

春秋雖是亂世，但是發動不義之師，還是相當被忌諱的，所以在〈同人·
九四〉「乘其墉，弗克攻，吉。」〈象〉曰：「乘其墉，義弗克也。其吉，則困
而反則也。」李杞就舉晉國趙盾理屈的例子，說明公道自在人心，不因世道
衰頹而蕩然無存。邾文公的元妃齊姜生定公，二妃晉姬生捷菑。文公卒後，
邾人立定公為君，捷菑奔回晉國以尋求協助。晉國趙盾於是率領八百乘軍隊
駐紮在新城，預備以武力強行護送捷菑回邾國，欲改立他為國君。然邾人以
定公年長，長幼有序的理由回拒趙盾。對於自己無理的要求，趙盾也自知理
虧，知道難以服人心，於是撤軍回國。〔註32〕這表示當時的諸侯雖混戰，但

〔註30〕〈艮·六四〉，王宗傳：《童溪易傳》，庫本，頁17-268；通本，頁1133。
〔註31〕湯崩，伊尹立湯的長孫太甲即位。太甲即位後，荒唐無道，所以被伊尹放逐
到桐宮，而伊尹攝政當國。三年後，太甲悔過向善，伊尹於是迎回他，並歸
還政權。「欲敗度」就是太甲的反省之語。因為行為無禮無度，才會召罪，幸
賴伊尹的匡救，才能迷途知返。經過這事件，太甲自我勉勵，認為自己雖不
能善始，但至少可以努力求善終。由於知錯上進，並繼續任用伊尹為相，修
明國政，從而讓他成為殷商的賢君。足見知錯能改，善莫大焉。人能適時反
省自己，才能避免偏離正道，《尚書·商書·太甲中》說：「予小子不明于德，
自底不類，欲敗度、縱敗禮。以速戾于厥躬。天作孽，猶可違；自作孽，不
可逭。既往背師保之訓，弗克于厥初，尚賴匡救之德，圖惟厥終。」十三經
注疏本，頁118。不過這是偽古文尚書，此段經考證，大抵是引《左傳》、《孟
子》、《禮記》之文改易而成，（參屈萬里：《尚書釋義》，頁237）。
〔註32〕《左傳》文公十四年：「邾文公元妃齊姜，生定公；二妃晉姬，生捷菑。文公
卒，邾人立定公。捷菑奔晉。六月，同盟于新城，……且謀邾也。晉趙盾以
諸侯之師八百乘納捷菑于邾。邾人辭曰：『齊出貜且長。』宣子曰：『辭順而
弗從，不祥。』乃還。」十三經注疏本，頁335。

是對於不義之舉，或蠻橫的行為，還是會感到心虛而畏縮的，說明天理不曾因人欲而泯滅蕩然無存。所以對於趙盾迷途知返，修正過錯的行為，李杞甚推崇，並以〈同人〉卦的九四爻比附之、稱許之，他說：

> 四近於五，而遠於二，亦欲得二者也，故乘其墉以攻之。四非力之不足者矣，惟能知其義之不可，是以弗克攻。知困而自反於法則焉，此其所以吉也。晉趙盾以諸侯之師八百乘，納接菑於邾，其勢力為何如哉，惟其義之所在，邾人一言，而趙盾自屈。於《春秋》書之曰：弗克納者，非其力之不能，義不可也。……然則人能知過而有以自反，安有不吉者哉！〔註33〕

李杞認為趙盾能以義自省，回歸正道，符合九四爻「義弗克」、「困而反則」的精神，所以可以得吉。因為〈同人〉卦全卦只有六二唯一的陰爻，所以其它五個陽爻都想接近她，以據為己有；但二五為正應，六二既已為九五所有，則非九四所屬，九四雖欲強取之，礙於道義，終未能行，也行不通，而對於九四爻能及時懸崖勒馬，爻辭也以「吉」斷之。

〈師・初六〉「師出以律，否臧凶。」王宗傳則舉齊桓公以「包茅」為藉口指責及出兵楚國一事，說明「道」與「義」不可廢，因為道義是師之「律」，失律則凶：

> 何謂「行師之道」，曰：號令詳明是也；何謂「師出之義」，曰：兵出有名是也。兵出无名，號令不明，皆失律也。……否，失律也；臧，善也，謂有功也。師不以律，雖有功亦凶，謂不合於道與義，而非王者之師也。齊桓公之伐楚也，楚人曰：「君處北海，寡人處南海，風馬牛不相及也，曷至是哉？」齊人曰：「包茅不入，王祭不供，寡人是問。」此雖假義也，然亦幾於有名矣。〔註34〕

春秋時齊桓公欲攻打楚國，楚國質問齊國以何而戰，桓公以苞茅不入，對周王朝不敬，而無法祭祀的理由要來興師問罪，使得楚國也不免要自我檢討。王宗傳認為這雖是齊桓公的「假義」，很虛偽，但不管如何，總是有個名號，所以在道理上仍些許站得住腳。

（六）「月幾望」而不望的女德

古之所尚，女德以柔順謙遜為主，如〈家人・六二〉「无攸遂，在中饋，

〔註33〕〈同人・九四〉，李杞：《用易詳解》，頁19-401。
〔註34〕〈師・初六〉，王宗傳：《童溪易傳》，庫本，頁17-51；通本，頁957。

貞吉。」〈象〉曰：「六二之吉，順以巽也。」所言，執中饋爲佳，楊萬里說：

> 婦无遂事，必有尊也，言有夫也；婦職饋祀，必有敬也，言有先也。……
> 六二以柔順之令德，宅壼內之正位，退然无攸遂以尊其夫，劬然羞
> 饋祀以事所職，正孰大焉！吉孰禦焉！故聖人贊而譽之曰「順以巽
> 也。」順則安而不僭，巽則卑而不傲，此二女之事舜，太姒之事文
> 也。〔註35〕

〈家人〉卦談家道思想，六二居中守正，爲婦女之象。女子主內，以巽順安
內執饋祀爲要，如二女事舜，太姒事文王即是。

其次，女之謙德與恭儉的特質也展現在〈歸妹〉卦六五爻中。〈歸妹·六
五〉說：「帝乙歸妹，其君之袂，不如其娣之袂良。月幾望，吉。」〈象〉曰：
「帝乙歸妹，不如其娣之袂良也，其位在中，以貴行也。」王宗傳解釋六五
乃嫡夫人的位置，因此爻辭以「君」稱之，不過此君乃「小君」，爲陽之匹配，
以輔佐陽爲主。至於其君之袂何以不如其娣之袂「良」，是因爲嫡夫人以內在
的「德」爲主，並非如娣是以「容飾」、「衣袂」等外在的華麗取勝，所以王
氏說：

> 五，君位也。歸妹之處此位也，所謂嫡夫人，小君位也，莫尊且貴
> 焉。雖然尊且貴也，以六居五，體謙從禮而无亢滿之失，故曰：「帝
> 乙歸妹」。……夫惟雖尊且貴，而能體謙從禮也，故尚禮而不尚飾。
> 衣袂所以爲容飾也，而曰：「其君之袂，不如其娣之袂良」者，其良
> 在德不在袂也。良，美好也。若娣則以容飾爲事者也。袂之良，則
> 其德未必如袂也，何也？其君其娣，各有所尚故也。（通志堂經解本
> 作「其君之娣，各有所尚故也。」）〔註36〕

對於后妃、嫡夫人來說，重德而不重容飾，因此嫡與娣各有所尚。對於六五
爻所言的后妃之德，王宗傳也舉《詩經》〈詩序〉的說法來印證此爻所言，他
說：「〈葛覃〉之稱后妃也，不過曰：刈濩是中谷之葛，以爲絺綌而服之云爾。
及其薄污也，而又薄澣之，以爲后妃恭儉節用之德，則其良在德不在袂可知
也。」（同上），王宗傳認爲〈葛覃〉之詩描述后妃從事女功，從編織到洗滌，
具勤勞恭儉節用之女德，如同陰之配陽，月之配日，只要無盈滿之失，都是
吉祥的。

〔註35〕〈家人·六二〉，楊萬里：《誠齋易傳》，庫本，頁 14-623；殿本，頁 392。
〔註36〕〈歸妹·六五〉，王宗傳：《童溪易傳》，庫本，頁 17-279；通本，頁 1142。

而〈歸妹‧雜卦〉「歸妹，女之終也。」林栗則舉漢明帝的皇后為例，以為女德典範：

> 漢明德馬皇后接待同列，先人後己，薦達左右，惟恐不及。由此見寵，正位中官，及後无子，保育孝章，過於所生，福祿終始，聲流無窮，「女之終也」，其斯之謂歟！〔註37〕

林栗以明德馬皇后的德行來印證「女之終也」。〔註38〕

（七）「困而不失其所亨」的窮達進退

「困而不失其亨」是〈困〉卦〈象傳〉對君子的讚語，而且也只有君子才能做到這種境界。困是困境，亨是亨通，困而能亨，當然不是環境的亨通，更不是仕途的亨通，而是道的亨通。因為沒有磨難，就體現不出道的純粹與精華，而時窮節乃現，沒有險惡的環境，也難以看出一個人真實的本質；而有道之人，面對困境，可以介然自守，也可以另謀出路，就是不願意捨棄道德：

1、心態上——介然自守

仕隱出處，窮達進退，向來是儒家最看重的，也是最堅持的一環，即君子人若不能得君以行道，則寧退居而閒處，如〈賁〉卦初九爻即是。〈賁‧初九〉說：「賁其趾，舍車而徒。」〈小象〉也說：「舍車而徒，義弗乘也。」李光認為君子之仕進若不合義理，則寧守貧困而不失節操，他說：

> 九居于初，此陽剛君子隱而未見者也。發跡之初，尤當自重。……君子于辭受進退之際，惟義之從耳。顏闔緩行以當車，君子不以為辱。所治愈下，得車愈多者，君子不以為榮。〈賁〉之初九能自貴重，

〔註37〕〈歸妹‧雜卦〉，林栗：《周易經傳集解》，頁 12-368。

〔註38〕明德馬皇后是馬援之女，入宮為貴人。因無子，明帝令其撫育太子，雖非己出，亦盡心養育如親生，而太子亦敬之如生母，因此母子慈愛，無纖介之隙。後因德冠後宮，被冊立為皇后，見《後漢書卷十上‧皇后紀第十上‧明德馬皇后》：「明德馬皇后諱某，伏波將軍援之小女也。……選后入太子宮。時年十三，奉承陰后，傍接同列，禮則脩備，上下安之。遂見寵異，常居後堂。顯宗（明帝）即位，以后為貴人。時后前母姊女賈氏亦以選入，生肅宗（章帝）。帝以后無子，命令養之。謂曰：『人未必當自生子，但患愛養不至耳。』后於是盡心撫育，勞悴過於所生。肅宗亦孝性淳篤，恩性天至，母子慈愛，始終無纖介之閒。后常以皇嗣未廣，每懷憂歎，薦達左右，若恐不及。後宮有進見者，每加慰納。若數所寵引，輒增隆遇。永平三年春，有司奏立長秋宮，帝未有所言。皇太后曰：『馬貴人德冠後宮，即其人也。』遂立為皇后。」頁409。

　　寧徒行而舍軒車之盛，其爲光華貢飾之道，莫大焉。……伊尹耕有

莘之野，非其義也，非其道也，祿之以天下，弗顧也，繫馬千駟，

弗視也。君子居窮隱約，能自重如此！〔註39〕

「舍車而徒」是說捨棄乘車當官的安逸，而寧願徒步當平民。初九爻「舍車
而徒」，表示對於來路不明的富貴，能斷然拒絕，不爲所動，堅持原則，以義
自重。這種不貪圖富貴之人，李光以戰國時顏斶「安步以當車」〔註40〕，伊
尹耕於有莘之野〔註41〕爲例，說明君子安貧樂道，泥塗軒冕的自潔。尤其視
富貴如浮雲，寧處窮而不願失道妄進，是有道之人。這對士子「發跡之初，
尤當自重」，甚至自愛，更具警醒告戒之義。

　　守住清貧是聖賢的處窮之道。其實君子道不遇時，就是《易經》〈旅〉卦
的情況，對於〈旅卦·象曰〉「旅，小亨，柔得中乎外而順乎剛，止而麗乎明，
是以小亨。」李杞認爲旅之義不僅止於流浪異國，凡困而不得其所，懷才不
遇，皆爲旅之象，如居無定所，無所依靠，或道不行於世，彷徨無所歸，遭
貶謫遇難皆是，李杞說：「旅之爲義，非獨以適異國，逃空虛也。凡困而不得

〔註39〕〈賁·初九〉，李光：《讀易詳說》，頁 10-333。

〔註40〕齊宣王召見顏斶，令斶要向前（「斶前」），結果斶也不甘勢弱，命令王要向前
　　　　（「王前」），於是兩人僵持不下，各有一番強烈的說詞。而宣王更從剛開始的
　　　　「不悅」，到「忿然作色」，左右群臣更是接連地指責顏斶的不是；然斶始終
　　　　不畏，堅定立場，力戰群臣，曉以大義。最後王認輸，認爲斶講的才有道理，
　　　　於是向斶道歉示好。因爲斶認爲王向前是「趨士」，而自己向前是「趨勢」，
　　　　所以應該是王向前才對；何況士貴，而王不貴。且從古至今的聖王，向來皆
　　　　以尊士著稱，「是以君王無羞亟問，不媿下學。是故成其道德而揚功名於後世
　　　　者，堯、舜、禹、湯、周文王是也。」此外，貴以賤爲本，高以下爲基。最
　　　　後在顏斶的一番辯說下，宣王檢討自己的想法，認爲士君子不可辱，於是重
　　　　新表達善意，表示願與斶共富貴；然斶最終以「形神不全」來婉拒宣王的徵
　　　　召，再拜而辭去。（因爲斶認爲「夫玉生於山，制則破焉，非弗寶貴矣，然夫
　　　　璞不完。士生乎鄙野，推選則祿焉，非不得尊遂也，然而形神不全。斶願得
　　　　歸，晚食以當肉，安步以當車，無罪以當貴，清靜貞正以自虞。」即玉的寶
　　　　貴在於還沒有被雕琢之時，既雕琢，即破損，而形神俱傷；而士如同玉，也
　　　　當自珍自重，雖說出仕擁有利祿，也不是不尊貴；但畢竟形貌、精神都走樣
　　　　了，仔細思量，還是寧願回歸本真，清靜遠罪，而「終身不辱」更好。其實
　　　　顏斶的思想正是道家保元養生之道的思想），見《戰國策·齊策四》，〈齊宣王
　　　　見顏斶〉。

〔註41〕有莘，國名，伊尹初隱之時，耕於有莘之野，樂仁義之道，對於不義之富貴，
　　　　視之如浮雲，《孟子·萬章上》說：「伊尹耕於有莘之野，而樂堯舜之道焉，
　　　　非其義也，非其道也，祿之以天下弗顧也；繫馬千駟，弗視也。」十三經注
　　　　疏本，頁 170。

其所者皆旅也。君子道不遇時，彷徨无所之，故有取於〈旅〉之象。」而李杞也稱許那些從道不從時之人，如伊尹、周公、孔子、孟子、賈誼、范仲淹以及杜甫、韓愈等，即使不被人知，甚至被誤解，亦默然自守，強調如果道之不行，仍耿介清高，不枉道從人，自貶人格，他說：

> 伊尹之在夏，周公之居東，孔子之遊於列國，孟子之仕齊、梁。下
> 而至於賈誼之謫長沙王，仲淹之居河汾，馬周之困新豐，杜子美之
> 入蜀，韓退之之貶潮陽，皆旅也。……道之不行，惟介然有守，而
> 後可以不累於物；苟枉道從人，則窮斯濫矣！故曰「旅貞吉」，謂其
> 守貞而後吉也。〔註42〕

〈旅〉卦為飄泊不定之時，原本就缺少應援，因此很難大有為於世，頂多「小亨」而已，所以卦辭才會以「小亨」斷之。而這個「小亨」還必須守正道才能得「吉」，所以卦辭才會告誡「旅貞吉」，以貞正得吉。但一般人卻常因困頓無所歸，以致散其節操，所以此時最能顯示出人格之清辱，因此孔子才會說：「君子固窮，小人窮斯濫。」（《論語・衛靈公》），即只有窮才能徹底辨識出君子與小人的差異。

2、抉擇上——另謀出處

窮通是大多數人都必須面對的問題，也是聖人君子與凡人小人最大的區別。因為處窮和處亨都需要很大的定力和智慧，否則在貧窮時，人容易墮落；在富貴時，又不免迷失。而聖賢自有處窮之道，所以不易隨波逐流，例如〈困・象曰〉說：「困，剛揜也。險以說，困而不失其所亨，其唯君子乎！」李杞便以孔子、周文王為例，說明二人處窮之時，一者絃歌不輟，一者從容演《易》，並無小人悻悻然或常戚戚之態，因此身愈困而德愈修，他說：

> 孔子厄于陳、蔡，而絃歌不絕；文王拘于羑里，而從容演《易》，
> 是豈有一毫戚戚之態哉！蓋患難困窮之際，是聖賢講磨道德之地
> 也。故身愈困，則吾德愈修，是凡所以困厄我者，乃所以成就我
> 也。〔註43〕

〈困〉卦的「陽」處境不好，不是陷于二陰之中（下卦為坎），便是處於一陰之下（上卦為兌），為陰所困，因此難以施展。如孔子厄于陳、蔡，文王被拘羑里之時，皆有可能遭遇不測，或面臨殺生之禍。修養淺薄之人，很難坦然

〔註42〕〈旅・象曰〉，李杞：《用易詳解》，頁 19-504。
〔註43〕〈困・象曰〉，李杞：《用易詳解》，頁 19-480。

面對；然二人皆神情泰若，不怨天也不尤人，甚至還「樂天知命」，是處困最難得的精神。所以爻辭說處困而能亨的亨，是指道亨，也就是說在險難的環境中更能彰顯其潔操，而這在平時是根本看不出來的，所以孟子才會說「動心忍性」，「增益其所不能」，而李杞則說：「君子于此，處窮如處通，雖在貧賤患難之中，而樂天知命，恬然有自得之心，故其身雖困，而其道則亨。」（同上）

其次，退居巖穴也是另一種選擇，如〈歸妹〉卦九二爻：「利幽人之貞，未變常也。」即是。李杞認為九二雖具陽剛之德，然居陰晦明，因此「眇能視」，如同道德之士，退居山林之中，有恆常之德，亦不苟求，能潔身自好。而其超然世外，如清風明月，能守幽靜之德，所以得「幽人之貞」，他說：

> 九二，女之貞者也。以陽居陰，內晦其明，故眇而能視。二之女，亦可謂有常守者矣！居中得貞，有窈窕幽閒之意。如道德之士，潔身恬退於巖穴之間，守常不變，而不苟求。如是，豈妄動以求說者哉！古之所謂林下清風，即幽人之貞是也。〔註44〕

至於以身殉道更是道的另一種展現，不過這種做法似乎比較激進，在〈恆‧大象〉「雷風恆，君子以立不易方。」李光就以伯夷、叔齊餓死首陽山一事，肯定其能恆於德行，堅守其道，不為窮達禍福所移，他說：

> 君子體夫雷風相與，有恆之理，故能特立獨行，而不為窮達禍福所移。古人有行之者，伯夷、叔齊至餓死不食周粟，雖斧鉞在前而不顧，此能恆其德行而立不易方者。〔註45〕

對於伯夷、叔齊的特立獨行，堅守自己的原則，並且貫徹到底而不屈從現實，的確是世人難及。〔註46〕

其實不管是如何抉擇，儒家認為用舍行藏，皆能行道，沒有一定的方式，所以伯夷、叔齊、伊尹、孔子之取舍雖然不同，但都不妨礙對道的實踐，且同樣體現了〈觀〉卦六三爻「觀我生，進退。」〈象〉曰：「……，未失道也。」

〔註44〕〈歸妹‧九二〉，李杞：《用易詳解》，頁19-500。

〔註45〕〈恆‧大象〉，李光：《讀易詳說》，頁10-360。

〔註46〕《史記卷六十一‧伯夷列傳第一》：「伯夷‧叔齊聞西伯昌善養老，盍往歸焉。及至，西伯卒，武王載木主，號為文王，東伐紂。伯夷、叔齊叩馬而諫曰：『父死不葬，爰及干戈，可謂孝乎？以臣弒君，可謂仁乎？』左右欲兵之。太公曰：『此義人也。』扶而去之。武王已平殷亂，天下宗周，而伯夷、叔齊恥之，義不食周粟，……遂餓死於首陽山。」頁2123。

的精神，甚至還有超越之處，李杞說：

> 三居上下之間者也，可以進可以退，惟自觀其生，以卜用舍之決，
> 反照內觀而不累于物，故或進或退而不失乎道。……治則進，亂則
> 退，伯夷之觀也；治亦進，亂亦進，伊尹之觀也；可以仕則仕，可
> 以止則止，可以久則久，可以速則速，孔子之觀也。三聖之道，其
> 所以自任者亦重矣！用舍行藏，不拘于一，而惟道之從，又豈六三
> 之所能望哉！〔註47〕

〈觀〉卦六三爻居上下之間，表示可以進也可以退，只要不有所累，合乎
道，進退皆無不可。李杞也舉伯夷、伊尹、孔子的辭受取予來說明，認為
這三聖的選擇都還勝過六三爻，評價之高，由此可見，因此孟子會以聖之
清者、聖之任者、聖之時者來理解，表示做法雖不同，卻不因進退不一而
損其聖明。

二、道家

（一）自然無為與反璞歸真

　　道家強調「無為而治」，李杞認為這也是保治之道。因為保治之道不一定
在「有為」，無為也同樣有效用，如漢初黃老的無為術就是最好的證明，所以
在〈泰‧大象〉「天地交泰，后以財成天地之道，輔相天地之宜。」李杞就說：

> 〈泰〉者，至治之世也。至治之世，不可復有所為，尚容以私智加
> 於其間哉！故為人君者不過即天地之道而裁成之，因天地之宜而輔
> 相之，以左右斯民，與之相安於無事而已，此保治之道也。……然
> 則堯、舜無為而治，豈非居〈泰〉之世乎！〔註48〕

〈泰〉卦為至治之世，與堯、舜無為而治相似，此時聖人只須輔佐天地成造
化之宜，使彼此相安無事即可，而不必逞其「私智」於其間，這種反智思想
是道家強調的。道家不太重視知識的追求，認為要「使民無知」〔註49〕，因
為「智慧出，有大偽。」〔註50〕即智慧讓人心變得虛偽不實，而「為學日益，
為道日損。」〔註51〕唯有「去知」才能達到道的境界。

〔註47〕〈觀‧六三〉，李杞：《用易詳解》，頁19-415。
〔註48〕〈泰‧象曰〉，李杞：《用易詳解》，頁19-394。
〔註49〕見老子第三章，《老子四種》，頁3。
〔註50〕見老子第十八章，《老子四種》，頁15。
〔註51〕見老子第四十八章，《老子四種》，頁41。

〈同人・初九〉「同人于門，无咎。」都絜認爲初九爻有自遯之意，因爲從變體來看，〈同人〉卦變〈遯〉卦，是同人當中範圍最小的，因爲只在門內：

> 此〈同人〉之〈遯〉也。……夫〈同人〉之義，柔得位，得中而應乎〈乾〉，而〈遯〉之義則遯世無悶，二卦之義若不相似也。然當眾人尚同之際，己乃同人于門而已。其不立異以絕物，則有同人之義；然于門而已，則與二五三四異矣，故有遯之義，此則即同而能遯，故爲〈同人〉之遯焉。老氏曰：「眾人熙熙，如享太牢，如登春臺。我獨泊兮其未兆，若嬰兒之未孩。」蓋與此同意。〔註52〕

〈同人〉卦的初九爻有遯之意。不過既是同人，又如何能遯？因爲〈同人〉表示與人和同，而〈遯〉卦則指遠離人世，一者走入人群，一則遯世無悶，二者本質根本相反，如何能通？其實不然，因爲同人之時，二三四五爻皆設法與人同，而初九爻卻僅「同人于門」而已，雖不完全絕物，但同人的範圍極有限，因此在這一點上，有自遯之意。此外，都絜還認爲這與老子眾人熙熙之際，我獨如嬰兒之未孩的意思相同。

至於〈復・六五〉「敦復，无悔。」都絜也說：

> 此〈復〉之〈屯〉也。……《經》曰「屯者，物之始生也。」在物言之，則草昧而未甲坼之時；若在人言之，則嬰孩而未爲童子之時。……《老子》亦曰「含德之厚，比于赤子。毒蟲不螫，猛獸不攫，鷙鳥不搏。」夫在異類猶然，則人孰得而害之哉！六五居位之尊，而盡〈坤〉之體，坤靜翕而厚載也。惟即動而靜，不遷其厚，乃復其厚，而爲厚之至，于是人物莫得而害之，何悔之有？此蓋所謂含德之厚，比于赤子者也，故變體爲〈屯〉，而有「敦復，無悔」之辭。然自復性之厚，而德至同于初，乃有物之始生，見而不失其居之義。〔註53〕

「敦復」爲復性之厚，德同于初，如嬰孩之時，人莫得而害之，即《老子》所謂「含德之厚，比于赤子。」之意，而《易經》〈屯〉卦就是形容物始生之時，所以都絜認爲二者有相通之處，即〈復〉卦的六五爻變體爲〈屯〉卦，表示有返回孩童之時的意涵。

〔註52〕〈同人・初九〉，都絜：《易變體義》，頁 11-665。
〔註53〕〈謙・初六〉，都絜：《易變體義》，頁 11-687。

（二）韜光養晦與守拙處卑

韜光養晦是道家的處世之要。因爲過度凸顯自己的才德，就會遭忌，成爲箭靶，所以某種程度上要懂得收斂光芒、隱藏實力，大智若愚，不輕易露才揚己，才不致於樹大招風，受到損傷，而斲傷本性，損其天年。因爲這些都不是養生之道，更不是處世的大智慧。養生之道要保養元氣，凝神一致，才能因應外在事態的不斷變遷，與物委蛇而不傷，如同「庖丁解牛」般，十九年而刀刃若新發於硎，猶如新製；否則與物相馳，則形神騷動，而過度消耗本眞，必然與物同歸於盡。都絜的《易變體義》就對道家思想有許多論述，認爲與《易經》有互通之處，如〈謙·初六〉「謙謙君子，用涉大川，吉。」即是，都絜說：

> 莊生之書曰：「飾智以驚愚，修身以明汙。昭昭乎揭日月而行，故不免也。」若夫謙謙君子則反乎是，所謂盛德之人，容貌若愚，而有用晦之道焉。〔註54〕

高潔之士彰顯自己的潔操，懸如日月，就形同在凸顯別人的汙濁，這無疑是禍患的根源，所以莊子強調要和光同塵，與物混同，而〈謙〉卦初六爻的「謙謙君子」就具有這種修養，容貌似愚，知用晦之道。但其實謙謙指的是謙虛，與晦暗之意不完全等同，都絜的理解有超出本義之處。

而〈否·卦辭〉說：「否之匪人，不利君子貞，大往小來。」胡瑗認爲要以「卷懷仁義」的心態處〈否〉之時：

> 夫〈否〉之時，天地不相交，君臣不相接，小人見用而其道長。小人之道長，則讒疾于君子。爲君子者，苟欲以正道而行，則必爲小人之所害，故韜晦道德，卷懷仁義，退而自處，不露其正則可也。〔註55〕

〈否〉卦是昏暗之世，天地不交，小人用事道長之時，此時君子最宜「韜晦道德」，以退處爲宜，不「露」鋒芒，也不必妄想行正道，以免被小人窺視陷害，胡瑗在〈否·象曰〉「天地不交，否。君子以儉德辟難，不可榮以祿。」也說：「言君子于此天地不交，賢人道塞之時，則當韜光遁迹，以全身遠害，不可與小人並立；若與小人並立，則必見害而召禍也。故但守儉素之德，不憫貧賤以避小人讒疾之患耳。如不得已而仕，則不可居重位，享重祿以榮其

〔註54〕〈謙·初六〉，都絜：《易變體義》，頁11-669。
〔註55〕〈否·象曰〉，胡瑗：《周易口義》，頁8-244。

身，第可全己遠害而已。」〔註56〕即在道塞之時，最好遁迹世外，離小人遠一點，以免惹禍上身。若不得已出仕，也不可居重位，「榮」、「祿」皆推辭。

至於〈賁·上九〉「白賁，无咎。」都絜認為「白」跟「晦」可以相通：

> 此〈賁〉之〈明夷〉也。……蓋君子非不明而常自晦，故能致樂告之善，猶白非無色，故能致五采之所施也。自晦猶之白也，致樂告之善則猶致五采之彰施焉，蓋〈賁〉之義也。何則？素乃可作繪，質乃能生文，此白賁之實也。上九在一卦之外，而居六位之上，則似之矣。……〈明夷〉務晦，而君子用晦而明則似之矣。向使君子飾智以驚愚，修身以明汙，昭昭若揭日月而行，則安有樂告以善者哉！故不自以為明，則人皆獻厥明矣；不自以為聰，則人皆獻厥聰矣。此用晦而明之道，而「白賁」之義如之。〔註57〕

「白」跟「晦」可以相通，當然不是顏色相通（白與暗），而是涵義相通。白賁如同白色，因為素樸沒有修飾，所以毫不起眼；而明夷也是，因為用晦、自晦，自處不明，陰暗，所以沒有鮮明的表象。二者都因外表低調，而不受人注意。其次，用晦表示能隱藏智慧，由於虛心納諫，不自以為聰明，自然會有許多人前來提供善言，所以雖用晦，內心卻是清明的，因此是「用晦而明」。而白賁也是，因為白，所以可以接納、反應出各種色彩，呈現多種面向，因此白賁跟用晦都能創造出許多可能。這就是〈賁〉卦上九爻會「變體」成〈明夷〉的緣故，也是賁白與晦暗可以相通之因。

另外，關於謙卑、卑下，《老子》跟《易經》也能相通，如〈謙〉卦即是。〈謙·象曰〉說：「謙，亨，天道下濟而光明，地道卑而上行。天道虧盈而益謙，地道變盈而流謙，鬼神害盈而福謙，人道惡盈而好謙。謙尊而光，卑而不可踰，君子之終也。」李光認為天能降、地能劾，天地都是謙卑者，所以人當法天地：

> 天體高明而下濟于物，地形卑順而上行于天，此所以能亨也。天能降其高明而其德愈尊，地能劾其柔順而其道愈大，二者固足以盡謙德矣。……天地鬼神无不以謙為貴，《老子》曰：「天之道，其猶張弓乎！高者抑之，下者舉之，有餘者損之，不足者與之。」又曰：「江海所以能為百谷王者，以其善下也。」又曰：「夫惟不爭，故天下莫

〔註56〕〈否·象曰〉，胡瑗：《周易口義》，頁 8-245。
〔註57〕〈謙·初六〉，都絜：《易變體義》，頁 11-682。

能與之爭。」天地且然，況于人乎！況于鬼神乎！〔註58〕

《易》道尚謙、貴謙，所以六十四卦只有〈謙〉卦六爻無凶辭，因為天、地、人、神、鬼都以謙為福益的對象，所以會有「益謙」、「流謙」、「福謙」、「好謙」的現象，以及對盈的減損，而有「虧盈」、「變盈」、「害盈」、「惡盈」的傾向。謙德也是君子人的重要修養，與道家處卑、善下、不爭之意相似〔註59〕，《老子》第七十七章就說：「有餘者損之，不足者與之。天之道，損有餘以補不足。」證明〈謙〉的精神是儒、道都重視的，更是人世的重要修為。

〈謙‧六二〉「鳴謙，貞吉。」都絜也引老氏之說：

> 此〈謙〉之〈升〉也，而爻辭云爾者。老氏之書曰：「自下者人高之，自後者人先之。」而《易》之于〈謙〉亦曰：「地道卑而上行，君子卑而不可踰。」此〈謙〉之所以有〈升〉之義。然〈謙〉有〈升〉義，而必于二言之者，以下體言之，初最在下，故以卑晦為主；二稍進矣，故以升高為主。《書》曰：「若升高必自下。」故于下體之中言謙之升焉。〔註60〕

〈謙〉卦六二爻變體為〈升〉卦（地山〈謙〉變為地風〈升〉）。〈謙〉卦變體成〈升〉卦，表示謙卑反有升高之意，這種邏輯似有矛盾，其實不然。因為高也是從低開始累積，沒有低那有高，所以高以低為基礎，低為高的前身，二者實相依存，而〈謙〉卦也說「地道卑而上行」，老子也認為自下者、居後者，人往往高之、先之〔註61〕。這些都表示其實下者並不下，後者並不後，下能上，後能先。

因此，在〈升‧九二〉「孚乃利用禴，无咎。」都絜也從另一個角度解釋九二的謙德：

> 此〈升〉之〈謙〉也。……夫柔當在下，剛當在上，九二趨升之時，欲升乎上矣，乃以剛居中，又居九三之下，蓋欲〈升〉而用〈謙〉者也。《老子》曰：「自下者人高之，自後者人先之。」然則欲升而

〔註58〕〈謙‧象曰〉，李光：《讀易詳說》，頁 10-315。
〔註59〕見《老子》第六十六章、二十二章。
〔註60〕〈謙‧初六〉，都絜：《易變體義》，頁 11-669。
〔註61〕老子居下處卑的思想見《第六十六章》：「江海之所以能為百谷王者，以其善下之，故能為百谷王。……聖人欲上民，必以言下之；欲先民，必以身後之。是以聖人處上而民不重，處前而民不害。」《第七十七章》：「天之道，其猶張弓與？高者抑之，下者舉之；有餘者損之，不足者補之。」

用謙，宜矣。〔註62〕

即九二在升進之時，卻居九三之下，象徵欲升而能謙者，所以變體為〈升〉之〈謙〉，與《老子》「自下者人高之，自後者人先之。」的思想相通。

（三）超然物外與功成身退

道家雖然強調功成身退，不過其實執著名利都不是儒、道所尚，只是道家在這方面的論述比較鮮明、具體而深刻，如《老子》第二章就說：「聖人處無為之事，行不言之教。萬物作焉不辭，生而不有，為而不恃，功成而弗居。」《第九章》也說：「功遂身退，天之道。」而《易經》與功成身退相通的卦爻大多為「上九爻」，這是因為上爻已居一卦之極，表示一個過程、一段時間的盡頭，不可能再向上或繼續往前發展，因此結局不是結束，就是得從頭、從新或從底開始。總之，就是必須轉換另外一種型態才能延續下去，所以〈乾〉卦上九爻才會說：「亢龍有悔。」〈象〉曰：「……，盈不可久也。」李光就說：

> 乾剛至上九，則位已極矣，陰陽之理未有極而不反者。……處天位之尊，據崇高富貴之極，苟不知消息盈虛之理，雖以聖人居之，未有无悔者也。蓋四時之運，功成者去，老氏曰：「功成名遂身退，天之道也。」〈泰〉之上六「城復于隍」，〈剝〉之上九「碩果不食」，以見窮上者未有不反下者也。〔註63〕

「亢龍有悔」表示處物之極若不知反，必有悔吝。藉以告戒世人，凡事莫流於極端，因為「窮上者未有不反下」，〈乾〉卦上九爻如此，〈泰〉卦上六爻，〈剝〉卦上九爻又何嘗不是？因為陰陽循環之道即是如此，與其與時俱滅，不如自我謙退，留下聲名。所以，能夠功成身退，總比亢龍有悔好；可以急流勇退，也比自招悔吝好，因為這世間沒有可以長相廝守的功名富貴。

而〈履‧上九〉「視履考祥，其旋元吉。」〈象〉曰：「元吉在上，大有慶也。」楊萬里則認為伊尹、子房可以當之：

> 上九居履之極，當履之成，行而不止，其行必跌；成而不去，其成必缺。……功成身退而復反其素履幽貞之初，慶孰大焉。故伊尹相湯之功，不高於告歸之節；子房興漢之策，不警於棄事之智，皆反其初之義也。〔註64〕

〔註62〕 〈升‧九二〉，都絜：《易變體義》，頁 11-737。

〔註63〕 〈乾‧上九〉，李光：《讀易詳說》，頁 10-271。

〔註64〕 〈履‧上九〉，楊萬里：《誠齋易傳》，庫本，頁 14-553；殿本，頁 149。

履爲行之意，不過〈履〉卦雖主「行」，卻不忘處，所以儘管初至五爻皆談行，上爻卻有反於初止之意，即返回剛開始還沒有行動之時，所以反初便有功成身退之意，即復反「素履幽貞」之初。而能反於初者，如伊尹、子房即是，伊尹告歸，子房棄人間事〔註65〕，皆足爲世範，絕不眷戀人間權勢。

至於〈大有‧上九〉「自天祐之，吉无不利。」〈象〉曰：「大有上吉，自天祐也。」楊萬里也舉伊尹、子房說：

> 上九以剛陽之德，居一卦之外，而能安然退處于无位之地，澹然不攖於勢利之場，此伊尹告歸，子房棄事之徒與。保其名節，而終其福祿，自天祐之，吉孰大焉。……上九，功成身退之耆舊乎！〔註66〕

〈大有〉上九居一卦之上，表示功業已成，此時可以退居閒處，遠離名利，如伊尹、張良〔註67〕即是。而能功成身退，保有名節，自我節制，天自祐之，自然吉無不利。

另外，〈離‧九三〉「日昃之離，不鼓缶而歌，則大耋之嗟，凶。」李光也強調要功成身退：

> 古之有道者，觀乎陰陽消長之理，則進退去就，死生禍福，皆能順受之。……功成名遂身退，天之道也。自昔帝王享國日久，既老而當傳，或授之子，或授之賢，故能身享安榮而其明不息也。離，火也。火性炎上，九又以陽剛而據陽位，雖過中當退，而不能以禮自娛。年至大耋，顧戀咨嗟，此取禍之道也。聖人垂戒之意深矣！〔註68〕

〔註65〕 張良佐高祖定天下後，曾說過自己已爲布衣之極，爲平民之最高榮寵，於願足矣，願棄事退隱而從赤松子游。於是學道家的「辟穀」之法，不吃糧食，導引輕身之術。這種對功名富貴見好就收的智慮及修爲，常人難及，見《史記卷五十五‧留侯世家第二十五》：「留侯乃稱曰：『家世相韓，及韓滅，不愛萬金之資，爲韓報讎彊秦，天下振動。今以三寸舌爲帝者師，封萬戶，位列侯，此布衣之極，於良足矣。願弃人閒事，欲從赤松子游耳。』乃學辟穀，導引輕身。」頁2048。

〔註66〕 〈大有‧上九〉，楊萬里：《誠齋易傳》，庫本，頁14-565；殿本，頁190。

〔註67〕 張良謙退，並且不居功，將成功歸於天意。高祖要他自擇齊三萬戶，良則自認封留足矣，不敢當三萬戶，於是封爲留侯，《史記卷五十五‧留侯世家第二十五》說：「漢六年正月，封功臣。良未嘗有戰鬪功，高帝曰：「運籌策帷帳中，決勝千里外，子房功也。自擇齊三萬戶。」良曰：「始臣起下邳，與上會留，此天以臣授陛下。陛下用臣計，幸而時中，臣願封留足矣，不敢當三萬戶。」乃封張良爲留侯。」頁2042。

〔註68〕 〈離‧九三〉，李光：《讀易詳說》，頁10-353。

人道當法天道，即人之行事應配合天道之運行，而天之道就是「功成名遂身退」。否則違背天理者很難不招來凶禍，而〈離〉卦九三爻就有這種隱憂。因為九三為陽剛之火性，又據陽位，且過中居下卦之極，難免有過度之失，當退而不退，帝王若至此，乃取禍之道，所以應當老而授之子或授之賢，才能「身享安榮」，也才是「有道者」之所為。

〈損・初九〉「已事遄往，无咎，酌損之。」〈象〉曰：「已事遄往，尚合志也。」李光也以張良的「已事遄往」說之：

> 初九正應在六四，以下而應上，以剛而應柔，上所賴以益己者也。人臣之道，无成而代有終，若已事而顧戀寵榮，遲回不去，未有能善終者。故已事而速往，則可免咎。「酌損之」者，量其時之所宜，斟酌而貶損者也。人臣竭智力謀猷以益上，功名遂而身退，天之道也。……功成不居而知退避，庶乎合上之心志也。人主所願乎臣下者如此。漢惟張子房一人，既佐沛公以有天下，則願與赤松子遊，封留足矣！是能亟退而酌損之也。後世貪冒之士，欲以諛說人主，至竭百姓膏血，為淫荒之用，……豈有不喪身覆族者哉！〔註69〕

李光認為人臣之道應該已事而速往，無成而有終，要能謙退不居功。也就是臣子為君上盡忠，考量時宜，有時不妨自我貶損，以成君上之美。〈損〉卦是損下益上，初九爻損己以益六四是理之宜然，如同臣子對君主的付出是職責所在。初九若因益六四而沾沾自喜，甚至居功自美，就不能無咎了，因為這已踰越本分。李光也舉張良為例，肯定張良是「已事遄往」者，也是漢代唯一能「亟退而酌損之」者，深明劉邦之心志，功成身退，遠從赤松子遊，深得人主對臣子的期望，所以爻辭才會說「尚合志」，「合上之心志」，絕非貪鄙之人，戀棧權勢，位寵而不知節制，最後走上喪身滅族之路。

〈渙・上九〉「渙其血，去逖出，无咎。」〈象〉曰：「渙其血，遠害也。」王宗傳亦稱許張良的謙退：

> 上九以陽剛之才，當渙散之終，禍難既散，脫然處无用之地，所謂功成而身退也。……血，有所傷也。渙其血，則能遠去禍害而无所傷矣。逖，遠也。時當避去而猶昧夫遠引之義，則亦未能无謗咎也，故去必逖出而後无咎。此張子房從赤松子遊，大夫蠡去越之時也。〔註70〕

〔註69〕〈損・初九〉，李光：《讀易詳說》，頁10-380。
〔註70〕〈渙・上九〉，王宗傳：《童溪易傳》，庫本，頁17-300；通本，頁1158。

王氏舉張良，范蠡爲例，說明二人在渙散之終都能「遠去」以避禍害，所以能無所傷，所以〈小象〉才會說「遠害也」。

三、佛教

虛空如鏡是佛教的思想〔註71〕，在〈咸・九四〉「貞吉，悔亡。憧憧往來，朋從爾思。」〈象〉曰：「貞吉，悔亡，未感害也。憧憧往來，未光大也。」楊萬里就以心鏡爲例來解釋〈艮〉卦：

> 九四在一卦之體，如一身之心也。不言心而言思，責其廢心而任思也。心者，身之鏡。思者，鏡之翳。鏡則虛而照，思則索而照。虛而照，無物也；索而照，有物矣。惟無物者見物，有物矣安能見物哉，故虛而照則明，索而照則昏。〔註72〕

九四爻的過錯在於「廢心任思」。思之照與心之照不同，因爲有思則有索，索則昏，不能虛而見物，不能清明地反應眞實；而心之照能虛，虛才能明，如同鏡子一般，「無物」才能照物，有物就不能見物，這就是「虛而照」與「索而照」，「無物」與「有物」的區別。因爲「虛而照」才能「貞」，才能「吉」。更具體地講，「虛而照」就是〈繫辭傳〉所言「何思何慮」。楊萬里認爲要學習孔子在〈繫辭〉所言「何思何慮」，才能免去悔吝，因爲「此心何思何慮則虛，虛則貞，貞則吉，何悔之有。……貞吉无思之時，未感而无害也。」（同上），否則「以思窮物，適以物窮思，安能窮神知化而成光大之盛德哉」（同上），至於史事的驗證，楊萬里則以唐德宗的「猜忌」刻薄來參證，認爲德宗欠缺虛心的修養，才會凡事以成見偏執去對待忠臣之諫。

因爲能夠空，才能來去自如，無心以應物。〔註73〕不牽繫是佛家強調的

〔註71〕 空義是佛教的宗旨所在。佛教認爲緣起性空，世間萬象都是由於因緣和合而成，所以事物本身並沒有常住不變的自性，由此而引發空之義。（參考吳汝鈞：《印度佛學的現代詮釋》，頁32）。

〔註72〕 〈咸・九四〉，楊萬里：《誠齋易傳》，庫本，頁14-610。

〔註73〕 吳言生說：「慧能在《壇經》中，即提出『立無念爲宗，無相爲體，無住爲本』。體現無住生心的範型是水月相忘。不爲境轉，保持心靈的空明與自由，即可產生水月相忘的審美觀照：『雁過長空，影沈寒水。雁無留蹤之意，水無留影之心。』（《五燈會元》卷16〈義懷〉）『寶月流輝，澄潭布影。水無蘸月之意，月無分照之心。水月兩忘，方可稱斷。』（同上，卷14〈子淳〉）『無所住』並不是對外物毫無感知、反應，在『無所住』的同時，還必須『生其心』，讓明鏡止水般的心涵容萬事萬物。事情來了，以完全自然的態度來順應；事情過去了，心境便恢復到原來的空明。『無所住』是『生其心』的基礎，『生其心』的同時必須『無所住』。」（參吳言生：《經典禪詩》，東大圖書公司出版，2002年11月出版），頁210。

修爲境界，因爲不執著於物念，物來應之，物去消之，如同鏡子般，才能不隨物欲以及外在的環境起舞，即心不隨「境」轉，心不被物役（心變成物的奴隸），在〈臨・六四〉「至臨，无咎。」〈象〉曰：「至臨无咎，位當也。」李杞就說：

> 以陰居陰，无心于臨者也。无心于臨，物至而後臨之，故曰「至臨」。
> 古之聖人居于萬物之上，淡然无欲以應天下之相求，物以有心至，
> 而我无心臨之。……朝覲獄訟之交歸，而舜、禹偁然若出于不得已，
> 其「至臨」之謂耶。〔註74〕

李杞將「至臨」解釋成物至而後臨之，是出於不得已，非主動求之，乃無心以臨之。由於淡然無欲，所以物來而應之，物去亦消泯，因此何咎之有？亦何繫之有？當然可以自在人生，了無牽絆。

由上可知，宋代史事《易》學雖滲透著佛道的思想，大抵還是儒家的基調。

第二節 道德價值的崩解

道德的崩解表示維持人間秩序的力量被破壞、被摧毀，以致道德規範鬆動，甚至有瓦解的可能，此時需聖德之人重新整頓，才能再度約束人心，節制人欲，避免人世繼續沈淪。這可從態度、行徑二方面來觀察：態度有「軟弱」、「姑息」、「縱容放任」、「幸嬖」、「依違浮沈」、「剛厲拒諫」、「強明」等不良、不當的存心；行徑則有「翻覆妄從」、「阿順媚說」、「奸險陰邪」、「貪婪虛詐」、「僭越篡逆」、「放蕩失德」等脫序行爲，茲述如下：

一、從態度來說明

（一）「貞疾」的軟弱

漢元帝被認爲是柔弱之君，是因蕭望之事件。〔註75〕蕭望之是漢元帝的

〔註74〕〈臨・六四〉，李杞：《用易詳解》，頁19-413。

〔註75〕其實漢元帝會出狀況，其柔弱的性格，當父親的漢宣帝早就看出來了。當初還是太子的時候，元帝就曾批評過父親的執政，認爲宣帝「持刑太深」，「宜用儒生」，結果被宣帝罵了一頓，認爲「漢家自有制度」，不純任「德教」、「周政」。並以俗儒「不達時宜」，好以言論亂天下，而不堪委任，來說明何以要「霸王道雜之」。事後宣帝感嘆並且預言漢家的衰「亂」將由這個太子開始，而且果真如此，可見知子莫若父。因爲漢家的衰退，元帝的確有很大的責任，

老師，但因和近臣弘恭、石顯不和，二人遂讒言蕭傅專權，以及毀謗朝臣，元帝誤信又不察，致望之因覺受屈辱，而飲鴆自殺。對於老師的自殺，元帝雖然很難過，但事後並沒有斷然處置滋事者，形同讓小人爲所欲爲，並且有恃無恐。〔註76〕對於元帝的柔弱昏暗，宋《易》有許多批評，以〈豫〉卦六五爻，〈蠱〉卦六四爻、〈兌〉卦九五爻，及〈復〉卦六五爻來比附。不過元帝的昏愚，身爲老師的蕭望之恐怕也不能置身事外，畢竟教了元帝八年，卻教出一個連「召致廷尉」都不懂的皇帝，實在也很誇張，因此對於蕭望之，

見《漢書卷九・元帝紀第九》：「（太子劉奭）柔仁好儒。見宣帝所用多文法吏，以刑名繩下，大臣楊惲、蓋寬饒等坐刺譏辭語爲罪而誅。嘗侍燕從容言：『陛下持刑太深，宜用儒生。宣帝作色曰：『漢家自有制度，本以霸王道雜之，奈何純任德教，用周政乎！且俗儒不達時宜，好是古非今，使人眩于名實，不知所守，何足委任！』仍歎曰：『亂我家者，太子也。』」頁277。其實經過這事件，宣帝便有意撤換太子，改立「淮陽王」。因淮陽王「明察好法」，得宣帝喜愛，認爲「宜爲吾子」，所以母子俱受寵；但宣帝終究因元帝的母親許后是他年少流落在民間微賤時所娶的（宣帝祖父戾太子因巫蠱之禍兵敗自殺，宣帝被牽連，流落民間），因此始終不忍心背叛許氏，於是作罷。而漢家制度其實就是「尊儒尚法」，在各思想間取得平衡，當用則用，亦不全用，取其可用。

〔註76〕 蕭望之是漢元帝的老師，受宣帝遺詔輔政，與周堪、劉更生等在元帝初即位時，同心輔政，元帝也相當信任他們。不過蕭望之與外戚史高，宦官弘恭、石顯等人不合，不僅在朝政的議論上，彼此有爭議，蕭望之還希望元帝能重用「士人」，以「賢明之選」來取代宦官，因此弘恭、石顯懷恨在心，便唆使鄭朋、華龍二人趁機上書元帝，指責蕭望之等「朋黨」，「數譖大臣」「專擅權勢」，「爲臣不忠，誣上不道」，奏請「謁者召致廷尉」。當時元帝剛即位，根本就不曉得「召致廷尉」就是下獄的意思，以爲不是很嚴重，於是可其奏。後來才知道老師被關了起來，身處獄中，事態嚴重。之後雖赦免其罪，但還是被恭、顯等人設計陷害。蕭傅最後在不甘屈辱，也不願再進牢獄的情況下「飲鴆自殺」。元帝知道後非常震驚，很後悔也很自責誤殺老師。總之，元帝從頭到尾都被小人操縱，在不明究裡的情況下，間接害死了蕭傅。而對於老師的死，元帝雖然相當懊悔落淚，卻也爲時已晚。而離譜的是事後竟然沒有懲處弘恭、石顯，讓小人陰謀得逞，可見元帝個性之陰柔寡斷，根本不擅處理國政，見《漢書卷七十八・蕭望之傳第四十八》：「及宣帝寢疾，選大臣可屬者，引外屬侍中樂陵侯史高、太子太傅望之、少傅周堪至禁中，……皆受遺詔輔政，領尚書事。宣帝崩，太子襲尊號，是爲孝元帝。望之、堪本以師傅見尊重，上即位，數宴見，言治亂，陳王事。……初，宣帝不甚從儒術，任用法律，而中書宦官用事。中書令弘恭、石顯久典樞機，明習文法，亦與車騎將軍高爲表裏，論議常獨持故事，不從望之等。恭、顯又時傾仄見訕。望之以爲中書政本，宜以賢明之選，……白欲更置士人，繇是大與高、恭、顯忤。」頁3283。

有人同情，卻也有人批評，而且也不無道理。〔註77〕

〈豫〉卦六五爻被認爲是柔弱之主，耽於宴安之酖，所以即便有九四剛正之臣輔佐，其實也難以有所作爲，所以爻辭說恒病而不死：「貞疾，恒不死。」〈象〉曰：「六五貞疾，乘剛也；恒不死，中未亡也。」楊萬里以漢元帝及漢安帝爲例說明：

> 六五以柔弱之資，居逸豫之時，耽宴安之酖，所以疾也。有九四剛
> 正之臣以正之，所以貞也。一正君而國定，然其效止于恒疾而不死，
> 終不能去疾爲全人，何也？弱也。元帝有望之，望之不能使之爲孝
> 宣；安帝有楊震，楊震不能使之爲光武，正而不死，中而未亡。（武
> 英殿本作「終不能去病爲全人」）〔註78〕

六五因爲軟弱無能，所以「終不能去疾爲全人」，如同蕭望之之傅元帝，楊震之諫安帝〔註79〕，終難有起色，只能維持在不死、未亡的情況而已，即雖尚未達到昏君的程度，其實也相較不遠。

而〈復・六五〉「敦復，无悔。」〈象〉曰：「敦復，无悔，中以自考也。」楊萬里也提到元帝的無能：

> 六五當陽長之時，居君尊之位，危可復於安，亂可復於治，亡可復

〔註77〕宋人對蕭望之的遇害雖有許多同情，不過也不是沒有批評的意見，即認爲他雖爲帝王之師，教了元帝八九年，卻似乎成效不彰，才會讓元帝的決策如此荒唐無知，竟連「召致廷尉」是什麼都不清楚，簡直連基本常識都沒有，才會讓小人有機可趁，去陷害自己的老師，所以劉安世就說：「蕭望之傅元帝八九年，當深知元帝爲人。及帝即位，欲逐恭、顯，爲其譖，帝至不省其爲下獄，不知八九年間傅之者何事！」（見《宋元學案卷二十・元城學案》，華世出版社，第 2 冊），頁 825。

〔註78〕〈豫・六五〉，楊萬里：《誠齋易傳》，庫本，頁 14-570；殿本，頁 208。

〔註79〕漢安帝（劉祐）也是柔弱之君，早期政權掌控在鄧太后手中，沒有實權；鄧太后死後，卻又變成「內寵始橫」的局面，所以治國能力真的有問題，不僅身邊的人管理不當，又讓小人爲禍朝中。如乳母王聖，即藉「保養之勤」、「緣恩放恣」，而王聖的女兒伯榮更在宮外從事非法賄賂。楊震爲「名儒」，多次上諫安帝要處置這對母女的過失，指責其干預朝政，並諫陛下要斷絕私愛，但安帝始終沒有聽從（「連切諫不從」），甚至還把楊震的奏疏示給王聖等人看（「帝以示阿母等」），導致王聖等對楊震懷恨在心，設計小人陷害，楊震灰心之餘，痛恨沒有能力挽救朝政，「疾姦臣狡猾而不能誅，惡嬖女傾亂而不能禁，何面目復見日月！」於是「飲鴆而卒」，年七十餘。後順帝即位，楊震雖被重新襃揚，但恐怕也只是亡羊補牢。參《後漢書卷五十四・楊震列傳第四十四》，頁 1759-1768。另參《後漢書卷五・孝安帝紀第五》、《後漢書卷十上，皇后紀第十上・和熹鄧皇后》。

於存，猶運之掌也；然僅能「敦復无悔」者，柔而已。惟其柔，故一陽疏遠而不能援也，四陰強盛而不警也，則亦僅能成中材之主而已，其周襄王、漢元帝之徒與！〔註80〕

〈復〉卦一陽在下（上坤下震，震為雷，雷為陽氣之動），表示陽氣有復甦的趨勢，意謂正道正在逐漸壯大，此時的情勢應當一片看好，且六五又居尊位、君位，理應有不錯的發展，或者還有可能進一步拯亂安危，然爻辭卻僅說「无悔」，而沒有斷之以「吉」，這是什麼緣故？楊萬里認為這是因為六五爻本身柔弱的緣故，且又被四陰「強盛」包圍，所以即使下有一陽爻，亦因疏遠而難以「援」之；何況〈復〉卦陽氣「始」復，陽爻雖有萌生之氣，然尚弱，初始階段，力量仍有限，如果六五爻自己不振作，沒有「警」覺，只想靠初九這一陽爻，以一二個還算可以的臣子就想平治天下，是行不通的，所以表現才會未臻理想，沒準還會等而下之，所以僅能成為「中材之主」，而無法有一番良好的作為，如周襄王、漢元帝即是。

〈蠱‧六四〉「裕父之蠱，往見吝。」〈象〉曰：「裕父之蠱，往未得也。」朱震也以元帝為例說：

六四柔而止，不能去上九之蠱，寬裕自守而已。「裕父之蠱」者，諸爻以剛為幹蠱之道，九二、九三、初六、六五之動曰「幹」，六四曰「裕」者，不剛也不能動也。吝者，安其位而不能往。動成〈離〉，〈離〉目為見，故「往見吝」。初六應之，牽於下，亦不得往矣，故曰「往未得也。」漢之元帝也。〔註81〕

朱震認為元帝的柔暗，無法解決父輩的弊端，所以只能每下愈況。因為〈蠱〉卦以剛為幹蠱之道，而六四以柔居陰，無陽剛之性，因此難以有為，只能自守而不能幹父之蠱，所以往見吝。

（二）「甘臨」的姑息

唐後期藩鎮的猖獗，源於安史之亂的餘孽未平。安史之亂末期，玄宗、肅宗相繼去逝，繼位的代宗為了趁早結束戰亂，招降叛軍，遂任命安史部將為節度使〔註82〕，這成為往後繼任之君的心腹大患。〔註83〕所以，安史之亂

〔註80〕〈復‧六五〉，楊萬里：《誠齋易傳》，庫本，頁14-591；殿本，頁281。
〔註81〕〈蠱‧六四〉，朱震：《漢上易傳》，庫本，頁11-71；通本，頁486。
〔註82〕據說僕固懷恩怕戰事結束，恩寵會衰，「恐賊平寵衰」，於是奏請代宗任命安史部將為節度使，而代宗也因為厭戰，又缺乏長遠的政治考量，才會鑄下大

的平定，其實只是表象，因爲眞正的問題才正要開始。因爲節度使不可能因此而滿足，得寸進尺，跋扈囂張，便成爲他們應付中央朝廷的一貫作風。而對於節度使的予取予求，唐皇室根本無力抵制，只能任由其逐漸擴張勢力，就算局勢失控，一觸即發，朝廷出兵討伐，也往往力不從心，甚至狼狽收兵，如德宗時，便因處置失當而造成朱泚及諸將的接連叛亂與叛變，德宗倉皇逃命，最後雖然回到京師，但驚嚇過度，也已無力再管制那些強藩了。其實諸鎮的問題並非不能解決，但代宗、德宗的能力有限，又親近任用奸小，才會被節度使輕蔑挑釁，而得不到有力的解決。直至憲宗即位，情況才有所改善。憲宗重用裴度，以破釜沈舟的決心平淮西，本可就此改變局勢，但憲宗用武而不終，後期也走下坡，不了了之（憲宗死後，藩鎮又叛），所以藩鎮的問題又故態復萌，繼續侵蝕國本〔註 84〕，因此唐後期的政治情勢便在這種朝廷與藩鎮的對抗中消磨殆盡，並正式宣告唐皇室的命數已然逐漸接近尾聲。

　　對於代、德的姑息政策，宋《易》有不少批判，認爲這種處置方式，是在養癰遺患，後患無窮，最後演變成帝國的毒瘤，要拔除就勢必要跟它同歸於盡，所以在〈臨·六三〉「甘臨，无攸利；既憂之，无咎。」〈象〉曰：「甘臨，位不當也。既憂之，咎不長也。」李杞就批評唐代君主對藩鎮的姑息，即是「甘臨」而無攸利：

　　　　以陰居陽，无臨人之德，而居臨之地，而徒以甘說爲臨，臨道窮矣，

錯，而允許，造成之後的藩鎮割據。其中李寶臣爲成德五州節度使、田承嗣爲魏博五州節度使、李懷仙爲盧龍六州節度使、薛嵩爲相衛六州節度使、李正己爲淄青節度使。以上五鎮，都是安史餘孽，他們佔據了唐帝國的整個東北部地區，漸成爲唐室的大敵。（參傅樂成：《中國通史》），頁 420。

〔註83〕　傅樂成在《中國通史》說：「安史餘孽之所以無法完全消滅，是由於他們的實力堅強，不易征服。在戰爭期間，唐師屢遭敗創，賴回紇人的助戰，纔擊敗叛軍，而回紇人的紀律極差，唐室又不敢過分倚任。加以肅宗、代宗，缺乏遠見和魄力，只求早日結束戰爭，而不計後果。因此不惜付出極大的代價，以招降叛軍。安史部將歸降的，唐室並不懲處，也不解散他們的武力，反酬以廣大的地盤和節度使的官位。安史餘孽的實力，就這樣被保全下來，終成爲帝國內部的巨患。」頁 419。

〔註84〕　傅樂成《中國通史》說：「到元和十四年（819）春，全國的藩鎮，至少在名義上都服從中央，這時可算憲宗中興事業的最高峯。但憲宗對國事已有些荒怠，漸著意於池臺館宇的營建崇飾。同時他又染上迷信的惡習，祈求長生，服「不死」之藥。他服藥後，性情暴躁，常罪責近習，終於十五年（820）爲宦官陳弘志所害。他死後，河北三鎮（盧龍、成德、魏博）又亂，唐室從此未能收復。」頁 426。

故无所往而利也。惟能于此，知其不可，而憂畏以處之，則亦可以
无咎矣！唐自代、德之世，皆以姑息爲政；姑息，即《易》之所謂
「甘臨」者也。而唐之諸君，方且恬然自以爲安，而略无憂懼之心；
此藩鎮之禍，所以歷久而不能制也。〔註85〕

〈臨〉卦六三爻之所以無攸利，是因爲以陰居陽，無是德而居是位，居高臨
下，顯然力有未逮，所以只能以甘說爲臨，長此以往，不僅無所利，而且臨
道亦窮；然如果有憂慮之心，即可無咎。李杞舉唐代宗及德宗之行事爲例，
認爲唐代政治苦於藩鎮勢力之威脅，卻長期無法解決，就是因爲代宗及德宗
昧於形勢，不採取強硬的措施遏止，飲鴆止渴的結果，即是尾大不掉。因爲
姑息養奸，恬然自以爲安，並對惡勢力妥協，所以無法大刀闊斧，大力改革，
結果就得過且過，毫無起色，證明了「甘臨」的心態並不能解決問題。而楊
龜山也如是說：「柔不中正，居〈說〉之極，甘臨也。以姑息臨下而不以德，
无往而利矣。」〔註86〕

代宗與德宗的例子，李杞在〈蠱・六四〉「裕父之蠱，往見吝。」〈象〉
曰：「裕父之蠱，往未得也。」也說：

裕，益也。父之蠱，子幹之，孝也。不能幹之，又從而益之，以此
而往，則吝矣。孝元優柔不斷，而成帝之優柔愈甚；代宗專務姑息，
而德宗之姑息又過之，茲非反所以裕之耶！〔註87〕

李杞認爲代宗專務姑息，德宗又過之，因此不僅不能幹父之蠱，反而增裕之，
使問題日趨嚴重。

其實德宗的情況會這麼嚴重，是因爲比起代宗，德宗的用人更奇怪，不
過這在執政初期並沒有出現，所以仍不失爲明主〔註88〕；但在建中二年（781
年）重用盧杞這個姦邪後〔註89〕，就不堪回首了。此外，又性情忌刻，才會
被藩鎮看輕，而走到〈復〉卦上六爻的窘境，這個窘境就是奉天之難。建中
二年，成德節度使李寶臣死後，其子李惟岳自己繼任爲節度使，並要求朝廷

〔註85〕〈臨・六三〉，李杞：《用易詳解》，頁 19-413。
〔註86〕〈臨・六三〉，方聞一：《大易粹言》中引龜山楊氏之語，庫本，頁 15-235。
〔註87〕〈蠱・六四〉，李杞：《用易詳解》，頁 19-409。
〔註88〕唐德宗李适是代宗的長子，繼位後其實勵精圖治，重用宰相楊炎的長才，創
　　　立「兩稅法」（建中元年780），完成財政的重大改革，依貧富的等級課稅，其
　　　精神仍沿用至今，所以政績是相當好的。但之後就寵信小人，用人出問題，
　　　又亂殺功臣，國政開始走下坡，從此一去不復返，是一位相當可惜的帝王。
〔註89〕盧杞陷害忠良，殘忍無辜，天下皆以爲姦，德宗卻渾然不覺。

追封，但德宗不允許，李惟岳便與魏博鎮田悅、淄青鎮李納等人舉兵叛唐，然德宗有準備，所以發兵平叛。不過事件並沒有因此而平息，盧龍節度使朱滔、淮西節度使李希烈也相繼因求地不成而叛亂，甚至連成一氣。建中四年，李希烈抄掠東都，唐室派涇原軍前去討伐，結果涇原軍因未得賞賜，心生不滿，也發生兵變。德宗便倉皇出奔奉天，而叛軍攻入長安，擁立朱泚（朱滔的弟弟）為王。朱泚在長安稱帝，又繼續圍攻奉天，情勢一度危急，幸朔方節度使李懷光的救兵，才得以解圍。但德宗竟聽信盧杞讒言，沒有接見懷光〔註90〕，致懷光心有怨言，不僅上論盧杞之罪，致杞被貶逐，還與朱泚陰謀，預備進一步要襲取奉天，於是德宗又逃至梁州。之後靠李晟率軍，才能收復長安，殺了朱泚。而亂能平，也因德宗採納陸贄建議，下詔赦免節度使之罪，於是諸鎮紛紛歸降。〔註91〕綜觀整起事件，藩鎮叛亂，軍隊叛變，德宗狼狽逃命，盧杞被貶，局勢一片混亂，以及災難結束後的妥協政策〔註92〕，與〈復〉卦上六爻的描述不謀而合，所以楊萬里在〈復·上六〉：「迷復，凶。有災眚。用行師，終有大敗，以其國君，凶。至于十年不克征。」〈象〉曰：「迷復之凶，反君道也。」就分析說：

> 上六以陰柔小人之極，居亢滿大臣之位，遂其姦而不改，迷於邪而不復，故凶于而身，則天災、人眚之畢集；凶于而國，則師敗君凶而不振，盧杞是也。害真卿、沮懷光，天下皆以為姦邪，而德宗獨不覺其姦邪。伐叛之師未反，而朱泚之變已作；奉天之圍未解，而梁州之幸已嚴。自是而後，姑息之政行，強藩之勢成矣。至于元和，

〔註90〕 王仲犖在《隋唐五代史》上冊說：「李懷光從河北馳援關中，常言天下之亂，是宰相盧杞等兩三人所釀成，如果他見到唐德宗，一定當面揭露盧杞等人罪惡。不久奉天圍解，盧杞怕李懷光見到德宗，便向德宗建議，命懷光『乘勝取長安，則一舉可以滅賊，此破竹之勢也。』德宗輕信盧杞，下詔命李懷光、李晟等刻期共取長安。李懷光千里赴難，血戰解圍，而「咫尺不得見天子，意殊怏怏，曰：『吾今已為姦臣所排，事可知矣。』（《資治通鑑》唐建中四年）。從此李懷光和唐德宗之間的嫌隙就構成了。」（北京：中華書局出版，2007年11月第1版），頁180。

〔註91〕 這一段歷史可參傅樂成：《中國通史》，頁422。

〔註92〕 奉天之難後，德宗又轉回姑息，此後在位近20年，未再對藩鎮用兵。（參張豈之主編：《中國歷史·隋唐遼宋金卷》，北京：高等教育出版社），頁25。王仲犖在《隋唐五代史》上冊也說：「唐德宗在即位初年，不滿於肅宗、代宗的姑息之政，頗想振作一番，結果兵連禍結，導致涇原兵變，奉天被圍，唐王朝險些滅亡。經過這次事變，他對藩鎮就一味姑息了。」（北京：中華書局出版，2007年11月第1版），頁184。

乃始克征，何啻十年而已乎！……六五之君道，乃爲上六所左右，

至於迷而違之，何復之有。〔註93〕

「迷復」、「災眚」、「用師大敗」、「國君凶」、「十年不克征」，幾乎全部應驗在
德宗與盧杞身上。「迷復」指迷而不復，誰迷而不復？上六與六五。上六是盧
杞，六五是德宗，「遂姦不改」，「迷邪不復」。奸臣迷惑昏君，一搭一唱，執
迷不悟，結果爲國家也爲自己掀起巨大的凶險，所以爻辭說「凶」。而凶就靈
驗在「災眚」上，天災、人禍（眚爲禍）畢集。「師敗君凶」，用兵不利，軍
隊更控制不了，人皆有異心，所以爻辭說「用行師，終有大敗。」而從李惟
岳、田悅、李納、王武俊、李希烈，到朱滔、朱泚、李懷光等人的接連叛亂，
災變更是接踵而至，簡直就是遍地開花，朝廷根本應接不暇，也應付不了，
最後只好下詔赦免，用妥協的方式難堪收場。而從奉天到梁州，一個帝王的
尊嚴又幾乎徹底掃地，國家也險些滅亡，這些無不證明「大敗」、「凶」的預
測，所以這一爻似乎是爲德宗量身訂做的。而災難結束後，德宗自己也未見
振作，一樣寵幸小人（裴延齡），一樣姑息自閉，如此一、二十年，所以爻辭
說「至于十年不克征」，不是不征，而是根本沒能力征。這種萎靡情況，直到
憲宗李純即位，才開始有了改變，所以德宗的姑息是超越代宗的，並且情況
更爲嚴重。

德宗的例子，項安世在〈巽‧巽在牀下〉也說：

上九爻辭與九二同，皆以陽居陰也。當巽之時，惟此二爻以陽而失
位，巽中之又巽者也，故皆爲「巽在牀下」，言失位也。二雖失位而
得中，中大於正，所以吉而无咎。上既失位愈巽，極而不反，故爲
喪資失斧之人，而猶固守其窮凶之道者也。……上既失位并其剛德
而亡之，故資斧皆喪也，此德宗奉天之後姑息之時也。〔註94〕

〈巽〉卦九二爻及上九爻皆言「巽在牀下」〔註95〕，不過九二爻吉无咎，上
九爻卻凶，吉凶不同是因爲九二居中，中大於正，所以吉无咎。上九爻失位
不中，喪其資斧，又固守其窮而不知變通，所以爻辭才會以「凶」斷之，而
這種情形就如同德宗在奉天之後的情況一般，失去剛德而任人宰制。

〔註93〕〈復‧上六〉，楊萬里：《誠齋易傳》，庫本，頁14-591；殿本，頁282。

〔註94〕〈巽‧巽在牀下〉，項安世：《周易玩辭》，庫本，頁14-382。

〔註95〕〈巽‧九二〉：「巽在牀下，用史巫紛若吉，无咎。象曰：紛若之吉，得中也。」

〈巽‧上九〉：「巽在牀下，喪其資斧，貞凶。象曰：巽在牀下，上窮也。喪
其資斧，正乎凶也。」

其實姑息的政策或苟且的態度，對危機往往沒什麼助益，只是在自我蒙蔽，甚至逃避，所以胡瑗在〈兌‧六三〉「來兌，凶。」〈象〉曰：「來兌之凶，位不當也。」才會說：

> 夫感說之道必須至公至正，无所偏係，使天下之人自然而說之則可
> 也。固不可以言語、口舌、柔邪以苟取于人而求其說。今六三當施
> 說之世，以陰居陽，又在一卦之上，是履不得中，行不得正，以不
> 中不正之道，是欲以柔邪、諂佞、姑息、苟且以來天下之說，雖天
> 下之民一時懽心而說從之，終无其道以久說斯民，以是施說，非凶
> 而何？〔註96〕

胡瑗認為以六三這種柔邪、苟且的心態來說天下之民，非久長之計，因為只是一時之悅，沒有真正的內涵，長此以往，非凶而何？所以爻辭才會斷之以「凶」，警告六三不中不正將帶來的可怕後果。

元代胡震在〈履‧九五〉「夬履，貞厲。」〈象〉曰：「夬履，貞厲，位正當也。」中也說：

> 剛決之過，非可安之道也。履至尊之位，固患於不剛，尤患於過剛。
> 不剛則為巽懦、為不斷，故漢以元帝之優柔而削，唐以文宗之姑息
> 而微。不剛之弊，其患有不可勝言者。不剛固不可，過剛尤不可。
>
> 〔註97〕

即不剛則有優柔姑息之患，如漢元帝、唐文宗即是。

（三）「履霜堅冰」的縱容放任

縱容就是放縱、放任，也就是〈坤〉卦初六所言之「履霜堅冰至。」〈象〉曰：「履霜堅冰，陰始凝也。馴致其道，至堅冰也。」的情況。王宗傳比較〈乾〉卦與〈坤〉卦的初爻，認為各有深義，〈乾〉卦初九爻的「潛龍勿用」有「懼傷」之義，而〈坤〉卦初六爻的「履霜馴致」則有「防長」之義。一者要懼，一則要慎：

> 〈坤〉之初六，一陰在下，其曰「履霜堅冰至」者，防其長也。……
> 張橫渠曰：「《易》為君子謀，不為小人謀。」惟《易》為君子謀
> 也，故陽，君子道也，則必委曲愛護，惟恐其或傷也。惟《易》
> 不為小人謀也，故陰，小人道也，則思杜其漸，防其微，惟恐其

〔註96〕〈兌‧六三〉，胡瑗：《周易口義》，頁8-422。
〔註97〕〈履‧九五〉，胡震：《周易衍義》，庫本，頁23-517。

遂長也。夫涓涓不過，將成江河；毫末不去，將尋斧柯。陰氣始凝霜也，凝而不已，則其至堅冰也必矣！此无他，馴致之故也。惟見微慮早之君子，知天下有所謂必至之理，故謹其辨於履霜之初，則馴致之禍，亦或幾乎熄矣！鄭莊公之寵弟，不用祭仲蔓草之諫，而待其自斃，遂至於同氣交兵，子母相失。噫！此无他，昧履霜早辨之戒也。〔註98〕

〈坤〉卦初六爻，以一陰居下，看似微不足道，不足堪慮，然君子已看出其有漸長的滋態，若不予遏止，恐有隱憂，如同履霜而知堅冰必至的道理一樣，不早戒之，必有後患。而不趁早防範的例子，王宗傳舉鄭莊公放縱其弟爲例說明。王氏認爲莊公不明「履霜早辨」之戒，放縱其弟誤入歧途，終至不可收拾。最後不僅兄弟相殘，亦造成母子失和，權宜之計，只好下至黃泉，才得以相見，足見帝王之家，竟也如此不堪。其實莊公如能防微杜漸，在弟弟失道之初，即予制止，或許日後就不會兵刃相向。因此姑息所以養奸，實是不可輕忽。不過這種說法畢竟是王氏個人的觀點，因爲與一般人的理解有出入。

　　而〈家人・初九〉「閑有家，悔亡。」〈象〉曰：「閑有家，志未變也。」王宗傳也強調正家要從愼始開始，切莫不以爲意：

> 初，正家之始也；九以剛明之才，當正家之始，宜如何哉？曰：正家之道，莫先於制其始，始之不制，末如之何矣。……夫一家之內，有長幼焉，有男女焉。當正家之始，苟不有以制其變於未然之初，則長幼失序，男女无別。害恩義，害倫理，將自此始也，能无悔乎？……夫惟於其志意未變之初，而盡其所以防閑之道，謹其序，嚴其別，无使瀆亂而失其有家之則，此悔之所以亡也。〔註99〕

〈家人〉卦初爻象徵正家之始，而九爲剛明之才，頗有治家能力，然必須在「志意未變」之初就盡到「防閑之道」，勿輕忽縱容，才能有好的效果。因爲始若不制，則末即不能制。等到長幼失序，男女混亂，傷害恩情義理，才來補救，能沒有悔恨嗎？所以端正家道最重要的就是防閑於初，避免瀆亂家法。而防閑之道失敗的例子，王氏舉春秋時期魯桓公及鄭莊公之事，來證明不能閑有家，則必然有悔，甚至有凶，不可不愼，他說：

〔註98〕〈坤・六二〉，王宗傳：《童溪易傳》，庫本，頁17-26；通本，頁937。

〔註99〕〈家人・初九〉，王宗傳：《童溪易傳》，庫本，頁17-191；通本，頁1070。

> 魯桓公之於文姜也，不能防閑之，使爲二國之患，故詩人所爲賦〈敝
> 筍〉也。鄭莊公之於叔段也，不知早爲之所，遂至於同氣交兵，故
> 激祭仲蔓草之諫。此无他，不知〈家人〉初九「閑有家」之戒也。（同
> 上）

王氏提及魯桓公的昏昧懦弱，不能事先防範妻子文姜與齊襄之間的兄妹穢亂
行爲，才會惹來殺身之禍。〔註100〕一國之君卻管不住妻子，制止不了妻子淫
蕩，事後才來責備。最後甚至因妻子的亂倫無恥，以及惱羞成怒而死於非命，
簡直匪夷所思，還導致齊、魯兩國差點反目，埋下心結，成爲國際間的醜聞，
這種結局又豈能不令人瞠目結舌，也難怪被世人嘲笑治家不力。其次，鄭莊
公對於親弟弟共叔段的故意疏防與放縱，也遲遲不斷然處置，以止禍患，似
乎在等待什麼，終而釀成兄弟鬩牆，同室操戈，親人形同陌路的悲劇。因此
李杞才會感嘆說，「心志已變」，再來圖之，又有何用？又怎能不爲時已晚？

> 防閑之道，貴乎其始，始而不防，待其心志已變，而後圖之，則有
> 悔矣！……然則閑家之道，其可不于其志之未變，而預爲防哉！齊
> 人惡魯桓公微弱，不能防閑文姜，使至淫亂，爲二國患焉，而〈敝
> 筍〉之詩作，若魯桓公者，是不知「閑有家」之義也。〔註101〕

即魯桓個性軟弱，只會亡羊補牢。如果在一開始時就加以約制，以禮禁亂，
防水氾濫，在形與未形之際，萌與未萌之間，止其邪思，自然心中有秩序，
行爲有倫常，就不會是這種結局，最後妻子保不住，命也保不住。

（四）「引兌」的幸嬖

　　古者家天下，家道不正實難以正天下，因此君主如果受制於後宮或家臣，

〔註100〕文姜，魯桓公的夫人，齊襄公（齊桓公的哥哥）的妹妹，兄妹二人曾經亂倫
　　　　通姦。魯桓公十八年，文姜與魯桓一同到齊國，結果兄妹二人又私通，被桓
　　　　公知道，生氣責罵。文姜告訴齊襄，齊襄於是藉機與魯桓飲酒，將桓公灌醉
　　　　後，派力士彭生將桓公抱上車，並拉殺他。魯君就這麼客死異鄉，造成魯國
　　　　人的不滿，因此要求處置彭生，於是齊國殺了彭生向魯國謝罪，見《史記卷
　　　　三十二・齊太公世家第二》：「（襄公）四年，魯桓公與夫人如齊。齊襄公故嘗
　　　　私通魯夫人。魯夫人者，襄公女弟也，自釐公時嫁爲魯桓公婦，及桓公來而
　　　　襄公復通焉。魯桓公知之，怒夫人，夫人以告齊襄公。齊襄公與魯君飲，醉
　　　　之，使力士彭生抱上魯君車，因拉殺魯桓公，桓公下車則死矣。魯人以爲讓，
　　　　而齊襄公殺彭生以謝魯。」頁1483。另見《左傳》桓公十八年的記載。而《詩
　　　　經》齊風的〈南山〉、〈敝筍〉、〈載驅〉等詩，即是在諷刺齊襄與文姜的兄妹
　　　　淫亂，爲「鳥獸之行」。
〔註101〕〈家人・初九〉，李杞：《用易詳解》，頁19-458。

為婦人、小人所制，必然造成政局的動盪不安、危機四伏，所以在〈小畜‧九三〉「輿說輻，夫妻反目。」〈象〉曰：「夫妻反目，不能正室也。」楊萬里就說：

> 九三，夫道也；六四，妻道也。喪其夫之剛，而昵于妻之愛。其始相昵，其終必受制。蓋身之不正，則不能正其家也，非家罪也。漢成帝嬖趙后，而制於趙后始于腐柱之僭。唐高宗嬖武后，而制于武后始于聚麀之汙。豈惟夫婦，君臣亦然，二世之於趙高，明皇之于祿山是已。（武英殿本「於」字皆為「于」）〔註102〕

九三過中，已不正，又昵於六四，所以愈不正。而昵於六四，必然被六四所牽制。陽被陰所制，結果必不堪。楊萬里就以漢成帝寵幸趙飛燕〔註103〕，唐高宗寵幸武后，以及秦二世及唐玄宗委任趙高、安祿山為例，說明人君正家不力，治國無方，倒持泰阿，甚至顛倒陰陽，主客易位，主僕不分，就不免有這種滅身，甚至亡國的結局。

　　而〈兌〉卦上六爻也有「引兌」之失，人主不可不知。王宗傳認為〈兌〉卦之所以名為兌，就是因為六三及上六爻的緣故。不過六三及上六媚說的方式不同，所以為害也有深淺之異。因六三乃主動獻媚，所以為害尚淺，因此稱「來兌」。至於上六，因處於被動之勢態，必待九五之牽引而後至，所以為害更不可測。對於上六「引兌」的禍患，王宗傳舉周幽王寵幸褒姒，背信而亡國的例子，說明小人女子為害之深，不可等閒視之：

> 昔者褒姒不好笑，萬方皆不笑。幽王為燧燧以召諸侯，寇至則舉燧燧，諸侯悉至，至而无寇，褒姒乃大笑。幽王說之，為之數舉燧燧。
> 然雖得笑於一女，而失信於諸侯，此所謂「引兌」也。〔註104〕

史載褒姒不好笑，幽王用盡各種方式，仍未見效。有一次，誤舉烽火召諸侯，結果發生了諸侯畢至而未見敵寇的尷尬場面。雖然此舉讓群臣撲了個空，卻無意中引發褒姒會心之笑。由於見此法可行，幽王遂常以舉烽火戲諸侯的方式來取悅佳人。然玩弄群臣，背信失約的代價，也讓諸侯逐漸失去警覺，因此當敵人真正兵臨城下時，竟無人應援，而西周王朝也隨之翻覆。這就是國君失信諸侯，忽視道德的後果。

〔註102〕〈小畜‧九三〉，楊萬里：《誠齋易傳》，庫本，頁 14-549；殿本，頁 136。

〔註103〕漢成帝寵幸趙飛燕，趙氏為了專寵，遂將後宮有孕的妃子殺害，因此民間有燕啄皇孫的流傳。

〔註104〕〈兌‧上六〉，王宗傳：《童溪易傳》，庫本，頁 17-297；通本，頁 1156。

（五）敗「大壯」的依違浮沈

敗大壯的依違浮沈是楊萬里對魏元忠等人的批評。這些人情形類似，前期頗有建樹，後期則略顯疲態，不復當年的雄心壯志，所以功業後不如前。以魏元忠爲例，仕武則天時，政績不錯，天下人仰望之，有極高的評價，議者以爲「公清」〔註105〕；然中宗時，則表現不盡理想，對於武三思的專權，毫無作爲，懼怕權貴，亦不勤勉朝政。此外，又「親附權豪」，「抑棄寒酸」〔註106〕，賞罰不明，簡直完全變調，使天下人大失所望，所以《新唐書》批評他「依違無所建明」〔註107〕。有人因此而上諫批評他，元忠才有所覺悟而修正。晉國公裴度也是，早年爲憲宗平淮西，面對強藩、姦人〔註108〕、刺客〔註109〕，始終不畏，仍堅定信念〔註110〕，「誓以身徇」，「橫身討賊」，佐憲宗

〔註105〕武則天時期的魏元忠，即前期的他，有不少政績，雖曾幾次落難，被姦人所陷，險些喪命（「元忠前後三被流，於時人多稱其無罪。」）卻仍忠於國事，由下見之：一、佐李孝逸平定徐敬業的叛亂：武則天稱帝後，徐敬業在揚州起兵造反，武氏派李孝逸「督軍討之」，並詔元忠「監軍」。過程中，孝逸幾次畏懼不敢進兵，賴元忠對局勢分析正確，見解精準（認爲流星墜營，是「賊敗之兆」），並且策略運用得宜，火攻可勝，才得以成功討平叛亂。二、不畏權豪，伸張正義：張易之曾縱其家奴「凌暴百姓」，元忠笞殺之，權豪莫不敬憚。三、勸武則天要遠離小人，即張氏兄弟（張易之、張昌宗）：以致張昌宗懷恨在心，羅織罪狀誣諂元忠，說他有「反狀」，幸張說作證，才得以還其清白，《舊唐書卷九十二・列傳第四十二・魏元忠》說：「時張易之、昌宗權寵日盛，傾朝附之，元忠嘗奏則天曰：『臣承先帝顧眄，受陛下厚恩，不徇忠死節，使小人得在君側，臣之罪也。』則天不悅，易之、昌宗由是含怒。」頁2951-2953。

〔註106〕見《舊唐書卷九十二・列傳第四十二・魏元忠》：「初，元忠作相於則天朝，議者以爲公清。至是再居政事，天下莫不延首傾屬，冀有所弘益；元忠乃親附權豪，抑棄寒俊，竟不能賞善罰惡，勉修時政，議者以此少之。」頁2953。

〔註107〕然中宗時期，即後期的魏元忠，時值武三思專權，忠身處其中，卻毫無建樹，「依違無所建明」，有人因此而上書規諫，才讓他深感漸愧，並參與節愍太子起兵誅武三思的計謀，見《新唐書卷一百二十二・列傳第四十七・魏元忠》：「武三思用事，京兆韋月將、渤海高軫上書言其惡，帝榜殺之，後莫敢言。王同皎謀誅三思，不克，反被族。元忠居其間，依違無所建明。初，元忠相武后，有清正名，至是輔政，天下傾望，冀幹正王室，而稍憚權倖，不能賞善罰惡，譽望大減。」頁4344-4345。

〔註108〕《舊唐書卷一百七十・列傳第一百二十・裴度》：「當承宗、師道之濟惡也，姦人徧四海，刺客滿京師，乃至關吏禁兵，附賊陰計，議臣言未出口，刃已揕胸。苟非死義之臣，孰肯橫身冒難，以輔天子者？苟裴令不用元和之世，則時運未可知也。」頁4434。

〔註109〕憲宗欲用兵淮西，宰相武元衡、裴度是主事者，於是節度使李師道暗中派遣刺客要殺武元衡及裴度，元衡被刺身亡，裴度最後受了輕傷，墜入溝中，大

解決最棘手的藩鎮問題〔註111〕，河北三鎮，成為「中興宗臣」〔註112〕；然後期則流於閒散，因此《舊唐書》對他是有微詞的，形容他晚年不太理朝政，「不問人間事」：「自是，中官用事，衣冠道喪。度以年及懸輿，王綱版蕩，不復以出處為意。」以及「度素稱堅正，事上不回，故累為姦邪所排，幾至顛沛。及晚節，稍浮沈以避禍。」〔註113〕即閒暇之餘，與白居易、劉禹錫「酣宴終

難不死，因傷告假二十多天後，又入朝與憲宗討論誅賊之計，（元和九年，淮西節度使吳少陽死，其子吳元濟匿喪不報，自領軍權，又縱兵擾亂，威脅東都，於是憲宗決定對淮西（蔡州）用兵。）見《舊唐書卷一百七十·列傳第一百二十·裴度》：「十年六月，王承宗、李師道俱遣刺客刺宰相武元衡，亦令刺度。是日，度出通化里，盜三以劍擊度，……後微傷其首，度墮馬。會度帶氈帽，故創不至深。賊又揮刃追度，度從人王義乃持賊連呼甚急，賊反刃斷義手，乃得去。度已墮溝中，賊謂度已死，乃捨之。居三日，詔以度為門下侍郎、同中書門下平章事。」頁4414。

〔註110〕 在平定淮西問題上，裴度面臨的艱難是很大的。朝廷中，罷兵、阻兵的勢力很強。而藩鎮割據勢力也千方百計地加以抗拒。元和十年三月，吳元濟因連遭敗績，遣使求救于王承宗、李師道。王、李兩人表面上支持憲宗討伐淮西，暗中卻支持吳元濟，派人焚燒各路軍儲，陰謀緩解蔡兵。這年五月，他們又派人刺殺堅決主張討平淮西的宰相武元衡和熟悉淮西戰況的裴度。武元衡被刺身亡，裴度傷首，墜入溝中，幸免于難。傷好之後，再與憲宗計議。裴度對憲宗說，「淮西，腹心之疾，不得不除。」且朝廷業已討之，兩河藩鎮跋扈者，將視此為高下，不可中止，憲宗贊同。而裴度又向憲宗請求，為了討平吳元濟，請允許他在家中招延四方賢才，集思廣益，憲宗也允許了。而此前，宰相是不敢在家中召見賓客的。（詳參白壽彝總主編：《中國通史》修訂本，隋唐時期下冊，上海人民出版社，2004年07月第1版），頁1878。

〔註111〕 當時憲宗的政治處境其實是很孤單的，因大臣們普遍畏戰，各懷鬼胎，對於用兵藩鎮，根本沒信心，反對的聲浪很大，還不時潑冷水，勸憲宗打消念頭，「罷兵赦罪」，以免拖累財政。宰相武元衡被刺身亡後，甚至有人獻計要憲宗罷免裴度，以安二鎮之心，結果憲宗大怒說：「若罷度官，是姦計得行，朝綱何以振舉？吾用度一人，足以破此二賊矣。」並且認為如果帝王用兵都會成功，那麼用兵有何困難？藩鎮的問題又會留到現在嗎？所以堅定信念，用裴度一人。而始終也只有裴度支持憲宗的決定，以平賊自任，甚至為憲宗到前線督軍，以與賊不兩全的決心親赴淮西，「行元帥事」，指揮作戰，才成功討平淮西，擒吳元濟。一代文臣，能有如此膽識，難怪能成為一代名臣。見《舊唐書卷一百七十·列傳第一百二十·裴度》，頁4415-4416。

〔註112〕 《舊唐書卷一百七十·列傳第一百二十·裴度》：「度始自書生以辭策中科選，數年之間，翔泳清切。逢時艱否，而能奮命決策，橫身討賊，為中興宗臣。」頁4433。

〔註113〕 《舊唐書卷一百七十·列傳第一百二十·裴度》，頁4431。

日」、「高歌放言」，在別墅優游林泉，以詩酒琴書「自樂」。〔註114〕不過《舊唐書》的批評，《新唐書》不以爲然，認爲裴度這麼做，是在明哲保身，不完全錯誤：「前史稱度晚沈浮爲自安計，是不然，《大雅》曰：『既明且哲，以保其身。』度何訕云。」〔註115〕因此才會以「事四朝，以全德始終。」來稱讚他，其實也不無道理。因爲以當時的政局來說，宦宮亂政，局勢動盪，連皇帝都自身難保，朝不保夕了，遑論一個大臣，一個大臣又能做什麼？而且平心而論，一介書生，以科舉考中功名，踏入仕途，爲天子冒險犯難，奮不顧身，幾度出生入死，幾至喪命，面對政敵的陷害，必欲除之而後快，可以說一路顛沛，險象環生，卻始終爲國事盡心盡力，如此一二十年〔註116〕，已然無愧家國，論犧牲奉獻，也根本無庸置疑；晚年，頤養天年，選擇清閒，而不涉世事，亦不爲過，並非晚節不保，所以《舊唐書》的批評，有道理，卻不是每一個人都做得到，因爲要求一個人在年老時還要繼續保有年輕時候的英勇，除非當事人自己願意，如姜太公、衛武公〔註117〕的老當益壯，否則又何必強人所難。

對於魏元忠等人，楊萬里在〈大壯〉卦九二說他們「敗大壯之勢」，在〈損〉卦九二爻也批評他們「損其剛」。楊氏在〈大壯・九二〉「貞吉。」〈象〉曰：「九二貞吉，以中也。」說：

> 九二居大臣之位，爲眾陽之宗，當大壯之世，曷不舉一世以大有爲，以慰天下之望乎！而循循然以剛居柔，以中自守，僅能貞而吉者。陽既壯矣，壯既大矣，又振而矜之，豈不以過中失正，而敗吾大壯之勢乎？〔註118〕

〔註114〕《舊唐書卷一百七十・列傳第一百二十・裴度》，頁4432，《新唐書卷一百七十三・列傳第九十八・裴度》：「時閹豎擅威，天子擁虛器，搢紳道喪，度不復有經濟意，乃治第東都集賢里，沼石林叢，岑繚幽勝。午橋作別墅，具煥館涼臺，號綠野堂，激波其下。度野服蕭散，與白居易、劉禹錫爲文章，把酒，窮晝夜相歡，不問人間事。而帝知度年雖及，神明不衰，每大臣自洛來，必問度安否。」頁5218。

〔註115〕《新唐書卷一百七十三・列傳第九十八・裴度》的贊曰，頁5220。

〔註116〕《舊唐書卷一百七十・列傳第一百二十・裴度》：「(裴度) 時威望業，侔於郭子儀，出入中外，以身繫國之安危、時之輕重者二十年。」頁4433。

〔註117〕衛武公以「九十五」歲的高齡，還告誡國人，自卿以下至於師長士，不可因爲我年老就拋棄我，一定要朝夕「訓導我」，糾正我，如有善言，「必誦志而納之」，所以不管何時何地，都有勉勵之語，因此去世之後，被諡爲「睿聖武公」，見《戰國策・楚語上》「左史倚相儆申公子亹」。

〔註118〕〈大壯・九二〉，楊萬里：《誠齋易傳》，庫本，頁14-615；殿本，頁364。

九二為大臣，又處大壯之時，為眾陽所歸，理應大有作為，以建功立業自期，卻居陰位，以柔中自守，而失去剛壯的本質，不能發揮大壯的氣勢，所以只能守貞而吉，因此爻辭以「貞吉」斷之。對於這種晚期失去大氣魄的臣子，楊萬里舉舜、周公、魏元忠及裴度四人說明，認為該壯不壯，後繼乏力，不復昔日的輝煌，他說：

> 故四門穆穆之日，舜无復四罪之舉；四海皇皇之後，周公无復三監
> 之功；至魏元忠之再相，依違无所建明；裴度之晚節，浮沈為自安
> 計，豈〈大壯〉九二之謂哉！（殿本作「豈〈大壯〉六二之謂哉」）
> （同上）

即這些政治家從政的前期與後期，有某些落差，缺乏陽剛大臣該有的一貫恢宏格局。

另外，在〈損・九二〉「利貞，征凶。弗損益之。」〈象〉曰：「九二利貞，中以為志也。」楊萬里解釋九二爻為何會「征凶」？因為「損其剛」，行兌說之道。並且警告九二如再繼續損剛，就會入於不中不正而有凶：

> 九二以剛陽之賢，而佐六五陰柔之君，所以益於君也。然以兌說之
> 資，而濟剛陽之德，此非所以為中正也。若使復損其剛，則流於不
> 正不中之域矣，故戒之以「利貞」，戒之以「征凶」，戒之以「中以
> 為志」，皆使之不得損其剛也。……魏元忠再相而變其公清，裴度晚
> 節而安於浮沈，皆損其剛者也。〔註119〕

〈損〉卦表示已經有所減損，因此九二不宜再有所損，否則損上加損，不免有凶。因為九二雖為陽剛，然居兌，有兌說諂事之嫌，因此爻辭才會說「利貞」、「征凶」，即是告誡九二守正，不能再損及自身之剛，因為「『征凶』，謂行之以兌說則凶也。」（同上）。而損剛者，楊萬里認為魏元忠及裴度的晚期就是，前者變「公清」，後者安於浮沈，不復有經邦濟世之心，此二人皆因「損剛變柔」而被世人批評指教。

（六）「夬履」的剛厲拒諫

「夬履」指剛決，也就是有過剛之失，如秦始皇、漢武帝即是。〈履・九五〉說：「夬履，貞厲。」〈象〉曰：「夬履貞厲，位正當也。」因九五以陽剛

〔註119〕〈損・九二〉，楊萬里：《誠齋易傳》，庫本，頁 14-635；殿本作「若非弗損其剛，則流于不中不正之域矣，故戒之以『利貞』，戒之以『貞凶』，戒之以『中以為志』，皆使之不得損其剛也。」頁 430。

居尊位，又居乾體（上卦爲乾），乾之又乾，乃「以夬而決物者」，此種性格有「過乎剛」的憂慮；若爲帝王，必然好大喜功，或有用武過度的情況，李杞就說：

> 夫剛之爲用，不可以太過。若利刃焉，善刀而藏之，則无缺折之傷。苟恃刃之利而求割乎物，則刃與物俱傷矣！九五之夬履，是過乎剛者也。惟其過乎剛，故雖得正當之位，而亦不免乎有危厲之憂。……秦始皇、漢武帝皆有過剛之失，故秦以之亡，而漢亦有虛耗之弊，其爲危厲亦甚矣！〔註120〕

剛之用要恰到好處，如刀之利刃，善用之，其用無窮；若因恃刃之利而揮霍無度，則終不免物刃俱傷。其實爲政之道亦是如此，如不能執兩用中，則將有「危厲」。畢竟一意孤行，缺乏人諫，輕者損耗國力，重者亡國滅絕，因此李杞說秦皇、漢武皆有此弊。而李光也如是說：

> 九五既以陽爻而處尊位，若以剛決自任，於左右大臣无所詢訪，雖尊履帝位，豈能獨勝其任哉！「夬履，貞厲」者，雖正猶危也。此夬，決也。象言：「夬履貞厲，位正當者。」五之專決，當犯凶咎，以位正當，止于危厲而已。厲雖近危，而未至于凶也。〔註121〕

夬，決之意。李光認爲九五「專決」自任，所以即便履帝位，亦有危厲之慮，因爲「雖正猶危」，所以爻辭才會說「貞厲」，即提醒執政者不得不有所警覺；然因九五居尊位，位正當，因此雖近危而未至于凶。反之，位不正當，則恐犯凶咎。

其實剛厲拒諫的例子，當屬紂王最爲出色。楊萬里在〈小畜・九二〉「牽復，吉。」〈象〉曰：「牽復在中，亦不自失也。」就說紂王既不「自復」，也不「牽復」，過剛之性，簡直無人能止：

> 復於初，善之善也；不復於初，而復於二，善也。非善之善也，何也？初安於復，故爲「自復」；二勉於復，故爲「牽復」。牽者，勉強之謂。曷爲其能勉於復也，二雖剛而猶居中，故能勉于復；雖不及初之自復，豈不愈於過剛而不受止者乎！故亦許其不自失。……若過剛而不受止，則爲商紂拒諫之強，晉惠公愎諫之狠矣。〔註122〕

〔註120〕〈履・九五〉，李杞：《用易詳解》，頁19-393。
〔註121〕〈履・九五〉，李光：《讀易詳說》，頁10-300。
〔註122〕〈小畜・九二〉，楊萬里：《誠齋易傳》，庫本，頁14-549；殿本，頁135。

〈小畜〉初九爻的「復自道」是「安於復」，九二的「牽復」是「勉於復」，即能勉強自己回歸正道。因為九二雖剛，卻猶不失中性（九二居中），因此雖不如初九之能自省自復，猶能因「牽」而復，因此爻辭仍以「吉」斷之，這畢竟猶勝「剛而不受止」之人。這種人往往至死不悟，也至死不復，如紂王的拒諫〔註123〕、晉惠公的愎諫即是。而紂王最後自焚朝歌，商紂的江山也隨之轟然倒塌。

（七）「亢龍有悔」的強明

〈乾〉卦上九說：「亢龍有悔。」方寔孫認為德宗就是亢而不知悔者，因為不知悔，才會致凶，比有悔還要嚴重：

> 上九居上卦之上，剛過中則亢，亢則有悔。伊川曰：「上九至於亢極，故有悔也。有過則有悔。惟聖人知進退存亡而無過，則不至於悔也。」是也。然聖人無過，固可無悔，下乎聖人者，未能無過，則當開其有悔之門。……〈乾〉之上九，以龍為象，猶冀其終能變化也。故言有悔，而不言凶。如太甲之自怨艾，成王之懲多難，能自變化，故有悔而无凶。若亢不知悔，如唐德宗彊明自任，則凶可知矣！〔註124〕

亢龍言「悔」而不言「凶」，在於龍善變。能變，就有可能改絃易轍，回歸正道，而免去凶險，所以有悔，便不會有凶，因此雖不是吉，也不會是凶。而「亢」是指只知一端而不知另一端的迷失，如人只知進、知存、知得，而不知退、不知亡、不知喪，便有可能走入亢的危境中。這是一般人容易忽略的，所以〈文言傳〉才會說唯有「聖人」才能免亢而適道，知道避免極端而適度收斂：「亢之為言，知進而不知退，知存而不知亡，知得而不知喪。……知進退存亡而不失其正者，其惟聖人乎！」而帝王當中能悔過者，如太甲、成王

〔註123〕紂王荒淫、拒諫、奢侈、酒池肉林，不敬鬼神的行為，見《史記卷三・殷本紀第三》：「帝紂資辨捷疾，聞見甚敏，材力過人，手格猛獸；知足以距諫，言足以飾非；矜人臣以能，高天下以聲，以為皆出己之下。好酒淫樂，嬖於婦人。愛妲己，妲己之言是從。於是使師涓作新淫聲，北里之舞，靡靡之樂。厚賦稅以實鹿臺之錢，而盈鉅橋之粟。益收狗馬奇物，充仞宮室。益廣沙丘苑臺，多取野獸蜚鳥置其中。慢於鬼神，大冣樂戲於沙丘，以酒為池，縣肉為林，使男女倮相逐其間，為長夜之飲。」頁106。另《列女傳・孽嬖傳》也記載紂怒比干之諫，遂聽妲己之言，將比干剖心的凶殘之舉，「比干諫曰：『不修先王之典法，而用婦言，禍至無日！』紂怒，以為妖言。妲己曰：『吾聞聖人之心有七竅。』於是剖心而觀之。囚箕子，微子去之。」

〔註124〕〈乾・上九〉，方寔孫：《淙山讀周易》，頁19-589。

即是，雖曾迷失一時，但終知悔過，返回正道，因此能以善終；至於唐德宗，強明自任，不聽臣子之勸，終究不悔，也終招悔吝。

關於德宗，宋《易》對他的批評主要有幾點：一是猜忌大臣，二是寵信奸臣，三是姑息藩鎮。由於猜忌刻薄大臣，德宗身邊的賢良之士，甚至是幹練之臣，有不少是不得善終的。〔註125〕這種自以為精明的個性，歐陽脩就批評他「強明自任」〔註126〕，陸贄也曾上書，勸德宗勿「以精失士」〔註127〕，

〔註125〕 王仲犖在《隋唐五代史》上冊說：「德宗的任相，也是忠佞倒置。劉晏『富其國而不勞於民，儉於家而利於眾』（《舊唐書·劉晏傳論》），卻輕易誅死。陸贄正直敢言，多所匡濟，最後亦遭貶逐。盧杞姦佞，雖不得已加以貶責，還再三想起用他。裴延齡是聚斂能手，竟獲得最大信任，言聽計從。至如縊殺崔寧，更是天下稱冤。聽信盧杞讒言，命一代宗臣顏真卿出使淮西，使其耄齡遇害。作為皇帝來講，德宗不僅聚斂無度，而且『內信姦邪，外斥良善，幾致危亡，宜哉！』（《舊唐書·顏真卿傳論》）」，（北京：中華書局出版，2007年11月第1版），頁184。

〔註126〕 《新唐書卷七·本紀第七·贊曰》說：「德宗猜忌刻薄，以彊明自任，恥見屈於正論，而忘受欺於姦諛。故其疑蕭復之輕己，謂姜公輔為賣直，而不能容。用盧杞、趙贊，則至於敗亂，而終不悔。及奉天之難，深自懲艾，遂行姑息之政。由是朝廷益弱，而方鎮愈彊，至於唐亡，其患以此。」

〔註127〕 陸贄曾上書德宗，分析武后朝為何可以人才濟濟？因為武后「以易得人」。武后收羅人才的管道很簡易，可以透過他人舉薦，也可以毛遂自薦，因此多賢良之士；然而考核也很嚴謹，所以也能快速地裁汰不良官吏，時人因此稱讚武后有「知人之明」；而德宗則剛好相反，「以精失士」，《新唐書卷一百五十七·列傳第八十二·陸贄》說：「往武后收人心，務拔擢，非徒人得薦士，亦許自舉其才，豈不易哉！然而課責嚴，進退速，故當世稱知人之明，累朝賴多士之用。……武后以易得人，陛下以精失士。」頁4924。陸贄在《陸宣公奏議》卷二十一的〈論朝官闕員及刺史等改轉倫序狀〉一書中，就探討朝中為何會缺乏人才，原因有七（「朝之乏人，其患有七」）：一、不澄源而防末流。二、不考實而務博訪。三、求精太過。四、嫉惡太甚。五、程試乖方。六、取舍違理。七、循故事而不擇可否。其實第三點「求精太過」，與第四點「嫉惡太甚」隱約都是針對德宗性格而論的。陸贄告訴德宗，「計過」是對人才的一大損傷，不要因為一點小過差就捐棄不用，因為人才的培育需要很長的一段時間，沒有數十年無法成就，但要廢棄卻很簡單，所以勸德宗不要因「嫉惡太甚」而導致沒有人才可用的後果，「陛下英聖統天，威莊肅物，好善既切，計過亦深，一抵譴責之中，永居嫌忌之地。夫以天下士人，皆求官名，獲登朝班，千百無一，其於修身勵行，聚學樹官，非數十年間，勢不能致。而以一言忤犯、一事過差，遂從棄捐，沒代不復，則人才不能不乏，風俗不能不偷，此所謂『嫉惡太甚』之患也。」至於第六點「取舍違理」，陸贄則是強調人才沒有十全十美的，因為天生萬物，也不可能才用兼備，有所長，必有所短，所以不必求全責備，關鍵在於如何用，善用之，則亦與全才無異，「天之生物，為用罕兼。性有所長，必有所短；材有所合，亦有所暌，曲成則品物

但效果似乎有限；此外，寵信姦臣盧杞〔註128〕、裴延齡，致國政敗壞，又毫無察覺，才會連節度使都瞧不起他。最後是姑息藩鎮，態度軟弱。由於這些性格上的缺失，宋《易》才會以「日中見斗」、「往得疑疾」來形容其昏暗。楊萬里在〈豐〉卦六二爻就說他強不足以折盧杞，而以刻薄爲強；明不足以察延齡，而以猜忌爲明，故怒公輔、疑蕭復、仇陸贄，把批評他的大臣貶官、疏遠，或不讓其升官，可見心胸之狹隘。

其實德宗的強明，走到極端，就如同〈晉〉卦上九爻所描述的，「晉其角」，鑽牛角尖，自以爲能。而這一套，又專門用來對付自己的臣子，也就是對忠臣猜忌寡恩，而自以爲精明；然面對強藩悍鎮，卻又缺乏應有的魄力，所以楊萬里才會在〈晉・上九〉「晉其角，維用伐邑，厲吉无咎，貞吝。」〈象〉曰：「維用伐邑，道未光也。」以「窮物」來批評德宗：

> 上九以剛明之資，進而至於首，又進而至於角，剛之極也。明極者必窮物，剛極者必觸物。……夫明不自照而用之以窮物，剛不自攻而用之以伐人；若反其剛明而有自危之心，聖人尚許其吉无咎也。或挾其剛明而自以爲貞固，聖人知其吝未光也。……德宗以明強自任，其未有得於此乎！厲者，惕厲而自危也。（殿本作「夫明不自昭而用之以窮物」）〔註129〕

不遺，求備則觸類皆棄。……若夫一至之能，偏稟之性，則中人以上，迭有所長，苟區別得宜，付授當器，各適其性，各宣其能，及乎合以成功，亦與全才無異。」此外，陸贄也指出漢高祖、漢武帝、漢宣帝時期，爲何可以人才輩出，各具特色，就在於帝王本身就喜歡人才。帝王喜歡什麼樣的人材，就容易出現什麼樣的人材，因爲人材是可以被引誘開發出來的。帝王主動去製造風尚，獎勵推崇，就有人才可用，如武帝「好英風」，衛青、霍去病便以青年才俊名垂青史，這就是證明：「人皆含靈，唯其誘致。漢高稟大度，故其時多魁傑不羈之材；漢武好英風，故其時富瑰詭立名之士；漢宣精吏能，故其時萃循良核實之能。迄乎哀平桓靈，昵比小人、疎遠君子，故其時近習操國柄，嬖戚擅朝權，是知人之才性，與時升降，好之則至、獎之則崇；抑之則衰、斥之則絕，此人才消長之所由也。」（參《陸宣公奏議》，中華書局四部備要本，臺灣中華書局出版，民國五十五年三月臺一版），頁數爲 13、13、11。

〔註128〕 樂傅成在《中國通史》說：「他（德宗李适）即位之初，頗能勵精圖治，藩鎮對之深爲敬畏。但他爲人剛愎忌刻，沒有充分的知人之明。建中二年（七八一年），他引用奸臣盧杞爲相，政治日非，漸引起藩鎮的輕視。因此在一段極短暫的安靜之後，又掀起了戰亂（節度使叛亂）。」頁 422。

〔註129〕 〈晉・上九〉，楊萬里：《誠齋易傳》，庫本，頁 14-619；殿本，頁 377。

〈晉〉卦上九爻，陽爻居陽位，又在盡頭，有過剛之極的疑慮，因此警告再前進，就會觸角，不是自傷便是傷人。因為再下去，根本無路可走，必然自尋過咎；然如能退而「自危」，則能无咎，甚至反吉，所以爻辭才會說「厲吉」，即因「惕厲」而吉。而德宗就是這種不悟不危之人，剛極明極而「窮物」、「觸物」，專以此攻伐人。這種過剛精察之性，使臣子們動不動就受到責罰，甚至被殺戮，除非逢迎奉承，虛情假意，否則根本難以合他的意。遺憾的是，這種性格在奉天之難後，也沒得到真正的教訓而奮發圖強，反而得過且過，姑息藩鎮，所以宋《易》以「亢龍有悔」，甚至有凶來形容，不僅貼切，而是傳神。

二、從行徑來觀察

（一）「顛頤拂經」的翻覆妄從

翻覆妄從如〈頤〉卦初九爻即是。〈頤·初九〉「舍爾靈龜，觀我朵頤，凶。」〈象〉曰：「觀我朵頤，亦不足貴也。」王宗傳認為如果初九爻不自養而求養於人，則有凶：

> 〈頤〉之成卦，爻之具陽德，惟初九、上九是也。上九以陽德在上，尸頤之功，凡出乎其下者，皆由之以養，故曰：「由頤」。初九以陽德在下，其視上九亦何慊焉？然初，〈震〉也，上，〈艮〉也，動而下者，則其視止於上者，有慊者多矣，故〈頤〉之初爻設「爾我」之辭，而深尤乎初之自失焉。「靈龜」云者以況，則初九有可貴之質也。初九以諸爻皆由上九以養，故舍其可貴之質，而亦求養於上九。「爾」謂初也。初有可貴之質，不能操而存之，而輕動以求養於人。……樂正子，所謂善人也，信人也，一從子敖遊，而孟子以餔啜罪之，蓋閔其舍其可貴者，而亦不足貴故也。（通志堂經解本作「哺啜罪之」）〔註130〕

〈頤〉卦上九爻雖有養陰之功，不過初九亦不遑多讓，同樣具有陽剛的美德，如同「靈龜」般，所以不應妄自菲薄，自輕自賤，如果如爻辭所言，「舍爾靈龜」，「觀我朵頤」，就會有凶險。「爾」是初九，「我」是上九，意思是說如果初九因觀上九有養陰之功，遂相形見絀，而捨棄自己可貴的本質，反求養於上，不能自珍自重，就不值得別人尊敬，所以爻辭才會說「亦不足貴也」。這是告戒君子人不應輕易改變操守本質而妄從人。因為下卦為〈雷〉，乃震動之意，不像上卦為〈艮〉，象徵不動如山，有止之意。初九居震動之初，因此聖

〔註130〕〈頤·初九〉，王宗傳：《童溪易傳》，庫本，頁17-143；通本，頁1030。

人有此疑慮，憂其意志不堅，所以戒之以勿動爲吉。所謂動，就是改變節操。對於易節之事，王宗傳舉樂正子爲例說明：孟子認爲樂正子原本是善人，令人稱許，然事子敖之後〔註131〕，遂以餔啜爲事〔註132〕，所以孟子對他的見異思遷頗有微詞。

　　而〈頤·六二〉「顛頤，拂經。于丘頤，征凶。」〈象〉曰：「六二征凶，行失類也。」也有妄從之失，楊萬里認爲六二爲了求養，從初九是「倒置」，從上九卻是「違常」：

> 六二下近於初之賢，既欲下比從之，以養其德，而初非其應；上觀於上九之貴，又欲上比從之，以養其祿，而上亦非其應，於是猖狂妄行，陷於非僻而不自反。征凶者，妄行而凶也。所以妄行者，善與貴兩從而不擇，下與上兩比而不應，故失其類也。吳起始師曾子，辛棄其母以求仕；李斯始師荀卿，辛棄其學以滅宗，皆失其守而不能自養，兩從而妄行之禍也。自上下下曰「顛」，言從初九而倒置也；自下上上曰「拂」，言從上九而違常也。〔註133〕

頤，是養，然不管是養人，還是求養於人，皆應依循正道，才能長久。而陰求陽，是必然的，因此六二欲求初九或上九陽剛之養。不過問題是不管是初之賢，還是上之貴，這兩人皆非其應，因此六二不免有「兩從妄行」之禍，即「善與貴兩從而不擇，下與上兩比而不應，故失其類。」所以爻辭以「征凶」斷之。對於這種妄行妄從，楊萬里以吳起、李斯爲例。吳起爲了成就功業，連母喪都不回去，所以老師曾子就與他斷絕來往。吳起原本學兵法，事魯君，後被魯君懷疑，而到魏國，投靠魏文侯、魏武侯。之後又被魏君懷疑，而改到楚國爲相。到了楚國後，又因得罪楚國貴戚而終

〔註131〕子敖，即王驩，齊之佞人、貴臣，有寵於齊君，後爲右師。孟子曾與他一同出使滕國，因不悅其爲人，遂不與之交談。因此，當樂正子跟從子敖來到齊國時，孟子認爲他所從非人，學古聖人之道，竟淪落到只爲餔啜飲食而已，因而責問他，見《孟子·公孫丑下》：「孟子爲卿爲齊，出弔於滕。王使蓋大夫王驩爲輔行。王驩朝暮見，反齊滕之路，未嘗與之言行事也。」漢趙岐注：「孟子嘗爲齊卿，出弔於滕君。蓋，齊下邑也。王以治蓋之大夫王驩爲輔行。輔，副使也。王驩，齊之諂人，有寵於齊，後爲右師。孟子不悅其爲人，雖與同使而行，未嘗與之言行事，不願與之相比也。」《十三經注疏》，頁77。

〔註132〕《孟子·離婁上》：「孟子謂樂正子曰：『子之從於子敖來，徒餔啜也。我不意子學古之道，而以餔啜也。』」《十三經注疏》，頁137。

〔註133〕〈頤·六二〉，楊萬里：《誠齋易傳》，庫本，頁14-599；殿本，頁308。

遭疑忌殺害。﹝註134﹞李斯也是，早年爲了功名富貴，背棄師門；晚期又爲了保住相位，而篡改始皇遺詔。﹝註135﹞綜觀此二人，皆屬投機份子，急功近利，到處鑽營，不是妄想兩邊獲利，就是四處觀望，尋找機會，然結果卻都是身毀族滅，著實證明了〈頤〉卦六二爻的情況，「顛頤」、「拂經」。意思是說此二人爲了個人名位，可以毫不在意某些行爲已經顛倒，甚至違背倫常了，才會愈動愈凶，愈走愈險，到最後無路可走。因此即便有可能得富貴於一時，卻很難有好的下場。這是警告世人，凡事皆應有所取捨，魚與熊掌向來難以兼得。

〈恒‧九三〉「不恒其德，或承之羞，貞吝。」〈象〉曰：「不恒其德，无所容也。」李杞則解釋「不恒其德」的道德問題：

> 九三剛而不中，是德之无恒者也。德之无恒，乍賢乍否、乍明乍暗、乍緩乍急，中无一定之守，而不可據依。苟見其外，而不察其中，與之相承，則或有受其羞者矣！德之无恒，雖貞猶吝，而況不貞者乎！惟其不可與之相承，是以至于无所容也。孔子曰：「人而无恒，不可以作巫醫。」巫醫，技之最賤者，而且不可作，尚安能有爲也哉！京房之于漢元，王章之于孝成，皆「承之羞」者也。﹝註136﹞

〈恒〉卦九三爻剛而不中，是行德而無恒者。因爲「中無一定之守」，所以翻三覆四，二三其德，一下子明，一下子暗；一下子緩，一下子急。由於變來變去的，所以不見容於他人，即使貞正也是吝，因此爻辭以「貞吝」斷之，何況是不正之人。對於這種人，李杞認爲孔子所舉的巫醫就可以說明。﹝註137﹞孔子認爲沒有恒心的人，連最低賤的巫醫都做不成，遑論他者？這種搖擺不定，沒有常度的人，就是〈恒〉卦九三爻的情況，此種人如何期待他有什麼

﹝註134﹞參見《史記卷六十五‧孫子吳起列傳第五》，頁2165-2169。

﹝註135﹞李斯是楚國上蔡人，原從荀卿學帝王之術。學成後，覺得楚王不足與事，而六國皆弱，爲了成就功業，於是向老師荀卿辭行，西入秦國。入秦後，求爲秦相呂不韋的舍人，藉以遊說秦王，而得到秦始皇的重用。然始皇死後，李斯爲了個人榮華勢位，被趙高煽動，以爲扶蘇即位，相位將被蒙恬取代，於是聽從趙高之言，修改詔書，廢太子，立胡亥。沒想到二世昏庸，大權盡落趙高手上，趙高爲了自保，便設計陷害李斯，夷滅其三族。其實李斯的悲劇，在於他聽信趙高的邪說，輕易改變原則，才會被趙高利用，廢嫡立庶，而淪落到萬劫不復的下場，見《史記卷八十七‧李斯列傳第二十七》，頁2539-2563。

﹝註136﹞〈恒‧九三〉，李杞：《用易詳解》，頁19-448。

﹝註137﹞《論語‧子路篇》說：「子曰：『南人有言曰：“人而無恒，不可以作巫醫。”善夫！不恒其德，或承之羞。」《十三經注疏》，頁119。

作爲，所以如果與之相承，當然會蒙受悔辱，如東漢的京房、王章即是。意思是說道德修養應該專心一致，有其恆常，不容朝三暮四，朝秦暮楚。

而〈恒〉卦九三爻這種不恒其德，三心二意的個性是很難免於羞辱的，因爲到最後沒有人會再相信你，當然會自取其辱？因此楊萬里就說：

> 九三以剛躁之資，處上下之間，當雷風之交，動而无恒者也。……
>
> 蓋忽忻驟忿，父不能以安其子；初正終譎，士不能以孚其朋，如鄭
>
> 朋之兩從，呂布之屢叛，人誰納我？宜其无所容身也。〔註138〕

楊萬里認爲鄭朋及呂布就是因爲反覆無常的作風，才會招致無所容的結局。這種人心性不定，三天兩頭，換來換去，毫無恆心，也看不出有什麼誠意，如何與人結交，因此最終不免落得無立足之地的下場。如鄭朋原本陰附蕭望之，然見無利可圖，便又改親附弘恭、石顯，而反過頭來陷害蕭望之，可見此人夤緣權貴，利字當頭的本性。〔註139〕而呂布更是如此，關於他反覆、屢叛的行徑〔註140〕，從時人對他的批評，即可看出他的善變〔註141〕。而綜觀呂

〔註138〕〈恒‧九三〉，楊萬里：《誠齋易傳》，庫本，頁 14-612；殿本，頁 351。

〔註139〕蕭望之與周堪等向元帝推薦名儒茂材，鄭朋想藉此依附蕭望之而通達，於是上書巴結蕭望之，並狀告許、史子弟的罪過。蕭望之原本見納他，後來卻發現鄭朋品行不端，於是疏遠，不和他往來，而周堪最後也沒有推薦鄭朋，只推薦白宮爲黃門郎。鄭朋於是懷恨在心，轉而投靠許、史陣營，反過來誣陷蕭望之，見《漢書卷七十八‧蕭望之傳第四十八》：「望之、堪數薦名儒茂材以備諫官。會稽鄭朋陰欲附望之，上疏言車騎將軍高遣客爲姦利郡國，及言許、史子弟罪過。……望之見納朋，接待以意。朋數稱述望之，短車騎將軍，言許、史過失。後朋行傾邪，望之絕不與通。朋與大司農史李宮俱待詔，堪獨白宮爲黃門郎。朋，楚士，怨恨，更求入許、史，推所言許、史事曰：『皆周堪、劉更生教我，我關東人，何以知此？』。……恭、顯令二人（鄭朋、華龍）告望之等謀欲罷車騎將軍疏退許、史狀，候望之出休日，令朋、龍上之。」頁 3284。

〔註140〕呂布字奉先，五原九原人（今內蒙古包頭市西），原本事丁原，依何進。後何進失敗，董卓於是誘呂布殺丁原而并其兵。呂布殺丁原後，投靠董卓，董卓以爲騎都尉，並且誓爲父子，甚是愛信之。然而董卓生性凶恣，常懼人不利己，因此對人多所防備，行止間也常以呂布自衛。然呂布曾惹怒董卓，董卓拔手戟擲之，幸虧呂布身手矯健，才得幸免，卻也從此陰怨董卓，並且向王允陳述當時「幾見殺之狀」。王允得知呂布心結，遂使用反間計，誘呂布殺董卓。董卓死後，由於王允不赦免涼州人（因董卓手下幾爲涼州人），所以董卓的將領李傕作亂，擊敗呂布。呂布奔走袁術，袁術待之甚厚，然呂布自恃殺董卓有功，因此驕恣放縱。後雖答應袁術要攻劉備，卻因怨怒袁術運糧不至，所以改具車馬去迎劉備。所以當袁術派遣紀靈要攻打劉備時，呂布因爲害怕袁術勢力坐大，又反過頭來救劉備。袁術因害怕呂布英勇，又擔心呂布與曹操結盟，因此向呂布的女兒提親，爲其子求婚。然呂布雖答應袁術的求婚，

布一生，其行爲之無常、輕浮，《後漢書》就用「翻覆」兩個字來形容，著實道出其性格之盤桓而無所終的特質。

〈艮‧六二〉「艮其腓，不拯其隨，其心不快。」〈象〉曰：「不拯其隨，未退聽也。」王宗傳則以揚雄之妄隨人而險致殺身之禍，告戒世人應謹愼抉擇，勿因貪圖一時名利而跟錯人：

> 夫以六居二，中且正者也，當艮止之時，宜若其所止在己而不在人也；然九三下體之主也，故二之行止，係乎所主而己不與焉。猶之腓也，動止在股而不在腓也。……於己則不能自拯其隨人之失，於人則又未甘心而退聽之，其憤懣不自足如此者，誠爲中正之累者矣。古之人或不幸而類乎此者，西京之揚子雲是也。吾讀班孟堅《漢書》，見其嘗以清淨无爲、少嗜慾稱之矣。又嘗以不汲汲於富貴、不戚戚

卻因陳珪的幾番言論，而心意動搖，於是又中途追還。最後當曹操親自攻打呂布時，曾寫信向呂布鋪陳禍福，呂布看完了之後，原本打算投降曹操，結果陳宮反對，並且向呂布分析當時形勢，認爲只要聯手，就有機會戰勝曹操，於是呂布答應與陳宮共擊曹操。然而呂布之妻卻認爲不妥，並且陳述利害，認爲陳宮當初背叛曹操投效於你，難保今後不會背叛你而另謀他人。呂布聽了，害怕陳宮另有圖謀，所以又再次背叛陳宮，與曹操言和。由於三心二意，到最後，陳宮、高順、呂布三人皆爲曹操所擒。總之，呂布性格之多變，反映在事主不忠，待友不誠，與與人無信這三件事上。事主不忠，如依丁原殺丁原，依董卓又殺董卓，忘恩負義的性格表露無遺。待友不誠，往往輕於去就，如依袁術，又自恃殺董卓有功而驕恣縱橫，遂使得袁術、袁紹都不免要「患之」，視之如心腹大患。最後是與人無信，即呂布答應別人之事，往往做不到，常隨性所至，不信守諾言，因此承諾袁術要攻劉備，卻突然改變心意，中途反悔去救劉備，反過頭來擊退袁術的軍隊。再者，答應袁術爲其子求婚，又臨時悔約。由於耳根子軟，別人的幾句話，便可輕易煽動他，以致決策變來變去的，往往南轅北轍，莫衷一是，因此最後會有這種下場，實在也不足爲奇，見《後漢書卷七十五‧劉焉袁術呂布列傳第六十五》。

〔註141〕 例如陳登見曹操時（陳登爲陳珪之子），就跟曹操分析呂布的性格，認爲「布勇而無謀，輕於去就。」而呂布的心腹大將高順也曾向呂布諫言，認爲「將軍舉動，不肯詳思，忽有失得，動輒言誤，誤事豈可數乎？」意謂呂布行事草率，處理事情，往往欠缺深思熟慮，因此輕易就下決定，所以老是在反悔。由於善變，所以經常誤事。其實對於高順的忠貞，呂布不是不知道，但始終不能聽其言。最後是劉備的建言，當曹操生擒呂布時，呂布曾向曹操建議，認爲不妨二人聯手，不愁不能統一天下，曹操聽了很心動，原本打算放了呂布，沒想到劉備竟在旁提醒曹操，認爲千萬不可，並且分析呂布的性格說：「明公不見呂布事丁建陽、董太師乎？」劉備舉丁原及董卓的下場來警告曹操，說明呂布此人不可信。曹操聽了認爲有道理，所以最後還是殺了他。見《後漢書卷七十五‧劉焉袁術呂布列傳第六十五》。

於貧賤稱之矣。……吾切意當有漢之季，守中蹈正者，莫子雲若也。
夫何新室既建，子雲乃受止而不辭。及《法言》之作，乃有明哲保
身之語，又有龍以不制爲龍之語，又有鴻飛冥冥、弋人何慕之語。
吾竊謂此豈子雲快于其心而爲是言邪？蓋亦聊攄其憤懣爾。然則能
爲中正之累者，子雲有焉。〔註142〕

〈艮〉卦六二爻由於受到九三爻的牽制，所以身不由己，無法拯救自己的隨
人之失，因此不免心生不快，而有憤懣之情。對於此種不幸之人，王宗傳以
東漢揚雄爲例，說明其行徑足以累其中正之德。王宗傳提及班固在《漢書》
中稱讚揚雄清淨無爲、少嗜慾，不汲汲於富貴，不戚戚於貧賤〔註143〕，可謂
淡泊名利。另外，揚雄也有自述其對清靜玄默的領悟。因此，王宗傳認爲揚
雄可以說是漢末唯一稱得上能守中蹈正者。不過當王莽篡漢，新室成立之後，
揚雄卻變節仕莽，對新室的爵祿也受而不辭，與先前高風亮節的模樣，似有
出入。因此，觀其言，審其行，不免讓人質疑譏諷其人格有虧。〔註144〕

〈巽・初六〉「進退，利武人之貞。」〈象〉曰：「進退，志疑也。利武人
之貞，志治也。」楊萬里認爲也有反覆之失：

天下之理，可進則進，而不爲躁；可退則退，而不爲怯。初六陰柔
在下，而過於卑巽，是小人也。進退皆疑，而莫之適從，其不左右
反覆而賣人之國者幾希，其封倫、裴矩之徒乎！〔註145〕

楊氏以封倫、裴矩這種小人來印證〈巽〉卦初六爻進退反覆的情況，所以勸
之以「利武人之貞」，要堅定意志而不盲從。

（二）「巽在牀下」的阿順媚說

阿順媚說如〈兌〉卦六三爻的「來兌」，上六爻的「引兌」即是。前者以

〔註142〕〈艮・六二〉，王宗傳：《童溪易傳》，庫本，頁17-267。
〔註143〕《漢書卷八十七上・揚雄傳第五十七上》，頁3514。
〔註144〕揚雄雖游走在新、舊政權間，不過官位始終沒有太大進展，後因年老才漸次
　　　　轉爲大夫。而王莽即位後，誅殺獻符命者，揚雄因害怕被朋友牽連，憂心難
　　　　以脫罪，於是在使者來時，欲投閣自盡，險些喪命，遂被世人議論紛紛，見
　　　　《漢書卷八十七下・揚雄傳第五十七下》：「當成、哀、平間，莽、賢皆爲三
　　　　公，權傾人主，所薦莫不拔擢，而雄三世不徙官。及莽篡位，談說之士用符
　　　　命稱功德獲封爵者甚眾，雄復不侯，以耆老久次轉爲大夫，恬於勢利乃如
　　　　是。……時雄校書天祿閣上，治獄使者來，欲收雄，雄恐不能自免，乃從閣
　　　　上自投下，幾死。」頁3583。
〔註145〕〈巽・初六〉，楊萬里：《誠齋易傳》，庫本，頁14-688；殿本，頁613。

容說，後者以逢迎爲事，李杞在〈兌‧上六〉「引兌。」〈象〉曰：「上六引兌，未光也。」就說：

> 引君以當道，正也；引之非其道，則入于邪矣。六三之「來兌」，以
> 容說爲事者也；上六之「引兌」，則是以逢迎爲說者矣。以逢迎爲說，
> 阿諛已甚，雖使九五信之，豈足爲光哉！〔註146〕

人都喜歡被取悅，聽善言，所以投其所好，取悅對方，很自然的就成爲小人慣用的方式之一，以阿容、阿順、阿諛、阿附取得君主的信任。即以諂媚爲手段，以從中牟利爲目的。這其實就是君子與小人的不同，小人爲達目的，無孔不入，防不勝防。

而〈蠱‧六四〉「裕父之蠱，往見吝。」〈象〉曰：「裕父之蠱，往未得也。」也是阿容之小人，張浚說：

> 〈蠱〉至四，〈巽〉極而止，故裕。西漢公孫弘以阿容無補君臣之間，
> 容道也。夫居上位，不汲汲救天下弊，玩日偷安，以幸其無事，不
> 仁莫大若是者。〔註147〕

張浚批評漢朝的公孫弘，爲阿容迎合武帝的心意，不肯面折庭爭〔註148〕，也不願跟武帝有不同的意見，因此能得武帝的歡心，卻非仁者之行。

至於〈巽‧九三〉「頻巽，吝。」〈象〉曰：「頻巽之吝，志窮也。」也是頻巽之小人，李杞也舉公孫弘、張禹說之：

> 巽以順從爲事，然不可不持之以正也。一以巽而无自立之義，則流
> 乎諂矣。九三之巽，巽之頻者也。既巽之又巽之，巽之不已而至於
> 頻，可吝之道也。阿附苟悅，其志已窮，此公孫弘、張禹所以不免
> 阿諛之譏也歟！〔註149〕

〔註146〕〈兌‧上六〉，李杞：《用易詳解》，頁 19-511。

〔註147〕〈蠱‧六四〉，張浚：《紫巖易傳》，庫本，頁 10-63。

〔註148〕公孫弘很能迎合武帝的意思，所以即使認爲「不可」，也不會在武帝面前反駁或爭辯，而是分析事理，讓武帝自行選擇，留有餘地；又善用儒家學說，即以「儒術」緣飾，所以甚得武帝歡心。此外，與同僚上奏，若不合武帝心意，弘就背棄同僚的意見，去順從皇上的旨意，即選擇對自己比較有利的情勢，見《史記卷一百一十二‧平津侯主父列傳第五十二》：「弘爲人恢奇多聞，……每朝會議，開陳其端，令人主自擇，不肯面折庭爭。於是天子察其行敦厚，辯論有餘，習文法吏事，而又緣飾以儒術，上大說之。二歲中，至左內史。弘奏事，有不可，不庭辯之。」頁 2950。

〔註149〕〈巽‧九三〉，李杞：《用易詳解》，頁 19-507。

李杞認爲公孫弘、張禹雖以巽順爲事，然不行正道，巽之又巽，簡直流於阿諛諂媚，「阿附苟悅」，實爲「可吝之道」。

而阿順之小人，李光認爲〈遯〉卦六二亦是。〈遯‧六二〉說：「執之用黃牛之革，莫之勝說。」〈象〉曰：「執用黃牛，固志也。」李光認爲六二是「順適」其君，以逞其私的邪術小人：

> 二以陰柔處內，上有九五之應，君臣志合膠固，如黃牛之革，說者雖多，莫之能勝，此小人挾君寵以害君子之術也。自古小人欲害君子，必先順適其君，深得其所欲，然後得以逞其私也。人主利其順適之快，故排眾議而用之，天下之勢雖土崩瓦解而不悟也。……以至順而膠固其君，脅持內外，其勢必至於牢不可拔也。〔註150〕

小人以「至順」固君之志，因爲順主之意，深獲君心，所以人主順適其快，必排眾議用之，即便土崩瓦解亦不悟，所以〈遯〉卦以「黃牛之革」來比喻，表示上下這種邪佞關係如膠似漆，牢不可拔。

〈巽〉卦上九爻也是阿順諛說之小人，〈巽‧上九〉說：「巽在床下，喪其資斧，貞凶。」〈象〉曰：「巽在床下，上窮也。喪其資斧，正乎凶也。」對於這種邪媚之人，楊萬里剖析其心術盤算，還舉李斯爲例：

> 九二在下而卑，故爲「巽在床下」；上九在上而高，亦爲「巽在床下」，何也？上九巽之極，過於順者也。在上而過於順，何異於在下之卑而順；然上九之巽與九二同，而九二則吉无咎，上九則凶，何也？九二，中正之順；上九，姦邪之順也。何以知上九姦邪之順也？上九位極乎人臣，身極乎崇高，愛其所有之富貴權勢，而患失之心生，故必極其巽順阿諛，以保其所有，不知順愈過，而身愈危也，故小則喪其資用，大則喪其權勢，雖正亦凶，況不正乎？李斯憂蒙恬之代其相，則順趙高廢立之邪謀；懼失其爵祿而求容，則順二世之欲而勸之以逸樂，將以順易位，而以位易宗，故司馬遷論之曰：「持爵祿之重，阿順苟合。」可謂洞見其肺肝矣！〔註151〕

〈巽〉卦九二與上九爻雖同樣「巽在床下」，但吉凶異向，不僅是因爲地位不同，動機也不同。九二是正順，上九是邪順，所以九二的「卑順」是有道理的，而上九的「過順」卻沒有道理。九二之順秉持中正之道，符合處下的地

〔註150〕〈遯‧六二〉，李光：《讀易詳說》，頁10-363。
〔註151〕〈巽‧上九〉，楊萬里：《誠齋易傳》，庫本，頁14-690；殿本，頁621。

－366－

位，所以吉無咎；而上九之順乃「過於順者」，已入姦邪，所以有凶，因此楊萬里才會說：「順愈過，身愈危。」而上九這種失常的異順，是因為對權勢過度愛戀，才會患得患失，深怕失勢。因上爻已居人臣之極，富貴權勢走到了極點，很怕落空，此時若為了保住權位，而做出違背道德之事，是很難避免災禍降臨的，而李斯就是典型的代表。始皇死後，李斯害怕太子扶蘇即位，將重用蒙恬，取代其相位，於是順從趙高之言，謀害扶蘇，另立二世。然二世昏庸，李斯為保其爵祿，只好又順著二世縱情遊樂，荒廢國政，而當覺悟到要諍諫時，已經太晚了，因為趙高已掌控全局。所以異順阿容的結果是國破家亡，到最後什麼也保不了，這恐怕也是李斯所始料未及的，所以《史記》才會以「阿順苟合」來評價他。〔註152〕楊萬里認為這是洞見肺腑之論。況且以居丞相之高位，卻紆尊降貴，處處順從奸邪之人，做出卑賤之人才會做的事，宜乎被小人所宰制，而如此不堪，根本喪失一個讀書人該有的判斷與智慧。總之，李斯當初如果不順從趙高之言，也不會自食惡果。而歸根究柢就是因為他把權勢看太重了，利令智昏，才會一步步將自己推向深淵，最後萬劫不復，雖臨死而後悔莫及，卻也為時已晚。這種教訓對小人有一定的警醒作用，即順從別人，也要看對象、看情況，苟且附和未必真能如願，或許只是在製造更可怕的危機而不自覺。

〈咸・上六〉「咸其輔頰舌。」〈象〉曰：「咸其輔頰舌，滕口說也。」則是善於言詞的小人，楊萬里說：

> 上六居說媚之極，有啓口之象，是小人之在上，近君用事，以口才而
>
> 感動九五之君者也，其公孫衍、張儀、淳于髡、陳賈之徒與！〔註153〕

上六爻居上位，近君用事，以口才而感動君主之心，如公孫衍、張儀、淳于髡、陳賈即是。不過把縱橫家比成小人，則未必皆合適。

（三）「來兌」的奸險陰邪

關於陰險、陰邪之小人，〈兌〉卦六三及上六爻即是，李光在〈兌・六三〉「來兌，凶。」〈象〉曰：「來兌之凶，位不當也。」就說：

> 三，陽位，而六以陰柔居之，不正也。以象邪佞不正之人，欲以非

〔註152〕《史記卷八十七・李斯列傳第二十七》：「太史公曰：……斯知六藝之歸，不務明政以補主上之缺，持爵祿之重，阿順苟合，嚴威酷刑，聽高邪說，廢適立庶。諸侯已畔，斯乃欲諫爭，不亦末乎！」頁2563。

〔註153〕〈咸・上六〉，楊萬里：《誠齋易傳》，庫本，頁14-610；殿本，頁347。

道媚悅正直之君子，必爲所斥遠，其凶宜矣。……邪佞之人，急于
求進，是亦在上者有以來之，非剛明之君子，未有不爲所眩者。唐
明皇之悅李林甫，德宗之悅盧杞，亦其資適相逢爾。〔註154〕

李光認爲以六三這種邪佞之人欲媚悅正直之君子，必遭斥退；然國君如非剛
明之人，很難不爲所惑。可見讓小人有機可趁的也只有在上位者，所以小人
得不得勢，關鍵在君主自身，如唐明皇跟李林甫，唐德宗跟盧杞，就是這種
組合。下以邪道事上，上亦存邪念比之，上下皆非正直之人，必然心意相通，
資適相逢。

而〈兌·上六〉「引兌。」〈象〉曰：「上六引兌，未光也。」李光也說：

〈兌〉以說爲主，以說道進者，多陰邪之人；而剛正之士，動多忤
物，使之事主，則面折廷爭，如周昌、汲黯之徒，豈以諛悅爲心哉！

〈兌〉之六三，小人之在下者，故曰「來兌」。下卦爲內，柔自外
來也。上六，小人之在高位者，故曰「引兌」，自上引其類也。上
與三雖非正應，而以邪道合者。……上六，陰柔小人，其所汲引者，
不過其黨類耳，安能光亨天下乎？故象曰「上六引兌，未光也。」
〔註155〕

〈兌〉卦多陰邪之人，非「剛正面折廷爭」之士，如六三是「來兌」的小人，
上六是「引兌」的小人。二人以邪比合，上六在上牽引，六三在下附和，招
引同類，樹立黨派，以諛悅爲心，如此小人滿佈朝廷，又豈能光亨天下，所
以爻辭才會說「未光也」。

〈豐〉卦上六爻也是陰邪之人，楊萬里在這一爻〈豐·上六〉「豐其屋，
蔀其家；闚其戶，闃其无人，三歲不覿，凶。」〈象〉曰：「豐其屋，天際翔
也；闚其戶，闃其无人，自藏也。」說：

自古小人揜其君之明者何也？君明則必憂危亡，憂危亡則己疎左右
矣，故必揜之以娛樂；君明則必勤總攬，勤總攬則己无權勢矣，故
必揜之以逸遊；君明則必親君子，親君子則己失恩寵矣，故必揜之
以姦諛，此仇士良之所以傳心術之秘於其徒也。故聖人發其心之至
隱，而曉以禍之必然曰：汝之揜君之明，不過欲豐乎己之屋而已，
不知豐其屋者，適以揜其家而不光；又不過欲高其位而際天而已，

<hr>

〔註154〕〈兌·六三〉，李光：《讀易詳說》，頁10-441。
〔註155〕〈兌·上六〉，李光：《讀易詳說》，頁10-442。

> 不知高其位者，適以空其門而自藏。家之攓也、門之空也，自此三
> 歲而熠熠行於室，麋鹿游於臺矣，豈復覬汝家之有人跡乎，凶莫大
> 焉。……爲人主者可不戒哉！〔註156〕

楊氏認爲上六這種小人最怕人主英明，「憂危亡」、「勤總覽」、「親君子」。因爲憂心危亡，勤奮政治，親近君子，則小人必然被疏遠斥退，失去恩寵无權勢，所以必定要設法讓國君沈迷昏亂酒色之中，以「娛樂」、「逸遊」、「姦諛」蒙蔽君上，才能獲得寵幸，掌權逐私。因此，主上最要提防此種小人，如仇士良即是〔註157〕。只是這種小人雖工於心計，然作惡多端，最終亦難逃自食惡果的下場，所以爻辭才會以「凶」斷之。

其實親附小人就是自陷危溺，尤其自比邪佞，更是悲傷，因此在〈比・六三・小象〉之「比之匪人，不亦傷乎！」李杞說：

> 六三之所比者上也。上有無首之凶，則非其人可知矣。非其人而比
> 之，是可傷也。商鞅之於景監，谷永之於王鳳，牛僧孺之于李宗閔，
> 皆比非其人，自陷于奸邪而不悔，可不悲哉！〔註158〕

六三爻上比上六之小人，自陷奸邪，遺禍不淺，李杞舉商鞅、谷永、牛僧孺爲例，感嘆這些人所比非人，因此悲哉！

而〈繫辭下傳〉說：「困于石，據于蒺藜，入于其宮，不見其妻，凶。子曰：『非所困而困焉，名必辱；非所據而據焉，身必危。既辱且危，死期將至，妻其可得見邪？』」這是孔子對〈困〉卦六三爻處境的解釋，李杞以春秋時期崔武子（崔杼）之事來說明：

〔註156〕　〈豐・上六〉，楊萬里：《誠齋易傳》，庫本，頁 14-684；殿本，頁 598。
〔註157〕　仇士良善於揣摩人主的心思，能輕易地監控國君的一舉一動。告老還鄉之際，還特地面授機宜，傳授後生晚輩（宦官）如何迷惑君主之術。方法就是不讓國君有閒暇之時，以免有機會讀書，並且親近儒臣君子，以增長智慮，變得更聰明，而遠離遊樂。反之，要以財貨聲色，來蠱惑其心，並極盡奢華，昏盲心智，則國君必然排斥經術，不理朝政，我等自可大權在握，恩澤永在，而不愁失勢。這即是他可以縱橫朝中二十餘年，逞凶卻安然無事的祕辛，見《新唐書卷二百七・列傳第一百三十二・宦者上》：「士良之老，中人舉送還弟，謝曰：『諸君善事天子，能聽老夫語乎？』眾唯唯。士良曰：『天子不可令閒暇，暇必觀書，見儒臣，則又納諫，智深慮遠，減玩好，省游幸，吾屬恩且薄而權輕矣。爲諸君計，莫若殖財貨，盛鷹馬，日以毬獵聲色蠱其心，極侈靡，使悅不知息，則必斥經術，闇外事，萬機在我，恩澤權力欲焉往哉？』眾再拜。士良殺二王、一妃、四宰相，貪酷二十餘年，亦有術自將，恩禮不衰云。」頁 5874。
〔註158〕　〈比・六三〉，李杞：《用易詳解》，頁 19-386。

非所困而困，非所據而據，進退俱困者也。進退俱困，名辱身危，
身且不能自保，妻其可得見邪！小人行險僥倖，自陷於危困之地，
方且恬然而不自知，此崔武子之所以死而不悟也。〔註159〕

其實〈困〉卦六三爻會有此種進退兩難的處境，是因行險以僥倖，如崔杼即
是。崔杼爲齊國的大臣，東郭偃是他的家臣。東郭偃的姐姐棠姜爲齊國棠公
之妻。棠公死時，東郭偃前往弔唁，崔杼亦前往。結果崔杼見棠姜美而欲妻
之，遂使東郭偃爲媒。然東郭偃以崔、東二家同出姜姓而回絕。不過崔杼並
不聽勸諫，仍執意娶棠姜爲妻。婚後，齊莊公與棠姜私通，且常藉機到崔杼
家淫亂，之後還四處炫耀，崔杼懷恨在心，於是聯合賈舉謀殺齊莊公，而另
立景公。齊國因此內亂，崔杼也被慶封所殺。對於崔杼荒唐的行徑，與一意
孤行的後果，李杞認爲是自作孽，不可活，致進退俱困，猶至死不悟，著實
印證〈繫辭下傳〉所言，「名辱而身危」。

（四）「見金夫」的貪婪虛詐

小人貪圖名利富貴，如〈否〉卦六三爻〈象〉曰所言，「包羞，位不當也。」
李過則以「苟祿」來形容：

三不中正，處尊位而不去，苟祿者也，故曰漢張禹、孔光，五代馮
道其流也。若爲貧而仕，抱關擊柝可也，安用據上位哉！故象曰：「包
羞，位不當也。」〔註160〕

〈否〉卦是亂世，而六三居尊位而不去，即因貪慕榮祿的緣故，如張禹、孔
光、馮道之流者便是。

而〈恆‧九四〉「田无禽。」〈象〉曰：「久非其位，安得禽也。」楊萬里
則認爲揚雄的情況似之：

九四以陽居陰，以剛居柔，非其位也，然久居而不去，貪得而不止，
如日獵而不反者，安得禽之獲哉！揚雄久居莽、賢之間，官不過侍
郎執戟是也。金門玉堂，非其時，則有道者不處也。顧雄欲之而不
得者，作《易》者其知雄之心者耶！〔註161〕

楊萬里批評揚雄貪慕富貴，卻僅得侍郎執戟之職，即如〈恒〉卦九四爻的情況，
因爲「久非其位」，以陽剛居陰柔之位，不正，所以「田无禽」，終无所穫。

〔註159〕〈繫辭下傳〉，李杞：《用易詳解》，頁19-553。
〔註160〕〈否‧六三〉，李過：《西谿易說》，頁17-666。
〔註161〕〈恒‧九四〉，楊萬里：《誠齋易傳》，庫本，頁14-612；殿本，頁352。

至於虛詐，李光在〈節・六四〉「安節，亨。」〈象〉曰：「安節之亨，承上道也。」說：

> 人臣以自處陰柔爲正，六四居近君之位，當多懼之地，能卑遜以承上，安于臣節者也。人固有徼名取譽，刻僞矯揉，爲難能之行，若公孫弘之流；然非其性之所安，則近于詐妄，此聖賢之所深嫉也。安節之亨，以承上爲道，漢萬石君足以當之。文景恭儉之主，而奮以恭謹稱，可謂能承其上矣。〔註162〕

李光提到公孫弘的節儉，非本性使然，乃詐妄虛矯之行，是沽名釣譽，矯揉造作之舉，非「安節」者。〔註163〕

曲學以阿世的公孫弘，被宋《易》評爲詐妄，阿容取悅上意，楊萬里在〈蒙・六三〉「勿用取女，見金夫，不有躬，无攸利。」〈象〉曰：「勿用取女，行不順也。」就說他是「見金夫」者：

> 女德以順爲正，三仰舍上九之應，而俯從九二之強，是女見利而動者也，非順也。……是以君子勿取也。何爲不取？以順爲正也。陳相下喬而入幽，即六三舍上而從下；公孫曲學以阿世，即六三見利而失身，斯女不可取也，斯士獨可用之？无所不至矣！金夫，夫之挾厚利者。（殿本作「何爲勿取？不以順爲正也。」「斯士獨可用乎？用之无所不至矣。」）〔註164〕

金夫即「夫之挾厚利者」，六三見金夫，遂欲親近之，對於此種見利而趨的女子，楊萬里認爲公孫弘即是，此女見利而失身，因此不可取。

〔註162〕〈節・六四〉，李光：《讀易詳說》，頁10-448。
〔註163〕公孫弘的言行常前後不一，往往跟大臣商量過後，決定怎麼做，等到了皇帝面前，又換了一套説詞，去附和順從皇上的意見，而背棄與同僚的約定。這種見風使舵的個性，使得汲黯罵他「多詐」而無實情，見《史記卷一百一十二・平津侯主父列傳第五十二》：「弘奏事，有不可，不庭辯之。……嘗與公卿約議，至上前，皆倍其約以順上旨。汲黯庭詰弘曰：『齊人多詐而無情實，始與臣等建此議，今皆倍之，不忠。』」頁2950。其次，弘雖位在三公，俸祿很多，卻著布被，所以汲黯罵他很虛偽，佯裝節儉以盜取美名；而弘在武帝面前也承認自己是在沽名釣譽，然武帝卻因公孫弘的坦誠而升他的官，認爲他能知謙讓，「弘爲人恢奇多聞，常稱以爲人主病不廣大，人臣病不儉節。弘爲布被，食不重肉。……汲黯曰：『弘位在三公，奉祿甚多，然爲布被，此詐也。』上問弘。弘謝曰：『有之。夫九卿與臣善者無過黯，然今日庭詰弘，誠中弘之病。夫以三公爲布被，誠飾詐欲以釣名。……且無汲黯忠，陛下安得聞此言？』天子以爲謙讓，愈益厚之。卒以弘爲丞相，封平津侯。」頁2951。
〔註164〕〈蒙・六三〉，楊萬里：《誠齋易傳》，庫本，頁14-534；殿本，頁87。

〈中孚・上九〉「翰音登于天，貞凶。」〈象〉曰：「翰音登于天，何可長也。」楊萬里說：

> 天下之理，德之小者不可以僥大任，才之下者不可以慕高位，无其
> 資者不可以過其望也。上九處中孚之外，非中孚之徒；无中孚之實，
> 爲中孚之聲，此妄而盜眞、詐而盜誠者也。而乃挾其聲之善鳴，下
> 欲以動夫眾，上欲以動夫君，而躐取高顯之位，求之亦不可得，得
> 之亦不可久，雖正亦凶，況不正乎！此如樊籠之鷄，乃欲一飛而登
> 天，可乎？夫一舉千里者，鴻鵠也；翔于萬仞者，鳳凰也；怒而九
> 萬者，鵬也。何也？彼誠有其才德也，曾謂一鷄而能登天乎？晉之
> 王衍、唐之訓、注是也。〔註165〕

楊氏認爲上九德薄才下，卻躐居高位，無中孚之實，徒具中孚之聲，是妄詐之徒，如晉朝的王衍，唐朝的李訓、鄭注即是。

（五）「剝牀以膚」的僭越篡逆

僭越是侵職越權，踰越本分地位，李杞在〈坤・文言〉「陰雖有美含之，以從王事，弗敢成也。地道也，妻道也，臣道也。地道无成而代有終也。」就舉了不少反面的例子：

> 六三有文章之美，而不擅其美；有從王事之勤，而不居其成。三蓋
> 善處危疑之地者也。三之道，地道也，妻道也，臣道也。地道承天
> 而行，妻道從夫而行，臣道則戴君而行者也。⋯⋯然後世之爲人妻
> 者，如魯之文姜，齊之君王，后漢之呂氏，唐之武氏，其愧于妻道
> 爲何如？其爲人臣者，如齊之崔慶、陳恒，魯之季孫，晉之六卿，
> 漢之莽、卓，唐之藩鎮，其悖于臣道爲何如？〔註166〕

〈坤〉之德無成而有終，有不居功之美德，如同地道、妻道、臣道，以陰柔、順承、順從爲美，以承天、從夫、戴君爲務。不過歷史上悖於妻道及臣道者，代不乏人，如春秋時魯國的文姜，漢朝的呂后，唐朝的武則天即是，因淫亂、專恣、跋扈而背離婦道。至於齊國的崔慶、陳恒，魯國的季孫，漢朝的王莽、董卓，以及唐朝的藩鎮等，則是不守臣道。前者爲人妻而不順，後者爲人臣而不忠，成爲負面的示範。

而〈賁・上九〉「白賁，无咎。」〈象〉曰：「白賁，无咎，上得志也。」

〔註165〕〈中孚・上九〉，楊萬里：《誠齋易傳》，庫本，頁 14-703，殿本，頁 665。
〔註166〕〈坤・文言〉，李杞：《用易詳解》，頁 19-369。

王宗傳則批評春秋時諸侯僭越禮制之事：

> 昔者夫子嘗有言曰：「周監於二代，郁郁乎文哉！吾從周」。又曰：「先
> 進於禮樂，野人也；後進於禮樂，君子也。如用之，則吾從先進。」
> 夫子既欲從周之文矣，又欲從先進之野，何其從之之異歟？曰：「非
> 異也。監二代以爲文，即先進之禮樂故也。禮樂之失也，其當周之
> 末世，魯之僭擬邪？又重之以八佾、雍徹與泰山之事邪？是故夫子
> 欲反其本而未能也，而有如用之，則吾從先進之說，蓋傷其失也。」
> 〔註167〕

孔子曾說欲從周朝之禮樂，又說欲從先進之禮樂（先進之野），二者似有矛盾，
王宗傳則認爲其實不然。因爲孔子所心儀者乃是周王朝前期的禮樂，而非末
期禮樂崩壞的情形，所以先進指的是周朝前期周公制禮作樂，文質彬彬，上
下和樂之時。而春秋晚期，制度崩壞，《論語》中就記載不少僭越禮制的情況，
如魯國季孫氏就舞八佾、雍徹，甚至遊泰山等，而這些都是天子才能實踐的
禮數，季氏爲「大夫」，竟盜用天子之禮，所以孔子口誅筆伐，認爲「是可忍
也，孰不可忍也？」（《論語・八佾》）。面對禮樂精神、形式的喪失，孔子頗
爲感嘆，期望世人重視禮之根源，以防捨本逐末。因此，爲挽救禮樂流於外
在形式，王宗傳認爲應該學習〈賁〉卦上九爻「白賁」的精神，刊落浮華，
反本歸實，以防文勝質的弊病。因爲〈賁〉卦至上九爻，賁飾已極，有過飾
之咎，因此聖人以此爲戒，王宗傳說：

> 〈賁〉至上九，賁之極也。賁飾之極，則嫌於失實，故欲其无過飾
> 之咎也，必曰「白賁」而後可。（同上）

不過「白賁」也不是說什麼形式都不要有，而是說不要只剩下形式，王宗傳
說：「所謂『白賁』云者，非不受賁之謂也。去其僞、落其華，使无勝質之文，
如所謂『先進禮樂之野』是也。」（同上），其實白賁就如同先進之禮樂，以
精神、誠敬爲本，自然而然散發出形式，而其表現，王氏也舉《禮記》說明：

> 先進禮樂之野何也？曰：古者非不知酒醴之美也，而玄酒明水之尚。
> 非不知黼黻文繡之美也，而疏布之尚。……先進之禮樂如此，曾何
> 足以動蕩人之侈心歟？夫惟不足以動蕩人之侈心，故其意在於著誠
> 去僞，使人知有所謂簡敬之所在，而不失其本眞云爾。及其末流也，
> 則質以文勝，人有侈心，而无復反本，此豈賁飾之初志歟！（同上）

〔註167〕〈賁・上九〉，王宗傳：《童溪易傳》，庫本，頁17-125；通本，頁1015。

禮樂應該重視本質，即最原始的「簡敬」之心，否則過多的形式，容易動貪婪之心念，一有侈心，則文飾超越本質，必定流於虛僞

而〈歸妹・六五〉「帝乙歸妹，其君之袂，不如其娣之袂良。月幾望，吉。」〈象〉曰：「帝乙歸妹，不如其娣之袂良也，其位在中，以貴行也。」討論的是婦女之德，王宗傳說：

> 夫陰陽之義配日月也。日，君也；月，則小君也。小君體謙從禮而无亢滿之失，以况則月幾望也。夫五，君位也，當歸妹之時，而以小君位焉，可謂尊且盛矣。然以六居之，則雖盛未盛也，則月之幾望是也，此非六五之所謂吉乎？若夫月望則與日並，陰盛則與陽敵，此女媧、呂、武所以亂天下也，其禍可勝言哉！然其所以至此者无他，不知亢滿之是戒云爾。〔註168〕

六五是嫡夫人的位置，也就是「小君」之位，所以爻辭說「其君之袂」。不過，與娣比起來，其袂不如其娣之袂良（容飾不如妾之華美），然因六五能恪遵婦德，所以爻辭以「其位在中，以貴行也」稱許之。如以月亮來比喻，則是「月幾望」的剛好狀態，因爲幾望而未望，表示陰雖盛而未敵陽，因此不致於發生喧賓奪主，或取陽而代之的情況。反之，如果陰盛而凌陽，到了月望而與日並的狀態，此時兩股勢力相持不下，就必然引起凶禍，如同呂后和武則天，專竊朝政。而會出現這種情況，是因爲六五沒有節制，而有亢滿之患。總之，〈歸妹〉卦六五爻是婦德的典範，因爲體謙從禮，而無盈滿之失，所以被視爲帝王之佳偶。

另外，在〈歸妹・象曰〉「歸妹，天地之大義也。……征凶，位不當也。无攸利，柔乘剛也。」李光則警告「柔乘剛」的危機：

> 「无攸利，柔乘剛也。」剛者，柔之所承也，而反乘之。乘者，婦陵其夫之象也。卦體，〈兌〉本在下，于理爲順，而爻六皆乘九，是以陰而乘陽，失尊卑之序，内无柔順之道，外失陽剛之德，則害于而家，凶于而國，何所利哉！夫成家之道，必資于婦順，故婦順備而後内和理，内和理而後家可長久也。……然則陰之乘陽，柔之乘剛，豈非逆德也哉！世之悍婦，以制夫爲能，使不得措其手足，是猶強臣擅命，威福自專，反制其君也。漢成帝制于趙氏、唐高宗制于武氏，中宗制于韋氏，卒至滅身亡國，何所利哉！〔註169〕

〔註168〕〈歸妹・六五〉，王宗傳：《童溪易傳》，庫本，頁 17-280；通本，頁 1142。
〔註169〕〈歸妹・象曰〉，李光：《讀易詳說》，頁 10-426。

「承」與「乘」不同，承是順從，乘是陵駕。婦人當「承剛」，而不能「乘剛」，婦道以順為要〔註170〕，乘則陵駕於男人之上，難以成家道。因為這種情況反常，違反天地陽陰之序，能一時，卻無法長久，長此以往，必然分道揚鑣，各走各的。而家道渙散，國家社會必然受到影響，所以〈歸妹〉卦說「无攸利」，原因即在此。而如果是帝王則益形嚴重，如漢成帝、唐高宗、唐中宗等便是。權力反制在女人手上，嚴重到甚至還會危及政權生命。這些教訓莫不在告誡世人，夫為婦制、君為臣制、上為下制，當有所警覺而趁早制止，不要以為是正常現象。而其實根據卦形就可以看出這種陰陽顛倒的情形，因為不管是上卦的〈震〉，還是下卦的〈兌〉，陰爻皆在陽爻之上，「六乘九」、「柔乘剛」，李光就說「陰乘陽」必然「失尊卑之序」，所以無利可言。

　　至於篡逆，李杞在〈剝·六四〉「剝牀以膚，凶。」〈象〉曰：「剝牀以膚，切近災也。」舉季氏、陳氏為例：

> 自足至辨，剝之不已而遂及其膚，此陰禍之切于身者。小人之為患，始也剝其民，而終也併與其君而剝之。剝至于膚，則正道絕滅而无餘矣，故不曰「蔑正」，而直曰「凶」者，謂其无正之可蔑也。季氏專權之久，而為出君之惡；陳氏竊權之極，而有弒逆之禍，切近乎災，莫甚于此。〔註171〕

「剝牀以膚」，表示災難及身，意謂小人作亂犯上，絕不可能只是剝其民而已，最後必然是要剝君。而當剝君時，就表示正道已近滅絕，所以凶險莫甚於此，因此爻辭才會以「凶」斷之，如魯國季氏專權，昭公出奔，而田氏篡齊亦是，皆為跋扈臣子的弒逆之行。

　　而〈坤卦·六五〉「黃裳，元吉。」李杞也舉史例說明不能以《易》占篡逆之事。李杞認為六五在它卦雖為君主之位，在〈坤〉卦則為大臣之意。而「黃裳元吉」的意思是說如能遵守黃裳（中下之意），即忠信之道，就能元吉；否則心術不正，即便卜得此卦，也不會吉祥。最明顯的例子就是春秋時南蒯將叛之事：

> 《春秋》傳南蒯之將畔也，筮之遇〈坤〉之〈比〉，曰：「黃裳元吉。」以為大吉也。以示子服惠伯曰：「即欲有事，何如？」惠伯曰：吾嘗學此矣！忠信之事則可，不然，必敗。黃，中之色也；裳，下之飾

〔註170〕〈坤·文言〉：「坤道其順乎！承天而時行。」
〔註171〕〈剝·六四〉，李杞：《用易詳解》，頁19-423。

也。中不忠，不得其色；下不共，不得其飾；事不善，不得其極。
外內倡和為忠，率事以信為共，供養三德為善，非此三者弗當。且
夫《易》，不可以占險，將有事也，且可飾乎！……筮雖吉，未也。
〔註172〕

《左傳》記載南蒯將叛亂而事先卜卦，結果卜得〈坤〉之〈比〉，即〈坤〉卦
的第五爻，為「黃裳，元吉」。南蒯因此而沾沾自善，以為抽中上上籤，將獲
元吉。不過子服惠伯則不以為然，並且慎重地告誡南蒯，不可以《易》占險，
否則將不靈，唯有循正道而行，才能得吉。然而南蒯並不聽從，一意孤行，
結果慘遭橫死。這種蔑視道德，認為占卜可以行險以僥倖的想法是錯誤的。
因為行不正，則事不成，立身行事，走正途才是上策。

不過踰越本分地位，也不一定就會有凶，〈萃〉卦的九四爻就是例外。九
四在萃聚之時，上得君心，下得民心，得上下之聚，對九五之君來說，其實
已構成某種程度的威脅，但爻辭說只要大吉，便能無咎，這是化解之道，程
頤在〈萃·九四〉「大吉，无咎。」就說：

四當〈萃〉之時，上比九五之君，得君臣之聚也；下比下體群陰，
得下民之聚也。得上下之聚，可謂善矣。然四以陽居陰，非正也，
雖得上下之聚，必得大吉，然後為无咎也。……夫上下之聚，固有
不由正道而得者，非理枉道而得君者，自古多矣；非理枉道而得民
者，蓋亦有焉，如齊之陳常、魯之季氏是也，然得為大吉乎？得為
无咎乎？故九四必能大吉，然後為无咎也。〔註173〕

九四居君側，上比九五之君，又下據三陰，得群民，所以即使九四以陽居陰，
其位不正，但只要「大吉」，就有可能改變有咎的局面，即大吉才能無咎。但
齊之陳常，魯之季氏既得君民，又為何無法大吉无咎，因為程頤認為也要符
合道理。如果臣子是以「非理枉道」的方式得君、得民，其實很難大吉，也
很難無咎，畢竟歷史自有公斷，人心自有評價。

篡逆是以下犯上，革命其實也是以下犯上，然二者實有區別，革命有正
當的目的，並非個人的陰謀，林栗在〈革〉卦卦辭「巳日乃孚，元亨，利貞，
悔亡。」〈彖〉曰：「……天地革而四時成，湯武革命，順乎天而應乎人。」
就解釋革命的意義，以防世人混淆不清：

〔註172〕〈坤·六五〉，李杞：《用易詳解》，頁 19-366。
〔註173〕〈萃·九四〉，程頤：《伊川易傳》，叢本，頁 220。

世之論者，乃以革命爲受命易姓之事，而謂必若湯、武，乃爲順天
應人，使曹操、司馬懿等，得以藉其口爲逆亂之事。夫所謂革命者，
變其政令也。……夏、商之敝，至於桀、紂極矣！桀、紂不能革而
湯、武能革之，所以桀、紂亡而湯、武興也。如使夏商之季，得一
賢王，能舉偏而補弊，是亦順乎天而應乎人也，而何必湯、武也
哉！……夫世之助亂者，每以湯、武順天應人爲口實，故不敢不辨。
〔註174〕

林栗認爲「革命」和「逆亂」二者須加分辨，因爲後人往往假藉湯武革命之
名而行篡逆之實，即表面是革命，骨子裡是趁機作亂，如曹操、司馬懿即是。
爲避免革命一詞被濫用，林栗強調革命就是「變其政令」，不過卻不一定要「易
姓」，所以湯、武推翻暴政，只是革命的一種方式、形態而已。因爲「法有所
弊，政有所偏」，人事的推移，久了就不免有差忒，因此必然要採取補救之道，
而這個補救之道，其實也可以經由原組織內部的自我新陳代謝而得到變革，
所以不一定要如世人所認定的非得易姓殺人不可。意思是說夏商之季，桀紂
雖昏暴，然如能遇一賢王，以振衰起蔽，「舉偏而補蔽」，其實也就用不著湯
武起來革命了。而要這麼分辨，是要避免革命成爲有心人士作亂、助亂之藉
口，而將其行爲合理化，所以不得不辨明。

（六）「濡其首」的放蕩失德

所謂放蕩，指行爲不節制、不檢點，傷害禮法，並對社會造成不良影響，
如魏晉時期的阮籍，即爲名教之罪人〔註175〕，李杞在〈未濟・上九〉「有孚于
飲酒，无咎。濡其首，有孚失是。」〈象〉曰：「飲酒濡首，亦不知節也。」
就提到阮籍以酒自迷〔註176〕，雖苟全於亂世，然因過度沒有節制，而濡其首，
因而損傷名教，他說：

〔註174〕〈革・卦辭〉，林栗：《周易經傳集解》，頁 12-333。
〔註175〕傅樂成在《中國通史》說：「嵇康、阮籍等人，正值魏晉易代之際，政風益壞，
　　　　忌諱滋多，因而他們的清談，漸變成純務玄虛。同時清談者在行爲上也更流
　　　　於放誕，他們通常的表現是縱酒和不遵禮節。例如阮籍曾一連沈醉六十日，
　　　　母死尚與人奕棋；嵇康則『頭面常一月十五日不洗』；甚至有的清談者是經常
　　　　裸體的。這類行爲自然是對禮法的一種諷刺，而所謂禮法也正是當時的篡竊
　　　　者及其佐命功臣們所加意提倡的。」頁 331。
〔註176〕《晉書卷四十九・列傳第十九・阮籍》：「籍本有濟世志，屬魏晉之際，天下
　　　　多故，名士少有全者，籍由是不與世事，遂酣飲爲常。文帝初欲爲武帝求婚
　　　　於籍，籍醉六十日，不得言而止。」頁 1360。

當〈未濟〉之極，雖有忠信之誠，而勢不可以有爲，故自放于酒以
全身遠害而已。晉阮籍之流，豈眞無意于世哉！惟知其不可奈何，
不得已而以酒自迷，所以求全於亂世也。然而沈湎之極，而至于濡
首而不知節，以此自信，則失之矣！昔人謂爲名教之罪人，豈非以
其太過也哉！〔註177〕

〈未濟〉卦表示時局仍混濁，非清明之世。而上九爻又處極端，表示某種行
爲（例如飲酒）已有過度、滅頂的跡象，如阮籍等人身處險惡的環境，雖有
忠信之誠，然時亦不可爲，眼看世道似難有澄清之日，於是自放于酒以遠害。
不過這些人即便有不得已的苦衷，其行爲怪異，傷風敗俗，也是事實，因此
罪過當然不能一筆勾消，所以受到指責，也是應該的。對於上九爻的脫序行
徑，沈該也說：

處〈未濟〉之極，而失位應陰，无終濟之理。君子安於義命，知道
之不行而時之不與也，於是飲酒自樂以適其志而遠於害，是以有孚
于飲酒，无咎也。然酣縱沈而不知已，至於濡首，則失節甚矣。……
當魏晉之際，天下多故，名士鮮有全者，阮籍輩不與世事，以酣暢
爲常，由是獲免。然沈縱之過，遂至廢禮，害於名教，其幾是乎！
〔註178〕

道之不行，時不我與，士子不得已而縱情飲酒，以自我逃避，是可以理解的，
也是可以被原諒的，所以爻辭才會以「无咎」斷之，表示聖人亦不予以苛責，
不咎其過，同情遭遇。不過，仍須適時適量，兼顧禮法，所以爻辭才又會說
「濡首」就會「失是」，意思是警告如果不適可而止，恐怕就會越過界限，而
失去是非準則。畢竟任何行爲皆應發乎情，止乎禮，人不應爲所欲爲。

至於失德，多半是指政治人物德行有虧，李杞認爲〈萃〉卦九五爻的〈小
象〉既然說「萃有位」，爲何又「志未光」，是因爲有位無德，所以無法得到
人民的信任，如同桀紂之背德，因此人心離散，李杞說：

五有萃人之位者也。有其位而執其權，以此爲萃，何咎之有，然位不
可徒恃也。苟恃其位，而無德以將之，則人亦有不我信者矣。桀、紂
非無位者也，而天下之心離散而去之，則有其位而無其德也。〔註179〕

〔註177〕〈未濟・上九〉，李杞：《用易詳解》，頁19-524。
〔註178〕〈未濟・上九〉，沈該：《易小傳》，庫本，頁10-651。
〔註179〕〈萃・九五〉，李杞：《用易詳解》，頁19-477。

九五雖爲君位，然李杞警告位不可徒恃，應修德以符其實，才爲永保之道。

〈萃·九四〉「大吉，无咎。」〈象〉曰：「大吉，无咎，位不當也。」李杞也舉陳恆、季氏爲例，認爲無德，所以難以大吉，他說：

> 四居大臣之位，是爲人臣而有聚人之權者也。上迫近于五，而下有三陰從之，其萃亦大矣！然以人臣而侵君之權，其能久安乎？故必大吉而後可以无咎。自非吉之大，則咎有所不免矣。何者？以其所居之位不當故也。周公不之魯，欲天下之一乎周也，惟有周公之德而後可。
> 苟無其德，則季氏、陳恒之得民，果可以爲大吉也哉！〔註180〕

〈萃〉卦九四近九五之君，下又有三陰之附，然雖位高權重，卻有侵君之嫌。處此危疑之地，若要無咎，必要大吉，即「吉之大」者才可，否則仍不免乎咎。而何謂「吉之大」者，李杞認爲須如周公之德者（謙沖之德），才能大吉而無咎。

雖不是政治人物，但對社會沒有責任感，逕自以爲清高之人，宋《易》認爲也是失德之人，如接輿、長沮等人即是，郭雍在〈大過·象曰〉「澤滅木，大過。君子以獨立不懼，遯世無悶。」就說：

> 澤上而木下，滅木之象也。滅木，澤之過也。君子于〈大過〉之時有二道：或進則大有爲，或退則窮處而已。進而大有爲，則反天下之衰弊，「獨立不懼」可也；退而窮處，則「遯世无悶」可也。〔註181〕

〈大過〉卦認爲大過之人有二種：一是「獨立不懼」，另一是「遯世無悶」。禹、伊尹、伯夷等爲「獨立不懼」者，不管是治水、相湯，還是諫武王，餓死首陽山，都表現出過人的才力膽識，無所畏懼。孔子、顏淵則屬「遯世無悶」者，孔子刪《詩》《書》，作《春秋》，顏回窮居陋巷，不改其樂，不因窮處而失志困悶，是乾道「潛龍勿用」的典型，因此郭雍舉以說之：

> 禹之治水，伊尹之相湯，伯夷之諫武王，皆大過之事，可謂「獨立不懼」者矣。孔子反魯而刪《詩》《書》、繫《周易》、作《春秋》。顏子人不堪其憂，回不改其樂，亦皆大過之事，可謂「遯世无悶」者矣。……「遯世无悶」，幾于〈乾〉道之潛。二者蓋聖賢出處之大致，非止于行過恭、喪過哀、用過儉而已。（同上）

這些人物都是有大格局之人，更是聖賢出處之大致；至於接輿、荷蓧、長沮、

〔註180〕〈萃·九四〉，李杞：《用易詳解》，頁19-477。
〔註181〕〈大過·象曰〉，郭雍：《郭氏傳家易說》，庫本，頁13-107。

桀溺等〔註182〕，雖自稱避居山林，不問世事，然郭雍認為這是失德之人，根本不足以言遯世，跟孔子、顏淵是不同的，「若接輿、荷蓧、長沮、桀溺，皆失德之人，非遯世之士也。」（同上）。只是人生在世，鍾鼎山林，人各有志，無法強迫，能否以此作為判斷之準則，亦見仁見智。

小結

　　宋《易》談道德，有正面的典範，也有反面的教材，呈現的大多是儒家範疇的概念，如寬仁、公義、中正、誠信、女德、窮通進退等。而這些概念也有可與道家思想相通之處，例如〈謙〉卦、〈乾〉卦。〈謙〉卦強調謙虛、謙卑，與道家守拙處卑、居下的思想相當；而〈乾〉卦上九爻則說「亢龍有悔」，表示害怕因過度盈滿而會有負面的事情發生，與道家認為相反事物的對立轉化是必然的，道理也是相通的，如「禍兮福之所倚，福兮禍之所伏。」（《老子》第五十八章）以及「將欲弱之，必固強之。」（《老子》第三十六章）的看法類似。由此可見儒道雖互黜，卻也有英雄所見略同之處。而談道德，就必然帶有褒貶的成分在內，因此寓有警戒之意，涵教化之期，以此勉勵人成為君子，避免與小人同流，期能自重自愛，有為有守，創造更理想的人間社會。

〔註182〕長沮、桀溺是隱者，孔子路過，使子路前去詢問渡口所在，結果二人消遣孔子，不認同孔子入世的作為，並宣傳「避世」的思想；然孔子以非鳥獸之群，天下無道的情況來反駁二人的看法，見《論語‧微子篇》：「長沮、桀溺耦而耕。孔子過之，使子路問津焉。長沮曰：『夫執輿者為誰？』子路曰：『為孔丘。』曰：『是魯孔丘與？』曰：『是也。』曰：『是知津矣！』問於桀溺，桀溺曰：『子為誰？』曰：『為仲由。』是魯孔丘之徒與？』對曰：『然。』曰：『滔滔者，天下皆是也，而誰以易之？且而與其從辟人之士也，豈若從辟世之士哉？』耰而不輟。」

第七章　宋儒援史證《易》的
目的特色與侷限

　　宋儒援史證《易》的目的、特色與侷限，茲述如下：

第一節　宋儒援史的目的

　　宋儒援史的目的可從縱橫面、古今面及虛實面來分析。縱橫面是強調同一經典的多元理解，不管是「說易」、「解易」還是「證易」，每一個人都可以擁有自己的解說或領悟模式，或說或解，自在隨人，如同大海可容萬川，而萬川歸之更能成其大；又如月只一月，卻不妨礙月印萬川，而月印萬川更能顯出「千江有水千江月」的風釆。同樣一部經典，各人的領略雖不同，但能保存至今，必然有其發揮創造與傳世之價值。古今面的用意則在於「以古鑑今」、「以古諷今」。《易經》雖古老，但其智慧仍有可供今人處世之鑑戒及參考。虛實面則強調「以實代虛」。《易》雖為卜筮之書，但年代久遠，義理晦澀湮沒，融入歷朝歷代的史事，使得義理的闡述更加有跡可尋，與時俱進。以實例提供印證，更能化虛為實，讓《易》理為人所用。

一、縱橫面──「說易」、「解易」、「證易」

　　說《易》、解《易》重在說明、解釋經義；證《易》則進一步印證《易》理，有欲使人相信的意圖，《四庫提要》評論《用易詳解》時就說：「李光、楊萬里等更博採史籍以相證明。」〔註1〕評論《讀易詳說》時說：「證以史事。」

────────────

〔註 1〕《四庫全書總目提要・用易詳解》，頁 1-94。

〔註2〕評論《誠齋易傳》時也說：「多引史傳以證之。」〔註3〕不管是「證」、「證明」，還是「證之」，史事的運用，對《易經》義理的瞭解必然有強化的作用，以下則分項述之：

（一）說明《易》理

宋代《易》著稱「說」、稱「解」者不少，如《溫公易說》、《橫渠易說》、《了翁易說》、《讀易詳說》、《郭氏傳家易說》、《南軒易說》、《復齋易說》、《西谿易說》、《文公易說》、《周易集說》，以及《用易詳解》。說是說明，解是解釋，說明可以直接說理，也可以透過史事來理解，例如〈豫〉卦六五爻說「貞疾，恒不死。」「恒不死」是說久病纏身，既好不起來也死不了，姑且拖著，以勉強的狀態存在。這種情形套在政治上就如同孔穎達所說的：「四以剛動為〈豫〉之主，專權執制，非己所乘，故不敢與四專權。而又居中處尊，未可得亡滅之，是以必常至於貞疾，恒得不死而已。」〔註4〕這是指大權旁落，君主受制於權臣，沒有實權，動輒得咎的局面，而實際情形，胡瑗以周平王之事來說明：

> 疾謂疾病也，恒者綿綿之貌。六五以柔弱之質，居至尊之位，而履失其正，又下乘九四剛陽之權臣，是於正道有所疾也。「恒不死」者，言六五以柔弱之質而履失其正，是有疾病者也。然而得常不死者，以其居中處尊，猶且綿綿不絕而未至于亡也；然所存者，但位號而已，故若周平東遷之後，天下之權盡屬強臣，而天王所存者，位與號爾。〔註5〕

平王東遷後，雖仍為天子，但地位其實一落千丈，僅存位與號。〔註6〕這種諸侯崛起，強併弱，王室衰微，失去尊嚴的情形〔註7〕，胡瑗認為就是「恒不死」。

〔註2〕《四庫全書總目提要·讀易詳說》，頁1-70。

〔註3〕《四庫全書總目提要·誠齋易傳》，頁1-83。

〔註4〕見《周易正義》，十三經注疏本，頁50。

〔註5〕〈豫·六五〉，胡瑗：《周易口義》，頁8-261。

〔註6〕《史記卷四·周本紀卷第四》：「平王立，東遷于雒邑，辟戎寇。平王之時，周室衰微，諸侯彊并弱，齊、楚、秦、晉始大，政由方伯。」頁149。

〔註7〕李學勤在《中國古代文明十講》〈古代文明的發展過程〉一文說：「平王東遷後，周室不再有控制諸侯的力量，形成諸侯力政的局面。擁有較強經濟、軍事實力的諸侯國，競相吞併鄰近的弱小諸侯，周王對此无力干涉，只得予以承認。其結果是強者愈強，出現實際左右全國政局的霸者。」（上海：復旦大學出版社，2005年9月第一版第三次印刷），頁58。

以「政治」來比喻「疾病」，胡瑗之說深刻。而這種跨領域的理解，比起王弼、孔穎達的字句解釋，更具體而明確，且豁然開朗，可以讓讀者更清楚。〔註8〕

另外，〈坤〉卦六三說：「含章可貞，或從王事，无成有終。」意思是說，六三爻不僅有文章之美，「含而弗露」，而且還立下功績，不過此時功績應當歸君主的，李杞說：「從王事而不居其成」。因為六三近君側，本即危疑，若又驕矜自恃，才用而自誇，爭善、爭功，不免被疑忌。所幸六三能處剛用柔，動靜皆宜，因此不掠君美，善保其終，這種性格才能讓臣子免禍，這就是「无成有終」之義，李杞說：

> 自古君臣爭善，未有能免于禍者。〈坤〉之六三，不擅其美，不有其
> 成，是以能以功名始終，非智慮光大，明哲保身者而能如是哉！〔註9〕

關於六三這種謙遜的美德，李杞以春秋時晉國士燮、范文子不居功的例子來說明：

> 此晉士燮、文子之所以為文也。于鞍之戰，晉既勝齊，師歸，范文
> 子後入，武子曰：「无為吾望爾也乎！」對曰：「師有功，國人喜以
> 逆之，先入，必屬耳目焉，是代帥受名，故不敢。」武子曰：「吾知
> 免矣！」及見晉侯，晉侯勞之，對曰：「君所命也，克之制也，燮何
> 力之有焉！」夫師還而獨處其後，有功而必推之于人，非六三所謂
> 從王事而无成者乎！（同上）

這是《左傳》成公二年之事。鞍之戰，晉勝楚國，晉軍回師時，范文子處後而不敢居先，以及郤克、文子、欒書在被景公接見時，皆謙退而不認為是自己的功勞〔註10〕。李杞認為這些人正體現〈坤〉卦六三爻的精神，有功卻不

〔註8〕 胡楚生在〈引史證經　義取鑑戒——楊萬里《誠齋易傳》試探〉說：「程子說《易》，多明人事之理，楊氏解《易》，多引史事證經，人事之理，敘述較繁，引用史事，則較顯豁，讀者也易於了解經義。」（見興大人文學報第三十二期，2002 年 6 月），頁 8。

〔註9〕 〈坤・六三〉，李杞：《用易詳解》，頁 19-366。

〔註10〕 鞍之戰，晉師大敗齊軍，軍隊回師時，范文子居後，不敢先入。武子（范文子之父）便詢問兒子，難道不知老父在盼望你，希望你早些抵達嗎？范文子則回答說，軍隊凱旋而歸，國人歡喜迎接，在前面容易變成眾人矚目之焦點，也形同在搶主帥功勞，所以要居後。武子聽了，認為這種謙讓態度可以讓人免去禍害。而當晉景公逐一接見將領時，主帥郤克，范文子及欒書，都不約而同地在景公面前謙讓，認為能夠戰勝，實是國君、主帥訓導有方，也是士兵們奮戰之結果，哪裡是自己的功勞？由此可見，晉國在春秋時期可以長期稱霸，實非浪得虛名，而是其來有自，因為從將軍的涵養與不居功的個性便

據為己有，且能感謝他人，因此能有善終。

（二）證明《易》理

從《易經》詮釋的方法來看，援史不僅有助於解釋、比附《易》理，更具有證實、證明、見證的功效。二者的區別在於說明重在理解，印證則有進一步導引人相信的條件及企圖，以達到勸世、戒世的目的。因為歷史是真實案件，實際發生過，為前車之鑑，因此具有說服力，否則難以令人信服。例如〈剝〉卦六五爻說：「貫魚，以宮人寵，无不利。」王弼注就說：「剝之為害，小人得寵，以消君子者也。若能施寵小人，于宮人而已，不害于正，則所寵雖眾，終无尤也。」而孔穎達則疏曰：「此六五若能處待眾陰，但以宮人之寵相似。宮人被寵，不害正事，則終无尤過，无所不利。」王弼、孔穎達都提到在剝亂之世，要避免小人為害，只有為政者以宮人寵的方式來管理這些小人，才能无過尤。北宋的胡瑗、程頤基本上是沿續這一觀點，不過並沒有提出史證，所以此種方法可不可行，不可得而知，除非有具體證據，才能說服人心，證明〈剝〉卦所言不假。而這種真人真事，最直接的便是透過歷史來取樣，以增加其可信度、可行性，李杞就舉反面的例子來證明此一爻的理論：

> 自三代以來，世未嘗無宦寺之職，而不聞其專政者，處之有其道也。而竇武、何進之徒，乃欲盡擊而去之，是豈知有宮人寵之義哉？〔註11〕

其實任何時代，不管是治世還是亂世，小人都必然存在，不可能完全消失或趕盡殺絕，因此與小人安然共處是必要的，這時就必須有一套良好的統御方式，才不會讓小人興風作浪。而東漢晚年的竇武、何進就是不明白這個道理，預謀要除盡宦官，才會釀成宦官自危憤恨而集體反噬的情況，所以〈剝〉卦所言實具參考價值。這就是史事對《易》理的助益，讓《易》理人物化、明朗化。

可看出，見《左傳》成公二年：「晉師歸，范文子後入。武子曰：『無為吾望爾也乎？』對曰：『師有功，國人喜以逆之，先入，必屬耳目焉，是代帥受名也，故不敢。』武子曰：『吾知免矣。』郤伯見，公曰：『子之力也夫！』對曰：『君之訓也，二三子之力也，臣何力之有焉？』范叔見，勞之如郤伯。對曰：『庚所命也，克之制也，燮何力之有焉？』樂伯見，公亦如之。對曰：『燮之詔也，士用命也，書何力之有焉？』」（見楊伯峻《春秋左傳注》，頁806）。

〔註11〕〈剝・六五〉，李杞：《用易詳解》，頁19-423。

另外，我們舉〈坤〉卦爲例，〈坤〉卦六四爻居大臣之位，然因近九五君側，所以處境較危疑，可能動輒得咎，也可能安然無恙。因爲可好可壞，禍福未定，因此爻辭才會以「无咎无譽」斷之，李杞就說：

> 以四而視三，尤切近于五，此危疑之地，最爲難處者也。位嫌勢逼，
> 則咎之所不能免；功高望重，則譽之所不容。釋曰咎曰譽，二者交
> 集，皆足以致君上之疑，爲吾身之禍，于此求免，不亦難乎！〔註12〕

既然處境艱險，因此爻辭建議不妨學習「括囊」般的無言，才能無咎無譽。《易傳》也說：「亂之所生也，則言語以爲階。」因爲愼言或不言，才能儘量減少過咎而釀成无妄之災，所以李杞就說：「故六四之臣，惟括囊不言，而後可以无咎无譽。夫无咎則君不可得而罪，无譽則君不可得而疑，自非致謹于三緘之戒，未見其可也。」（同上），而李杞也舉漢朝張安世爲例，證明「括囊无咎」，三緘其口，確實有必要，是可以遠離「罪」、「疑」的，也算是險難之世的護身符，即「張安世在宣帝時，職典樞機，謹畏周密，卒能免于霍氏之禍，其有得于『括囊』之義乎！」（同上）。〔註13〕畢竟同朝爲官，霍光家族慘遭滅族，張安世卻能以全名終，子孫保有福祿，不是偶然的，而是修爲使然。

二、古今面──「以古鑑今」與「以古諷今」

援史證《易》在北宋有以古鑑今之意，南宋則進一步寄託諷喻之情。鑑是取法，諷是評議。其實以古鑑今，就是以古戒今，即在歷史的發展中總結教訓，尋找規律，汲取經驗，避免同蹈覆轍；以古諷今則是以古喻今，以古明今，企圖在歷史發展的進程中凸顯當朝政治的隱憂，尤其有反襯當今局勢的意味，即南宋的政治現狀〔註14〕，所以古是指《易》理與歷史所結合的某些經驗法則，今則是指已發生或隱藏的潛在性問題。

（一）以古鑑今方案的提出

北宋建立後，有鑑於唐末藩鎮割據，擁兵自重而導致滅亡的局面，於是

〔註12〕 〈坤·六四〉，李杞：《用易詳解》，頁 19-366。
〔註13〕 張安世的事蹟見〈君臣型態的關注與發揮〉一章。
〔註14〕 張瑞君在《楊萬里評傳》第九章〈楊萬里的易學思想〉說：「如果說程頤之功在揭示出《周易》一書講事物變易的規則，並力圖解釋，證明其說言之有據。楊萬里則證明歷史上這些規則的活的運用，並力圖總結歸納，爲當時的社會服務。因此，楊萬里易學更體現了南宋有識之士拯救國運的時代責任感。……可以說以古鑑今，古爲今用，是楊萬里《誠齋易傳》比程頤易學更爲明顯的特徵。」（南京大學出版社，2006 年 4 月出版），頁 386。

逐步消弱地方軍權，強化中央集權。只是強幹弱枝，重文輕武的影響，使得宋朝國力逐漸積弱不振，難以面對外族的入侵及威脅，往往只能以苟和為安。靖康之難後，宋室南渡，國土分離，為了提高國力，增強防衛力量，加強北伐的希望，李光提出「眾建諸侯」的構想，認為應恢復「唐虞三代之制」，以為當務之急，而這就是〈比〉卦〈象〉曰「地上有水，比。先王以建萬國，親諸侯。」的精神。〈比〉卦上坎下坤，是地中有水之象，而地上的水要有溝渠來蓄之，才不會泛濫傷民，國家也要有各地諸侯的護衛，才能萬眾一心，否則危難之際，各自逃亡，能「仗節死難」者廖廖無幾，而這種渙散局面的產生就是因為沒有實行封建制度的緣故，李光就說：

> 靖康之禍，金人長驅，如入无人之境，諸路守臣，奔竄迎降之不暇，其間能仗節死難者，不過數人，何補于治亂哉！然則眾建諸侯，或大封同姓，以復唐虞三代之制，豈非今日之先務哉！〔註15〕

而王宗傳也提出同樣的看法：

> 建萬國、親諸侯，使上下遠近，脈絡相通，則君民之勢交相比矣。……「後世之心，患諸侯之難制也，故守且令焉，而分茅胙土之恩薄矣。守令有過則賜之一札，奔命而服罪之不暇，得保終？更則亦指日以求去，此易制之法也，然更易紛紛，官吏民情愈不相親矣。」〔註16〕

即藉由分封諸侯來親近百姓，讓人民對國家有向心力，能休戚與共，共赴國難，才不會國難當頭，只求各自保命，而奔走不暇。另外，李光在〈屯‧卦辭〉「利建侯」中也提出相同的看法〔註17〕。只是這些都只是構想，因為從南宋的歷史來看，執政當局並沒有採行這種政策。況且如果分封諸侯，其實又走回東周、唐朝的情況，屆時軍權又因握在各地諸侯藩鎮的手中，而產生尾大不掉的情形，甚至出現不聽命於中央，而君弱臣強的局面，所以只能說任何制度皆有利弊，世事本就難以兩全。

（二）以古鑑今成功的案例

對於懲前代之失，而免於覆轍者，宋儒特別推崇東漢光武帝的做法，即用賞賜的方法取代分封功臣土地，不讓武人有機會興兵危害朝廷。宋《易》

〔註15〕〈比‧象曰〉，李光：《讀易詳說》，頁 10-293。
〔註16〕〈比‧象曰〉，王宗傳：《童溪易傳》，庫本，頁 17-55。
〔註17〕〈屯‧卦辭〉，李光：《讀易詳說》，頁 10-277。參〈風俗政策的形成與運用〉一章。

認爲這是光武帝對高帝誅殺功臣的警惕，也是值得令人學習的地方。（參〈治亂興衰的彰顯與示戒〉一章）

　　光武帝之外，便是宋太祖成功的案例。宋《易》認爲宋太祖對功臣將領的處理方式，實是超越前代，是相當成功的策略，王宗傳在〈師‧上六〉「大君有命，開國承家，小人勿用。」〈象〉曰：「……小人勿用，必亂邦也。」就說：

> 上六，師之終也，所謂師休之日，而論功行賞之秋也。……乃若小人之有功者，厚之以金帛，優之以祿位，不害其爲賞功也。所以勿用之者，謂其必亂邦也。昔我太祖當大業既定之後，語諸將曰：「君曹何不釋去兵權，擇良田美第歌童舞女以終天年。」諸將感泣而謝曰：「此陛下生死而骨肉也」，故二百年間，无小人挾勳跋扈之禍。夫語三代而下，得御將之道，不動聲色者，惟我太祖也，漢、唐諸君不足與焉。（「所以勿用之者」，通本作「所謂勿用之者」）〔註18〕

對於趙匡胤「杯酒釋兵權」的高明做法，王宗傳認爲深得〈師〉卦「小人勿用」之精髓，選擇在宴飲之餘，讓將領們主動交出兵權，並鼓勵他們回歸鄉里，在良田美第與歌舞樂曲中安享晚年。在不動聲色與從容不迫間，完成政權的統一，也免去誅殺功臣的血腥恐怖，從而確保宋朝二百年來內部的安定，讓子孫沒有內亂之憂，所以太祖對待將領的手腕宋人認爲是三代以下漢、唐諸君所望塵莫及的，可說是中國歷史上最成功的帝王術。而張浚《紫巖易傳》在〈剝〉卦六五爻「貫魚以宮人寵，无不利。」〈象〉曰：「以宮人寵，終无尤也。」也提到太祖此舉之意義，以及東漢、李唐被小人亂邦的教訓，正反對比，可爲鑑借：

> 小人可盡去乎？曰：待小人有權有化，東漢、李唐之季可鑑矣。惟我太祖收諸鎮節度，俾列第京師，得《易》旨。五居〈艮〉止中，靜而有常，厥德不忒，且上比剛德之賢，其勢足以制小人。發「貫魚」義，小人自下而上，均被其寵任，不付以天下事，利及其身，害不加於天下，其規模洪遠矣。〔註19〕

張浚認爲宋太祖深知待小人、制小人之道，妥善安排小人，將節度使列第京

〔註18〕　〈師‧上六〉，王宗傳：《童溪易傳》，庫本，頁 17-53；通本，頁 959。
〔註19〕　〈剝‧六五〉，張浚：《紫巖易傳》，庫本，頁 10-77。

師，不使之危害國家社稷，所以比起前代之君，的確略勝一籌。只是雖然沒有了內亂，卻招架不住外患，最終仍免不了元人的入侵，可見任何方法都是有限的。

（三）以古諷今針對的議題

以古諷今主要是李光、楊萬里等人對南宋朝廷的不滿，尤其是對金人軟弱態度的諫言，這種痛心疾首，不吐不快的鬱悶，及憂懣之情透露在《易》著中，張善文針對這一點就說：「影射現實，衍申《易》理。這一特點，顯然是基於李光、楊萬里對所處的南宋社會最高統治階層偏安江南、昏庸無能、不圖統一大業的政治現狀的極度不滿所致，因而激起他們援古諷今，藉衍申《周易》義理以抨擊社會現實的憤懣之情。」〔註20〕

三、虛實面──以實救虛

以實救虛是宋儒對魏晉以來這數百年偏頗學風的修正，轉而朝向儒家價值體系的建構。以儒理的平實性、人間性，來取代老莊說《易》的空洞、模糊；以人事的流動變化來充實《易》理的內涵，因此在哲學價值的開拓上，有極為重要的地位。

> 而這種實的價值觀展現在對用的重視上，楊萬里在〈繫辭下〉「《易》之為書也，不可遠。為道也屢遷，變動不居，周流六虛，上下无常，剛柔相易，不可為典要，唯變所適。……初率其辭而揆其方，既有典常。」就說：「《易》之道為實用，不為虛言矣。」〔註21〕

以實代虛，李杞是大力提倡的，為了不讓經淪為「空言」立說，李杞提出經史合一，經史合一即理事合一，在史中驗證《易》理之實用性：

> 自後世以空言為學，岐經與史為二，尊經太過，而六經之書，往往反入于虛无曠蕩之域。〔註22〕

理是空，事是實，雖然理在氣先〔註23〕，然理無形不可見，必待有形之物才能顯示，如欲探究其理，即應從所附麗者以見之，所謂「蓋至虛者，未有不託乎至實者以為之地也。」所以「論《易》之妙，則出乎無形之先；而論《易》

〔註20〕 張善文：《象數與義理》，頁277。
〔註21〕 〈繫辭下〉，楊萬里：《誠齋易傳》，庫本，頁14-756。
〔註22〕 〈自序〉，李杞：《用易詳解》，頁19-351。
〔註23〕 〈繫辭上〉，李杞在《用易詳解》說：「有形生於無形，故太極未分，此理已具。」頁526。

之書，則得於有形之後。」〔註 24〕所以有理有事，理事相關而不可或缺是聖人的一貫之道。而《用易詳解》這種重「實」的風格，也受到《提要》的肯定：

> 書中之例，於每爻解其辭義，復引歷代史事以實之。如〈乾〉初九稱「舜在側微」，九二稱「四岳薦舜」之類。案：《易》爻有帝乙高宗之象，傳有文王箕子之詞，是聖人原非空言以立訓。〔註25〕

「復引歷代史事以實之。」表示史有「實」的功能。而《提要》認爲李杞引史證《易》，如舉舜在側微及四岳薦舜之事等，亦是前有所本，是聖人旨趣的再現，也是《易經》史事精神的再續。

第二節　宋儒援史證《易》的特色

宋儒援史證《易》的特色，從內容來看：一是以帝王及政治事件爲核心。二是人事日用的關注。三是憂患意識的強調，茲述如下：

一、以帝王將相朝臣宦官爲核心

宋儒援史證《易》所舉的例子多爲政治、軍事事件，即大多集中在政治人物的探討及古代聖王賢君的發揮上。不管是君臣議題的探究、治亂興衰的彰顯，還是風俗政策的制定，都有這種傾向，以歷代帝王將相爲核心。以上古三代而言，大都爲堯、舜、禹、湯、殷高宗、太甲、紂王、文王、武王、宣王、平王、幽王，以及伊尹、傅說、姜尚、周公、商鞅等帝王或政治家的言行事跡爲主。而春秋時代，爲齊桓公、晉文公、魯桓公、魯昭公、楚康王、蔿子馮、觀起、子南、楚靈王的事跡，以及各國間的交通、戰爭，也被拿來討論。下至秦漢，則多爲始皇、二世、項羽、高祖劉邦，呂后、惠帝，武帝、昭帝、宣帝、元帝、成帝、光武帝劉秀等帝王，以及趙高、李斯、張良，韓信、陳平、周勃、晁錯、衛青、霍去病、汲黯、公孫弘、霍光、張安世、王莽、董卓、王允、呂布等謀臣、權貴事跡爲主。三國魏晉時期，則集中在劉備、孔明、劉禪、高貴鄉公、謝安、桓溫的探究。至隋唐，大抵爲隋文帝、唐太宗李世民、玄宗李隆基、肅宗、德宗、武則天、太平公主、韋后等帝后爲中心的論述，以及功臣、能臣、奸臣、亂臣的著墨，如房玄齡、杜如晦、

〔註24〕〈繫辭上〉，李杞：《用易詳解》，頁 19-526。
〔註25〕李杞：《用易詳解・四庫提要》，頁 19-350。

魏徵、狄仁傑、張柬之、五王、李林甫、楊國忠、安祿山、史思明、郭子儀、李光弼、陸贄等人的敘述，和宦官呂強、李輔國、程元振、王守澄、仇士良等人的忠心與禍國殃民的關注。此外，便是對儒者的惋惜，如孔子、孟子、賈誼、董仲舒等人不偶際遇的不捨。這些人對國家有著舉足輕重之正面或負面之影響。因此我們可以說宋儒援史證《易》中的史事，是環繞著古代帝王，政治軍事家，以及朝臣宦官而展開的。

關於政治事件的引用，在〈比・六三〉「比之匪人。」〈象〉曰：「比之匪人，不亦傷乎。」王宗傳就舉八司馬事件來說明「比之匪人」，即交友不慎的下場：

> 以六居三，比之所謂不正人也，故曰：「比之匪人」。夫相比之道，以正而吉也。比而不正，則傷敗乃至，是自貽其禍之道也。三以不正間於二、四之間，聖人以匪人目之，亦懼夫二、四之或比之也。
> 其曰：「不亦傷乎」者，所以示戒於二、四也亦明矣。〔註26〕

〈比〉卦六三爻不中又不正（二五爻爲中位，六爲陰爻居三之陽位則爲不正），所以聖人以「匪人」視之。對於匪人，近旁之二、四爻應有所警覺，即宜疏遠而不宜親附，以免受其牽連，而遭無妄之災。然二、四爻卻識人不明，以致罹難，王宗傳就以唐柳宗元、劉禹錫爲例，說明所從非人，誤從六三，即失足於王叔文之門，終因改革失敗，而慘遭流放，其中顛沛的際遇，不乏因此含恨而終者，這就是「比之匪人」的一種註解，王宗傳說：「唐之七司馬皆世所稱才，而柳子厚、劉禹錫尤其傑者，一失足於王叔文之門，蹉跌含恨，以至於死者昧，不亦傷乎之戒故也。」（同上）

二、人事日用的關注——以「人物」爲中心

對人事日用的關注及落實是宋《易》超越前人之處，其實「重人事」也是《四庫提要》對史事《易》學最主要的評價及用語。兩漢象數《易》學，流於繁瑣；魏晉《易》學，滲入莊、老，失之虛無，皆非《易》之本旨，獨宋代史事《易》學以闡述人事義理爲依歸，平實學風更貼近現實人生，以司馬光《溫公易說》爲例，《提要》就說它「切於日用」：

> 光《傳家集》中有〈答韓秉國書〉，謂王輔嗣以《老》、《莊》解易，非《易》之本旨，不足爲據。蓋其意在深闢虛無元渺之說，故於古

〔註26〕〈比・六三〉，王宗傳：《童溪易傳》，庫本，頁17-56。

今事物之情狀，無不貫徹疏通，推闡深至。如解〈同人〉之〈象〉
曰：「君子樂與人同，小人樂與人異。君子同其遠，小人同其近。」
〈坎〉之〈大象〉曰：「水之流也，習而不止，以成大川；人之學也，
習而不止，以成大賢。」〈咸〉之九四曰：「必苟傾焉，則物以其類
應之，故喜則不見其所可怒，怒則不見其所可喜；愛則不見其所可
惡，惡則不見其所可愛。」大都不襲先儒舊說，而有德之言，要如
布帛菽粟之切於日用。〔註27〕

《提要》認為《溫公易說》的觀點如「布帛菽粟」，具實用價值，為有德之言，
而其觀點也頗有推陳出新之處，並不因襲前人舊說，推闡深切者，如〈同人〉
卦、〈坎〉卦、〈咸〉卦等皆是。

其次，《提要》也說程頤《易傳》切於人事：

程子不信邵子之數，故邵子以數言《易》，而程子此《傳》則言理。
一闡天道，一切人事。蓋古人著書，務抒所見而止，不妨各明一義。

〔註28〕

邵雍言數，闡明天道；程子言理，切合人事，可以說各明一義，各有所長。
而從程頤引史的內容來看，即可發覺歷史人物解經的重要性將增強。〔註29〕

而蘇軾的《東坡易傳》，《提要》也稱其「多切人事」：

今觀其書，……蓋大體近於王弼，而弼之說惟暢玄風，軾之說多切
人事。其文詞博辨，足資啟發，又烏可一概屏斥耶？〔註30〕

〔註27〕 《四庫全書總目提要‧溫公易說》，頁1-64。
〔註28〕 《四庫全書總目提要‧伊川易傳》，頁1-66。
〔註29〕 《伊川易傳》援用史事，對於歷史人物、事件的處理，有簡略帶過，也有詳
述介紹。有些有說明，有些則只提到人物姓名，便沒有多做解釋。這種以「人
物」為中心的敘述方式，可取代繁瑣的介紹，並有提綱挈領、執簡御繁的效
果。而程頤提到的歷史人物如：〈乾〉卦提到舜、禹、伊尹、傅說。〈坤〉卦
提到孟子、湯、武王。〈屯〉卦提到魯昭公、高貴鄉公、盤庚、周宣王、唐僖
宗、唐昭宗。〈蒙〉卦提到堯、舜、周公、三監、秦皇、漢武。〈訟〉卦提到
尚書、孟子。〈師〉卦提到司馬穰苴、莊賈、淮陰侯、周公、孟子、曾子、秦
皇、漢武、荀林父、邲之戰、郭子儀、英布、彭越。〈泰〉卦提到湯、帝乙。
〈否〉卦提到王允、李德裕。〈大有〉卦提到子貢、詩經。〈謙〉卦提到詩經、
周公。〈豫〉卦提到太甲、成王、漢魏末世之君。〈隨〉卦提到伊尹、周公、
孔明、郭子儀，文王。〈蠱〉卦提到周公、成王、羲、黃、堯、舜、太甲、成
王、伊尹、太公望、曾子、子思。
〔註30〕 《四庫全書總目提要‧東坡易傳》，頁1-66。

《東坡易傳》雖近王弼，但比王弼《易》學更爲平實「博辨」，對後人也有一定程度的啓發。

至於楊萬里《誠齋易傳》引史證經，《四庫提要》也從「人事」的角度給予正面的肯定：

> 聖人作《易》，本以吉凶悔吝示人事之所從，……舍人事而談天道，正後儒說《易》之病，未可以引史證經病萬里也。〔註31〕

不過這種重人事，以人物爲中心的論述，與以人性、心性爲中心的觀點是不同的，因爲以人性爲中心，就流向了楊簡等人以心性、佛性說《易》的道路上。

總之，從《提要》對《溫公易說》、《東坡易傳》、《伊川易傳》、《誠齋易傳》等書的評價，足見宋《易》對人事的看重，是對前代之失的矯正。

三、憂患意識的強調──心理建設與行動準則

《易》爲憂世之作，所以其「辭危」，這是一種危難、危懼的警戒，〈繫辭下傳〉說：「《易》之興也，其當殷之末世，周之盛德邪？當文王與紂之事邪？是故其辭危。危者使平，易者使傾；其道甚大，百物不廢。懼以終始，其要无咎。」李杞就解釋說：

> 當紂之衰，滅天理而窮人欲，以文王之盛德，猶不免有羑里之拘，則《易》之興也，豈非有憂患而然哉！惟其有憂患，故其辭危。危懼者，則使之平安，慢易者，則使之傾側，則其道甚大。……此《易》之道，所以爲憂世而作也。〔註32〕

李杞認爲如果連文王如此聖德之人，猶不免於患難，何況是一般人，因此人皆應有憂患意識。而聖人具有憂患意識，在於聖人能「見幾知著」，及「戒愼恐懼」。見幾知著就是洞見先機，比常人早先一步發覺不尋常之處，在隱微的徵兆中預測，甚至掌握其發展軌跡，如〈坤〉卦初六爻便是。能從「履霜」就知道「堅冰」即將到來，說明聖人有明辨初始的智慮跟敏銳度，李杞說：

> 古之聖人，當君子道長之際，而已慮夫小人之竊權。益知夫履霜堅冰之義矣。嘗觀夫子作《春秋》，其于君臣上下之分，邪正消長之際，中外盛衰之別，未嘗不謹其始焉。〔註33〕

〔註31〕 《四庫全書總目提要‧誠齋易傳》，頁1-83。
〔註32〕 〈繫辭下〉，李杞：《用易詳解》，頁19-560。
〔註33〕 〈坤‧初六〉，李杞：《用易詳解》，頁19-365。

《易傳》及《春秋》都是聖人「憂世」之書，一見其理，一見其事，警告世人見微知著，防微杜漸，在事情尚未成形時，就能看出潛在危機，才能及時補救。同時李杞也舉春秋之事，以見孔子的「先見之明」，他說：「故書初獻六羽，則知季氏八佾之漸爲不可長。書季子來歸，則知意如逐君之罪爲不可訓。書會戎于潛，則知楚陵駕上國之變爲不可遏。一事之始，防微杜漸，常有憂深思遠之意寓乎其中。……《易》示其理，《春秋》紀其事，聖人之憂世亦深矣。」（同上）。

　　因爲見幾知著，所以聖人比一般人更能戒愼憂懼，這不是杞人憂天，而是明白有些事情不得不提早防範，〈師・卦辭〉「師，貞，丈人吉，无咎。」〈象〉曰：「……剛中而應，行險而順。以此毒天下，而民從之，吉又何咎矣。」李過就說：

> 聖人之兵以順動，然猶曰「毒天下」，見得用兵終不是好事，雖以順動，亦不免一個毒字，此聖人特筆以示戒。〔註34〕

李過認爲出兵發動戰爭，即便是以「順」動，有正當的目的，仍是「毒天下」。這個「毒」字便是聖人的「特筆」，所以特別強調，欲以此「示戒」。

　　〈萃・九五〉「萃有位，无咎，匪孚；元永貞，悔亡。」〈象〉曰：「萃有位，志未光也。」楊萬里則認爲「元永貞」就是戒愼之意：

> 九五以剛陽中正之德，當萃聚之時，爲萃聚之主，豈不盛哉！然有其位而无咎矣，又曰「匪孚」，又曰「志未光」，乃若未盛者，何也？蓋卦辭有「利貞」之戒，象辭有「聚以正」之戒，爻辭又有「元永貞，悔亡」之戒，非萃聚之難也，永其萃聚之難也：非永其萃聚之難也，永其貞正之難也。〔註35〕

〈萃〉卦九五爻爲萃聚之主，又高居君主之位，理應爲興盛之世，然〈小象〉卻說「未光」，楊萬里認爲這是因爲聖人憂慮九五爻不能「永其貞正」，所以以「元永貞」、「未光」來提醒九五爻，要不斷自我鞭策，否則仍將有悔。因爲光有位還不夠，重要的是能否長久地以正道自守。因有這層疑慮，所以卦辭才會有「利貞」，〈象傳〉有「聚以正」〔註36〕，爻辭有「元永貞」的警示，再三訓戒，目的就是要勉勵九五常懷警戒之心。而楊萬里最後也點出「匪孚之憂」，才能長治久安：

〔註34〕　〈師・卦辭〉，李過：《西谿易說》，頁 17-655。
〔註35〕　〈萃・九五〉，楊萬里：《誠齋易傳》，庫本，頁 14-649；殿本，頁 480。
〔註36〕　〈萃・卦辭〉說：「亨，王假有廟。利見大人，亨，利貞。」〈萃・彖曰〉「……利見大人亨，聚以正也。」

當天下之已孚，而惕然懷「匪孚」之憂；當志意之光大，而歉然有「未光」之志，可謂「元永貞」矣。宜其久安長治，有聚無散而悔吝銷亡也。此伯益「克艱」之戒，周公〈无逸〉之規也。（同上）（殿本作：「此伯益「艱難」之戒」，「周公〈無逸〉之規」）

對大臣或一國之君而言，想要長保國祚，有聚無散，就應心存憂思。即「已孚」仍懷「匪孚」，「光大」仍懷「未光」之憂，如同周公〈無逸〉之戒，才能眞正無悔、悔亡。

〈震·象曰〉「震亨，震來虩虩，恐致福也。笑言啞啞，後有則也。震驚百里，驚遠而懼邇也。出可以守宗廟社稷，以爲祭主也。」李光也提到慮患：

> 自古居儲君之位，任主器之重，上既嫌疑，下亦窺伺，鮮有不蹈禍敗者。以秦皇、漢武之英果，而扶蘇、戾園卒以見殺，況其下者乎！
> 聖人于卦象、爻象皆反覆致其恐懼戒愼之意，其爲後世慮，豈不深遠哉！〔註37〕

〈震〉在八卦中是長子，因此〈震〉卦談長子主祭祀宗廟之事，其地位即如同太子，也就是儲君，承擔家國重任，不過也危機重重，因爲爲眾矢之地。李光認爲連秦始皇、漢武帝這種英果之君主，在太子事件的處理上都會出差錯，慘遭滑鐵盧，而被掉包，何況是能力更差之人，因此聖人於〈震〉卦特別強調要恐懼、戒愼，即在君位繼承人的處理上要特別小心，以免被有心人士有機可趁。

至於〈離·六五〉「出涕沱若，戚嗟若，吉。」〈象〉曰：「六五之吉，離王公也。」程頤也說「戚嗟」以保吉：

> 六五，……以柔居上，在下无助，獨附麗於剛強之間，危懼之勢也。唯其明也，故能畏懼之深，至於出涕；憂慮之深，至於戚嗟，所以能保其吉也。〔註38〕

程頤認爲六五能「畏懼憂慮」，所以能保其吉。王宗傳也認爲六五因爲能「知憂知懼」，所以雖處乎剛強之間，亦能保位而吉。〔註39〕易祓則舉曹丕繼嗣爲例說之：

> 六五以柔中處尊位，重明繼世之主也。人主繼世之初，以代親爲憂，

〔註37〕〈震·象曰〉，李光：《讀易詳說》，頁 10-416。
〔註38〕〈離·六五〉，程頤：《伊川易傳》，叢本，頁 147。
〔註39〕〈離·六五〉，王宗傳：《童溪易傳》，庫本，頁 17-158。

故言「出涕戚嗟」。取互〈兌〉為澤為口之義。……若曹丕為嗣，而
　喜見辭色，君子以是知魏祚之不昌。憂樂之間，吉凶判焉。〔註40〕

易被認為「出涕戚嗟」是身為儲君該有的態度，然曹丕卻剛好相反。當知道
被冊立為太子時，表現出歡喜的神色，還唯恐別人不知地問辛毗知不知道他
很高興？輕薄之態，絲毫沒有即將接大位者該有的戒慎憂懼。因為太子主宗
廟社稷之重，本宜「戚」而喜，所以時人以此判定魏祚之「不昌」〔註41〕。
而項安世也說：「六五，順子也，以繼父為悲，以承業為憂，不以得位為樂。
凡天子諸侯之初嗣位，皆當如此。……曹丕初受漢禪，抱辛毗頸曰：『君知我
喜否？』識者有以知魏祚之不昌。」〔註42〕這是提醒世人，憂樂之間、喜怒
之際，有時即已能預見吉凶，因為小可見大，而一葉知秋。

　　長存憂患戒慎之心，是因人皆有惰性，往往功成名就後，就志得意滿，
甚者沈溺在輝煌的記錄中，只圖享樂，從此委靡不振。而一旦失去了鞭策的
力量，缺乏精進之心，則盛世顯然不保；若因此而百病叢生，則必然是江河
日下，一去不回，因此在〈既濟・卦辭〉「亨小，利貞。初吉終亂。……終止
則亂，其道窮也。」楊萬里就說：

秦滅六國而秦自滅，晉平吳亂而晉自亂，隋取亡陳而隋自亡。惟聖人
能外內无患。自非聖人，外寧必有內憂，此鄢陵之勝，范文子所以憂
晉之必禍也。蓋人之常情，多難則戒，戒則憂，憂則治：无難則驕，
驕則怠，怠則亂。聖人見其初吉而探其終亂，惟能守之以貞固而不移，
持之以憂勤而不息，則可以免終亂而不窮矣，故戒之曰「利貞」，又
曰「終止則亂，其道窮也。」……「終止」謂上六柔怠自畫，非克終
既濟之才。（殿本作「隨取亡陳而隋自亡」，「無難則驕」。）〔註43〕

〔註40〕〈離・六五〉，易祓：《周易總義》，庫本，頁 17-478。
〔註41〕這是憲英（辛毗之女）對曹丕被立為太子後的反應所作的預言，且一語成讖，
　　　　魏祚果然不長。可見一個人的態度有時即足以決定未來的命運，甚至國運，
　　　　見《三國志卷二十五・魏書二十五・辛毗楊阜高堂隆傳第二十五・辛毗》引
　　　　《世語》說：「……毗女憲英，適太常泰山羊耽，外孫夏侯湛為其傳曰：『憲
　　　　英聰明有才鑒。初文帝與陳思王爭為太子，既而文帝得立，抱毗頸而喜曰：
　　　　"辛君知我喜不？"毗以告憲英，憲英歎曰："太子代君主宗廟社稷者也。
　　　　代君不可以不戚，主國不可以不懼，宜戚而喜，何以能久？魏其不昌
　　　　乎！"……』」頁 699。
〔註42〕〈離・九四　六五〉，項安世：《周易玩辭》，頁 14-315。
〔註43〕〈既濟・卦辭〉，楊萬里：《誠齋易傳》，庫本，頁 14-707；殿本，頁 681。

〈既濟〉會初吉終亂，原因有二：一是上六質本陰柔，非克終既濟之才。二是人之常情，「人皆敵於洪流，莫或敵於夷塗；人皆懼於覆舟，莫或懼於覆車，是以初吉而終亂也。」（同上）。因為安逸的環境容易讓人驕、怠、亂，子孫由於不識創業之苦，當然不明守成之艱，所以揮霍福蔭，葬送祖業也是勢所必然；反之，「多難則戒」，戒則憂而治。因此，楊萬里就舉易代之際，開國亡國的例子，告誡治國者當記取教訓，莫忘殷鑑。因為外患固然可怕，內憂卻更難平，所以聖人在初吉之時，便憂其終亂，也唯有警惕自勉，才能免去亡秦者秦、亡晉者晉的歷史宿命。

　　有憂患意識仍須有行動準則，行動準則就是思患預防，思患預防即居安思危。既濟之世，天下雖已平治，卻仍應常存憂慮之心。因為既濟之時，表面雖清平，卻不表示災害不存在，有可能隱藏在深處，不易為人所察覺，或根本被人忽視，以為不足堪慮。等到問題成形或坐大，則通常措手不及或為時已晚。因為潛存的危機其實是在伺機而發，一旦朝政敗壞，則原形畢露，所以這種易被表象所欺瞞的隱憂正是為政者最需警戒者，李杞在〈既濟·象曰〉之「君子以思患而豫防之」中就說：

> 既濟之世，患之所攸伏者也。天下方狃於宴安之習，而君子則思患而豫為之防，君子豈私憂過計者哉！凡所以保成之道固如此也。〔註44〕

李杞提到即便「堯、舜泰和之盛，有所不廢。」而此種未雨綢繆的戒備絕不是過度憂慮，更不是多此一舉；相反的，是必要的。

　　而〈否·九五〉之「其亡其亡，繫于苞桑。」王宗傳以苞桑之戒來比喻休否無常，他說：

> 桑之為物也，既條而復苞，則亦既苞而復條，其榮悴之不可常，殆亦反掌之間爾。譬之今日之否休矣，又烏保來日之无否乎，故其亡其亡，常繫於苞桑之戒，而不敢少忘焉，則否庶幾乎其可无也。〔註45〕

王宗傳以苞桑之榮悴無常，來比喻人世之盛衰無期，告誡君主應有戒慎恐懼之心，因為今日休否不代表明日就無否，能念念不忘「其亡！其亡！」才更可確保無咎。如同唐太宗，終日慄慄，不僅不忘創業之艱，更能體悟守成之難，時刻警覺，不因功業已成而放縱懈怠，才能長保康泰，王宗傳說：

〔註44〕　〈既濟·大象〉，李杞：《用易詳解》，頁 19-520。
〔註45〕　〈否·九五〉，王宗傳：《童溪易傳》，庫本，頁 17-76；通本，頁 978。

　　唐太宗嘗問侍臣曰：「創業、守成，孰難爲？」元齡者則曰：「創業
　　難爲。」魏徵者則曰：「守成難。」太宗曰：「元齡從我冒百死，出
　　一生，故知創業之難。徵常恐我驕奢生於富貴，禍亂生於所忽，故
　　知守成之難。然創業之難既已往矣，守成之難方將與諸公謹之。」
　　噫！若太宗者，其能繫念苞桑之戒乎！（同上）（元齡是房玄齡）（通
　　志堂經解本的「魏徵」作「魏證」）

太宗曾向魏徵及房玄齡二人詢問打天下及守天下，熟難熟易？結果魏徵說「守
成」難，玄齡則認爲「創業」難。對於二人的相持不下，太宗有感而發。認
爲玄齡和朕一同打天下，餐風露宿，歷經艱辛，所以倍覺創業之艱難；而魏
徵同朕走過盛世，深知治平之世的難得，害怕「驕奢生於富貴，禍亂生於所
忽。」所以對守成有著更多的憂慮。只是創業既已成過往，「守成」卻是當務
之急，能守得住是目前更重要的事，所以太宗勉勵群臣應花更大的心力著眼
於當下及未來，而不應溺於往昔，淪爲口舌之爭。〔註 46〕在鑑往知來的省思
中，反應出一代明君謀國的用心與危懼之情，以及對大臣的殷切期盼。

第三節　宋儒援史證《易》的偏離與侷限

　　宋儒援史證《易》的偏離，有以下幾種情況：一、有舉證不適的情形或
推論具有爭議。二、有引伸附會的說詞。三、有與史家相左甚至相反的論點。
四、有自相矛盾的說詞或呈現兩極的觀點。五、有引用錯誤的史料。至於侷
限則爲：一、重義理而非考據的史學路數。二、爲局部史料的擷取與片斷史
觀的建立。三、詳古略今的型態，分述如下：

一、偏離

（一）有舉證不適的情形或推論具有爭議

　　所謂舉證不適的情形，即是《易》與史的比附並不適當，例如在〈蠱‧

〔註46〕《新唐書卷九十六‧列傳第二十一‧房玄齡》：「帝嘗問：『創業、守文孰難？』
　　　　玄齡曰：『方時草昧，群雄競逐，攻破乃降，戰勝乃剋，創業則難。』魏徵曰：
　　　　『王者之興，必乘衰亂，覆昏暴，殆天授人與者。既得天下，則安于驕逸。
　　　　人欲靜，徭役毒之；世方敝，磨刻窮之。國繇此衰，則守文爲難。』帝曰：『玄
　　　　齡從我定天下，冒百死，遇一生，見創業之難。徵與我安天下，畏富貴則驕，
　　　　驕則怠，怠則亡，見守文之不爲易。然創業之不易，既往矣；守文之難，方
　　　　與公等慎之。』」頁 3855；另見《貞觀政要》。

六五〉「幹父之蠱，用譽。」〈象〉曰：「幹父用譽，承以德也。」沈該說：

> 柔得尊位，則非創業開基之事，是承其舊業者也，是以幹父之蠱也。
> 人君之繼承，不在用其力，在承之以德，廣其德，所以昭能聲，是
> 以用譽也。……武王廣文王之聲，卒其伐功，其「幹父用譽」者乎！
> 〔註47〕

沈該把武王繼承文王之志，討伐紂王之事說成「幹父之蠱」，不太合適。因為〈蠱〉卦討論的是事物或現象產生腐敗的情況以及治蠱之道。以人事言之，表示某個組織或體系的內部已經發生問題，必須處理，才能挽救它持續惡化，如同父親製造的問題，須由兒子來解決。武王雖伐紂有功，然父親文王也是仁德之君，所以以蠱壞來形容，並不恰當。而沈該又說「人君之繼承，不在用其力」，這也不符合武王的情況，因為武王伐紂，正是以武力完成文王未竟之事業，所以絕不是僅止於口號或光靠德行而已。因此，武王之於文王可以用「幹父用譽，承以德」來形容，即完成父志，以行動讓文王聲名流傳，卻不能說是幹父之「蠱」，因為這變成了武王在替文王收拾什麼殘局一般。而如果要找更合適的例子，耿南仲舉舜與瞽瞍之事，更能說明「幹父之蠱」的意義，他說：

> 六五所承者，剛中之父，則巽順以從之可也。……若剛不至于害義，
> 卒歸於有譽者，六五是也，此所謂克諧以孝也。瞽瞍之頑，則剛過
> 之父也。而四岳以烝烝義，不格姦稱之于堯前者，亦舜能幹父用譽
> 故耳。其曰「承以德」，何也？惟德足以諧頑嚚，其能用譽，亦以德
> 而已。此爻惟大舜足以當之。〔註48〕

耿南仲認為諸爻要幹父之蠱，九三爻有過剛而傷恩的疑慮，六四爻則失之陰柔，所以兩者不是小有悔，就是力道不足，只有六五爻剛而不害義，如舜對父親瞽瞍的偏執頑嚚，仍堅持以孝、以德來感化，因此成就美名，所以耿南仲說此爻惟大舜足以當之，這顯然比用武王的例子還要更恰當。

而〈歸妹・九四〉「歸妹愆期，遲歸有時。」〈象〉曰：「愆期之志，有待而行也。」李杞以《詩經・靜女》來比附。〈靜女〉說：「靜女其姝，俟我于城隅。愛而不見，搔首踟躕。」李杞認為靜女會愛而不見，搔首踟躕，是因守禮以待的緣故，所以不敢躁進。這看似是用《詩經》來解釋《易經》，其實

〔註47〕 〈蠱・六五〉，沈該：《易小傳》，庫本，頁10-514；通本，頁1270。
〔註48〕 〈蠱・六五〉，耿南仲：《周易新講義》，庫本，頁9-633。

是用《易經》來解釋《詩經》，即用〈歸妹〉卦的「有待」來解釋〈靜女〉的「愛而不見」；而待是待什麼？李杞說是待禮，這顯然是融入教化的意涵，並非《詩經》的原義：

> 說者曰：「靜女，正靜之女也。俟，待也。……愛而不見，搔首踟躕
> 者，欲往而不行，以禮自將也。」九四之歸妹，其「靜女」之謂耶！
> 愆期不行，固若遲矣，而歸有其時，其志蓋有所待也。所待者，待
> 乎禮而後行也。夫期可愆也，禮義不可愆也。禮義不愆，介然自守，
> 寧失其期，而无失其正，非女之至靜而能若是哉！〔註49〕

把「靜女」的遲不肯歸，甚至愆期的原因，推究為非禮勿動的考量，這種解釋不同以往。因為〈靜女〉一詩談的可能只是單純的男女相戀〔註50〕，到這裡卻增加了道德層次的思考，與原詩的理解有很大的出入。其實李杞會有這種說法，是受到文中「說者」的影響，而「說者」為誰，李杞並沒有交代清楚，所以無從查證，不過並不是《詩序》的看法。而這種朝「禮」、「義」、「正」方向的解釋，或許是受到理學家存天理去人欲觀點的影響。

至於〈兌・九五〉「孚于剝，有厲。」〈象〉曰：「孚于剝，位正當也。」李杞說：

> 〈剝〉，小人之道也。……九五以陽剛居尊位，不信乎君子而信乎小
> 人，是危道也。漢元帝之信恭、顯，唐明皇之信李林甫，德宗之信
> 盧杞，皆不免乎危，是「孚于剝」者也。〔註51〕

剝是小人，「孚于剝」是信任小人。李杞認為以九五之至尊卻去信任小人，敗壞國政，是帝王自身的缺失，並且舉「漢元帝」為例，認為他符合這一爻；不過這與九五爻性並不相合，因為九五爻是陽剛之性，以元帝來說，剛強不足，柔弱有餘，是個優柔寡斷之人，不能算是陽剛之君，所以在比附上不完全合適，即適合爻義，不適合爻性。

另外，對歷史人物也有類比不當的情況，例如宋《易》多半把漢武帝和秦始皇合論，認為都是窮兵黷武的領導人，如在〈復・上六〉「迷復，凶，有

〔註49〕〈歸妹・九四〉，李杞：《用易詳解》，頁 19-500。
〔註50〕朱師守亮在《詩經評釋》對這首詩為戀愛詩的意旨有清楚的說明：「詩序云『靜
　　　女，刺時也。衛君無道，夫人無德。』審其詞與衛君及夫人絲毫無關。朱傳云：
　　　『此淫奔期會之詩也。』朱傳凡有見於男女之情者，即指為淫奔，不獨此詩。傅
　　　斯年曰：『為男女相愛之辭。』其說近是，後之說解者，多不離此旨矣。」頁143。
〔註51〕〈兌・九五〉，李杞：《用易詳解》，頁 19-510。

災眚。用行師，終有大敗，以其國君凶，至於十年不克征。」〈象〉曰：「迷復之凶，反君道也。」李過就說：

> 上，……，迷而不知復者也。妄動固有災眚，好大喜功，敗而不悟，至於十年不克征，其秦皇、漢武之所爲乎！故象曰「反君道也」。〔註52〕

〈復〉卦的上六爻妄動，又迷而不知復，所以有「凶」、「災眚」。說明熱衷某種東西，也要知所節制，以免樂極生悲。李過認爲秦皇、漢武都驗證了這一爻，因好戰而衰敗，甚至亡國。不過秦皇、漢武雖都有好大喜功這種「反君道」的性格及執政偏失，武帝卻沒有「敗而不悟」的情況，所以李過的說法不完全正確。因武帝最終知道回頭，所以沒有步上秦亡的後塵，因此二代吉凶異向。武帝晚年爆發父子相殘的「巫蠱之禍」，由於年老了生病，又疑神疑鬼，才會受江充蒙蔽，懷疑太子要造反，逼得戾太子恐懼逃亡，最後兵敗自殺。〔註53〕這種喪子之痛，讓武帝悔恨交加，於是開始清醒。此外，李廣利率軍征伐匈奴，也兵敗投降，漢軍死傷慘重，武帝更是哀痛。而各地迭起的民變，更幾乎讓武帝措手不及，只能以酷刑鎮壓，卻「猶弗能禁」〔註54〕。面對危機四伏的境地，武帝痛定思痛，在政策上有了極大轉變，做了大幅度的修正，這就是著名的「輪台」下詔罪己。〔註55〕

〔註52〕〈復‧上六〉，李過：《西谿易說》，頁 17-692。

〔註53〕江充與戾太子有閒隙，因此害怕武帝晏駕後，太子即位，會被誅殺，才藉由「巫蠱之禍」嫁禍太子。而沒想到武帝竟也信以爲眞，然當事後發覺不對時，已然鑄下大錯，太子因爲惶恐起兵，最後兵敗自殺，而喪子之痛，讓武帝痛苦不已，見《漢書卷四十五‧江充》：「是時，上春秋高，疑左右皆爲蠱祝詛，有與亡，莫敢訟其冤者。充既知上意，因言宮中有蠱氣，先治後宮希幸夫人，以次及皇后，遂掘蠱於太子宮，得桐木人。太子懼，不能自明，收充，自臨斬之。……太子繇是遂敗。」頁 2178。

〔註54〕武帝爲了鎮壓反叛勢力，甚至還有「沈命法」，即株連沒有舉發的官吏，一併處死。小吏害怕受牽連，乾脆隱匿實情不報，以避文法，所以盜賊愈來愈多，見《漢書卷九十‧酷使傳第六十‧咸宣》，頁 3662。

〔註55〕「輪臺」罪己之詔，起因於桑弘羊建議武帝在輪臺屯田戍卒以禦匈奴；然武帝考量自用兵以來，歷經三十二年，海內虛耗，民生凋蔽。而貳師將軍李廣利兵敗投降匈奴，導致士卒死傷離散，更讓武帝悲痛不已，因此下詔悔過認錯。因感昔日之非，所以改變治國方略，並正式宣告休兵休息，「思富養民」的時代來臨，重視農本，禁止苛暴，封丞相車千秋爲「富民侯」。也正因爲悔過，修正錯誤，才得以讓武帝末年殘破不堪的國力有了轉圜。而與民休息的政策也顯然奏效，扭轉了整個漢朝的命運，成爲安定社會的再生力量，所以不到十年，百姓充實，國力漸復，漢朝也免於重蹈秦亡之覆轍，《漢書卷

武帝以認錯的心重新調整治國方略，並朝與民休息的方向進行，這與秦始皇在還來不及覺悟就病死在巡行途中，是有天壤之別的。畢竟武帝比秦皇還要早一步警覺到帝國即將引爆的危機，所以及時修正。也因改絃更張，所託得人，所以成功挽救自己失策所帶來的悲劇，使過度消耗的國力得到喘息和復原，因此這兩人的執政結局形成極大的對比，武帝的舉措宛如戲劇般的逆轉，所以李過的論點只講對一半。畢竟，武帝識人之明的能力猶勝始皇，所以沒有出現趙高這一類的亡國分子，而是委任霍光，佈局極其精確。〔註56〕

　　至於推論有爭議的，如〈巽‧九五〉「貞吉，悔亡，无不利。无初有終，先庚三日，後庚三日，吉。」〈象〉曰：「九五之吉，位正中也。」李光說：

> 以人主之權，欲改易更革天下之政令，若无甚難者，如秦用商鞅，
> 法雖行，而民不以為便，卒至天下大亂，而劉、項乘之，秦遂以亡，
> 以不得乎大中至正之道故也，故〈象曰〉「九五之吉，位正中也。」

〔註57〕

〈巽〉卦為申命行事，即推行政令之事。其實國家政令的推行，首重大中至正，所以〈小象〉說「位正中」，而李光認為這就是商鞅變法會亂天下的原因，

九十六下‧西域傳第六十六下》說：「自武帝初通西域，置校尉，屯田渠犁。是時軍旅連出，師行三十二年，海內虛耗。征和中，貳師將軍李廣利以軍降匈奴。上既悔遠征伐，而搜粟都尉桑弘羊與丞相御史奏言：『故輪臺東捷枝，渠犁皆故國，地廣，饒水草，有溉田五千頃以上，處溫和，田美，可益通溝渠，種五穀，與中國同時孰。⋯⋯臣愚以為可遣屯田卒詣故輪臺以東，置校尉三人分護，各舉圖地形，通利溝渠，務使以時益種五穀。』⋯⋯上乃下詔，深陳既往之悔，曰：『前有司奏，欲益民賦三十助邊用，是重困老弱孤獨也。⋯⋯乃者貳師敗，軍士死略離散，悲痛常在朕心。今請遠田輪臺，欲起亭隧，是擾勞天下，非所以優民也。⋯⋯當今務在禁苛暴，止擅賦，力本農，脩馬復令，以補缺，毋乏武備而已。⋯⋯』由是不復出軍。而封丞相車千秋為富民侯，以明休息，思富養民也。」頁3912-3914。

〔註56〕李孔懷在《二十五史新編——修訂版》說：「秦皇、漢武是中國歷史上兩個傑出的皇帝。漢武帝的主要功績，是他順應了歷史發展的趨勢，以他雄才大略的氣概，完成了時代賦予他的許多重大歷史使命。但由於他好大喜功，奢侈無度，到晚年農民起義迭起，國庫空虛，其形勢與秦始皇晚年相差無幾。但武帝並沒有重蹈亡秦的覆轍。他的不凡之處在於能改正自己的過錯，發表『輪臺罪己詔』，檢討自己的過失，並把幼子弗陵托付給霍光。『晚而改過，顧托得人』，此所以有亡秦之失，而免亡秦之禍。『昭宣中興』，正是武帝晚年政策的繼續。」頁137-138。

〔註57〕〈巽‧九五〉，李光：《讀易詳說》，頁10-438。

因為不中不正，才會讓劉邦、項羽有機可乘而亡秦。不過這種說法有待商榷。因為商鞅變法在成效上是相當成功的，才會讓秦國國力蒸蒸日上〔註58〕，足以威脅其它各國，而這與秦末劉、項起義有何關係，令人費解，李光的說法，耐人尋味。因為商鞅變法在秦孝公時期，為公元前 361 至 338 年之間，而劉邦、項羽反秦則在公元前 209 年，這中間差了一百多年，把亡秦之罪推給商鞅，說有直接的因果關係，確實牽強；而且，如果人都要為一百年後的歷史負責，那麼當時的人在做什麼，又該負什麼責？不過李光並沒有進一步說明，所以也無由知其全解。

　　另外，「鄭伯克段於鄢」的故事，對於鄭莊公與共叔段兄弟相殘的原因，王宗傳歸咎於莊公不知早為之制，所以他在〈坤・六二〉「履霜堅冰至。」〈象〉曰：「履霜堅冰，陰始凝也，馴致其道，至堅冰也。」就說：

　　　　此无他，昧履霜早辨之戒也。〔註59〕

在〈家人・初九〉「閑有家，悔亡。」〈象〉曰：「閑有家，志未變也。」也說：

　　　　此无他，不知〈家人〉初九「閑有家」之戒也。〔註60〕

意思都是說：如果莊公知道要早一點防範的話，就不會發生這種兄弟反目的憾事了，不過這種說法不盡然符合實情。因為莊公雖是共叔段的哥哥，然因寤生（難產），使母親受到驚嚇，所以被武姜所厭惡。武姜寵愛弟弟共叔段，一直想立他為太子，母子三人間就始終存在著很深的心結，所以並不是一般正常的家庭。莊公繼位後，便縱容其弟的所作所為，而不加以制止。共叔段也因食髓知味，得寸進尺，而想進一步襲擊鄭國，與武姜裡應外合。此時莊公逮到機會，以忍無可忍的姿態，順理成章地出兵攻伐，而大義滅親。不過此事究其因，雖有武姜的偏執，共叔段的昏昧失教，卻也有莊公處心積慮要置弟弟於死地的陰險，一種長久積怨的報復與深沈算計，所以王宗傳說莊公不明白〈坤〉卦「履霜堅冰至」與〈家人〉卦「閑有家」的告戒，才會釀成人倫悲劇，似乎有幫莊公開脫之嫌，也過度簡化莊公的心思。因為從祭仲、公子呂的規勸，以及莊公回答「子姑待之」、「將自及」的話看來，莊公似乎

〔註58〕 商鞅變法，推行十年，人民生活富足，治安清明，紀律統一，成效是卓著的，所以史家對他的評價其實是正面而肯定的，《史記卷六十八・商君列傳第八》說：「行之十年，秦民大說，道不拾遺，山無盜賊，家給人足。民勇於公戰，怯於私鬥，鄉邑大治。秦民初言令不便者有來言令便者。」頁 2231。

〔註59〕 〈坤・六二〉，王宗傳：《童溪易傳》，庫本，頁 17-26；通本，頁 937。

〔註60〕 〈家人・初九〉，王宗傳：《童溪易傳》，庫本，頁 17-191；通本，頁 1070。

是在等弟弟惡行重大，再出手收拾他。不僅在一開始時就沒有要糾正弟弟懸崖勒馬的念頭，還一步一步地等著看弟弟自食惡果，走向絕路，心態其實是相當可議的。因此，《春秋經》才會書「鄭伯克段於鄢」，而沒有寫明兄弟關係，就是在嘲諷這兩個人根本就不像兄弟，絲毫沒有手足之情，哥哥固然可恨，弟弟則更可惡，而武姜根本是罪魁禍首，不可原諒，因為無法控制自己的好惡情緒，演變成三人的悲劇，造就人倫的負面示範。而三傳（《左傳》、《公羊》、《穀梁》）也都指責這兩人的過失。因此，王宗傳的看法，顯然是屬於奇特的個人觀點。

（二）有引伸附會的說詞──失之穿鑿、汎濫、牽合

援史證《易》有時會失之牽強，附會，而有講遠了的情形，因為偏離卦、爻辭的本義，難免衍伸出其它的涵義，如〈坎‧初六〉「習坎，入于坎窞，凶。」〈象〉曰：「習坎，入坎，失道凶也。」楊萬里說：

> 初六，陰柔之小人，設險以陷君子，猶以為未，又設險中之險。坎，險也；窞，險中之險也。虞翻曰：「坎中小穴曰窞。」以坎為未險，而復穴其中，其陷君子，不遺餘巧矣。然窄人者必自窄，險人者必自險，絕道而陷善類，未有不自陷而凶者也。故宦者盛而黨錮興，黨人死而宦者滅，初居〈坎〉之最下，故為窞。〔註61〕

從「窄人者必自窄」以後的解釋，其實跟爻辭並沒有直接的關係，因為〈坎〉卦初六爻講的是有個人或什麼東西陷入陷阱之中。因為前面有個洞，因此警告再前進，恐怕會掉進去，所以要小心，以示有凶險存在。但是楊萬里卻把小人扯進來，從陷阱談到設陷阱的人，再從設陷阱的人談到設陷阱之人的心術，目的是要說，想要害人的人往往到最後都是害到自己，因為很難全身而退，陷人會自陷。之後再藉由東漢末年的黨錮之禍，來抒發這種心得感想，以實例來「證明」小人陷害君子，雖可得逞於一時，但同時也在自遺其咎，因為玩火會自焚，甚至同歸於盡，玉石俱焚。然這其實已經越說越遠了，不過雖扯遠了，大抵仍與爻義相關，所以也有發人深省及推展義理的效果。不過有些學者就認為這是「沿文生義」，實屬不必，李心傳便說：

> 然程之所傳者，辭也。辨吉凶者存乎辭，而理固在其中矣。而後之學者沿文生義，各自為說，復失聖人繫辭之本意。〔註62〕

〔註61〕〈坎‧初六〉，楊萬里：《誠齋易傳》，庫本，頁14-603；殿本，頁324。
〔註62〕《丙子學易編》，頁17-795。

以及：

> 上古之經莫尊於《易》，而諸儒多以私意亂之。蓋東周之時，以象占
> 言《易》而亂於支離；兩漢之際，以讖緯言《易》而亂於傅會；魏
> 晉之間，以名理言《易》而亂於虛無；近世以來，以人事言《易》
> 而亂於穿鑿，皆《易》之蠹也。〔註63〕

意思是說，援史證《易》有時不免會偏離主題，失去原意，甚至有穿鑿之嫌，
或者就如《四庫提要》所說的「稍涉汎濫」（見《用易詳解》），以及「牽合」之
病（《提要》評論李光《讀易詳說》：「證以史事，或不免間有牽合。」）〔註64〕，
所以這是人事說《易》的缺失，確實有必要詳加辨別。

另外，如〈需‧六四〉「需于血，出自穴。」〈象〉曰：「需于血，順以聽
也。」楊萬里也從形容小人的處境，引伸到去告誡君子「勿窮小人」：

> 四以一陰柔之資，而當三剛健之敵，傷于陽必矣。血者，傷也。
> 物傷必避，避必順以聽命。「出自穴」者，傷于陽而避陽，且聽命
> 于陽也。君子之于小人，不可窮也。三陽彙進，一陰退避，〈需〉
> 之險於是濟矣。為君子者，勿窮小人可也。王允既誅董卓，而不
> 宥催汜；光弼乘定河北，而復圖思明，皆不開小人順聽之門之禍
> 也。〔註65〕

〈需〉卦六四爻是個小人，因為不敵下卦的三陽，所以因傷而歸順於陽。「出自
穴」是說小人受傷而欲避出；「順以聽」是說小人聽命於陽，願接受君子的
指示。其實爻辭的解釋，到此為止，至於「君子之于小人，不可窮也。」之
後的說法則是楊氏自己的發揮，跟爻辭沒有直接的關連。因為「順以聽」是
在說明小人的處境；而小人不可窮，則是在提醒君子窮小人之害，寓有告誡
之意，而這是楊萬里所要闡述的重點，即認為三陽不宜再對六四窮追不捨，
還舉王允、李光弼為例，證明窮小人的後遺症，因為窮寇莫追，狗急跳牆。
總之，史事是在解釋勿窮小人，是引伸義的發揮，而不是在解釋六四爻本身。
不過，雖不是爻辭的原意，卻不違背《易經》的精神，因為從順以聽命的小
人，談到君子勿窮小人，重點其實是落在君子身上的，而這種解釋，也正體
現了《易》為君子謀的深度價值。

〔註63〕《丙子學易編》，頁 17-794。
〔註64〕《四庫全書總目提要‧讀易詳說》，頁 1-70。
〔註65〕〈需‧六四〉，楊萬里：《誠齋易傳》，庫本，頁 14-537。

（三）有與史家相反的論點

　　對於東漢黨錮之禍，易學家與史學家的觀點便有出入，「亡漢」與「續漢」之說，呈現對立。史學家認爲有延續漢祚的功能，易學家則指責有亡漢之罪，認爲是陳蕃、竇武、李膺等人對宦官的處置失當所致，如李光在〈否‧六二〉「包承小人吉，大人否亨。」就認爲臣子在昏亂的局勢中與小人直接對抗，並非上策，他說：

> 六二當〈否〉之時，處人臣之正位，此暗君姦臣相濟而得路者也。小
> 人方執其權綱，上復有應，勢未能敵，爲君子者，當包容而承順之，……
> 漢之陳太丘足以當之，若李膺、杜喬之流，徒激禍亂耳！〔註66〕

〈否〉卦是亂世，暗君姦臣在位，僅憑六二爻一臣子的力量是不夠的，即便六二居人臣之正位，仍有限，因此不利有所爲。所以最好是包容承順，渾跡群小之間，先明哲保身，再因勢利導，決定下一步怎麼走。而東漢李膺、杜喬等即不明白這個道理，才會成爲負面的結局，所以李光認爲他們是「徒激禍亂耳」。

　　其次，李光在〈剝‧象曰〉「剝，剝也。柔變剛也。不利有攸往，小人長也。順而止之，觀象也。君子尚消息盈虛，天行也。」也說：

> 若強亢激拂，如李膺、袁安之流，身膺刑戮，不失忠義之節，而非
> 聖人之所尚也。雖然，……使世之學《易》者，專以明哲保身之術
> 求無咎悔，以全其身，亦非聖人之所貴也。〔註67〕

李光雖不認同苟且偷生，也不認爲只求明哲保身爲聖人所取，但對於李膺、袁安之流的「強亢激拂」，亦不認同，認爲「非聖人之所貴」。

　　至於〈需‧六四〉「需于血，出自穴。」〈象〉曰：「需于血，順以聽也。」李光也認爲李膺之舉影響漢祚，由於不能善置小人，「卒以亡漢」，他說：

> 六四以陰柔而居君側，三陽既進，必有所傷，能釋位而去，順以聽
> 命，可以免咎矣。君子之去小人，不爲已甚，彼能退聽，斯已耳。……
> 穴者，陰物之所處，四出自穴，上入于穴，狐鼠依憑城社之象，小
> 人能自竄伏，不窮治之也。李膺破柱以取張朔，激成黨錮之禍，身
> 既不全，卒以亡漢，可不戒哉！〔註68〕

〔註66〕〈否‧六二〉，李光：《讀易詳說》，頁 10-307。
〔註67〕〈剝‧象曰〉，李光：《讀易詳說》，頁 10-336。
〔註68〕〈需‧六四〉，李光：《讀易詳說》，頁 10-285。

其實小人根本就無法窮治之，而殺亦不勝殺，其伏竄逃匿，不可能全部滅絕，因此若小人願意順從聽命即可，過多要求實屬不必，而李膺破柱取張朔的激烈做法〔註69〕，正好跟這個道理背道而馳，所以李光以「亡漢」罪之。

李光之外，其實張根、易祓、鄭汝諧、趙汝楳、俞琰等人對黨人之事也多為負面的看法，如張根認為是在「益亂」〔註70〕，易祓認為其「不知命」〔註71〕，鄭汝諧認為黨人不知以「順而止之」來面對宦官〔註72〕，趙汝楳則說黨錮之禍造成「漢衰」〔註73〕，而俞琰也說「非徒无益，反受其害。」〔註74〕總之，宋代《易》學家幾乎一面倒，對黨人少有正面的評價。只是這種看法是否公允，其實也有待商榷，畢竟對小人順而止之，會不會因此而讓小人更加有恃無恐，而得寸進尺，如因此而為害更大，讓他們氣焰更囂張，豈不適得其反，而這會是聖人之本意嗎？或許那些犧牲生命的人不能算是高明，但明知不可

〔註69〕張朔是張讓的弟弟，為野王令，生性貪殘，殺死一名孕婦，李膺要逮捕他。張朔聽說李膺很嚴厲，便逃回京師，躲在哥哥張讓家的柱子中。李膺知情後，便率吏卒破柱取之，交付洛陽監獄，審問過後，便將他殺了。事後張讓向皇帝訴冤，皇帝也不滿李膺為何沒有事先請示就殺人，見《後漢書卷六十七‧黨錮列傳第五十七‧李膺》：「時張讓弟朔為野王令，貪殘無道，至乃殺孕婦，聞膺厲威嚴，懼罪逃還京師，因匿兄讓弟舍，藏於合柱中。膺知其狀，率將吏卒破柱取朔，付洛陽獄。受辭畢，即殺之。讓訴冤於帝，詔膺入殿，御親臨軒，詰以不先請便加誅辟之意。」頁2194。

〔註70〕張根在〈剝‧象曰〉說「黨錮君子失是矣！」即指責陳蕃等人不懂得對小人要「順而止之」，所以實不利有所往，見《吳園周易解》，庫本，頁9-489。另外，在〈否‧初六〉，張根也認為要包承委順以伺其隙，否則只是在製造動亂：「于〈否〉見聖人惡亂之深，⋯⋯處下則相與守正以養其德，在位則包承委順以伺其隙。隙未可乘，則辭尊居卑以俟之；有隙可治，則引其黨類以決之。⋯⋯雖然，惟有大人之才，然後可以預此；不然，則適以益亂而已，黨錮之君子是已。」《吳園周易解》，庫本，頁9-477。

〔註71〕易祓在〈否‧九四〉認為黨人是在暴虎馮河，自陷危難：「小人道長，苟不知命而與小人爭角勝負于一決，則漢之黨錮，其禍有不可勝言者必也。」《周易總義》，庫本，頁17-424。

〔註72〕鄭汝諧在〈剝‧六二〉說：「漢室黨錮之禍，激之而愈奔，抑之而愈抗，陳蕃、李固之徒知有攸往，不知順而止之之理也。」《易翼傳》，庫本，頁18-345。

〔註73〕趙汝楳在〈泰‧九二〉指責黨人不能包荒、包納小人，以致禍亂：「小人方幸君子之見容，亦將革面易心，受君子指役，以共成泰道。⋯⋯共、鯀與舜、禹並列堯廷，不害成巍巍蕩蕩之名，不然名節黨錮而漢衰。」《周易輯聞》，庫本，頁19-87。

〔註74〕俞琰在〈剝‧象曰〉卦說：「觀此〈剝〉卦之象，遂得處〈剝〉之道：不然，則逆而悖理，動而激變，非徒无益，反受其害，如漢之黨錮。」《周易集說》，庫本，頁21-157。

爲而爲之，是否也正是儒學在精神及堅持上異於常人之處。此外，明哲保身易，而從容赴死難，說這種抉擇絲毫沒有正面意義或歷史價值，恐怕也難服人心，因此相較之下，《後漢書》的看法就比較正常，同情並且肯定陳蕃等人的作爲，《後漢書卷六十六‧陳王列傳第五十六‧陳蕃》就說：

> 桓、靈之世，若陳蕃之徒，咸能樹立風聲，抗論惛俗。……以遯世爲非義，故屢退而不去；以仁心爲己任，雖道遠而彌厲。……功雖不終，然其信義足以攜持民心。漢世亂而不亡，百餘年閒，數公之力也。〔註75〕

《後漢書卷六十七‧黨錮列傳第五十七》也說：

> 論曰：李膺振拔汙險之中，蘊義生風，以鼓動流俗，激素行以恥威權，立廉尚以振貴埶，使天下之士奮迅感概，波蕩而從之。〔註76〕

《後漢書》認爲他們能以天下爲己任，絕不置身世外，即便世路艱險，仍義無反顧，不僅是一股清流，更有導正世風之效，其「蘊義生風」、「鼓動流俗」，使得漢世「亂而不亡」，能夠再續百餘年，依靠的就是他們的力量。其實這種說法亦不無道理，雖然與《易》學家的觀點截然不同，但其實只是採取的立場及角度不同罷了。平心而論，陳蕃、竇武等人的用心並無可議之處，但手段畢竟不夠細緻，心態又不夠敬愼，才會讓宦官有機可趁而逆轉局勢。因爲對小人其實也不必過度疾言厲色，而導致極端的對立，如果彼此水火不容，更易引爆衝突，增加危機；若能在某種程度上看似包容小人，伺小人鬆懈防備，再圖謀大業，也不算遲；而陳蕃等人在這一點上似乎操之過急，不夠和緩周延，才會造成這麼大的後遺症〔註77〕。

〔註75〕《後漢書卷六十六‧陳王列傳‧陳蕃》，頁2171。

〔註76〕《後漢書卷六十七‧黨錮列傳》，頁2207。

〔註77〕前後兩次黨錮之禍，黨人及其家屬親友皆遭禁錮免職，朝中善類爲之一空，人民也深受其害，這雖是黨人所始料未及的，但造成的傷害畢竟是事實，如因此而加速漢朝的衰亡，此說亦不爲過，因此傅樂成在《中國通史》就說：「（靈帝）二年（一六九年），山陽郡督郵張儉，因中常侍侯覽家屬在郡橫暴，上表劾覽，被覽遮截，無法上達。儉乃借故收殺覽母及其家屬賓客百餘人，覽使人告儉結黨，圖危國家。靈帝下詔捕儉，儉逃匿，宗親皆被夷滅。宦官更利用這個機會誅除異己，凡平素與宦官不合的，都被目爲黨人，加以收捕。……自此以後，朝廷善類一空，外朝完全入了宦官的掌握，靈帝也一直被宦官欺矇了二十多年。靈帝於熹平五年（一七六年）曾再申黨禁，凡黨人的門生故吏父兄子弟的在位者，均免官禁錮。直到中平元年（一八四年），黃巾亂起，纔大赦黨人。二次黨錮之後，宦官益形放肆，當時各州郡遭受閹黨

（四）有自相矛盾的說詞或呈現兩極的觀點

宋《易》在分封諸侯的見解上，有同一人而觀點自相矛盾的，如王宗傳即是，王宗傳在〈比〉卦〈象曰〉說：

> 建萬國、親諸侯，使上下遠近，脈絡相通，則君民之勢交相比矣。
> 〔註78〕

即藉由分封諸侯，讓君民之勢交相比，以增強國家的防衛力量。但在〈師‧上六〉「大君有命，開國承家，小人勿用。」中卻又推崇宋太祖杯酒釋兵權的策略，認爲得御將之道，他說：

> 昔我太祖當大業既定之後，語諸將曰：「君曹何不釋去兵權，擇良田美第歌童舞女以終天年。」……夫語三代而下，得御將之道，不動聲色者，惟我太祖也，漢、唐諸君不足與焉。〔註79〕

然這二種政策，即建萬國與釋兵權，是互相違背的，不可能同時並行，要中央集權，就不可能分封諸侯，所以王宗傳到底支持那一種政策，似乎難下定論。

另外，對高祖分封功臣的評價上，也有這種分化的情況，李光認爲有必要性，所以在〈小畜‧九五〉「富以其鄰」說：

> 自古帝王未有獨擅其富有而能成功者。武王伐紂之後，列爵惟五，分土惟三；漢祖既滅項氏，亦偏封功臣，韓信王齊之初，有三分之勢。〔註80〕

「富以其鄰」是說九五之人主應以六四之大臣爲鄰，並富厚之，以結爲同好，也就是所謂的權力分享。因爲自古帝王成就功業者，必然要得力於群臣之助，因此列爵分侯，理之所許，如周武王、漢祖劉邦即是。不過此舉，北宋胡瑗卻認爲不妥，並且以此指責漢祖之失，他說：

> 漢之高祖，以韓、彭、英、盧之輩而王天下，及其賞功則封之列國，授之大權，然其終亦不免叛逆之禍，而幾至于喪亂也。〔註81〕

的荼毒，已殘破不堪。光和元年（一七八年），宦官更慫慂靈帝設邸於西園，在那裏鬻賣官位，上至公卿，下至刺史、郡守、縣令，都有固定的價目。因此吏治益壞，民不聊生，終於爆發了大規模的叛亂（黃巾之亂）。」頁226。

〔註78〕〈比‧象曰〉，王宗傳：《童溪易傳》，庫本，頁17-55。
〔註79〕〈師‧上六〉，王宗傳：《童溪易傳》，庫本，頁17-55。
〔註80〕〈小畜‧九五〉，李光：《讀易詳說》，頁10-297。
〔註81〕〈師‧上六〉，胡瑗：《周易口義》，頁8-226。

胡瑗以高祖的前車之鑑，認爲對於功臣，不能授以大權，所以才會對光武帝對大功臣只賞以金帛田宅的做法讚賞有加，認爲深謀遠慮，睿智英明。只不過，封不封功臣，有其時代因素，比起項羽，高祖就是因爲分封功臣，才更得人心，而被人認同，對帝業的創建，不無加分之效，所以世間事，如何取捨，本就難一概而論。

至於對衛青、霍去病的征伐，宋人也有懸殊之論，李杞在〈師·卦辭〉「貞，丈人吉，无咎」說：

> 丈人者，師之主也。威譽德業，足以服三軍之心，使敵人聞風而畏，
> 如周之尚父，漢之周勃、衛、霍，蜀之諸葛孔明，晉之羊祜，唐之
> 郭子儀，即其人也。〔註82〕

李杞認爲衛、霍乃丈人之師，威德兼備，所以能服三軍之心，因此符合「丈人吉」的條件；然王宗傳卻以「小人」視之，並在〈既濟·九三〉「高宗伐鬼方，三年克之，小人勿用。」說：

> 蓋小人之心，不過於貪功而肆忿。貪功則生事，肆忿則殘民，外難
> 未去，而内難復作矣，豈不爲濟道害耶？故以「小人勿用」戒之。
> 衛、霍連年出伐，而漢業已虧，此用小人之明驗也。〔註83〕

王宗傳認爲漢武因用小人而虧漢業，而小人是誰，正是衛、霍。因爲貪功肆忿，所以連年出伐，是內憂外患的製造者。如同殷高宗用小人伐鬼方，而三年都不得平一樣。不過這只能算是王氏個人的論點，因爲把窮兵黷武的罪過推給衛、霍，實是輕忽武帝的意志；何況把執行者與決策者劃上等號，也不甚公允，更跟大部分人的觀點背道而馳，因此比起王宗傳，更多人指責的是武帝的過剛與用兵之失，如程頤《伊川易傳》在〈蒙·上九〉就說：「漢武窮兵誅伐，爲寇也。」在〈師·六五〉也說：「秦皇、漢武皆窮山林以索禽獸者也。」而張浚《紫巖易傳》在〈比·九五〉、〈復·上六〉，朱震《漢上易傳》在〈蠱·六五〉，郭雍《郭氏傳家易說》在〈師·初六〉，李過《西谿易說》在〈師·六五〉、〈復·上六〉，方寔孫《淙山讀周易》在〈損·卦辭〉皆如是說，並不把責任歸咎於衛、霍，這顯然是比較符合實情的說法。

（五）有引用錯誤的史料

宋儒援史證《易》，次數頻繁，難免有引用錯誤的史料，這種情況雖不多，

〔註82〕　〈師·卦辭〉，李杞：《用易詳解》，頁 19-381。
〔註83〕　〈既濟·九三〉，王宗傳：《童溪易傳》，庫本，頁 17-313；通本，頁 1170。

仍找到一條，即鄭汝諧在〈剝‧六二〉「剝牀以辨，蔑貞凶。」〈象〉曰：「剝
牀以辨，未有與也。」中所提的黨錮之禍：

> 漢室黨錮之禍，激之而愈奔，抑之而愈抗，陳蕃、李固之徒，知有
> 攸往，不知順而止之之理也。〔註84〕

黨錮之禍發生在東漢末年，不過李固與黨錮之禍沒有關係。李固被殺在公元
147年，陳蕃被殺在公元168年，二者相距二十年，所以應該是作者誤把二
者牽扯在一起。黨錮之禍源於李膺對宦官親屬犯罪的處置過於激進，宦官報
復，使人上書誣陷李膺與太學生等結為私黨，毀謗朝政，桓帝於是下令逮捕
黨人，為第一次黨錮之禍。對於宦官把持朝政，陳蕃、竇武等人早就不滿，
遂欲密謀誅除宦官，然因事泄，又錯失良機，導致宦官反擊，並藉機搜捕異
議分子，清除黨人，演變成第二次黨錮之禍。而李固的遇害是因外戚梁冀權
傾朝野，在皇帝繼任人選的問題上，李固又始終與梁冀意見相左，因而被害。
因此，黨錮之禍是源於「宦官」亂政，李固事件則是「外戚」專權，兩者是
不同的歷史事件。不過雖不同，卻有因果關係。因為桓帝為剷除梁冀的外戚
勢力，而去借助宦官的力量；然梁冀被夷滅後，宦官卻因而得勢，且亂政的
情況又比外戚嚴重，才會讓太學生及清流強烈抨擊，形成對立，而爆發之後
的黨錮之禍。至於效應，也大不同，李固之時，政治雖不清明，然政局猶有
可為；至於黨錮之禍，則顯然已回天乏術，漢室江山至此也已日薄西山，接
近尾聲。

二、侷限

宋儒援史證《易》的侷限有三點說明：

一、重義理而非考據的史學路數，求是非而不求真偽：宋儒援史證《易》
的史料來源以正史為依據，正史是他們論述的基礎、根本，不過這是屬於義
理方面的發揮，很少涉及考據層面，即史料內容關於考證、輯佚、校正、改
定的工作，宋《易》少有論及。因此，如果正史發生錯誤，易學家就有可能
引用錯誤的資料。因為歷史材料的本身本就有真偽疑議的問題，或不完全正
確，不過易學家並不涉及這個領域，多半是以現成的史料來發揮取證。宋儒
純粹對歷史事件表達看法，並與《易經》的文義進行比附，以辨忠奸、彰善
惡、別是非、審對錯為依歸，所以這是一種道德史觀，而非考據史學。

〔註84〕〈剝‧六二〉，鄭汝諧：《易翼傳》，庫本，頁18-345；通本，頁1793。

　　二、爲局部史料的擷取與片斷史觀的呈現：從宋儒援證史事及評論的意見來看，大抵可以拼湊出一部分的歷史，然非歷史的全面。因爲是局部史料的選取，所以不能作爲歷史事實的全面探究。若要知道事件的前因後果、來龍去脈，仍需回歸正史或原典去分析，才能對歷史有更正確而深入的瞭解。畢竟發生在歷史上某一時間點的人事物，只能局部反映當下的歷史過程、情境，或歷史人物的片斷成就、功過等。而且易學家在解《易》過程中所選擇的史料，一般是他們主觀所要的，或因情感上的偏好愛惡所致，取材及見解難免有所侷限，因此若要瞭解歷史的全貌、眞相，沒有考證原典，就恐有被《易》學家誤導的可能，即容易站在他們的立場及意見去審視、瞭解歷史，這很難不有坐井觀天的危險。

　　例如對范蠡的評價，就正反皆有，爲什麼正反皆有，因爲針對的議題不同，所以才會產生這麼大的落差。如站在功成身退這件事上，宋儒對范蠡的抉擇是持肯定態度的，〈蠱‧上九〉的「不事王侯，高尙其事。象曰：不事王侯，志可則也。」易祓就舉范蠡爲例，認爲與張良一樣，能保成功于不當事之時〔註85〕。〈蠱〉卦上九爻是六爻當中獨不言「蠱」的，這是因爲上九居終，表示蠱壞已經得到解決，此時可以說功成事遂，而智者會選擇謙退，以終保令譽，而范蠡正體現了這種精神，是可以學習的對象，王宗傳在〈渙〉卦上九爻也有相同的觀點〔註86〕。不過如果從范蠡間接害死文種的情況來看，王宗傳就對他有強烈的批評，認爲此人是爲人謀而不忠，是標準的只顧自己肥遯，逍遙事外之人。因爲范蠡在離開前告訴文種，句踐不是一個可以共富貴之人，這等於是在教文種疑忌句踐，所以爲文種帶來殺身之禍，所以范蠡在這件事情的處理上，有不盡理想之處。〔註87〕然也正因爲就事論事，所以宋《易》對同一個人就會有正反不同，甚至兩極的評價存在。

　　其次，《易》學家的觀點及其引用的資料，雖然大部分是繼承正史的說法，但也有出入，譬如對武則天功業、德行的討論上，便有落差。大抵而言，宋《易》對武則天的評價不如《宋史》客觀。其實《宋史》對武則天的敘述也不是很客觀了，何況是宋《易》。宋《易》的立場相對偏頗，對武則天的評價只侷限在婦女這個角色、職分的探討上，認爲她竊取皇位，牝雞司晨，以後

〔註85〕　〈蠱‧上九〉，易祓：《周易總義》，庫本，頁 17-443。
〔註86〕　〈渙‧上九〉，王宗傳：《童溪易傳》，庫本，頁 17-300。
〔註87〕　〈遯‧上九〉，王宗傳：《童溪易傳》，庫本，頁 17-173。

宮亂政，是無德之人，而對武則天政治上的才華及貢獻全然不提。連帶的也指責高宗治家不嚴，家道不正，才會產生婦女干政的情況。此外，更把武則天和褒姒相提並論，這種類比，過於簡單，或者說根本不能令人認同。〔註88〕總之，《易》學家的取材，往往選擇他要的史料來說明，或只討論某一個面向而其它面並沒有提到，或只講好的而不講壞的，或只提壞的而不談好的，因此宋《易》的史觀只能反映出歷史的某些片斷，而非歷史的全面，更無法取代正史，不過仍有助於瞭解正史。

三、是詳古略今的型態：詳古略今，是因宋《易》對前代歷史的引述很多，對當代歷史卻很少，提到的也大約只有幾點：一是李光對南宋朝廷苟安求和作風的諷刺，及對金人畏懼心態的不滿。二是對宋太祖杯酒釋兵權策略的推崇及讚賞，認為這種做法是歷代君王的典範，甚至連漢、唐諸君都比不上。因為宋儒對劉邦平定天下後卻誅殺功臣一事頗有微詞，認為他處置不當，不懂得《易經》「小人勿用」的道理，才會釀致這種悲據。因此漢初君臣會反目，劉邦要負最大的責任，但事實是否如此，恐怕也不盡然。三是對曹彬帥師不亂殺人的肯定，李過在〈師〉卦九二爻「在師中吉，无咎。王三錫命。」〈象〉曰：「在師中吉，承天寵也。王三錫命，懷萬邦也。」就說：

> 王者之兵，不在多殺，錫命至三，謹之至也。……曰「懷萬邦」者，
> 聖人用兵，不得已多殺，非其心也。……遣將必戒以謹毋殺人，如
> 曹彬等下諸國，未嘗妄戮一人，正所謂王三錫命、懷萬邦也。〔註89〕

〈小象〉說「王三錫命」「懷萬邦」，表示謹慎之至。意即在戰爭中不要濫殺無辜，這是一般軍隊容易犯的過失，如項羽即是，而曹彬就很難能可貴，可以做到這一點，所以李過予以稱揚，以示不可多得的典範。

而這種詳古略今的情形，顯示宋儒對當朝政治的避諱。畢竟帝制時代，天威不可測，少有人敢直接批評，所以只能委曲婉轉地表達。但是到了元、明，清時期，《易》學家對宋代史事的引證就非常多，並且暢敘自如，暢所欲言，所以如果想要知道宋《易》對宋史的評價，其實是看不太出來的，而這也是宋《易》不足之處。

〔註88〕 徐正桂在《李光易學研究》說：「其實武氏專權，並未造成唐朝政治之敗壞，史家也以頗具政績論其行政。李光此說，蓋昧於傳統父權社會。不過，如武氏之才者甚少，大多以聽信婦人而權落外戚之手，敗壞朝政收場，故歷來史家皆深以為戒。」（供學出版社，民國87年2月初版），頁150。

〔註89〕 〈師·九二〉，李過：《西谿易說》，頁17-655。

第八章 宋儒援史證《易》的
轉變貢獻及影響

本章探討宋儒援史證《易》的演變、貢獻及影響：

第一節 宋儒援史證《易》的轉變
——北宋至南宋的發展

宋儒援史證《易》的情況，北宋與南宋的不同及變化，有幾點說明：

一、從偶一論述到全面比附——從附屬到主體

北宋易學家援史證《易》的情形其實尙不普遍，只是偶而提及作爲舉證，以胡瑗、司馬光、程頤、張載、蘇軾的《易》著來看，胡瑗是引史最多的，但數量仍有限，主要仍以闡發義理爲主，史事是附帶說明的配角，並非主要構成。不過到了南宋，情況則有明顯改變，史事的分量加重，已成爲議論之主體，甚至發展至幾近爻爻比附的情況，黃忠天教授就說：「由於胡、程二氏廣引史事證《易》，兼以兩宋時代環境諸因素之推波助瀾，引史證《易》，竟成爲宋代義理易諸家常見之釋易方式，……无怪乎至楊萬里、李杞諸人，幾達于卦卦引經，爻爻援史之境矣！」[註1] 以楊萬里《誠齋易傳》來說，引史的次數很高，除了〈坤‧初六〉、〈坤‧六二〉、〈坤‧六三〉、〈坤‧六五〉、〈訟‧九五〉、〈觀‧六三〉、〈賁‧上九〉、〈大畜‧九三〉、〈大畜‧六四〉、〈困‧九

〔註 1〕黃師忠天：〈史事宗易學研究方法析論〉，《周易研究》總第 85 期，2007 年第 5 期），頁 43。

五）、〈震‧初九〉、〈中孚‧九五〉等十二爻沒有引證史事外，三百七十二爻皆有，不僅遍及六十四卦，比例更超過九成六。

　　而李杞的《用易詳解》除了〈需‧九二〉、〈需‧九五〉、〈需‧上六〉〈泰‧六四〉、〈否‧六三〉、〈同人‧上九〉、〈大有‧初九〉、〈大有‧九四〉〈蠱‧上九〉、〈觀‧初六〉、〈大畜‧六五〉、〈頤‧六二〉、〈頤‧六三〉、〈大過‧九五〉、〈坎‧九二〉、〈咸‧九三〉、〈咸‧九五〉、〈恆‧九四〉、〈晉‧六二〉、〈家人‧九三〉、〈解‧初六〉、〈解‧九四〉、〈損‧九二〉、〈夬‧九二〉、〈夬‧九四〉、〈夬‧九五〉、〈夬‧上六〉、〈姤‧九三〉、〈姤‧上九〉、〈萃‧上六〉、〈升‧上六〉、〈困‧六三〉、〈困‧九四〉、〈井‧九二〉、〈井‧六四〉、〈井‧九五〉、〈鼎‧九三〉、〈鼎‧六五〉、〈震‧六二〉、〈震‧六三〉〈震‧九四〉、〈震‧六五〉、〈震‧上六〉、〈艮‧初六〉、〈艮‧六二〉、〈艮‧九三〉、〈漸‧九三〉、〈豐‧九三〉、〈巽‧九二〉、〈兌‧六三〉、〈兌‧九四〉〈兌‧上六〉、〈渙‧初六〉、〈渙‧上九〉、〈小過‧初六〉、〈小過‧六二〉、〈小過‧九四〉、〈小過‧上六〉、〈既濟‧初九〉、〈既濟‧六二〉、〈既濟‧六四〉、〈既濟‧上六〉、〈未濟‧初六〉、〈未濟‧六三〉共六十四爻沒有引證史事外，又扣掉缺卦共四十九爻，也有二百七十一爻引證史事，同樣遍及六十四卦，比例也超過八成，比重之高，可見其廣泛性。

二、從「經史分離」到「經史合一」──從隨意到有意

　　比起北宋，南宋援史證《易》的次數會這麼頻繁的緣故，是因為這時期的儒者是有意為之，即有目的性地將經與史結合，這與北宋經、史尚是不同領域的情況是不相同的。我們可以在《二程集》中看到程頤與弟子對歷史人物、成敗功過的許多介紹與討論，但在《伊川易傳》中卻是有限的。程頤《易傳》對史事的引述，通常是文意所至，順便舉證，屬於蜻蜓點水似的約略帶過，比起南宋，仍有一大段差距，論述也還算簡單。這表示北宋時期的儒者，尚沒有刻意要將二者合而觀之的意圖，所以經仍是經，史則為史，二者是不同的學習方向，即使這些經學家是史學家，也有史學著作，但二者的連繫究竟不高。到了南宋，這種情況則有明顯的突破及進展，經史的緊密連結、配合、比附甚至就是他們的創作意旨、目的及成書機緣，因此有這樣大量的成果展現出來，亦不足為奇，如李杞在《用易詳解》〈自序〉中就說要把經史合而為一，以證明經是萬世「有用」之學，並不是沒有用的空洞言論，他說：

> 經學不可以史證，經學必以史證，此吾爲書之病也，亦吾爲書之意
> 也。……經辯其理，史紀其事，有是理必有是事，二者常相關而不
> 可一缺焉。自後世以空言爲學，岐經與史爲二，尊經太過，而六經
> 之書，往往反入于虛无曠蕩之域。〔註2〕

因爲理事是合一的，有是理必有是事，而經言其理，史記其事，所以經史本是一體的；不過後世因爲尊經太過，以致岐經史爲二，理事分家，因此說經遂流於空言，入於虛無。有鑑於此，李杞欲合理事，遂引證史事以說《易》，重新使經史合而爲一。因此，在解《易》時，李杞大量引用史事來證明《易》理，即使經非史，然「史可以證經」〔註3〕，二者實具有互補之功效。所以從上古三代，秦漢三國，魏晉南北朝，乃至於隋唐等歷代史事，李杞皆有所引錄，欲以挽救時代的弊端。這是從分離到合一的推進。

三、從實用到實體
——「以人事說易」、「以史事說易」、「以人物說易」

北宋重人事，南宋則重史事及人物的描述。對於北宋重人事的傳統，李心傳說：

> 有程夫子出，乃始以人事之實理明之，其有功於《易》則已宏矣。
> 〔註4〕

李心傳認爲北宋程頤才開始以「人事之實理」明之，這有功於《易》學甚大。不過這種說法並不正確，因爲以人事來闡述《易經》從胡瑗、司馬光就開始了，或者說在更早的唐孔穎達《周易正義》就已提及，例如在〈大過〉卦卦辭就說：「以人事言之，猶若聖人過越常理以拯患難也。」因此程頤並非始創，他是胡瑗的弟子，是對老師這一觀點的繼承與推進。〔註5〕

對人事的看重，以胡瑗《周易口義》爲例，該書明確提到「人事」二字就超過九十一次，在〈乾〉〈坤〉〈屯〉〈小畜〉〈泰〉〈否〉〈同人〉〈大有〉〈蠱〉〈剝〉〈咸〉〈恒〉〈遯〉〈大壯〉〈明夷〉〈夬〉〈姤〉〈困〉〈井〉〈鼎〉〈震〉〈漸〉〈歸妹〉〈既濟〉〈未濟〉等二十五卦都有，表示對人事觀點的看重。其它卦爻辭的解說雖沒有明言「人事」二字，其實也多半是從人事的角度立說，例

〔註2〕李杞：《用易詳解·自序》，頁351。
〔註3〕李杞：《用易詳解·自序》，頁351。
〔註4〕《丙子學易編》，頁17-795。
〔註5〕程頤以人事說《易》的特色可參江超平：《伊川易學研究》，頁18-20。

如〈繫辭傳〉即是，可以說俯拾便是，根本是胡瑗解《易》的最大特色。而以「人事」立說，就是以五倫立說，也就是從君臣、父子、夫婦、兄弟、朋友的關係切入。〔註6〕再者，就是對聖賢、君子的闡述，及對教化的關注。〔註7〕這種以人事、人倫爲中心的論述，不同於王弼玄虛的清談，具有更實際的價值面，因爲它更接近一般人，所以程頤在人事的觀點上是受到胡瑗的啓發及影響。

只是人事的論述有時仍顯空泛，甚至容易流入純粹說理式的解經，而缺乏實際的印證，即仍模糊概略而不夠具體、具象。而改進之道就是落實到歷史層面之實體經驗中，在歷史洪流中，在眾多人譜中勾勒出更顯明的形象色彩，從人物中去尋找更細緻、更深刻、更切近的例證來比附艱深的《易》理。而這種以人物爲主的論述，以真實案例爲對象的討論方式，不諱言的將更有知識性及傳達性。我們舉實際的例子來說明，對於歷代帝王的表現來看，宋儒認爲一代不如一代，即在治國才能及長遠的考量上，上古三代的聖王比起漢以下的君主還是略勝一籌的，所以古今無法相提並論，這在程頤解釋〈解〉卦卦辭「利西南，无所往，其來復吉，有攸往，夙吉。」時就提到：

> 自古聖王救難定亂，其始未暇遽爲也，既安定，則爲可久可繼之治。
> 自漢以下，亂既除，則不復有爲，姑隨時維持而已，故不能成善治，
> 蓋不知來復之義也。〔註8〕

〈解〉卦談論解決之道，解決之後應往西南方去，因西南方是平易之地，適合休養生息。不過解決問題、解除亂世必須依靠有才能之人，但能力有大有小，程頤就認爲漢朝以下的帝王雖能平定亂世，卻難以進一步撥亂反正，所以表現不盡理想，即比起古代聖王，仍有一段差距。只是這種說法點到爲止，並沒有直接指名是誰，因爲語意含蓄，除非它見可以佐證，否則難以深入瞭

〔註6〕胡瑗注解〈姤・卦辭〉「女壯，勿用取女。」就從五倫的角度來解釋相遇的道理，他說：「以人事言之，則是臣遇于君，君遇于臣也。以至貴賤尊卑、少長師友之間，皆得其遇也。」而注〈姤・象曰〉「姤，遇也，柔遇剛也。……天地相遇，品物咸章也。」時也說：「以人事言之，則是以卑而遇于尊，以賤而遇于貴。君臣上下、朋友夫婦之間，皆得其姤遇者也。」頁8-362。另外在注〈繫辭下傳〉「其稱名也小，其取類也大。」則也說：「於人事則爲君臣、父子、夫婦、兄弟、長幼之道。」頁8-532。

〔註7〕胡瑗注解〈蠱・卦辭〉也從人事的角度來解釋蠱敗、敗壞的情形，他說：「以人事言之，則是風俗薄惡，教化陵遲而不綱不紀也。方此之時，聖賢之人，必以仁義之道施爲而拯治之也。」頁8-266。

〔註8〕〈解・卦辭〉，程頤：《伊川易傳》，叢本，頁191。

解；但同樣的看法，楊萬里就講得很明白，直接點名高祖就是「弱于才」者，他在〈蠱‧六四〉「裕父之蠱，往見吝。」就說：

> 天下之壞，有大壞之壞，有補而未全之壞。大壞，革之可也；補而未全，徐之可也。補壞之才，有革而補之之才，有徐而補之之才。革而補之，強于才者也；徐而補之，弱于才者也。……六四以陰柔之才，居近君之位，此大臣之弱于才，而膺補壞未全之任者也。……高帝革秦爲漢，漢不秦矣，亦未三代也，補而未全者也。〔註9〕

楊氏認爲劉邦不是「強于才」者，所以只能除秦之暴虐，下開漢朝，卻無法返回三代之制，是「補而未全」者。比起程頤的欲說還休，欲言又止的模糊講法，楊萬里的論點清楚、乾脆、明白。這種以人物爲中心的講法，便是援證史事進一步的推進。有些易學家甚至簡略到只提到名字，其餘便省略不再多談。因此，以人物來總括時空背景與歷史情境，便逐漸變成論述的中心及主體。

總之，由人事轉向史事，由人事轉向人物的發展，是其演變型態。

四、新議題的開拓

從顯赫的帝王將相，到一般傳記人物的敘述，是題材的開創，也是關注焦點的多元。北宋胡瑗、司馬光、程頤等人，偏重在顯赫歷史人物身上，至南宋，除了延續北宋以前的題材外，也加深對其他人物的關注與著墨，讓更多歷史人物加入援史證《易》的行列，豐富其內涵。否則內容經常性地集中在堯、舜、禹、湯、文武、周公、孔子、紂王等常說性人物的講述，重疊性過高，確實有必要改變論述的內容，而這也是援史證《易》最源源不絕的創造力：

一、《易經》卦爻辭的史事：
1、〈明夷‧象曰〉：「內文明而外柔順，以蒙大難，文王以之。」
　　　　　　　　　「內難而能正其志，箕子以之。」
2、〈明夷‧六五〉：「箕子之明夷。」
3、〈歸妹‧六五〉：「帝乙歸妹」。
4、〈既濟‧九三〉：「高宗伐鬼方」。
5、〈繫辭下傳〉：伏羲、神農、黃帝、堯、舜、文王、紂。

〔註9〕〈蠱‧六四〉，楊萬里：《誠齋易傳》，庫本，頁14-575；殿本，頁223。

二、唐以前的例證：

1、《周易集解》：〔註10〕

（漢）焦贛：漢高帝、項籍。

（後漢）馬融：箕子、紂、武王、舜、周公、苗。

（後漢）鄭玄：紂囚文王，四臣救之。周公攝政、舜、陳敬仲。

（後漢）荀爽：成王、周公、召公、詩經、文王、武王、夏桀、殷紂、東婁公、微子。

（後漢）宋衷：武王、周公、太公遯殷、四皓遯秦。

（後漢）虞翻：老子、詩經、紂、孔子（丘）、康子、紂殺比干、文王拘羑里、箕子、二叔（管叔、蔡叔）、桀、湯、武、春秋、大任、武丁、紂沈湎于酒、庖羲、神農、黃帝、堯、舜。

（後漢）陸績：漢高祖、光武、紂、文王。

（魏）王弼：文王、仲尼。

（晉）韓康伯：老子。

（晉）王寶：文王、武王、桀、湯、堯、舜、仲尼（孔子）、顏子（顏回）、紂、平襄之王（周平王、周襄王）、甯戚、蘧瑗、成王、昭帝、周公（周公攝政）、霍光、周召（周公、召公）、詩經（關雎）、楚靈王、齊閔公、管蔡、四臣、比干、殷高宗（武丁）、桓文之徒（齊桓、晉文）、微子、閔夭、祿父（武庚）、華士、少正卯、辛有、南蒯、妲已、三母、伊尹、蒼精之帝、箕子、太公、伏羲、黃帝。

（隋）何妥：舜、孔夫子、文王、武王。

（唐）孔穎達：伏羲。

（唐）崔憬：燕噲、之子、紂囚文王、周平王東遷、太王爲狄所逼，居岐山之下。武王克紂、箕子、比干、伏羲、孔子。

（唐）侯果：詩、顏子、殷高宗、巢許、箕子、紂、老聃、孔子。

（唐）李鼎祚：三王五伯、孔夫子、老子、紂王、武王、穀梁傳、尚書。

（年代不詳）九家易：老子、武王、比干、桀、紂、曾子、西伯、孔子。

〔註10〕《周易集解》所引人物的年代次序參劉玉建：《兩漢象數易學研究‧前言》，頁 4-5。

2、《周易正義》：楚人亡弓，楚人得之。堯、舜、鯀、禹、周武王、漢高
　　帝、張良、齊桓公、管仲、龍逢、比干、老子、荀子、莊子。

三、北宋的新議題：

1、《周易口義》：傅說、秦始皇、漢武帝、汲黯、唐玄宗。
2、《溫公易說》：胡亥（二世）、李斯。
3、《橫渠易說》：李德裕。
4、《伊川易傳》：叔孫通、張良、呂強、王允、高貴鄉公、唐肅宗、郭子
　　儀、唐德宗。

四、南宋的開拓：

1、《紫巖易傳》：狄仁傑、賈誼、公孫弘。
2、《讀易詳說》：商鞅、韓信、蕭何、酈寄、漢文帝、劉濞、七國之亂、
　　漢成帝、張禹、漢獻帝、梁冀、董卓、曹操、荀彧、劉備、唐高宗、
　　五王政變、宋璟、姚崇、李林甫、楊國忠、安祿山、段秀實、顏真卿、
　　張九齡、陸贄、盧杞、裴度、唐昭宗。
3、《漢上易傳》：李輔國、漢元帝、蕭望之。
4、《周易窺餘》：柳宗元。
5、《周易經傳集解》：雍齒、曹參、王叔文、唐文宗、李訓、唐憲宗。
6、《誠齋易傳》：楚莊王、丁公、晁錯、（吳王）濞、衛青、張安世、丙
　　吉、呂布、蕭道成、張柬之。

小結：

　　其實從以上的整理，便可看出援史證《易》的演變脈絡，那就是唐代的
易學家很少引述唐代的史事，宋代的易學家很少引證宋代的歷史。此外，除
了《易經》卦爻辭自身的史事外，唐代以《周易集解》為大本營，此書收集
許多漢、魏時期易家的說法，以干寶最為突出，引證的史事最多。不過大多
集中在商、周史事的探討，以文王、紂王、箕子、微子、武王、成王、周公
的討論為主。而唐孔穎達的《周易正義》也有一些舉例，不過數量有限。至
於宋代的幾位關鍵人物，一是北宋的胡瑗、程頤，二是南宋的李光。尤以李
光在議題的開拓上有大幅度的進展，許多例證是先前沒有提到的，例如五王
政變的結局啟示，李林甫、楊國忠、盧杞等人的誤國事跡等，皆可印證《易》
理。而不同人物的背景有不同面向的觀點，可以互補，各取所長，所以這種

多元化的發展，使得李光在援史證《易》上有首創之功及不可取代的地位。而他也是宋儒少數敢在《易》著中發表對南宋政局不滿的人，尤其對奸臣特別痛恨。至於楊萬里的《誠齋易傳》則對後世有很大的影響，如元代胡震的《周易衍義》即是，因為胡震的說法有許多是直接承襲自楊萬里的。

五、從憂患到憂憤憂懼
——北宋是安邦定國的憂患意識
——南宋是內憂外患國土偏安的憂憤憂懼心態

　　憂患意識是《易經》本身原有的，不過這種意識是屬於預設性的，畢竟問題尚未發生，或只是出現癥兆而已；而憂慮、憂懼則是急迫性的，因為災難、問題已經產生了，所以有面對問題、解決問題的實際考量與切身需求，因此不得不有對策以權衡利弊輕重，這是北宋與南宋的一大差異。南宋比起北宋，畢竟更有亡國的危機面，雖然北宋也有外族的強大威脅，但國家畢竟是統一的，國土並沒有割裂，所以這種憂患意識是以提前告誡來顯示，避免問題的產生，屬於危機意識的加強，重視未雨綢繆，即在平治之世仍不可輕忽怠慢。〔註11〕

　　然南宋則不同，因為靖康之難而轉為憂憤、憂懼的心態。面對金人之難，國土淪陷的打擊，南宋有一批壯志未酬的知識分子，如李光、楊萬里等，將憂憤的心情，愛國的情懷與失落，寄託在著作之中，如李光痛斥朝廷軟弱的態度，認為比晉元帝還要不如，認為東晉也偏安江左，卻沒有避敵怯敵如今日者，表示對畏戰及求和心態的不滿。而楊萬里在開禧間聞北伐啟釁，憂憤不食而卒。這些人的情感是激烈的，是澎湃的，是憂心忡忡的。而另外一批人則剛好相反，因畏戰主和而變得憂懼，如耿南仲即是。耿南仲主張議和，反對出兵，力主割地南渡，這種心態連高宗都瞧不起他。而他的《易》著《周易新講義》一書的大旨即在發揮「无咎」的精神，認為學《易》的目的就是在求无咎、免咎，所以在國事的處理上，也畏懼金人而似乎不敢有所作為行動，因此《四庫提要》對他的「无咎」之說頗有微言，認為是以經術之偏而禍及國事：「如僅以「无咎」為主，則聖賢何異於黃老？……南仲畏戰主和，依違遷就，即此苟求无咎與無拂天道之說有以中之，是則經術之偏，禍延國

〔註11〕　胡瑗在〈泰‧上六〉說：「大凡平治之世，雖教化甚盛，其間不能无姦惡之人。堯舜太平也，未必无小人；桀紂暴亂也，未必无君子。」《周易口義》，頁 8-242。

事者也。」〔註12〕不過《提要》把耿氏畏懼的心態推給《易經》，恐怕不是負責任的說法。但總而言之，主戰派的憂憤，畏戰派的憂懼，這兩種論述，兩樣心情，在南宋的確形成鮮明的對比與落差。

六、齊桓地位的攀升
——對人格行為的否定與對霸業的肯定

北宋與南宋對齊桓霸業與地位的評價，落差很大。北宋對齊桓行事風格的批評顯得嚴厲而無情，用詞也較激烈，如司馬光在〈蒙‧六五〉「童蒙，吉。」〈象〉曰：「童蒙之吉，順以巽也。」就把齊桓比成「童蒙」：

> 童蒙者何以吉也？得人而信使之也。昔齊桓公、衛靈公之行，犬彘之
> 所不為也；然而大則霸諸侯，小則有一國，其故何哉？有管仲、仲叔
> 圉、祝鮀、王孫賈為之輔也。二君者，天下之不肖君也，得賢人而信
> 使之，猶且安其身而收其功，況明哲之君用忠良之臣者乎？〔註13〕

〈蒙〉卦六五爻說「童蒙」，表示如童子般才德俱不足，然能得吉者，因有賢才之輔弼。司馬光就舉齊桓及衛靈公為例，認為二者實為不肖之君，然或霸諸侯、或有一國，在於得賢人而信使之。由於管仲、王孫賈等人為之輔，所以猶能「安其身而收其功」，可見用對人真的很重要。雖然這不否定齊桓的功業，但從字裡行間還是可以看出司馬光對齊桓相當負面而不屑的評價。而這與一般人的認知是有出入的，或許齊桓在德方面，比不上古代聖君、賢君，但論才能，也不可能如司馬光所言，如童子般，這實是過度貶低之言。畢竟能成為春秋時期的第一位霸主，並創造一匡天下的成績，必然有異於一般人的識見、手腕及貢獻，這不是任何人可以主觀否定的，因此司馬光的看法恐怕要歸類成個人的觀點。

其次，在〈豐‧六二〉「豐其蔀，日中見斗，往得疑疾。」程頤則以「庸君常主」來批評五霸的齊桓，甚至把齊桓與劉禪視為同類，同樣令人錯愕：

> 五以陰柔而當君位，日中盛明之時乃見斗，猶豐大之時，乃遇柔弱
> 之主。……古人之事庸君常主，而克行其道者，己之誠意上達，而
> 君見信之篤耳。管仲之相桓公，孔明之輔後主是也。〔註14〕

〔註12〕　《四庫全書總目提要》，頁 1-68。
〔註13〕　〈蒙‧六五〉，司馬光：《溫公易說》，易學叢書續編，頁 34；叢本，頁 13。
〔註14〕　〈豐‧六二〉，程頤：《伊川易傳》，叢本，頁 264。

程頤認為六二乃至明之才，卻遇昏暗之主，致喪其明，故有「日中見斗」（大白天卻看不到太陽，只看到星星）的陰暗遭遇，而這種昏暗之主如桓公、劉禪即是，只是這種類比相當特殊。

對齊桓的評價，南宋則有很大的轉變。因為政治局勢的丕變，所以對齊桓霸業持相對肯定的態度，連帶對人格、行為的批評也較婉轉而保留，如郭雍、項安世、沈該等皆是。郭雍在〈豫‧九四〉「由豫，大有得。勿疑，朋盍簪。」〈象〉曰：「由豫，大有得，志大行也。」中就將齊桓比喻成九四爻，因為陽剛之才，所以大有得，志大行，他說：

> 九四，以一陽而總眾陰，為〈豫〉之主。……方是時，上无剛健之君，則眾陰不得不由之以豫也。由之以豫，則天下少安，所以大有得也。……昔齊晉之霸也，……會于葵丘，會于踐土，可謂「朋盍」矣。總諸侯以尊王室，非安上乎？此雖霸者之事，然孔子嘗曰：「微管仲，吾其被髮左衽矣！」蓋孔子之意，以為雖非三王之舉，豈不愈于委而棄之夷狄也哉！（叢書集成作「會于葵邱」）〔註15〕

〈豫〉卦九四爻有「總眾陰」的能力，因為全卦只有九四一個陽爻，其它五爻都是陰爻，陰本柔弱，所以只有九四這個陽剛之才才有能力解決問題，因此群陰皆仰望之。而齊桓的地位就符合這一爻的形象。因為上無剛健之君，因此天下事便由他主導，而齊桓也果然不負眾望，「總諸侯以尊王室」，不僅有安上，更有攘外之功。郭雍認為這種尊王攘夷的做法，孔子是高度認同的，才會說出「微管仲，吾其被髮左衽矣。」（《論語‧憲問》）的話，表示對管仲輔佐齊桓的肯定，否則中原將淪為戎狄統治，或許情況又會更嚴重。所以，郭雍的結論就是，齊桓的霸業雖不及三王之舉，但比起棄之夷狄的怯懦作為，實猶勝之。而所謂「棄之夷狄」，當然是暗批靖康之難，國土淪陷，宋室南渡的局勢。而面對家園的流離，先人的罹難（其父死於抗金之役中），郭雍肯定是感觸良多的，才會有這種說法。

至於項安世在〈豫〉卦「勿疑，朋盍簪。」（九四爻）中，也和郭雍一樣肯定管仲的輔佐之功，這等於間接傳達了對桓公的正面評價，他說：

> 〈豫〉之時，上下怠慢，治之之法，以齊速為上，故二以「不終日」得吉，三以「遲有悔」。九四以大賢之資，居可為之位，仗陽剛而履柔順，為上下眾陰之所宗仰，所宜速合群類，以扶王室，豈可更有

〔註15〕〈豫‧九四〉，郭雍：《郭氏傳家易說》，庫本，頁13-64。

　　　疑緩之心，以滋其怠哉！孔子曰「相桓公，霸諸侯，一匡天下，民

　　　到於今受其賜，微管仲，吾其被髮左衽矣。」此正〈豫〉之九四也。

　　　聖人導之以大有得，勉之以勿疑而速合，其愛天下切矣。〔註16〕

簪，爲速、疾之意。豫之時以速爲吉，因爲此時天下怠慢，所以要趕緊聚合

群眾，而擔負此任者即爲九四爻。九四居大臣之位，又以剛居柔，是上下眾

陰爻（五陰）所宗仰的對象，所以有「速合」天下之責，如管仲即是。管仲

相桓公，霸諸侯，一匡天下，正是「速合群類」的表現，因此聖人以「勿疑」、

「大有得」斷之，以茲勉勵。表示九四爻這麼做是對的，無須懷疑而卻步，

應努力完成這個重責大任。這其實也是對齊桓霸業的肯定。

　　　至於〈大有·九三〉「公用亨于天子，小人弗克。」〈象〉曰：「公用亨于

天子，小人害也。」沈該以「公亨于天子」，來肯定齊桓、晉文的功業，他說：

　　　三位下卦之上，當公侯之位，能以其力合天下之睽，則糾合諸侯，

　　　一匡天下，齊桓、晉文之事也，故爲「公用亨于天子」之象。然土

　　　地人民之富，皆王者之有也，諸侯用之，屏翰王室，以合天下之睽，

　　　則人臣之正也。小人處之，則反擅其富彊，益爲不順，是小人則爲

　　　害也。〔註17〕

桓、文居公侯之位，屏翰王室，合天下之睽，爲周天子及天下人所倚賴，是

「人臣之正」；然若是小人則不爲是順，因此爻辭說「小人弗克」。

　　　而沈該在〈益·六三〉「益之用凶事，无咎。有孚，中行，告公用圭。」

〈象〉曰：「益用凶事，固有之也。」也是類似的看法，他說：

　　　以陰居陽，履非其位，處剛應剛，剛過其分，非居下謙益之常道。

　　　越職過分以救衰危，則可也，過分求益，咎也。唯見危致命，堅志

　　　而固有其事，然後可免，是以无咎也。……三處其上，與五同功，

　　　而居陽應剛，其齊威、晉文之事乎！扶衰救危，雖過彊大，而志匡

　　　王室，猶知尊王用命，仗順而行，所以无咎也。〔註18〕

六三雖柔，但處剛應剛，有「剛過其分」，即越職的疑慮；但沈該認爲如果是

用於「救衰」，用於「匡難」，用於「扶危」，用於「見危致命」，則可。因此

齊桓、晉文之舉，雖過彊，但畢竟猶知尊王用命，因此能免咎，可以无咎，

〔註16〕　〈豫·勿疑朋盍簪〉，項安世：《周易玩辭》，庫本，頁14-277。

〔註17〕　〈大有·九三〉，沈該：《易小傳》，庫本，頁10-502。

〔註18〕　〈益·六三〉，沈該：《易小傳》，庫本，頁10-581。

即沒什麼太大問題。

總之，北宋因對桓公行為的負面觀感而影響對霸業的評價；南宋則由於對霸業的肯定及需求，所以批評的語氣就明顯和緩許多。

第二節　宋儒援史證《易》的貢獻

宋儒援史證《易》的貢獻，可從經學面及思想面來看，關於經學面的成就有：一、開枝散葉，自成體系。二、演成流派，影響深遠。三、儒學《易》的風華再現，重新建構《易經》的儒學價值。至於思想面則有：一、是外王思想的建構，以羽翼內聖之學。二、以後設取代先驗，即以事後論斷之哲理分析取代事前預言的神秘體驗，茲述如下：

一、經學面

（一）開枝散葉，自成體系

援史證《易》的現象其實淵源流長，並非始於宋代，唐孔穎達的《周易正義》，李鼎祚的《周易集解》，這兩部書就引用了不少史事做例證，不過為什麼不足以自成體系，直到宋代才能算有完整的價值系統呈現，原因有四：

一是唐以前的解說雖然也會援史證《易》，但比較是隨性的介紹，意到筆隨，順便連帶提及，所以史事並不是重點所在，不像宋儒是有意識、有目的地進行比附，企圖在《易》與史之間尋找共通點，以可以相通的議題，來進行二者的對話交流。也因為史的引進、開拓，有助於激盪出更多不同觀點的探索，衍生出新的思考面向，無形中豐富《易》理的內涵，例如李杞就說引史是為了用《易》，以應用的目的來重新估量學《易》的目的，是具有指標性的，而這就是唐以前隨意與宋儒有意的區別。

二是援史數量的差異，《周易集解》所引的史事多為虞翻、干寶、王弼少數人的說法，其他人很少談及，所以雖開風氣之先，然尚未形成風尚；不像宋代蔚為潮流，是知識份子間共通的議題與關注。又因為大規模的開拓經營，已成潮流，成為普遍的現象，是解經的新趨勢，是一種新的發展面向，不管是義理派，還是象數派，如《漢上易傳》、《周易集說》、《易小傳》等，都廣泛運用這種方法，所以成果豐茂。而唐以前則偏於零散的敘述，缺乏全面的架構及發揮，因此難以自成體系。

　　三是援史內容的侷限，《周易集解》所提到的史事以文王、紂王、武王、周公四人的事蹟最多，主要集中在商、周之際，如文王被囚羑里，四臣救之，文王修德，紂王荒淫无道，比干諫而死，箕子佯狂，武王受命伐紂，戰於牧野，太王遷於岐山，以及周公攝政，輔佐成王，誅管蔡等，大都是對《易經》卦爻辭所提及史事的延伸，其它的介紹則相當簡略有限。反觀宋代，引證的範圍則相當多元，從先秦到宋代的史事都有述及，眼界顯然開闊，對史料多方面的取材也更豐富繁盛，因此可以在援史證《易》中建構出自身的價值體系。〔註19〕

　　四是簡述與鋪陳的差異，唐以前的引證比較簡略，對於人物事蹟的描述簡單扼要，多半停留在比附的層次，宋代的引證則繁簡皆有，類型多元，有簡潔精要者、有畫龍點睛者、有敘述詳盡者、有評論精到者。有些篇幅對歷史人物的性格、事蹟、功過之評介相當詳盡，有如史傳〔註20〕，而評論文字更具啓發性、批判性，亦融入宋儒獨特之史觀，甚至與史家的意見相反，因此有一定的義理發揮之效，所以在《易》與史的印證中可以得到許多智慧、教訓、經驗、傳承，這是唐以前所無法達到的，所以徐芹庭以分庭抗禮來評價，是很有道理的，他說：「自宋李光、楊萬里，專以史事證易，儼然與老莊、儒理派，同爲義理解易者分庭抗禮焉。」〔註21〕

（二）演成流派，影響深遠

　　援史證《易》雖由義理易學分化出來，但其實已自成流派，有其傳承的依據及開展，故其發展勢力不容小覷，亦不應只認爲是義理易學的分枝，因此對於其成就，張善文即以一大創獲及突破來形容，雖然這是對李光、楊萬里這二人史事《易》學的評價，其實也可以適用於對整個援史證《易》範疇的總評：「總之李光、楊萬里以其獨特的思維方式，憑著他們對《易》理內蘊

〔註19〕唐以前的援引證《易》仍處於不成熟的階段，黃忠天教授在〈史事宗易學研究方法析論〉就說：「大體而言，兩漢以前說《易》諸家，雖已有引史證《易》之事，然除鄭康成外，其餘諸人引史證易，今可見者，或一則，或兩則，既无從考查以窺其全豹，姑且稱之爲史事易之萌芽期。」以及「綜論魏晉南北朝隋唐史事易學之發展，引史證易情形似較萌芽期爲普遍，可視爲史事易之發展期，然其數量尚不足以開宗立派，較可觀者惟干寶耳。」（《周易研究》總第85期，2007年第5期），頁42-43。

〔註20〕黃師忠天在〈史事宗易學研究方法析論〉之援史之類型第4點説：「有引史娓娓，不憚其煩，有如爲其人立傳，或有如史論者。」（同上），頁47。

〔註21〕徐芹庭：《易學源流》，（國立編譯館出版，民國76年8月初版），頁81。

的深入領悟，對歷史故實的精闢見解，對社會現狀的切身感受，把論《易》的重心安置在《周易》哲理與歷史經驗教訓的溝通，在這一基本點上，顯然是治《易》方法上的一大創獲、一大突破，終於在中國《易》學史上形成獨具風格的流派，並產生了頗為顯著的影響。」〔註22〕由於對《易》理的領略，對歷史的深入掌握，使他們可以游走在易與史之間，相互汲取、相互佐證、相互理解、相互融通，形成別具特色的派別，並對後世有廣泛深入且長遠的影響，所以黃忠天教授說：「史事易至宋代，蓋可謂之為成熟期。史事易亦于此一時期蔚為易學之一宗，自宋以後，凡援史以證《易》者，大抵皆為宋代史事易學之流裔。」〔註23〕

至於其承繼開拓，我們可以舉一例明之，即從胡瑗→程頤→楊萬里→元代胡震→近代劉百閔這一系統的延續來看，林益勝就提到胡瑗《易》學開宗的地位，他說：「釋易諸家（宋十八家），不是學本胡瑗，便宗程頤，而程頤易傳無論在釋法與內容俱本於胡瑗，因此，欲探知程頤與諸家易說，必先研討胡瑗的易學。」〔註24〕胡瑗《易》學對程頤有啟發之功，而南宋的楊萬里又是本程頤之說而多引史例以證之，成為史事《易》的光大者之一，其後更影響元代胡震的《周易衍義》，而近代劉百閔的《周易事理通義》也參酌許多楊氏的說法，可見這種解經方式一定有特殊的優點及貢獻，才會受到士子們的親睞與學習，即便在程朱、陸王之學風靡天下之際，仍可保有一定的發展脈絡而不息，足證有價值的東西是不會孤單消失的。

二、思想面

（一）外王思維的建構──經世之學的闡述

史事《易》學的義理建構是偏向外王層面的論述，以安邦定國為核心的探討，是經世、治世、用世與應世之學，也是救世、淑世、憂世、濟世、戒世的落實。這種思想可彌補宋代理學心性之說的不足，即可羽翼內聖之學，也是儒家修身、齊家、治國、平天下一貫理想的呈現，而這種外王系統的建立是奠基在：

〔註22〕 張善文：《象數與義理》，頁 283。

〔註23〕 黃師忠天：〈史事宗易學研究方法析論〉，（《周易研究》總第 85 期，2007 年第 5 期），頁 43。

〔註24〕 林益勝：《胡瑗的義理易學》，（台灣商務印書館，民 63 年出版），頁 60。

1、對「功業」成敗的關注

　　重事功，是宋儒面對現實政治的期待及要求。宋代史事《易》學討論的議題不少是圍繞在執政成敗、軍事成敗、戰爭成敗、逐鹿中原成敗、危機處理成敗之因素的歸咎分析。在成敗的對比中突顯歷史前進的原動力。例如同樣逐鹿中原，劉邦何以取得大位，而陳勝、項羽又因何失敗？同是雄才大略的帝王，又晚年都面臨民變的危機，爲什麼漢武帝可以及時悔悟並起死回生，而始皇卻終無警覺，終於挽救不了帝國的快速傾斜？同爲功臣，並列爲漢初三傑，張良爲什麼可以全身而退，而韓信等人卻遭遇滅頂，淪爲階下囚？同爲攝政大臣，同樣功在社稷，爲什麼伊尹、周公、衛青、孔明可以留下聲名，而霍光卻讓宣帝備感威脅，猶如芒刺在背？〔註25〕同是繼任之君，年少即位，又同樣危機四伏，爲什麼十四歲的漢昭可以穩定大局，扭轉乾坤；而二十一歲的胡亥卻只能任人宰割，倒持泰阿，昏愚至死？同樣統兵遣將，爲什麼李廣終無功，而程不識卻能總是常勝軍？同樣開創盛世，唐太宗爲什麼能夠愼始克終，而玄宗卻留下敗筆，以安史之亂潦草作結？即便前期有蓋世功勳，晚期卻形同喪家之犬，前塵往事，不忍卒睹，更不堪回首。同樣反對易太子，爲什麼叔孫通〔註26〕等大臣即便以死爭諫，仍無法完全動搖君心；而張良、狄仁傑卻能謀略奏效，四兩撥千金，使帝后改變心意？同樣面對強藩這種尾大不掉的軍事威脅，唐德宗爲什麼只能倉皇逃命，姑息以對；而憲宗卻能堅定信念，勝券在握？同樣是開國皇帝，爲什麼光武帝、宋太祖能保全功臣，予以妥善的安置照顧，而劉邦卻只能以各種理由誅殺功臣，落人口實？而這一成一敗，原因何在？是才能不足？還是欠缺德行？是謀略失誤？還是天意如此？宋儒在《易經》的思想中找到解答及形上依據，讓歷史成敗的原因清晰可見。其實成敗歸根究柢，大抵是「才」、「德」、「命」「志」、「時」、「位」、

〔註25〕其實霍氏的災難，時人已有預測。因爲霍光與張安世都曾與宣帝「驂乘」（同車），但天子的感受卻有著天壤之別，跟張安世是感覺自在從容，跟霍光卻是畏憚，時人因此判斷霍光威震主上之不祥；然不幸的是霍光自己卻沒有任何警覺，《漢書卷六十八·霍光金日磾傳第三十八》：「宣帝始立，謁見高廟，大將軍光從驂乘，上內嚴憚之，若有芒刺在背。後車騎將軍張安世代光驂乘，天子從容肆體，甚安近焉。及光身死而宗族竟誅，故俗傳之曰：『威震主者不畜，霍氏之禍萌於驂乘。』」頁2958。
〔註26〕《史記卷五十五·留侯世家第二十五》：「漢十二年，上從擊破布軍歸，疾益甚，愈欲易太子。留侯諫，不聽，因疾不視事。叔孫太傅稱說引古今，以死爭太子。上詳許之，猶欲易之。」頁2046。

「勢」的各種組合。才是謀略、才華；德是品行、修爲；命是天命、君命；志是動機、存心；時是機緣；位是權力；勢是人和，皆備者成爲聖君、明君、良臣、賢臣，治國運之掌上、游刃有餘；差強者勉爲其事，主宰一時；不足者不是懷才不遇，即是功敗垂成。

而重成敗是因政治是管理眾人之事，茲事體大，這些關鍵人物的成敗功過往往牽動著一朝的興衰、一國的成敗，因此很必然的，也很現實地必須以成功爲最高指導原則，才能確保國家的長治久安，所以他們對有才德、有功業者特別推崇，如堯、舜、禹、湯、伊尹、傅說、周公、光武、孔明等；對有才德而無功業者的不偶際遇深感惋惜，如孔子、孟子、荀子、賈誼等。對有功業而德行不全者提出批判，如漢高帝、曹操。對有功業而無法善終者表達遺憾，如五王、陸贄。對無德無功業又敗壞朝政者，當然是鄙夷痛斥，如董卓、楊國忠、安祿山等叛臣賊子。總之，他們欣賞有承擔之人，因爲這種人絕不是置身事外卻又自命清高者所能相提並論的。這種人以天下爲己任，以蒼生爲念，對人類、對歷史的沿續是有正面推進效力的。因此，宋儒的價值選擇在此即高下立見，優劣立判。而這種外放之學，與理學家收斂之學實是相輔相成，缺一不可的。

其實對任何人而言，要成就一番事業功業本即不易，尤其對舉足輕重的大臣來說，更是吉凶參半、禍福難測。因爲功業過盛，對君主而言，是極大的威脅。對於這種兩難的處境，程頤認爲要以「孚誠」化解，以〈隨〉卦九四爻爲例，九四是大臣之位，近君之側，在隨之時可以說得天下人心，爲民所隨，而致國之安，本應有功，卻也因有奪九五君權之嫌，因此有喧賓奪主的疑慮，嚴格來說，這不是「爲臣之道」，所以處這個位子相當危疑，容易招主疑忌，不善處之，往往有滅身之禍，所以爻辭才會說：「隨有獲，貞凶。」以凶險斷之。不過也不是沒有成功的例子，程頤就舉伊尹、周公、孔明爲例，說明他們既能成君之功，得民擁戴，又不失爲臣之道，能讓君主高枕無憂，不會有太多疑慮，其方法便是「有孚在道」，有誠意又守正道，所以可以保吉而無虞。這類人在宋儒看來，往往最是不簡單，可以說是「才」、「德」、「命」、「志」、「時」、「位」、「勢」、「業」皆備：

> 九四以陽剛之才，處臣位之極，若於隨有獲，則雖正亦凶。有獲，謂
> 得天下之心隨於己。爲臣之道，當使恩威一出於上，眾心皆隨於君，
> 若人心從己，危疑之道也，故凶。居此地者奈何？唯孚誠積於中，動

爲合於道，以明哲處之，則又何咎？古之人有行之者，伊尹、周公、
孔明是也，皆德及於民，而民隨之。其得民之隨，所以成其君之功，
致其國之安。……是以下信而上不疑，位極而无逼上之嫌。〔註27〕

國家可以得到這種人主政，實是社稷之福，不僅君有功，國可安，更是人才
中的典範，因此從經世致用的觀點來說，這種人的成就是超前，也是過人的，
難怪宋儒會著墨再三。

2、對帝王「功過」的論斷

　　對帝王功與過、是與非的認定，宋《易》也經常討論，如〈大有·象曰〉
就說：「火在天上，大有。君子以遏惡揚善，順天休命。」李過就認爲在大有
之世，「遏惡揚善」是順承天命。因爲惡不遏，善不揚，小人一用，必虧大有
之功：

天上有火，日火也。〈離〉日當天，萬物皆相見之時，盛多之象也。
當太平之世，倖門易啓，一小人用則足以虧大有之功，故君子體〈離〉
照之象，遏惡揚善，以順天休命。蓋天意生賢，所以佑大有之君也。
而「遏惡揚善」所以順承天之休命也。開元太平之盛，罷張相李而
亂階已成，非天不相唐，唐之君無以受天命也。〔註28〕

〈大有〉卦是盛世，日正當天，萬物欣欣向榮；然此時也容易啓倖門，如唐
玄宗即是。玄宗就是太平之世用小人而衰敗的訓示。因爲罷黜賢相張九齡，
而用奸臣李林甫，因此李過認爲「亂階已成」，所以唐朝國勢往下傾頹，玄宗
要負最大的責任，而此並非天命，乃玄宗「無以受天命」。

　　另外，李杞在〈師〉卦上六爻有對高祖的批判，上六爻說「大君有命，
開國承家，小人勿用。」意思是警告用小人所可能引發的憂慮，不得不愼，
李杞說：

上六處〈師〉之極，師有功而人君錫命之時也。功之大者爲諸侯，
次者爲卿大夫，故有「開國承家」之象。「開國承家」，謂裂地以封
之也。用兵之初，使智、使勇、使愚、使貪，惟其才而已，豈暇有
所決擇哉！然功成事立之後，而求爲久安之計，則當辨正其功，分
別君子、小人，而使之各安其處，故有「小人勿用」之戒。〔註29〕

〔註27〕　〈隨·九四〉，程頤：《伊川易傳》，叢本，頁93。
〔註28〕　〈大有·象曰〉，李過：《西谿易說》，頁 17-670。
〔註29〕　〈師·上六〉，李杞：《用易詳解》，頁 19-383。

李杞認為打天下與治天下不同，打天下可以唯才是用，不分智、勇、愚、貪，概括用之，因為草創時期，不暇抉擇。但一旦保有天下，功成事遂，為保國家之長治與久安，對功臣就不能不有所抑制，以防其叛變或心懷不軌，此時就不能君子、小人不分，應該使之各安其位，李杞認為〈師〉卦上六爻所言「小人勿用」就是重點所在。不過勿用並非表示摒除而不用，而是改採更安全，更無後顧之憂的方式來酬謝這些有功的臣子，尤其是最好不要分封土地，李杞說：

> 所謂「勿用」者，非謂棄其功而不錄也，謂求有以處之，而使之不亂也。高祖捐數千里地，以封三將，而不免葅醢之禍。光武退功臣，進文吏，列侯奉朝請，而君臣相安，了无猜忌之際。韓、彭、英、盧，固非忠順自全之道，然使高祖有以處之，亦何至若是之極也哉！
>
> （同上）

高祖就是因為對將領處置不當，才會導致韓、彭、英、盧之變。由於缺乏先見之明，而釀成誅殺之局。由此可見李杞把漢初政治上的危機歸咎於高祖本人的失策與不智。〔註30〕因為相較於光武的退功臣、進文吏，結果君臣相安，東漢初期便沒有西漢前期的動盪猜忌，可見不同的處理模式是會造成不同結局的，因此多方評估，結局或更圓滿。

〈兌・九五〉「孚于剝，有屬。」〈象〉曰：「孚于剝，位正當也。」李杞也說：

> 〈剝〉，小人之道也，六三之「來兌」，上六之「引兌」是也。九五以陽剛居尊位，不信乎君子，而信乎小人，是危道也。漢元帝之信恭、顯，唐明皇之信李林甫，德宗之信盧杞，皆不免乎危，是「孚于剝」者也。然而象以為「位正當」，何也？非美之也，乃愧之也。以人君之尊，而惟陰邪小人是信，則其居於此位，豈不有愧也哉！
>
> 〔註31〕

〔註30〕 不過這種說法亦不完全正確，因為劉邦這麼做實際是出於不得已，迫於形勢而不得不剷除這些心腹大患，所以絕非只是誅殺功臣如此簡單的歷史論斷，李方晨《史國通史》便說：「當時楚王梁王外，還有趙王張敖（張耳子），韓王信，淮南王英布，燕王臧荼，長沙王吳芮。以上異姓諸侯七國，都是事實上先已存在，不得不封的，但非出漢高之本意。不過這七個王國的領土，約佔當時中國的一半，使立天下正位的劉邦，感受威脅甚大。」（三民書局，民81年2月6版），頁186。
〔註31〕 〈兌・九五〉，李杞：《用易詳解》，頁19-510。

孚是信，剝是小人，「孚于剝」是信任小人。李杞認為漢元帝、唐明皇、唐德宗皆有不信君子而信小人的過咎，這也是對帝王的檢討。

3、對君子「集團」的看重

宋《易》強調君子、人才在興亡盛衰中的關鍵因素。因此，對君子的看重、選拔、任用；對小人的防備，是為國者最要審慎思考的。而君子要群體、多數、整合，才能發揮力量，才能對抗小人，而小人則一足以敗萬，李過在〈渙‧六四〉「渙其群，元吉。渙有丘，匪夷所思。」〈象〉曰：「渙其群，元吉，光大也。」就說要「群集」天下之才：「六四近五，任五腹心之寄，群集天下之才以為五用，故「渙其群，元吉。」丘者，物之所聚，凡一智一能，收拾无遺，如丘之聚物。……漢之蕭何、唐之元齡，皆當此任；不然，則才人之歸无所受也。」〔註32〕而蕭何、房玄齡即當此任。胡瑗在〈晉‧六五〉「悔亡，失得勿恤，往吉無不利。」〈象〉曰：「失得勿恤，往有慶也。」也認為「眾賢」可以亡悔：「六五履不得正，有悔者也。……能擴大明之道，旌別眾賢而信任之。眾賢者類進而輔己，故其悔所以亡也。」〔註33〕至於呂祖謙在〈泰〉卦初九爻「拔茅茹，以其彙，征吉。」也提到以一賢而招眾賢的做法：「當〈泰〉之初，賢人彙征，人君不能徧識，必首先用一大賢，則天下之賢人自然牽連而進。如舜之選於眾，舉皋陶，則八元、八凱皆進；湯選於眾，舉伊尹，則旁招俊乂，如仲虺之徒皆進。」〔註34〕這些都強調人才要集體，要聚合，才能產生效力。因為君臣合德，固結同心，小人無可乘之機，才有可能被同化〔註35〕，否則獨木難支，司馬遷不也說：「臺榭之檼，非一木之枝也；三代之際，非一士之智也。」（《史記卷九十九‧劉敬叔孫通列傳第三十

〔註32〕 〈渙‧六四〉，李過：《西谿易說》，頁 17-764。

〔註33〕 〈晉‧六五〉，胡瑗：《周易口義》，頁 8-331。

〔註34〕 〈泰‧初九〉，呂祖謙：《呂祖謙全集‧麗澤論說集錄》，頁 16。《史記卷一‧五帝本紀第一》：「昔高陽氏有才子八人，世得其利，謂之『八愷』。高辛氏有才子八人，世謂之『八元』。此十六族者，世濟其美，不隕其名。至於堯，堯未能舉。舜舉八愷，使主后土，以揆百事，莫不時序。舉八元，使布五教于四方，父義、母慈、兄友、弟恭、子孝，內平外成。」頁 35。

〔註35〕 張浚認為人君修德，勉勵事業，君子樂從，小人自然退聽，他在〈解‧六五〉「君子維有解，吉，有孚于小人。象曰：君子有解，小人退也。」就說：「君臣合德，大難以定，小人退聽，不敢害治。……五柔履尊位，居震動中，二、四皆以剛德為五用，君臣固結其心，若一小人知國勢不可復搖而君臣之間不可復間，莫不革慮從化以成解治。」見《紫巖易傳》，四庫全書本，頁 10-127。

九‧太史公曰》），而這也是歷代盛世皆有的情形，因為從貞觀之治、開元之治來看，人才濟濟向來是走向治平之世的主要通道。

4、對政治倫理、政治道德的闡述

即從政者在適當時機選擇榮退，不宜再戀棧權勢。最重要的是要在世代交替中積極尋找培養合適優秀的接班人，如堯、舜之禪讓，就是相當明智的做法，這種傳賢不傳子的方法是大公無私的表現。另外，對社會道德、公義等價值的重視及提升，也很重要。畢竟人類社會的維持，沒有基本正義，是很難維繫人心，安定秩序的。

（二）以後設取代先驗
──以「事後論斷」的哲理分析取代「事前預言」的神秘體驗

占卜是事前預言、預測，事後觀察是否靈驗的算命行為，是人企圖與神、超自然力量溝通，並在探測神意之後採取有效措施以趨吉避凶的神秘經驗。因此是推天意以明人事，目的是要達到天人合一之境地。基本上是屬於信仰、宗教的層級。而援史證《易》卻不是這種進路，它不是未來的預測，而是過去的分析，這種事後推論與《易經》卜筮預知應驗的精神、本質是背道而馳的，一個由古至今，一個由今至古。因為歷史已成定論，事實擺在那裡，吉凶禍福已定，根本不需要靠占卜來預知吉凶，因此神秘體驗派不上用場，轉而朝向人事分析，來取代天意的預測。總之，易學家在歷史事件與卦爻辭的比附中，企圖追究吉凶形成的人事因素，包含人性、道德的分析等，基本上已進入哲學、思想的領域，與原始的宗教儀式幾不同調。這不僅將《易經》平易化、史事化，更將《易經》的神秘色彩抽離，轉而建構出偏向人事力量的變易哲學。因此，我們可以說《易經》占卜的目的是在求吉凶禍福之先見，所以卜筮之人重視的是是否靈驗、準確，以做為行事抉擇之依據；然而易學家之用意卻不在此，是側重義理思想的詮釋發揮，目的在建構自家的思想體系，以討論政治、人生諸多層面的議題，所以對中國經學思想的建構是有一定貢獻的。

第三節　宋儒援史證《易》的影響

援史證《易》的影響在元、明、清三代，以至近代皆有發展，尤以清代為盛。表示這種重人事、重史事、重實用的精神，及解經方式與詮釋之法是受後

人肯定的，才能有這麼長遠的延續及發展，而《提要》提到這些書時，也多半以重人事、重義理來評價。以下依據時代先後及內容的實際影響擇一二述之：

一、從時代論

（一）元代

1、胡震《周易衍義》

《周易衍義》十六卷，元胡震著，《四庫提要》說：

> 其於經文訓詁，大抵皆舉史事以發明之，不免太涉泛濫，非說經家謹嚴之體。然議論尚爲平正，所引諸儒之解，亦頗詳賅，多可以備參考。〔註36〕

《提要》認爲胡震此書以史事發明，雖失之「泛濫」而不夠「謹嚴」，然議論尚持平，可備參考。而引證的史事多承襲楊萬里《易》學，受楊萬里的影響極大。

2、李簡《學易記》

《學易記》，元李簡撰，《四庫提要》說：

> 大抵仿李鼎祚《集解》、房審權《義海》之例。〈自序〉稱「在東平時，與張中庸、劉佚庵、王仲微聚諸《易》解節取之。張與王意在省文，劉之設心，務歸一說，僕之所取，寧失之多，以俟後來觀者去取。又稱己未歲，取向所集，重加去取，則始博終約，蓋非苟作，故所言多淳實不支。其所見楊彬夫《五十家解》，單渢《三十家解》，今並不存。即所列六十四家遺書，亦多散佚，因簡所錄，猶有什一之傳，則其功亦不在鼎祚、審權下也。〔註37〕

此書是李簡與張中庸、劉佚庵、王仲微三人合力完成，張與王二人主張簡省，劉則認爲應歸於一說，李簡則認爲寧失之多，以備後人參酌。不過在己未那年，李簡又重新整理一遍，以簡約爲主，與之前的博取不同。而此書與唐朝李鼎祚的《周易集解》及宋朝房審權的《周易義海》一樣，以集眾說爲主，所列《易》說達六十四家之多，使許多亡失的資料得因此保存下來，頗有功於圖書資料的流傳。

〔註36〕《四庫全書總目提要・周易衍義》，頁 1-104。
〔註37〕《四庫全書總目提要・學易記》，頁 1-108。

3、陳應潤《周易爻變易縕》

《周易爻變易縕》四卷，元陳應潤著，是元代引史證《易》的代表作，每一卦幾乎皆引史事以說之，能發前人所未發，並對宋朝的歷史多有闡述，《四庫提要》說：

> 其書大旨，謂義理玄妙之談，墮於《老》《莊》；先天諸圖，雜以《參同契》爐火之說，皆非《易》之本旨。……每爻多証以史事，雖不必其盡合，而因卦象以示吉凶，以決進退，於聖人作《易》垂訓之旨，實有合焉。在宋、元人《易》解之中，亦翹然獨秀者矣。〔註38〕

陳應潤認為義理雖玄妙，然象數也參雜，皆有所偏。而以史參證，雖不一定盡合，但在吉凶進退中，亦頗能合聖人垂訓之旨，所以《提要》肯定其獨特性。張善文則說：「此書以古占法『之卦』爻變之例解說六十四卦三百八十四爻義蘊，各爻頗引史事以為證。並力破陳摶所傳之學，於宋、元易家中獨樹一幟。」〔註39〕

4、梁寅《周易參義》

元梁寅撰。此書融合程、朱理象之言，又旁採「諸儒之說」以闡發之，《四庫提要》說：

> 其大旨以《程傳》主理，《本義》主象，稍有異同，因融會參酌，合以為一，又旁采諸儒之說，以闡發之。……其詮釋經義，平易近人，言理而不涉虛無，言象而不涉附會。大都本日用常行之事，以示進退得失之機，故簡切詳明，迥異他家之輵輖。雖未能剖析精微，論其醇正，要不愧為儒者之言焉。〔註40〕

《提要》認為此書本「日用常行之事」以立論，因此平易近人，簡切詳明，既不「虛無」，也不「附會」，立言「醇正」，不愧為「儒者之言」，而間亦以史事說之。

（二）明代

1、蔡清《易經蒙引》

《易經蒙引》十二卷，明蔡清撰，《四庫提要》說：

〔註38〕《四庫全書總目提要·周易爻變易縕》，頁1-112。
〔註39〕張善文：《歷代易學要籍解題》，頁167。
〔註40〕《四庫全書總目提要·周易參義》，頁1-113。

朱子不全從《程傳》，而能發明《程傳》者莫若朱子；清不全從《本義》，而能發明《本義》者莫若清。醇儒心得之學，所由與爭門戶者異歟！〔註41〕

此書以發明朱子《周易本義》之說爲主，但亦有相異者，《提要》以「醇儒」心得稱之，表示能發揚儒家學說。

2、崔銑《讀易餘言》

《讀易餘言》五卷，明崔銑撰，亦主程《傳》，兼採王弼、吳澄之說，《四庫提要》說：

是書以程《傳》爲主，而兼採王弼、吳澄之說，與朱子《本義》，頗有異同。大旨舍象數而闡義理，故謂陳摶所傳圖象皆衍術數，與《易》無干，諸儒卦變之說亦支離無取。……要其篤實近理，故不失爲洛、閩之傳矣。〔註42〕

此書闡義理，對象數卦變之說持負面意見，《提要》以「篤實」稱之。

3、林希元《易經存疑》

《易經存疑》十二卷，明林希元撰。《四庫提要》說：

是書用《注疏》本。其解經一以朱子《本義》爲主，多引用蔡清《蒙引》。……蓋其書本爲科舉之學，故主於祧漢而尊宋。然研究義理，持論謹嚴，比古經師則不足，要猶愈於剽竊庸膚爲時文弋獲之術者。蓋正、嘉以前儒者猶近篤實也。〔註43〕

此書用孔穎達《周易正義》之本，以朱子及蔡清之說爲主，大旨在闡明義理，《提要》以「謹嚴」、「篤實」稱之。

4、張獻翼《讀易紀聞》

《讀易紀聞》六卷，明張獻翼撰。獻翼好《易》，而此書以箚記之體解《易》，《四庫提要》說：

獻翼放誕不羈，言行詭異，殆有狂易之疾。而其說《易》乃平正通達，篤實不支，祧《莊》《老》之虛無，闡程、朱之義理，凡吉凶、悔吝、進退、存亡，足爲人事之鑒者，多所發明，得聖人示戒之旨。……《江南通志‧文苑傳》稱獻翼好《易》，十年中箋注凡三易。蓋亦積

〔註41〕《四庫全書總目提要‧易經蒙引》，頁 1-115。
〔註42〕《四庫全書總目提要‧讀易餘言》，頁 1-115。
〔註43〕《四庫全書總目提要‧易經存疑》，頁 1-116。

漸研思而就者。殆中年篤志之時，猶未頹然自放歟？〔註44〕

《提要》認為此書闡發「義理」，足為人事之鑒，並得聖人「示戒」之旨。

5、葉山《葉八白易傳》

《葉八白易傳》十六卷，又稱《八百易傳》，明葉山撰，《四庫提要》說：

> 其書專釋六十四卦爻詞，而於〈彖〉〈象〉〈文言〉十翼皆不之及。大
> 旨以《誠齋易傳》為主，出入子史，佐以博辨。蓋借《易》以言人事，
> 不必盡為經義之所有。然其所言，亦往往可以昭法戒也。〔註45〕

葉山援史證《易》受《誠齋易傳》影響，而其言理亦可昭法戒。

6、潘士藻《洗心齋讀易述》

《洗心齋讀易述》十七卷，又簡稱《讀易述》，明潘士藻撰，此書主義理，《四庫提要》說：

> 前有焦竑《序》稱：「主理莫備於房審權，主象莫備於李鼎祚，士
> 藻衷而擇之。」則所據舊說，惟采《周易義海》、《周易集解》二書。
> 然大旨多主於義理，故取《義海》者較多，《集解》所載如虞翻、
> 干寶諸家涉於象數者，率置不錄。蓋以房書為主，而李書輔之也。
> 〔註46〕

此書先發己意，又采綴諸儒之說，所採雖為房審權《周易義海》及李鼎祚《周易集解》二書，然以《義海》為主，《集解》為輔，以義理為主，亦頗引史事以相資證。

（三）清代

1、牛鈕《日講易經解義》

《日講易經解義》十八卷，清牛紐等撰，《四庫提要》說：

> 《易》為四聖所遞傳，則四聖之道法、治法具在於是，故其大旨在
> 即陰陽往來、剛柔進退，明治亂之倚伏，君子小人之消長，以示人
> 事之宜。於帝王之學，最為切要。〔註47〕

〔註44〕《四庫全書總目提要·讀易紀聞》，頁 1-120。此書為罕傳之本，中國社會科學院及上海圖書館有明萬曆年間刻本，（見張善文：《歷代易學要籍解題》介紹，頁 184）。

〔註45〕《四庫全書總目提要·葉八百易傳》，頁 1-120。

〔註46〕《四庫全書總目提要·洗心齋讀易述》，頁 1-121。

〔註47〕《四庫全書總目提要·日講易經解義》，頁 1-129。

《提要》肯定此書的「人事之宜」。

2、王夫之《周易外傳》

《周易外傳》七卷，清王夫之撰。《船山遺書》本，關於此書，張善文就特別提到他在引史證《易》這一方面超越之處：「以至元、明、清諸代《易》家中，不少人延續或發揚了這種援史論《易》、藉《易》抒志的學術風氣。而清初王夫之的《周易外傳》，則是發揮這一學風的典型代表作，其中旁徵博引歷代史事以與六十四卦之旨參互印證，隨處抒發作者的政治見解、思想傾向，較之李光、楊萬里的著作有過之而無不及。」〔註48〕

3、刁包《易酌》

《易酌》十四卷，清刁包撰，《四庫提要》說：

> 考包在國初，與諸儒往來講學，其著書一本於義理，惟以明道爲主，絕不爲程氏之詆。是書推闡《易》理，亦大抵明白正大，足以羽翼程、朱，於宋學之中實深有所得。〔註49〕

《提要》以「明白正大」、「深有所得」評之。

4、喬萊《喬氏易俟》

《喬氏易俟》十八卷，簡稱《易俟》，清喬萊撰。萊字石林，寶應人，康熙己未召試博學鴻詞，官至翰林院侍讀。《四庫提要》說：

> 其解經多推求人事，參以古今之治亂得失。如謂〈履〉卦六三爲成卦之主，而引莽卓、安史解「咥人之凶」。……蓋《誠齋易傳》之支流。假借牽合，或所不免，而理關法戒，終勝《莊》《老》之虛談也。〔註50〕

《提要》認爲喬萊以人事、治亂解《易》，受《誠齋易傳》影響，雖有牽合，猶勝老莊《易》學。

5、沈起元《周易孔義集說》

《周易孔義集說》二十卷，清沈起元撰。對於著作源起、書名及特色，《四庫提要》解釋說：

> 是書大旨以《十翼》爲夫子所手著，又未經秦火，其書獨完，故學《易》者必當以孔《傳》爲主。因取明高攀龍《周易孔義》之名，別加纂集，

〔註48〕張善文：《象數與義理》，頁283。
〔註49〕《四庫全書總目提要・易酌》，頁1-132。
〔註50〕《四庫全書總目提要・喬氏易俟》，頁1-137。

於古今說《易》諸書，無所偏主，惟合於孔傳者即取之，其篇次則仍
依今本。……其釋〈大象傳〉，比類求義，於字句相似而義不同者，
推闡尤密，在近來說《易》家中，亦可云有本之學矣！〔註51〕

沈氏認為學《易》當以孔《傳》為主，因此集各家《易》說，取合於孔《傳》
者，加以纂集，並以明代高攀龍所著《周易孔義》為名，加上《集說》二字
成書名。此書對於〈大象傳〉的解釋，《提要》以「推闡尤密」、「有本之學」
稱許之。

6、王心敬《豐川易說》

《豐川易說》十卷，清王心敬撰。《四庫提要》說：

此編推闡《易》理，最為篤實。其言曰「學《易》可以無大過，是
孔子明《易》之切於人身，即是可以知四聖人繫《易》之本旨，並
可以識學《易》之要領。又曰「《易》是道人事之書，陰陽消長只是
借來作影子耳。〔註52〕

《提要》以「篤實」稱之，而此書承襲孔子之說，強調《易》切於人身，主
要「道人事」之書。

7、朱駿聲《六十四卦經解》

《六十四卦經解》，清朱駿聲著。其孫師轍在〈六十四卦經解跋〉中說：

先大父深於經小學，兼通百氏，尤邃於《易》。且精天算，故能中其
失。先大父著有《易》六種，而以《六十四卦經解》八卷為最要。
綜核漢宋以來各家之易說，而詳論其短長，附見於注中。訓詁必窮
其原，廣引古籍蘊義，歷史事實，以證明人事。又《易》之異同，
咸為臚列，而判其得失。……蓋其用力於《易》，與《說文通訓定聲》
相等，實《易》空前之書，最便讀者。〔註53〕

學界對朱駿聲的推崇，向來以《說文通訓定聲》為主，在小學有舉足輕重之
影響力；然朱氏尤深於《易》學，用力頗多，卻鮮為人知。因朱氏對天文、
算術、地理皆有專擅，因此解《易》頗有獨到之處，非他家所能及者，其精
要發明之處，對《易》學之研究，不無小補。近人劉百閔《周易事理通義》
一書對其說就有相當多的評介。

〔註51〕 《四庫全書總目提要·周易孔義集說》，頁1-147。
〔註52〕 《四庫全書總目提要·豐川易說》，頁1-149。
〔註53〕 朱駿聲：《六十四卦經解》，頁289。

8、吳曰愼《周易本義爻徵》

《周易本義爻徵》二卷，清吳曰愼撰。《惜陰軒叢書》本，清道光二十六年刊本。此書的特色，路德《序》云：

> （吳）著有《易義集粹》及《周易本義翼》，海內學者仰如山斗，又輯爲《爻徵》二卷。取上下數千年事合之三百八十四爻，約而精、微而顯，信而有徵，俾學者觸類引伸，凡得之漁獵者，一一可會之于《易》。……此非獨邃于《易》，蓋精于史也。〔註54〕

此書幾每一爻皆引史証之。吳曰愼自序亦云：「若徵之往蹟，則尤顯而易見，殆亦窮經致用之方也。於是擬議象辭，參考載籍，取其事理相符者，輯爲此書。」〔註55〕

9、曹爲霖《易學史鏡》

《易學史鏡》，清曹爲霖（字雨村）著。書中多以史事證之，受楊萬里影響頗深，此書的價值，同年陸芳培在序中說：

> 昔人謂孔子作春秋，皆取材於《易》；今之詮《易》，亦即取材於史。……舉數千年來理亂安危之迹，畢貫於辭變象占之中。上下古今，吉凶瞭如，無假著龜，如形在鏡。此其用力勤而著論博，殆體聖人憂世之心而爲之者乎！……言象數者，或索於隱；言義理者，或涉於虛，而此則徵諸人爲之實。凡卦爻出入，莫非君民事物之賾，禮樂刑政之繁，舉乎事實，而象數由此顯，義理由此推，其爲深切著明何如也。〔註56〕

陸氏對曹氏引史說《易》的精神頗爲讚許，認爲可以以「人爲之實」統括象數、義理，使《易》理更深切明瞭。

其它，如金士升〔註57〕、彭作邦〔註58〕……等，亦爲代表，足見清代史

〔註54〕《周易本義爻徵・路德序》，嚴靈峯編輯：《無求備齋易經集成》第83冊，成文出版社，頁1。

〔註55〕《周易本義爻徵・自序》，嚴靈峯編輯：《無求備齋易經集成》第83冊，成文出版社，頁6。

〔註56〕曹爲霖：《易學史鏡》，（新文豐出版，民69年1月初版），頁1-3。

〔註57〕金士升，字初允，明末諸生。初允來自〈升〉卦初六爻「允升，大吉。」明亡後，以賣卜爲生著有《易內傳》。其易學思想可參陳韋銓：《金士升易學研究》，（高雄師範大學經學研究所碩士論文，民95年6月），論文第四章〈金士升易學中的經史互詮〉，內有對金士升引史的介紹。金士升引史的爻數約一百五十爻，未過半，而引史的卦數卻有超過三分之二，其中除〈咸〉、〈損〉、〈升〉、〈艮〉、〈豐〉、〈巽〉外，其餘五十八卦均引史。頁4、43-74。

事《易》學人數眾多，比起宋代更加輝煌豐盛。

（四）近代

1、劉百閔《易事理學序論》、《周易事理通義》

《易事理學序論》、《周易事理通義》，劉百閔著。劉莊，字百閔，馬浮之門人，曾參與主持復性書院的院務，及在香港襄助錢穆先生規劃新亞書院。〔註59〕這兩本書是討論《周易》事與理關係的學問，並認為「事理學」已成吾民族獨特之學，關於其著作意旨，劉氏說：

> 予是編《周易事理通義》之作，將以明《易》為事理之學。自來說《易》者多矣，以《易》為明人事之書，言之者亦多矣；然未知其《易》在吾民族已成其為事理之學，二千餘年來，先民皆嘗於是學致其心力，而成其為吾民族獨特之學。予蓋有《易事理學序論》之作，則泛論《易》之為事理之學，期與今世之心理學、倫理學、論理學、物理學同為專學，而能有事理學之作。〔註60〕

劉氏認為《周易》的「事理學」，已與現代的「心理學」、「倫理學」、「論理學」、「物理學」同為專學。而事理學之著作目的為「每卦每爻間引前事以為說，則欲比事合象，空言不如行事之深切著明也。」〔註61〕而「前事」其實就是史事的引用，對於前代之說，如程頤、李光、楊萬里、李杞、朱駿聲等人的《易》說，多有採納；此外，更旁徵博引，注解詳盡，頗有功於《易》學的闡發分析。

2、徐芹庭《細說易經六十四卦》

《細說易經六十四卦》上下冊，徐芹庭著。書中援引許多歷史故事、事件以解說《周易》，頗有一己之心得及看法，如〈乾·九三〉「君子終日乾乾，夕惕若厲，无咎。」徐氏就引孔明之事說之：「指示君子每天都要非常剛健的努力，從早到晚都非常小心謹慎，就像危險在身邊一樣，如此就沒有災害了。……諸葛孔明一生功業皆成於小心謹慎。終日乾乾，故周公輔周成王，

〔註58〕清代史事易學可參黃師忠天：《宋代史事易學研究·第九章》。以及〈清代史事易學初探〉，（第七屆清代學術研討會論文集），高雄：中山大學清代學術研討會論文集，2004），頁13-34。

〔註59〕劉氏生平可參劉師又銘：《馬浮研究》，（政治大學中文所碩士論文，民73年），頁47-48。

〔註60〕劉百閔：《周易事理通義·自序》，頁3。

〔註61〕劉百閔：《周易事理通義·自序》，頁4。

定八百年之江山。……孔明能使劉備鼎立三國。皆由終日乾乾，夕惕若厲之故也。」〔註62〕大抵符合《周易》本旨，義理的講明也篤實明確，頗具啓示之功。

3、黃忠天《宋代史事易學研究》

《宋代史事易學研究》對史事《易》學形成之歷史淵源、興起時代背景，以及李光、楊萬里、李杞、李中正與胡宏等人的生平傳略、易學淵源、釋易之法、易學觀點、參證史事的部分，以及義理思想、評價與對後世的影響皆有介紹。而單篇論文〈史事宗易學研究方法析論〉，以綜論的性質討論史事易學之定義、史事易家之典型、史事易學發展史略、援史證易研究之重點（如援史動機、援史類型、援史與卦爻比附之切當性、援史之史觀、以說理爲本以援史爲末），以及史事易學研究之發展性等等，皆具深究探討之空間。

二、從內容論

從內容來看，是直接承襲者，茲舉例說明：

（一）受《溫公易說》援史的影響

雖然例證不多，仍找到一條：

例一：

〈姤·象曰〉：「姤，遇也。柔遇剛也。勿用取女，不可與長也。天地相遇，品物咸章也。剛遇中正，天下大行也。姤之時義大矣哉！」

書　名	〈卦·爻〉	內　容
《溫公易說》	〈姤·象曰〉	「〈姤〉，消卦也。孔子何大焉？夫世之治亂，人之窮通，事之成敗，不可以力致也，不可以數求也，遇與不遇而已矣。舜遇堯而五典克從，百揆時敘；禹稷契皐陶遇舜而六府三事允治，地平天成；伊尹遇湯而格于皇天；師尚父遇文武而天下大定，不然，泯泯于眾人之中，後世誰克知之？以是觀之，〈姤〉之爲義，豈不大哉！（中華書局叢書集成本作「五曲克從」）」
《童溪易傳》	〈姤·象曰〉	「司馬溫公曰：『〈姤〉，消卦也。孔子何大焉？夫世之治亂，人之窮通，事之成敗，不可以力致也，不可以數求也，遇與不遇而已矣。舜遇堯

〔註62〕〈乾·九三〉，徐芹庭：《細說易經六十四卦》，（北京：中華書店出版），頁5-6。

| | | 而五典克從，百揆時敘；禹遇舜而地平天成，六府三事允治，伊尹遇成湯，而格於皇天，師尚父遇文王，而天下大定，〈姤〉之時義，豈不大哉！』 |

（二）受《伊川易傳》援史的影響

後代受《伊川易傳》援史的影響非常多，擇要述之：

例一：

〈豐・六二〉：「豐其蔀，日中見斗，往得疑疾，有孚發若，吉。」

〈象〉曰：「有孚發若，信以發志也。」

書　名	〈卦・爻〉	內　容
經　部		
《伊川易傳》（宋）	〈豐・六二〉	「古人之事庸君常主而克行其道者，己之誠意上達而君見信之篤耳。管仲之相桓公，孔子之輔後主是也。」
《漢上易傳》（宋）	（同上）	（同上）
《大易粹言》（宋）	（同上）	（同上）
《童溪易傳》（宋）	（同上）	（同上）
《周易傳義附錄》（宋）	（同上）	（同上）
《周易程朱傳義折衷》（元）	（同上）	（同上）
《學易記》（元）	（同上）	（同上）
《周易傳義大全》（明）	（同上）	（同上）
《易酌》（清）	（同上）	「傳曰：『古人之事庸君常主而克行其道者，己之誠意上達而君見信之篤耳。管仲之相桓公、孔明之輔後主是也。余謂孔明允當此爻，管仲未也，必也周公之于成王乎！』」
《田間易學》（清）	（同上）	（同《伊川易傳》）
《合訂刪補大易集義粹言》（清）	（同上）	（同《伊川易傳》）
子　部		
《西山讀書記》（宋）	（同上）	（同《伊川易傳》）

例二：

〈剝・六三・象曰〉：「剝之无咎，失上下也。」

書　名	〈卦・爻〉	內　容
經　部		
《伊川易傳》（宋）	〈剝・六三〉	「三居〈剝〉而无咎者，其所處與上下諸陰不同，是與其同類相失，於處〈剝〉之道爲无咎，如東漢之呂強是也。」
《誠齋易傳》（宋）	〈臨・上六〉	「呂強之庇黨人，乃无寵任之柄，非有力也。君子病无志耳。」
《誠齋易傳》（宋）	〈剝・六三〉	「六三陰類，不應其類，而獨應上九之陽，內則失上下群陰之心，外亦未能爲一君子之助；然許其无咎者，勸之之辭也。程子以呂強當之。」
《大易粹言》（宋）	（同上）	（同《伊川易傳》）
《童溪易傳》（宋）	（同上）	程曰：『如東漢之呂強是也。』」
《周易輯聞》（宋）	（同上）	「三體柔而位剛，應乎上九，不同乎剝陽，故得免剝廬之咎。程氏以呂強有之，信然。」
《用易詳解》（宋）	（同上）	「東漢呂強雖在宦者之列，而清忠奉上，數有危言正論，謂曹節等佞邪徼寵，而欲罷其封，『剝之无咎』，其斯人歟！」
《周易傳義附錄》（宋）	（同上）	（同《伊川易傳》）
《周易程朱傳義折衷》（元）	（同上）	（同《伊川易傳》）
《周易衍義》（元）	（同上）	「是與朋黨相失，而處〈剝〉之道爲无咎也。求之古人，……以呂強與曹操同類，而有清忠奉公之節。」
《學易記》（元）	（同上）	（同《伊川易傳》）
《周易傳義大全》（明）	（同上）	（同《伊川易傳》）
《讀易餘言》（明）	（同上）	「群陰剝陽，六三獨應之，剝之无咎者，蓋亦乘勢用事之人。程子謂如漢之呂強是也。」
《讀易紀聞》（明）	（同上）	「三以呂強當之。」
《易酌》（清）	（同上）	「與上下四陰相失，則與上九一陽相得。《傳》曰：「東漢之呂強是也。」

《田間易學》（清）	（同上）	「程傳 如東漢之呂強是也。」
《易俟》（清）	（同上）	「程子以呂強比之，良然。」
《合訂刪補大易集義粹言》（清）	（同上）	「《易傳》謂漢之呂強是也。」
《周易孔義集說》（清）	（同上）	「《程傳》：『志從於正，在〈剝〉之時爲无咎，如東漢之呂強是也。』」
《豐川易說》（清）	（同上）	「伊川先生以爲漢之呂強，斯爲得之乎。」
《大易擇言》（清）	（同上）	（同《伊川易傳》）
集　部		
《五峰集》（宋）	（同上）	「〈剝〉者，陰剝陽也。三居剛應剛，以陰從陽者也。昔東漢呂強處閹宦之中，獨有愛君子、憂宗社之心，雖身被殺，猶有令名，无咎也。」

例三：

〈蹇・九五〉：「大蹇，朋來。」〈象〉曰：「大蹇，朋來，以中節也。」

書　名	〈卦・爻〉	內　容
《伊川易傳》	〈蹇・九五〉	「自古守節秉義，而才不足以濟者，豈少乎？漢李固、王允，晉周顗、王導之徒是也。」
《誠齋易傳》	〈蹇・六二〉	「程子以李固、周顗當之，得之矣。」
《大易粹言》	〈蹇・九五〉	「同《伊川易傳》。」
《文公易說》	（同上）	「《傳》又以李固、王允、周顗、王導爲言。」
《周易傳義附錄》	（同上）	「同《伊川易傳》。」
《周易衍義》	（同上）	「自古守節秉義，而才不足以濟大難者，漢李固、王允，晉周顗、王導之徒是也。」
《周易傳義大全》	（同上）	「同《伊川易傳》。」
《易酌》	（同上）	「同《伊川易傳》。」
《合訂刪補大易集義粹言》	（同上）	「同《伊川易傳》。」

（三）受《讀易詳說》援史的影響

劉百閔《周易事理通義》引用很多李光的說法，其稱「李說」者即是，如〈解・卦辭〉、〈兌・九五〉、〈既濟・卦辭〉，其例如下：

例一：

〈兌・九五〉：「孚于剝，有厲。」〈象〉曰：「孚于剝，位正當也。」

書　名	〈卦‧爻〉	內　容
《讀易詳說》	〈兌‧九五〉	「以唐太宗之明，且不能去宇文士及之佞，然其所尊信者，房杜王魏之流，故小人不得行其志耳。」
《周易事理通義》	〈兌‧九五〉	「以唐太宗之明，且不能去宇文士及之佞，然其所尊信者，房杜王魏之流，故小人不行其志耳。」

例二：

〈既濟‧卦辭〉：「既濟，亨小利貞，初吉終亂。」

書　名	〈卦‧爻〉	內　容
《讀易詳說》	〈既濟‧卦辭〉	「此唐魏徵對太宗以守成之難于創業也。明皇用姚崇、宋璟則治；用李林甫、楊國忠則亂。德宗用陸贄則安，用盧杞則危，以此知危亡之禍，常在既濟之後。」
《周易事理通義》	〈既濟‧卦辭〉	「此唐魏徵對太宗以守成之難於創業也。明皇用姚崇、宋璟則治；用李林甫、楊國忠則亂。德宗用陸贄則安，用盧杞則危，以此知危亡之禍，尚在既終之後。」

（四）受《漢上易傳》援史的影響

受《漢上易傳》援史的影響，資料不多，不過仍找到一條以為參考：

例一：

〈小畜‧六四〉：「有孚，血去惕出，无咎。」〈象〉曰：「有孚惕出，上合志也。」

書　名	〈卦‧爻〉	內　容
《漢上易傳》	〈小畜‧六四〉	「自古人臣得位，上畜乎君，下畜乎眾君子，不如六四之有孚，未有不傷。霍光之於魏相、蕭望之，卒見傷也。」
《周易衍義》	〈小畜‧六四〉	「自古人臣得位，上畜君，下畜眾君子，不如六四之有孚于上，未有不如霍光之與魏相、蕭望之，卒見傷也。」
《合訂刪補大易集義粹言》	〈小畜‧六四〉	「（同上）」

（五）受《楊氏易傳》援史的影響

後學引《楊氏易傳》者不多，不過仍舉例明之：

例一：

〈姤・九二〉：「包有魚，不利賓也。」〈象〉曰：「包有魚，義不及賓也。」

書　名	〈卦・爻〉	內　容
《楊氏易傳》	〈姤・九二〉	「得民心而有之，民爲文王、武王所有，則紂不得而有之矣。得小國而有之，鄭在晉則不在楚，在楚則不在晉矣。得賢才而有之，齊有管夷吾，則他國不得而有之。士會入晉則秦不得而復有之矣。」
《洗心齋讀易述》	〈姤・九二〉	（同上）

（六）受《周易玩辭》援史的影響

例一：

〈節・九二〉：「不出門庭，凶。」〈象〉曰：「不出門庭，凶，失時極也。」

書　名	〈卦・爻〉	內　容
《周易玩辭》	〈節・初九 九二〉	「張禹、李勣謹密不言而覆漢、唐之祚，凶孰大焉。」
《易俟》	〈節・九二〉	（同上）
《周易孔義集說》	〈節・九二〉	（同上）

（七）受《誠齋易傳》援史的影響

楊萬里《誠齋易傳》對後世的影響，從元明清到近代，皆不乏繼承者，如元胡震的《周易衍義》，明葉山的《葉八白易學》，清喬萊的《喬氏易俟》，及清曹爲霖的《易學史鏡》多有引用其說者，茲舉例如下：

例一：

〈需・六四〉「需于血，出自穴。」〈象〉曰：「需于血，順以聽也。」

書　名	〈卦・爻〉	內　容
《誠齋易傳》	〈需・六四〉	「"出自穴"者，傷于陽而避陽，且聽命于陽也。君子之于小人，不可窮也。三陽彙進，一陰退避，〈需〉之險于是濟矣。爲君子者，勿窮小人可也。王允既誅董卓，而不宥催汜；光弼乘定河北，而復圖思明，皆不開小人順聽之門之禍也。」
《周易衍義》	〈需・六四〉	（同上）。然「于」字皆作「於」。尚有二句不同：「傷於陽而避陽，聽命於陽也。」「皆不開小人順聽之門，而起禍也。」

例二：

〈小畜・九三〉「輿說輻，夫妻反目。」〈象〉曰：「夫妻反目，不能正室也。」

書　名	〈卦・爻〉	內　容
《誠齋易傳》	〈小畜・九三〉	「漢成帝嬖趙后，而制於趙后，始于腐柱之僭；唐高宗嬖武后，而制于武后，始于聚麀之汙。豈惟夫婦，君臣亦然，二世之於趙高，明皇之于祿山是已。」
《周易衍義》	〈小畜・九三〉	「漢成帝嬖趙后，而制於趙后，始于舞掌之寵；高宗嬖武后，而制于武后，始于聚麀之汙。豈惟夫婦，君臣亦然，二世之於趙高，明皇之于祿山是也。
《易學史鏡》	〈小畜・九三〉	同《誠齋易傳》，然「于」字作「於」。
《周易事理通義》	〈小畜・九三〉	「漢成帝嬖趙后，而制於趙后，始於腐柱之僭；唐高宗嬖武后，而制於武后，始於聚麀之汙是已。」

例三：

〈豫・六五〉：「貞疾，恒不死。」〈象〉曰：「六五貞疾，乘剛也。恒不死，中未亡也。」

書　名	〈卦・爻〉	內　容
《誠齋易傳》	〈豫・六五〉	「元帝有望之，望之不能使之爲孝宣；安帝有楊震，楊震不能使之爲光武，正而不死，中而未亡。」
《學易記》	〈豫・六五〉	（同上）
《讀易紀聞》	〈豫・六五〉	「元帝有望之，不能使之爲孝宣；安帝有楊震，不能使之爲光武。正而不死，中而未亡。」
《易學史鏡》	〈豫・六五〉	同《誠齋易傳》。

例四：

〈噬嗑・上九〉：「何校滅耳，凶。」〈象〉曰：「何校滅耳，聰不明也。」

書　名	〈卦・爻〉	內　容
《誠齋易傳》	〈噬嗑・上九〉	「上九滅耳，以聰不明。使耳而聰，聰而明，則聞過而改久矣，何至於惡積罪大，而受大戮之凶乎！商鞅不聽趙良之言，蕭至忠不受宋璟之諫故及。」

《讀易紀聞》	〈噬嗑〉	「上九滅耳,以聰不明。使耳而聰,聰而明,則聞過而改久矣,何至於罪大而凶乎!商鞅不聽趙良之言,蕭至忠不受宋璟之諫故及。」
《葉八百易傳》	〈噬嗑‧上九〉	「君子慎乎所不察。自古昏亂之禍皆如此,豈特一商鞅不聽趙良之言,蕭至忠不受宋璟之諫乎?」

例五:

〈剝‧上九〉「碩果不食,君子得輿,小人剝廬。」〈象〉曰:「君子得輿,民所載也。小人剝廬,終不可用也。」〈大過‧九三〉「棟橈凶。」〈象〉曰:「棟橈之凶,不可以有輔也。」

書　名	〈卦‧爻〉	內　容
《誠齋易傳》	〈剝‧上九〉	「惡來亡商,尹氏亡周,椒蘭亡楚,斯高亡秦,
		張禹、胡廣亡漢,賈充亡晉,守澄、令孜亡唐,此小人剝廬,終不可用之効也。」
《周易爻變易縕》	〈大過‧九三〉	「如飛廉、惡來之亡商,李斯、趙高之亡秦,張禹、胡廣之亡漢,賈充之亡晉,守澄、令孜之亡唐,馮道之亡五代,呂惠卿、蔡確之徒亡宋,既非柱石之材,安能使棟之不橈。」

例六:

〈大畜‧象曰〉:「大畜,剛健、篤實、輝光,日新其德。剛上而尚賢,能止健,大正也。」

書　名	〈卦‧爻〉	內　容
《誠齋易傳》	〈大畜‧象曰〉	「故袖中之鷂,恥魏徵之見;苑中之游,畏韓休之聞,夫豈待面折禽荒,章交盤遊哉!不然,三歸之卿,能禁六嬖之霸,貲貪之宰,能杜窮奢之主乎?」(通志堂經解本作「貪貲之宰」)
《周易衍義》	〈大畜‧象曰〉	「袖中之鷂,恥魏徵之見;苑中之游,畏韓休之聞,夫豈特面折禽荒,章交盤遊哉!不然,三歸之卿,能禁六嬖之霸,貪污之宰,能杜窮奢之主乎?」
《學易記》	〈大畜‧象曰〉	「故袖中之鷂,恥魏徵之見;苑中之游,畏韓休之聞,三歸之卿,能禁六嬖之霸,貪貲之宰,能杜窮奢之主乎?」
《易學史鏡》	〈大畜‧象曰〉	同《誠齋易傳》。

（八）受《用易詳解》援史的影響

劉百閔《周易事理通義》即採用不少李杞的說法，以上經爲例，稱「李解」者即有：〈乾‧上九〉、〈坤‧初六〉、〈坤‧六二〉、〈坤‧六三〉、〈坤‧上六〉、〈坤‧用六〉、〈屯‧六三〉、〈屯‧六四〉、〈屯‧九五〉、〈屯‧上六〉、〈蒙‧初六〉、〈蒙‧六三〉、〈蒙‧六四〉、〈蒙‧六五〉、〈需‧初九〉、〈需‧九五〉、〈師‧九二〉、〈師‧六五〉、〈比‧初六〉、〈比‧六二〉、〈小畜‧初九〉、〈小畜‧九二〉、〈小畜‧六四〉、〈履‧六三〉、〈履‧九四〉、〈泰‧九二〉、〈否‧六二〉、〈否‧九四〉、〈否‧九五〉、〈同人‧初九〉、〈同人‧九三〉、〈同人‧九四〉、〈同人‧九五〉、〈大有‧九三〉、〈大有‧六五〉、〈謙‧初六〉、〈謙‧六二〉、〈謙‧六四〉、〈謙‧六五〉、〈謙‧上六〉、〈蠱‧九三〉、〈蠱‧六四〉、〈臨‧六三〉、〈臨‧上六〉、〈噬嗑‧初九〉、〈賁‧初九〉、〈大畜‧九三〉、〈頤‧六五〉、〈大過‧初六〉、〈大過‧九二〉、〈坎‧六三〉、〈離‧六五〉。此外，尚有不少暗引，可見劉氏對李說的看重，今舉二例說之：

例一：

〈蠱‧六四〉「裕父之蠱，往見吝。」〈象〉曰：「裕父之蠱，往未得也。」

書　名	〈卦‧爻〉	內　容
《用易詳解》	〈蠱‧六四〉	「孝元優柔不斷，而成帝之優柔愈甚；代宗專務姑息，而德宗之姑息又過之，茲非反所以裕之耶！」
《周易事理通義》	〈蠱‧六四〉	「孝元優柔不斷，而成帝之優柔愈甚；代宗專務姑息，而德宗之姑息又過之，皆裕父之蠱者也。」

例二：

〈臨‧六三〉「甘臨，无攸利。既憂之，无咎。」〈象〉曰：「甘臨，位不當也。既憂之，咎不長也。」

書　名	〈卦‧爻〉	內　容
《用易詳解》	〈臨‧六三〉	「唐自代德之世，皆以姑息爲政；姑息，即《易》之所謂「甘臨」者也。而唐之諸君，方且恬然自以爲安，而略无憂懼之心；此藩鎮之禍，所以歷久而不能制也。」
《周易事理通義》	〈臨‧六三〉	同上

第九章　宋儒援史證《易》在中國經學史上的意義及地位

宋儒援史證《易》在中國經學史上的意義及地位為：

一、意義

宋代史事《易》學對《易經》義理有五化效應：一、義理的下化。二、義理的活化。三、義理的深化。四、義理的類化。五、義理的異化：

（一）義理的下化

下化是落實，由天道下轉人事，即落在經驗層面的實務舉例，更貼近日用，其意義有二：

一、重人事是《易經》原始精神的回歸。從易經、易傳，再發展到史事易學，其實是人→天→人的回歸。《易傳》解釋《易經》，傾向從天道層面來論述，所以義理精微，思辨性強；然雖豐富形上思維，卻也逐漸將《易經》帶離人事，而朝向隱微層次的境界發展，雖然對《易經》形上學的發展有一定的貢獻，不過，脫離日用，與一般人的生活脫節，亦不容易被人吸收理解，無疑窒礙學術的發展及流傳，對《易經》其實造成某種程度不利的影響。而史事《易》學的實體論述，將《易》理重新帶回人世、人倫、人間，從這一脈絡來看，無疑是下化的還原。因此，人事的回歸及人文精神的闡揚，是史事《易》學的傑出貢獻。而北宋與南宋則有不同，北宋重人事，南宋重史事。北宋以人事解釋《易經》的現象，從北宋初期的胡瑗、司馬光就開始了，或者說在更早的唐朝孔穎達《周易正義》就已提及，所以宋儒並非始創。然而

將人事徹底運用，並發揮在《易》理之中，則當屬宋人爲先。如胡瑗《周易口義》一書明確提到「人事」二字就超過九十一次，表示對人事說《易》的極力推動。而其它卦爻辭的解說，雖沒有明言「人事」二字，考其內容，也多半從人事的角度來立說，即從君臣、父子、夫婦、兄弟、朋友等五倫的關係切入，以及對聖賢、教化的關注。

二、重人事是對虛空《易》理的導正：這是對魏晉玄風的拯救，是對王弼以來，道家說《易》學風的修正及儒學《易》的重新建構。即將《易經》從道家手中拿回解釋的主導權，否則道家《易》、佛理《易》無疑將《易經》的心藏挖掉，其傷害是難以估計的。

（二）義理的活化

義理的活化是重視歷史情境的置入與相容轉換。這種歷史舞台的架設，即經史子集的互相融通，彼此汲取印證，來比附解析《易》理，藉以提高《易》理的深刻度及清晰度，是唐以前未能達到的。簡言之，運用歷史環境、歷史事件、歷史人物、歷史語言的融入，可以讓《易》理更趨明朗化。

情境的類比相推，是運用情境與情境的相似比附，而跨入另一層次的解析，也就是跳脫原本的情境，進入另外一個情境中，這開拓了理解的視域，如〈小畜〉卦九三爻即是。九三爻說「夫妻反目」，楊萬里便由「夫妻」關係說到「君臣」關係，從家道比附到治道，他說：「豈惟夫婦，君臣亦然，二世之於趙高，明皇之于祿山是已。」〔註1〕楊氏從漢成帝寵幸趙氏姐妹，唐高宗寵愛武媚娘，但都沒好下場，推說到一國之君如果也像夫妻這樣，不能「制義」，而反受制於權臣，則必然也會有極爲不堪的後果，如秦二世、唐玄宗便是，而趙高、安祿山就形同妻子的角色。這種解說方式，由家庭倫理轉成政治事件，放大了視野，亦有助於義理之瞭解。這種方式講求會通，如同經與經的流通，經與史的印證，更有儒、道思想的滲入、理解，可以說經史子集自成系統，因此其思維面是開闊的，可促進義理之多元思考。而這種多元的融入，讓《易經》的學習更有觸類旁通之效。

（三）義理的深化

義理的深化是義理更進一步，更細緻的論述，而深化的原因在於宋儒解釋《易經》會重視分析原因，即解構現象背後的原理原則；此外，便是跨爻

〔註1〕〈小畜・九三〉，楊萬里：《誠齋易傳》，庫本，頁14-549；殿本，頁136。

解釋，因此會有兩爻或多爻並釋的情況，可以讓《易經》內部結構的連繫更有系統，因此可以強化義理；再者，是重點發揮。最後則是正反舉例，在對比中突顯成敗的原因：

一、側重分析原因：宋儒援史證《易》，會側重原因的分析。即探究成敗之由，所以不會只是單純地落在現象層面，會有深一層的思考，因此有深化義理之效，以〈剝・六四〉「剝牀以膚，凶。」〈象〉曰：「剝牀以膚，切近災也。」為例，楊萬里就從「剝牀以膚」談到「剝牀以膚」的原因，而原因即是權臣為虐，並舉歷史上的人物來印證，他說：

> 五，君位也，其象身也。「剝牀及膚」，災近於身。小人近尊，災切於君。四陰自下而進，黨日眾、勢日成，災其君必矣！其當莽卓憲冀林甫國忠權盛之日乎！〔註2〕

「剝牀以膚」是說災難近在身邊，甚至傷及肌膚，如再下去，後果恐怕不堪，所以〈小象〉才會說「切近災也」。意即警告卜到這一爻的人很接近災難，要小心，不然必有凶禍。但楊萬里的解釋卻轉而朝向災難原因的探討。以政治來說，災難的製造者通常就是那些權臣，由於野心私欲，往往成為人民苦難的來源；而九五之君最是深受其害，因為切近六四，所以直接波及。楊萬里對這一爻的解釋，從九五之君切近災難，講到災難的製造者，是包含現象與原因的探究；也就是說楊萬里不只講危機，還進一步去檢討危機是如何形成的，即由於下四陰的黨勢日眾所造成的。而這種解釋，其實已超出這一爻的本義，因為爻辭其實只是單純地陳述反應這個現象與危機而已，並提醒卜卦之人要特別敬慎，至於原因是什麼，根本沒提到。而楊氏這一延伸，促使人去思考現實中、政治上的某些問題，對義理的強化，也有推進之效，是一種思辨的提升。而這麼做，恐怕是喻有譴責之義的，即譴責那些權臣，如王莽、董卓、梁冀、李林甫、楊國忠……等，為國家帶來凶險，為百姓帶來災難。

另外，〈屯・九五〉「屯其膏，小貞吉，大貞凶。」〈象〉曰：「屯其膏，施未光也。」郭雍也轉而去分析九五之君為何會有這種「屯膏」的困境，原因在於受小人蒙蔽，才會有這種不太光輝的結局，他說：

> 雍曰：九五，位非不尊也，處非不正也，德非不中也。見揜于二陰，而有「屯膏」之象者。蓋五方自屯于險中，豈能膏澤下于民哉！然女子、小人，皆陰之類也，能揜君之德者也，能屯君之澤者也。人

〔註2〕〈剝・六四〉，楊萬里：《誠齋易傳》，庫本，頁14-588。

> 君惑而好之，乃所以不下，是屯其膏。人君之屯也，既膏澤有所不
> 下，施豈能光哉！〔註3〕

小人能「揜君之德」、「屯君之澤」，人君親之、好之，就會產生這種危機。因
為九五「揜于二陰」之中，由於上下二爻皆為陰爻，九五國君形同陷進小人
之中，自救都有問題了，哪有能力去拯救百姓，施惠百姓，因此會有屯膏的
現象。而膏澤有所不下，就表示連一國之君的本分都做不好，所以〈小象〉
才會說：「未光也。」

　　二、跨爻舉例：宋儒援史證《易》，常有跨爻舉例，兩爻並釋的情況。由
於擴大討論的範圍，因此有推展義理之效；但有時也會主客不分，即主體隱
沒，卻在表揚或解釋客體，讀者如不詳加分辨，容易被誤導，如〈坎〉卦上
六即是。〈坎·上六〉說：「係用徽纆，寘于叢棘，三歲不得，凶。」〈象〉曰：
「上六失道，凶三歲也。」楊萬里就說：

> 君臣相正，國之肥；主聖臣賢，天下之盛福，上六安足以知此哉！
> 挾陰邪之資，竊權勢之重，而乘九五之上，立九五之前，此小人蔽
> 君之明而制之者也。文宗曰：「周赧、漢獻受制於強諸侯，今朕受制
> 於家奴，殆不如赧、獻。」此〈坎〉之九五逢四陰之眾，而又制於
> 上六之強者與？然上六豈終免乎？宦寺誅而唐亦以亡，此徽纆叢棘
> 之禍也。〔註4〕

楊萬里認為像上六這種極惡小人，竊主上之權柄，脅迫君主，雖可得逞於一
時，卻終究難逃「徽纆叢棘」之禍，所以爻辭才會說「凶三歲」，因為最終國
滅身戮，上六無疑也會自取絕滅，因為覆巢之下無完卵。在此爻楊萬里也舉
例說明，不過所舉的例子卻不完全是在解釋上六，更多是在同情九五，如唐
文宗即是。九五之君就如同唐文宗，身陷寺宦之險，因受制於上六之「家奴」。
更由於反擊失利，所以甘露之變後，形同被軟禁，最後抑鬱而終。楊萬里舉
文宗的例子來說明九五這個皇帝的無奈，因為被上六這個禍害牽連，而上六是
誰？楊萬里卻沒有明說，只說是宦官，反而陳述著墨更多的是九五的狼狽，即
以九五的悲哀來反襯指責上六的可惡，而上六是誰，其實就是仇士良。〔註5〕

〔註3〕〈屯·九五〉，郭雍：《郭氏傳家易說》，頁13-28；庫本，頁21。
〔註4〕〈坎·上六〉，楊萬里：《誠齋易傳》，庫本，頁14-605；殿本，頁329。
〔註5〕唐文宗的政治困境，源於他欲剪除宦官勢力，然不可能都這麼順利。首先，
　　　是王守澄這個大宦官為患，文宗為除掉他，於是以仇士良擔任要職，欲以此
　　　分散守澄勢力，然王守澄雖被成功除掉，仇士良卻因此坐大，而且行徑更為

　　另外，程頤在〈蹇〉卦九五爻也有跨爻解釋的情況，即在九五舉的例子實際上是在說明六二爻。〈蹇・九五〉說：「大蹇，朋來。」而「朋」是誰？朋指的是與九五相應的六二。爻辭說「朋來」，理應吉，卻沒有「吉」的占斷，原因何在？是因為即便有六二相助，九五的情況仍不樂觀。為什麼不樂觀？因為九五本身處在「大蹇」之中，六二又陰柔，所助有限，因此難以改變什麼。而六二這種「才不足」的臣子，程頤也舉東漢的李固、王允，晉的周顗、王導為例，他說：

　　　　朋者，其朋類也。五有中正之德，而二亦中正，雖大蹇之時，不失
　　　　其守。……上下中正而弗濟者，臣之才不足也。自古守節秉義，而
　　　　才不足以濟者，豈少乎？漢李固、王允；晉周顗、王導之徒是也。

〔註6〕

其實程頤在此爻所舉的例子嚴格說起來並不是針對九五，倒像是在同情六二的處境。六二爻說「王臣蹇蹇」，蹇蹇表示世路艱險，然為人臣子，並沒有因此而置身事外，仍盡心國事；雖然結局未必理想，但六二至少已盡己之力，所以爻辭說「匪躬之故」，表示聖人也理解六二坎坷的際遇不是自己造成的，跟環境險惡有很大的關係。然六二才能雖有限，面對國家的危機，仍不顧危險，勇於承擔，這種有節義之人，在亂世中更加珍貴，即便留下遺憾，精神事跡也必然可以長存人心，如李固、王允即是。李固之徒雖不足以澄清朝野，但忠於國事，甚至以身殉國，其行是令人敬佩的，所以我們可以合理地的推斷程頤欲藉九五來表揚六二，即肯定並彰顯此種臣子的愛國情操。〔註7〕

　　三、重點發揮：宋儒解《易》傾向重點發揮，所以不見得會整段文句都解釋，也不一定逐字逐句解釋，有時只是側重解釋某一字，或某一句話，與

囂張。於是文宗又與李訓、鄭注等人謀劃，策動「甘露之變」，亦欲藉機除掉仇士良，然不慎被識破，造成仇士良的怨恨，於是在宮中瘋狂屠殺，牽連無數。此後，仇便完全專擅朝政，文宗形同傀儡，由於心情極度落寞，最後抑鬱以終。而文宗去世後，武宗即位，便與李德裕聯合，成功誅除仇士良。（甘露之變：太和九年，韓約奏稱甘露降於左金吾衛的石榴樹上，文宗於是派仇士良前去觀看是否真為「甘露」，不過這其實是李訓佈置的圈套，欲藉機逮捕仇士良。不料仇抵達後，發現有伏兵，於是緊急逃回，並挾持文宗回後宮，成功逃過一劫。之後便在宮中大肆殺戮，血腥報仇，而整個事件震動京師。）（參傅樂成：《中國通史》），頁440。

〔註6〕〈蹇・九五〉，程頤：《伊川易傳》，叢本，頁189。

〔註7〕時梁冀仗梁太后之威勢，權傾朝野，李固因皇位擁立的人選不符梁冀之意而遭冀殺害；王允雖然平定董卓之亂，但終仍被餘孽所殺。

唐以前並不同，例如〈頤・上九〉「由頤，厲吉，利涉大川。」〈象〉曰：「由頤，厲吉，大有慶也。」李光就側重解釋「厲」的重要：

> 六五本〈頤〉主，而柔弱不勝其任，故上九得用其權，下之眾陰由
> 之以得其養。然權重勢專，威能震主，非惕然常有危懼之心，則主
> 疑于上，眾忌于下，而禍不旋踵矣。惟能深自惕厲，則可獲吉也。
> 〔註8〕

李光認為上九要獲吉，就要「深自惕厲」，心存「危懼」，才能不負眾望而大有慶於天下，否則得權用勢，如又威震主上，地位其實很危疑的。

四、正反對比以突顯義理：宋儒援史證《易》喜歡正反對比，有正面的教材，也有反面的題材，正反論述，更能強化義理思辨，例如在〈睽・九二〉「遇主于巷，无咎。」〈象〉曰：「遇主于巷，未失道也。」王宗傳針對「未失道」舉例，孟子是正面的例子，商鞅則是反面的對照，他說：

> 若商鞅之說秦也，帝不入則王，王不入則伯，此雖有所遇合也，然
> 失道多矣，能无咎乎？〔註9〕

「遇主于巷」是因睽離之時，小人當路，正道否塞，所以無法在大道上與君主討論正道，只好在小巷中委曲宛轉以求遇合。而為求「遇合」，得到君王青睞，有時就會出現失道的例子。然孟子對齊宣王的導引，並不失道，「曾何失道之有？」（同上）；而商鞅對秦孝公的遊說，則喪失原則，王氏認為明顯失道，所以終有咎。

（四）義理的類化

援史證《易》不僅豐富《易》理的內涵，對《易》理的分門別類，也有促進之效〔註10〕，即因議題而類聚統整，所以對《易經》義理的系統化有推進之效，內容大抵為：

一、多屬政治議題的凝聚

談亂世的卦有〈否〉卦、〈泰〉卦、〈剝〉卦、〈大過〉卦。論亂世，沒有比〈否〉卦更嚴重，因為「上下不交」，天地閉塞，「匪人」當道，不是人生

〔註8〕〈頤・上九〉，李光：《讀易詳說》，庫本，頁10-345。
〔註9〕〈睽・九二〉，王宗傳：《童溪易傳》，庫本，頁17-196。
〔註10〕黃沛榮教授在〈《易經》形式結構中所蘊涵之義理〉便將六十四卦之義理分成七組：生存環境、社會形態、社會制度、生活細節、個人修養、人際關係、人生際遇等。（見《漢學研究》第19卷第1期，民90年6月），頁8。

存的世道。〈泰〉卦上六爻也有泰極而衰的情況，所以爻辭說「城復於隍」，象徵土崩瓦解，國家有解體的危機；而「其命亂也」表示命令已不由天子出，散亂衰敗由此可見。至於〈剝〉卦初六爻「剝牀以足」，則在警告君子，小人已經在挖地基了，不警覺而採取行動去制止，崩塌的現象恐指日可見。至於〈大過〉卦言「棟橈」，則暗示國家的樑柱已嚴重彎曲，若不趕快拯救，後果恐不堪。

談治世的卦有〈豐〉卦、〈泰〉卦、〈既濟〉卦。宋《易》認為太平之世，君主應當學習〈泰〉卦九二爻「包荒」的精神，包納各類人才，俾其發揮所長，各得其所。而〈豐〉卦、〈既濟〉卦同樣說明治平之世，因為萬物豐盛，動亂已濟，此時一片和樂安定；然猶需戒慎恐懼，以防不測。

談亂世的自保之道，可學習〈遯〉卦、〈明夷〉卦、〈坤〉卦等。在亂世，能逃則逃，以遠離是非之地，如〈遯〉卦的高舉遠遯即是，因為「危邦不入，亂邦不居。」（《論語‧泰伯篇》）。然如果逃不了，則改學習〈明夷〉卦「內文明而外柔順」的智慧，內藏文明之德，外表低調收斂，以混迹群小中，以防被小人疑忌陷害，才能蒙大難而無虞，這就是文王面對紂王時的「紓困之道」。至於言語方面，則要學習〈坤〉卦六四爻「括囊」，也就是謹慎口舌，防言語惹禍。總之，識時進退，見幾而作，避免无妄之災，才能逢凶化吉。但這不表示君子人怕死，或就此與小人同流，必要時，捨身取義是聖人嘉許的。

談政策的卦有〈蒙〉卦、〈師〉卦、〈蠱〉卦、〈觀〉卦、〈无妄〉卦等。對於秦皇、漢武窮兵黷武的過度情況，宋《易》認為是無事生擾，所以是〈无妄〉卦九五爻所說的「无妄之藥」，也是〈蒙〉卦上九爻「為寇」的表現，更是〈蠱〉卦製蠱的源頭，也是〈師〉卦「田有禽，利執言。」的負面教材。无妄之藥表示沒病吃藥，便有可能愈吃愈嚴重，因為此病可不藥自癒，因此用藥反而有害，表示秦皇、漢武之興兵有時是多此一舉。而「為寇」表示這種行為是寇虐、盜寇的行徑，而不是禦寇的正當防衛。至於「田有禽，利執言。」意謂戰爭、出兵要有正當理由，否則師出無名，令人質疑。如同農田出現破壞農作物的鳥禽，才有必要行動去除去牠，所以「利執言」是說要有言論的正當性。至於〈蠱〉卦說明窮兵黷武導致國庫空虛，反在製造動亂，無故滋事，難怪會有敗壞之徵兆。

談大權旁落的卦有〈屯〉卦九五爻、〈豫〉卦九五爻、〈坎〉卦九五爻。〈屯〉卦九五說：「屯其膏，小貞吉，大貞凶。」屯是難之意，九五雖居君位，然在

上卦〈坎〉陷屯難之中，此時自顧尚且不暇，怎有能力去從事大的作為，因此此時若有大的舉動，恐會招致災難，郭雍就說：「九五……見揜于二陰，而有屯膏之象者。」〔註11〕〈豫〉卦六五爻則說：「貞疾，恆不死。」表示人主擁虛器，沒有實權。這種權力被駕空的情況，如同久病纏身，難以醫治，卻又死不了的情況一樣，只能拖著過日子，勉強日復一日。至於〈坎〉卦九五爻亦然，〈坎・九五〉說：「坎不盈，祗既平，无咎。」〈象〉曰：「坎不盈，中未大也。」郭雍認為與〈屯〉卦九五情況類似，他說：「以二陰見揜，无應以助之，僅能守常而已，非大人之事也，故象曰：「中未大也」，與「屯膏小貞」之義相類，謂雖得中，而未大也。」〔註12〕即九五陷二陰之中，難有作為，所以〈小象〉說：「中未大也」。

談大臣小心謹慎以免禍的卦有〈大有〉卦、〈坤〉卦、〈履〉卦、〈大過〉卦。〈大有〉卦九四爻說：「匪其彭，无咎。」因九四為近臣，近君側，容易得咎，唯有自我減損，才能免咎。〈坤〉卦六四爻說「括囊」，即小心言語，以免惹禍。〈履〉卦九四爻說：「履虎尾，愬愬終吉。」是說謹慎如同害怕踩到老虎尾巴般的戒慎恐懼，便可得吉。而〈大過〉卦初六爻說：「藉用白茅，无咎。」則指如同白茅般的敬慎，便可無咎。

二、多聚焦君子與小人的對立消長

《易經》談小人的卦有〈豫〉卦、〈解〉卦、〈姤〉卦、〈鼎〉卦、〈兌〉卦。〈姤〉卦的初六爻代表小人已萌生，卦雖五陽一陰，陰似乎還很微弱，然陰邪勢力既已走出第一步，就會逐步侵蝕擴大，此時君子若沒有警覺，必有後患。而〈解〉卦六三爻也是小人，因為「負且乘」，表示背東西的小人乘坐君子車輿，象徵小人躍進高位，準備伺機掌控全局。至於〈豫〉卦談的是小人得意忘形之狀。〈兌〉卦初六爻「鳴豫」則是形容小人得志之情狀〔註13〕，六三爻「來兌」則專門研究小人的心術，即以各種方式取悅君王，從中牟利。〈鼎〉卦九四爻的「鼎折足，覆公餗。」則指出小人因能力不足，居上者若用之，必因小人敗事而受牽連，不可不慎。

談應付小人的卦有〈師〉卦、〈剝〉卦、〈遯〉卦、〈睽〉卦、〈姤〉卦、〈既

〔註11〕〈屯・九五〉，郭雍：《郭氏傳家易說》，庫本，頁13-28；叢本，頁21。
〔註12〕〈坎・九五〉，郭雍：《郭氏傳家易說》，庫本，頁13-113；叢本，頁122。
〔註13〕呂祖謙說：「『初六，鳴豫，凶。』一爻備極小人之情狀。小人一得意於上，便志得意滿，《易傳》言『輕淺』兩字最好。」（《呂祖謙全集・麗澤論說集錄》卷一，浙江古籍出版社），頁21。

濟〉卦。其中〈剝〉卦六五爻最好，即「貫魚以宮人寵」，也就是對小人要施予小恩小惠，使其立身行事，而相安無事。而〈師〉卦、〈既濟〉卦則提到「小人勿用」，〈剝〉卦也說「小人剝廬，終不可用。」表示對小人只可賞以財帛金錢，而不可許以大位，或實質的權勢，否則終致禍患。至於〈遯〉卦則說：「遠小人，不惡而嚴。」〈睽〉卦初九爻也說：「見惡人无咎」，都強調對小人要秉公處理，無須惡語相向，或當面數落其罪狀而疾憤之，使之無地自容。至於〈姤〉卦初六爻則認爲「繫于金柅」，表示在初始階段就要對小人有所牽制，不能待其羽翼已成，則爲時已晚，而措手不及。

談懲治及去小人的卦有〈蒙〉卦、〈大有〉卦、〈噬嗑〉卦、〈解〉卦、〈夬〉卦。〈噬嗑〉卦初九爻說「屨校滅趾」，即是小懲大戒，以妨其過惡而難制。〈蒙〉卦上九爻說「擊蒙」，〈解〉卦上六說「公用射隼于高墉之上」，都表示小人之惡極大罪，需有所行動以除去之。至於〈大有〉卦說：「遏惡揚善」，因爲惡不去，則善難行。

三、其它

談能力不足而敗事的卦有〈履・六三〉「跛能履」、〈鼎・九四〉「鼎折足」、〈未濟・卦辭〉「濡其尾」。〈履・六三〉「眇能視，跛能履。」表示六三才能不足，瞎了一隻眼，卻還自以爲能看得清楚；跛了一隻腳，卻還自以爲能走得很好，此不自量力，恐致凶禍。〈鼎・九四〉說：「鼎折足，覆公餗。」指九四爻敗公之事，所以有折足覆鼎之凶，致鼎中食物有傾倒的危機。〈未濟・卦辭〉則說：「濡其尾」，因時仍未濟，而初六的能力又陰柔，實不足以濟時之艱，因此有濡尾的凶兆，也就是有尾巴浸溼而渡不了河的憂慮。這些都是警告才德不能稱其位，要有自知之明，超出自己能力之事，要適可而止，量力而爲，否則將造成更大的遺憾。

（五）義理的異化

義理的異化即是擺脫舊說而另立新義，如〈姤〉卦九五爻即是。〈姤・九五〉說「以杞包瓜，含章，有隕自天。」〈象〉曰：「九五含章，中正也。有隕自天，志不舍命也。」王弼解釋其義，認爲「不遇其應」，「命未流行」，表示九五的遭遇真的令人同情：

> 杞之爲物，生於肥地者也。包瓜爲物，繫而不食者也。九五履得尊位，而不遇其應，得地而不食，含章而未發。不遇其應，命未流行。

> 然處得其所，體剛居中，志不舍命，不可傾隕，故曰「有隕自天」
> 也。〔註14〕

唐孔穎達亦承其說，以無應，不遇，含章不發來解釋九五爻不太順遂的際遇。
不過到了宋《易》，解釋則完全相反，以君主對臣子的至誠相求，以及君臣遇
合之美善來理解，〔註15〕這種朝向正面的解說，使得「以杞包瓜」的意思變
成了君主對臣子的愛護與提拔。談君臣關係，宋《易》認爲沒有比〈姤〉卦
九五爻更理想的了。如楊萬里即以堯、舜二人的遇合來說明九五與九二之象：

> 此九五、九二之君臣剛遇中正之盛也。九五以剛明之德，乃舍其耀
> 而不矜，以下逮九二中正之臣，如杞葉之高而俯包瓜實之美。九二
> 以剛正之德，亦奉君命而不舍，以上承九五中正之君，如命從天降，
> 而決起盍歸之志。君臣相遇之盛如此，一小人雖壯，何足慮也！堯
> 下逮舜之側微，「以杞包瓜」之象；舜遇堯爲天人之合，「有隕自天」
> 之象。〔註16〕

堯下接舜，舜上承堯，楊萬里認爲這就是「以杞包瓜」與「有隕自天」之象。
上者俯納賢良，下者承接天命，君臣知遇之盛即是如此，與唐以前的解釋迥
異，根本完全相反，但這不妨礙對《易經》的多元理解。

二、地位——從「理事合一」到「事理學」的成形

宋代史事《易》學的地位與定位說明如下：

（一）從歷史發展看地位

宋代史事《易》學承先啓後的地位是明確的，不僅遠紹先秦，接續漢唐，
更下開元明，羽翼清說，濡染當世。其實援史證《易》是源於《易經》的歷
史本質，所以是先秦以來這一貫精神的接續。而漢晉學者，不管是馬融、荀
爽、虞翻、干寶……等，還是王弼《易》學，也都有引史的記錄。下至唐孔穎
達《周易正義》更是延續此法，以史事來解說《易》理，增強效果。至宋
代，儒者更將此法徹底運用，除對《易經》原本史料的發揮外，更形成自家
特色，形成解《易》的風尚。由於普遍，從而創造出漢、唐以前都不曾有過
的成績，是《易學》詮釋的一大躍進，成果顯著而突出。發展至元明清，更

〔註14〕〈姤·九五〉，王弼注，孔穎達疏：《周易正義》，《十三經注疏》本，頁105。
〔註15〕胡瑗、程頤、方實孫、李杞等皆做此意。
〔註16〕〈姤·九五〉，楊萬里：《誠齋易傳》，庫本，頁14-647。

是流風所及，不曾中斷，直接引用《溫公易說》、《伊川易傳》、《讀易詳說》、《郭氏傳家易說》、《漢上易傳》、《楊氏易傳》、《周易玩辭》、《誠齋易傳》、《用易詳解》……等各家說法的，皆有明確脈絡、軌跡、證據可尋，表示不斷地有人在繼承發揚，其影響是不容置疑的。以元代來說，有胡震《周易衍義》、李簡《學易記》、陳應潤《周易爻變易縕》、梁寅《周易參義》……等。以明代來說，有蔡清《易經蒙引》、崔銑《讀易餘言》、林希元《易經存疑》、葉山《葉八白易傳》、張獻翼《讀易紀聞》、潘士藻《洗心齋讀易述》……等。以清代來說，成就更是超前，如牛鈕《日講易經解義》、王夫之《周易外傳》、刁包《易酌》、吳曰慎《周易本義爻徵》、喬萊《喬氏易俟》、王心敬《豐川易說》、沈起元《周易孔義集說》、曹爲霖《易學史鏡》……等，皆可看到宋代史事《易》學的痕跡，或承襲舊說，或自立新意。

若論有清一代的史事《易》學，尤其輝煌，比起宋代，是有過之而無不及，所以宋代、清代成爲史事《易》學的兩座顛峰，前後照應，是中國史事《易》學之雙璧。因爲清代的學者，不管是主義理，或研象數，很難不將此法融入其中，如朱駿聲《六十四卦經解》即是。朱氏雖主象數，並對天文、算術有很深的造詣，然行文所至，亦引了不少史料作爲佐證說明，對義理的看法亦頗有獨到之處，是很特別的一本書。其孫師轍在〈六十四卦經解跋〉中也說先祖之書：「廣引古籍蘊義，歷史事實，以證明人事。」〔註17〕可見朱氏專象數而不廢義理，兩派兼修的作風。而近世劉百閔《周易事理通義》對朱說就有非常多的引介，是這一系統傑出的代表作。

至於當代，研究史事《易》學的專家學者及研究人員，如朱伯崑、徐芹庭、吳懷祺、黃師忠天……等，對程頤、司馬光、李光、楊萬里、李杞、李中正……等人的《易》學思想，或其方式的運用，皆不乏研究探討。所以不管是專業領域，還是一般性的介紹，甚至是業餘的，都是這種實際影響、傳承的證明。就算不是專門研究史事《易》學，當代研究《易經》的，很少不受程頤影響的，而程頤在史事《易》學的拓建之功與影響之遠，實無庸置疑。這說明宋代《易》學、史事《易》學受後人青睞與看重，並非虛言，而其影響力與價值更待今人持續開發。

總之，宋代史事《易》學對清代有提攜之功，清代的發揚光大，規模的驚人，與宋代史事《易》學成爲史事《易》學之雙翼。相信有這雙翅膀，必

〔註17〕朱駿聲：《六十四卦經解》，頁289。

然可以帶領中國《易》學及其研究穿越今古，在開闊的天際遨翔，以世代傳承，綿延不絕。

（二）從專門學科看定位

「事理學」是劉百閔的看法。劉氏著《易事理學序論》、《周易事理通義》，即在討論《易經》事與理關係的學問，並認爲「事理學」已成吾民族「獨特之學」，與現代的心理學、倫理學、生理學、物理學……等，同爲專學。劉氏的眼光精確，對史事《易》學的定位有確立之功。〔註18〕而《易經》何以有事理學的產生，劉氏認爲是源於〈繫辭〉「通變之謂事」這句話，他在《易事理學序論‧自序》說：

> 凡學之成其爲學，必有其根本，有其體系，有其實踐者也；而《易》則整然具備。《易》有太極，則謂《易》有其根本原理；兼三才而兩之，謂之兼兩律；生生之謂易，謂之生生律；皆《易》之根本原理也。六爻之動，三極之道也。所謂三極，所謂三才，所謂天道、地道、人道，皆《易》之體系原理也。定之以中正仁義而主靜，立人極焉。所謂人極，所謂中正仁義，皆《易》之實踐原理也。具此三原理，而《繫辭傳》作者則又爲之界曰：「通變之謂事」宇宙萬事萬物森然並陳，皆事也；而《易》則通其變——變，事也；通，學也；此《易》之所以爲事理之學也。

「變」是事，「通」是理，因爲「空言不如行事之深切著明。」〔註19〕此爲事理學定位之依據；然《易》雖有事理之學，卻猶付之缺如，因此劉氏才專力於此，他說：

> 今夫社會學倫理學，言人與人間之學也。今夫心理學，言人與心間之學也。而獨事理學，言人與事間之學，則尚付缺如。萬事當前，人將何以處之？動靜、進退、辭受、取與，皆《易》之所謂「兼兩」

〔註18〕 他在《周易事理通義‧自序》說：「今世於事物無不有學，心理有學，倫理有學，論理有學，生理有學，物理有學，而在我國之中古，則有《易》而倡爲事理之學。《易》之興也，其於中古乎！作《易》者，其有憂患乎！《易》之興也，其當殷之末世周之盛德，當文王與紂之事耶！然後《易》不僅有卦爻，而又有辭。六十四卦之卦辭，三百八十四爻之爻辭，皆假托以設象而像似其事者也；是之曰經。繼之有《傳》，則闡明其辭之所由作，然後《易》乃成其爲學；其學則爲事理之學。……予是編《周易事理通義》之作，將以明《易》爲事理之學。」頁 1-3。

〔註19〕 同上，頁 4。

> 與「貳」者也。《易》則「因貳以制民行」、「執其兩端而竭焉」，此
> 則事理之所以成其為學也。〔註20〕

為了彰明人與事之學，劉氏廣探宋人、清人之說，尤其是李光、楊萬里、李杞、朱駿聲……等人的說法，以及許多劉氏自己對歷史的體會與評價，可以說結合宋學與清學，並融小學、義理，中西文化及理論於一爐，所以解說往往有令人耳目一新的精彩，堪稱卓越之作。

不過劉百閔的事理學應是源於南宋李杞「理事合一」的觀點。李杞為了糾正「經史為二」的缺點，於是強調經史為一，目的就是要挽救經學的淪陷，阻止其走向虛無之境。而經史為一即是理事合一，他在《用易詳解》說：

> 經學不可以史證，經學必以史證，此吾為書之病也，亦吾為書之意
> 也。……故經辯其理，史紀其事，有是理必有是事，二者常相關而
> 不可一缺焉。自後世以空言為學，歧經與史為二，尊經太過而六經
> 之書往往反入于虛無曠蕩之域。〔註21〕

李杞認為後世尊經太過，以致流於「空言」，越走越偏，反而對經書的理解及流傳造成負面的影響，因為無補於實用，所以補救之道，即是以史證之，唯有透過歷史的演變來填補，才能挽救這種缺失。而要這麼做的原有有二：一是理事本合一，強行割裂是不妥的。經書闡明義理，史書記載其事，一者說理，一明人事，理事合一，才是正道；分道揚鑣，必有兩傷。因為理無形不可得見，必待有形之物方能呈顯，如欲探究其理，即應從所附麗者以見其所以然，「蓋至虛者未有不託乎至實者以為之地也。」所以「論《易》之妙，則出乎無形之先，而論《易》之書，則得於有形之後。」〔註22〕相反的，「天下萬變雖不可窮，然終歸于一理而已。」〔註23〕因此論《易》不能過度偏向那一邊，應經史融合，所以在《用易詳解》中李杞大量引用史事來證明《易》理，即使經、史不同家，甚至經非史，然「史可以證經」〔註24〕，二者不無互補、互通之效。故從上古三代、秦漢三國、以至於魏晉南北朝，乃至於隋唐等歷代史事，李杞皆一一引錄。甚至前人說《易》亦不廢之，例如揚雄、王弼、胡瑗、伊川、周敦頤等人之說，皆可見之。二是從聖人作《易》的動

〔註20〕劉百閔：《易事理學序論‧自序》，頁3。
〔註21〕李杞：《用易詳解》，頁19-351。
〔註22〕同上，頁526。
〔註23〕同上，頁548。
〔註24〕同上，頁351。

機來分析：李杞認為聖人作《易》絕非空言立說，是為了有用於世，所以即使歷經千年萬代仍可歷久彌新，而能作為人事之準則，所以「不質之于史，則何以見聖人之經為萬世有用之學也？」〔註25〕正因為經只有理論上的論述，沒有實際的例子，若要切合人事，必須結合後代的史事，方能彰顯聖人用《易》之苦心，故雖駁雜，亦不廢之。總之，經能否與時偕行、與時俱變，史具有證明、檢驗的功效。而如果史能證之，更代表經書的道理禁得起時代的考驗，不管時代怎麼變，都能解釋這些人事的變化，這不就更能證明經書的價值，及其無可取代的地位嗎？〔註26〕

因此，宋代史事《易》學是中國事理學的成形，而清代史事《易》學則是事理學的成熟。

〔註25〕同上，頁351。

〔註26〕參拙著：〈《用易詳解》論述〉，（《經學研究論叢》第十二輯，臺北：臺灣學生書局，民93年12月出版），頁85-96。

第十章　結　論

　　關於本論文的要點，以及在寫作過程中的突破、創獲、侷限，與對未來的展望，茲述如下：

第一節　研究回顧

　　由於思想的開放，理學的興起，宋人在義理、思想、思辨方面的開拓，使他們對經書的解說不再只是對古人之注的亦步亦趨，而能自立門戶，自創新意。這種對經書內容表達出不同於前人的觀點，必然能開創出異於前代的經學成就，如援史證《易》即是。宋人援史證《易》，以歷史事件作爲引證，來闡述、解析《易》理、《易》蘊，讓《易經》詮釋具有劃時代的推進。因爲歷史教訓的鑑戒功能可讓《易經》本身的憂患意識更加實體化；相對的，《易經》的憂患意識也提供歷史變遷、盛衰成敗的法則依據及理論提供。因此，二者實相輔相成，在精神上有互通之處。《易》理因歷史事件、人物、情境而昌明；歷史也因《易》理的提綱挈領而更加澄澈清明，不致散亂無章，而有一定的線索、軌跡可尋。

　　關於宋人援史證《易》的成果，筆者總結如下：

　　一、史事《易》學源於援史證《易》。援史證《易》是注解經書的一種方式，古今皆可，差別只在於局部還是全面，簡略還是詳盡，主體還是附屬。隨著時代的演變，不斷地賦予新的材料，形成源源不絕的創造力與新生力，所以研究史事《易》學，不管從類型、範疇、論點，還是材料上來說，可以說有許多變化可供探索思考，而這也是史事《易》學能夠歷久彌新之處，讓

《易經》的詮釋更加多元，《易經》的理解更加寬廣，所以可以成爲流派，影響深遠。

二、援史證《易》受到北宋程頤的影響很大，然程頤是受老師胡瑗的影響。至南宋，由於偏安之局，國勢動蕩，憂患意識的強化，直接促使它蓬勃發展，所以能夠成就自身的思想體系。而這也是知識分子愛國精神與匡時濟世、經世致用理想的落實與發揮，在經學的著作中寄託一己的思想及寓戒世、警世之意。

三、援史證《易》至南宋而趨成熟，宋人有意、刻意爲之，用《易》的觀念成爲易學家的重要價值，使《易》回歸平實之路，所以李杞把他的《易》著命名爲《用易詳解》，其中「用」字就標示出其創作意向，不使《易》脫離人倫日用，成爲虛空之學，這與清儒崇實思想相合，所以受到四庫館臣的極高評價。而這種實用意識的揭示不僅是對王弼道家《易》學的修正，也與心學家的佛理《易》分庭抗禮，而且傳世更廣泛。

四、援史證《易》使《易經》的解釋向現實政治傾斜，是偏向帝王政治的引述。不過這種思想在當時並非學術主流，與程朱、陸王之理學、心學相較，是弱勢思想的建構。然如從原始儒家平實、平易的精神來看，卻又是比較接近儒學眞精神的做法，而這種精神要到清朝才又被重視。

五、宋代史事《易》學雖由胡瑗發端，不過以程頤、楊萬里的影響較爲深遠。其次，是李光。李光在史事的議題上頗有開拓之功，許多事件的探討融入，都是新的開創。至於後世的傳播，史事《易》學影響深遠，元、明、清三代以至於近代，文人學士多針對前人之說，或承繼，或發揮，或修正。尤其是清代，更是史事《易》學的巔峰，不管是方式、內容、精神、史料，相較於宋代，皆不失色，可以說有過之而無不及，可見宋代史事《易》學承先啓後，奠基之地位，更可見有價值的事物是不會寂寞的。

第二節　研究展望

關於本論文的功能、突破、創獲、侷限、展望，茲述如下：

本論文的功能，筆者認爲有二點：一、議題凝聚的功能：本論文以議題爲思考論述的依據，所以是中心收斂型的寫作，而非外放、個體化的討論，這種寫法有凝聚的功能，因此有綱舉目張，統整文獻的目的。二、語言重塑

的功能：對於語言的運用，化古爲今，以現代語言詮釋古籍，以強化其傳播勢力，提高理解的可能，促進《易》學的現代化、平易化、科技化。

其次，本論文有二點突破，一爲材料上的突破：本論文的取材頗爲全面，以宋代三十幾家《易》著爲範圍，取材更豐富，視野更開闊，討論更全面、例證更多元，時代更完整，是大幅度地推進，所以即便前人或今人不太注意的《易》著，也會收入其中，肯定其價值。突破象數、義理學派的界限，從古籍文獻入手，所以不會只侷限於某幾家的說明，而忽略其他人在援史證《易》上的努力與貢獻。二是思辨上的突破：本論文對宋人援史證《易》之價值體系的建構與義理思維的開展，有一定的分析，並且取得成果。這種成果是重視系統化的呈現，有完整的架構，首尾呼應、上下連貫，所以不傾向零散資料的介紹。因此，整齊、清晰、條理分明是特色，也是主導的依據及論文取向。

另外，關於創獲，筆者認爲有幾點貢獻是前人不曾達到或發現的，例如：一、本論文對北宋至南宋的發展及轉變，有初步的整理歸納，對其轉折處的開拓與融入，投入心力研究，以比較南北宋之差異。二、本論文對宋人援史證《易》的目的、特色、偏離與侷限，皆有舉例說明，可補前說之不足。三、關於元明清三代及近代對宋代史事《易》學的直接繼承，筆者亦將其卦爻辭、具體內容、脈絡，統整條列出來，使其影響、傳播的層面更直接，而一目了然。四、關於版本的使用方面，研究者不需要認定四庫全書版就一定不好，經過筆者幾種版本的校對，四庫全書這個版本其實不差，在精美度、清晰度及精準度上，有其它版本難以企及的優點。這種官方力量的主導，在經費不虞匱乏下做出來的成果，其實不輸給民間版本。以通志堂經解來說，字體太小，錯誤也不比四庫本少，而武英殿本實際上也未必全然勝過四庫全書。畢竟民間刊刻書籍有經費、人力的考量，在種種現實情況的考量下，必定有難處。因此研究國學，如果因意識型態而廢四庫全書這個版本，或直接判斷它的優劣，是缺乏實證精神的。

最後，關於本論文的侷限與展望，筆者有幾點心得想法：

一、關於《易經》原文的理解，有相當的困難度。因爲《易經》雖爲占卜之書，但年代太過久遠，文意簡略晦澀，向來被視爲天書，要瞭解本就不易，除了要對商周歷史、甲骨文、金文的判讀有涉獵研究外，後代各家《易》著也不能忽略，漢唐的注解也是關鍵。因此，要在各種不同的看法，紛歧的

意見中，抽離、萃取有意義，並言之成理的解說，是一大挑戰，需要更長時間的累積、經驗、演練、思考，才能達成。其次，宋代各家《易》著的深入探究，也要持續進行，其文獻典籍、學術思想有些尚未昭明爲世，因此有必要從事整理探究之工作，以對各家有更細緻的研討。

二、本論文的取材以經部爲主，然續修四庫全書，與子部、史部、集部，以及道藏，亦不乏援史證《易》的論述，若能採擷，必能更完備。

　　三、關於古書的句逗，在缺乏前人注解的情況下，對於原始資料，從斷句、閱讀、理解、分析、整理、輸入，到義理的發揮創構，要按部就班，點點滴滴，一字一句構思，然筆者才學有限，有些問題至今仍無法解決，如有些文意無法理解，有些斷句無法確定，必然影響材料的提供，假以時日，期能更上層樓，尋求更精準的突破。

　　四、關於史料的整理：宋人援史證《易》的史料涵蓋範圍很廣，從先秦到宋朝，幾千年的歷史，往往作者援引一、二則史事，就跨越好幾個朝代，牽連好幾個皇帝，若非對中國歷史有相當程度的熟稔，並且對傳記資料有深度的考辨，實在很難在短時間內瞭解作者的意思，遑論去指正錯誤。因此從史事的還原、考察、整理、吸收、提煉、重組、運用到論述，相當費時，非短時間所能完成，必須投入許多心力，才能見到成果。筆者雖已處理了不少史料，然尚不完整，有很多歷史事件的來龍去脈，前因後果，以及跟《易經》的比附印證，仍有待分析論述，才能讓世人瞭解，因此有必要將這個工作持續完成。

　　五、關於題材的開拓：本論文從「君臣」、「治亂」、「制度」、「道德」、「功業」等議題來探究宋代史事《易》學的思想內涵，不過這只是大略，仍有其它議題值得深究開發，才能讓史事《易》學的研究更豐碩。

參考書目

*同類別者按年代先後排列

壹、古代典籍

一、經部

（一）易類

1. 《子夏易傳》，（春秋）卜商撰，台北文海書局影印《玉函山房輯佚書》，民 56。

2. 《周易注疏》，（魏）王弼注、（晉）韓康伯注，（唐）孔穎達疏（正義），台北：藝文印書館，《十三經注疏》影印宋本嘉慶 20 年江西南昌府學本，1993.09。

3. 《周易集解》，（唐）李鼎祚撰，《無求備齋易經集成》據清乾隆二十一年雅雨堂刊本影印，成文出版社，民 65 年。

4. 《易數鈎隱圖》，（宋）劉牧撰，通志堂經解本，漢京文化事業出版，1986。

5. 《周易口義》，（宋）胡瑗著，景印文淵閣四庫全書珍本，台灣商務印書館出版，據國立故宮博物院藏本影印，1983。

6. 《溫公易說》（簡稱《易說》），（宋）司馬光著，景印文淵閣四庫全書本，台灣商務印書館，據國立故宮博物院藏本影印，1983。

7. （宋）司馬光著，叢書集成印《武英殿聚珍版》，北京中華書局，1985 北京新一版。

8. 《橫渠易說》，（宋）張載著，通志堂經解本，漢京文化事業出版，1986。

9. （宋）張載著，景印文淵閣四庫全書本，台灣商務印書館，據國　立故宮博物院藏本影印，1983。

10. 《東坡易傳》，（宋）蘇軾撰，景印文淵閣四庫全書本，台灣商務印書館，據國立故宮博物院藏本影印，1983。

11. （宋）蘇軾撰，叢書集成印《學津討源》，北京中華書局，1985 北京新一版。

12. 《伊川易傳》，（宋）程頤著，四部備要印《江寧刻本》，台灣中華書局出版，民 55.03 台一版。

13. （宋）程頤著，景印文淵閣四庫全書本，台灣商務印書館，民 72。

14. （宋）程頤著，叢書集成印《古逸叢書》，北京中華書局，1985 北京新一版。

15. 《易學辨惑》，（宋）邵伯溫撰，景印文淵閣四庫全書本，台灣商務印書館。

16. 《吳園周易解》，（宋）張根撰，景印文淵閣四庫全書本，台灣商務印書館。

17. （宋）張根撰，叢書集成印《武英殿聚珍版》，北京中華書局。

18. 《周易新講義》，（宋）耿南仲撰，景印文淵閣四庫全書本，台灣商務印書館。

19. （宋）耿南仲撰，叢書集成本，北京中華書局。

20. 《紫巖易傳》，（宋）張浚撰，通志堂經解本，漢京文化事業出版，1986。

21. （宋）張浚撰，景印文淵閣四庫全書本，台灣商務印書館。

22. 《讀易詳說》，（宋）李光著，景印文淵閣四庫全書本，台灣商務印書館。

23. 《易小傳》，（宋）沈該撰，通志堂經解本，漢京文化事業出版，1986。

24. （宋）沈該撰，景印文淵閣四庫全書本，台灣商務印書館。

25. 《漢上易傳》，（宋）朱震撰，通志堂經解本，漢京文化事業出版，1986。

26. （宋）朱震撰，景印文淵閣四庫全書本，台灣商務印書館。

27. 《周易窺餘》，（宋）鄭剛中撰，景印文淵閣四庫全書本，台灣商務印書館。

28. 《易璇璣》，（宋）吳沆撰，通志堂經解本，漢京文化事業出版，1986。

29. （宋）吳沆撰，景印文淵閣四庫全書本，台灣商務印書館。

30. 《易變體義》，（宋）都絜撰，景印文淵閣四庫全書本，台灣商務印書館。

31. 《周易經傳集解》，（宋）林栗撰，景印文淵閣四庫全書本，台灣商務印書館。

32. 《易原》，（宋）程大昌撰，景印文淵閣四庫全書本，台灣商務印書館。

33. （宋）程大昌撰，叢書集成印《武英殿聚珍版》，北京中華書局。

34. 《周易古占法》，程迥撰，《叢書集成》印《范氏二十一種奇書》，北京中華書局。

35. 《周易本義》，（宋）朱熹撰，景印文淵閣四庫全書本，台灣商務印書館。

36. 《郭氏傳家易說》，（宋）郭雍撰，景印文淵閣四庫全書本，台灣商務印書館。

37. （宋）郭雍撰，叢書集成印《武英殿聚珍版》，北京中華書局。

38. 《周易義海撮要》，（宋）李衡撰，通志堂經解本，漢京文化事業出版，1986。

39. （宋）李衡撰，景印文淵閣四庫全書本，台灣商務印書館。

40. 《南軒易說》，（宋）張栻撰，景印文淵閣四庫全書本，台灣商務印書館。

41. 《復齋易說》，（宋）趙彥肅撰，通志堂經解本，漢京文化事業出版，1986。

42. （宋）趙彥肅撰，景印文淵閣四庫全書本，台灣商務印書館。

43. 《楊氏易傳》，（宋）楊簡撰，景印文淵閣四庫全書本，台灣商務印書館。

44. （宋）楊簡撰，四明叢書本，新文豐出版社，1988.04初版。

45. 《周易玩辭》，（宋）項安世撰，通志堂經解本，漢京文化事業出版，1986。

46. （宋）項安世撰，景印文淵閣四庫全書本，台灣商務印書館。

47. 《易說》，（宋）趙善譽撰，景印文淵閣四庫全書本，台灣商務印書館。

48. （宋）趙善譽撰，叢書集成印《守山閣叢書》，北京中華書局。

49. 《誠齋易傳》，（宋）楊萬里撰，景印文淵閣四庫全書本，台灣商務印書館。

50. （宋）楊萬里撰，無求備齋易經集成第26、27冊印《武英殿聚珍版》。

51. （宋）楊萬里撰，叢書集成印《經苑本》（經苑覆聚珍），北京中華書局，1985北京新一版。

52. 《大易粹言》，（宋）方聞一撰，景印文淵閣四庫全書本，台灣商務印書館。

53. 《易圖說》，（宋）吳仁傑撰，通志堂經解本，漢京文化事業出版，1986。

54. （宋）吳仁傑撰，景印文淵閣四庫全書本，台灣商務印書館。

55. 《古周易》，（宋）呂祖謙撰，通志堂經解本，漢京文化事業出版，1986。

56. （宋）呂祖謙撰，景印文淵閣四庫全書本，台灣商務印書館。

57. 《易傳燈》，景印文淵閣四庫全書本，台灣商務印書館。

58. 《周易禪傳》，（宋）林至撰，通志堂經解本，漢京文化事業出版，1986。

59. （宋）林至撰，景印文淵閣四庫全書本，台灣商務印書館。

60. 《厚齋易學》，（宋）馮椅撰，景印文淵閣四庫全書本，台灣商務印書館。

61. 《童溪易傳》，（宋）王宗傳撰，通志堂經解本，漢京文化事業出版，1986。

62. （宋）王宗傳撰，景印文淵閣四庫全書本，台灣商務印書館。

63. 《周易總義》，（宋）易祓撰，景印文淵閣四庫全書本，台灣商務印書館。

64. 《西谿易說》，（宋）李過撰，景印文淵閣四庫全書本，台灣商務印書館。

65. 《丙子學易編》，（宋）李心傳撰，通志堂經解本，漢京文化事業出版，1986。

66. （宋）李心傳撰，景印文淵閣四庫全書本，台灣商務印書館。

67. 《易通》，（宋）趙以夫撰，景印文淵閣四庫全書本，台灣商務印書館。

68. 《易象意言》，（宋）蔡淵撰，景印文淵閣四庫全書本，台灣商務印書館。

69. （宋）蔡淵撰，叢書集成印《武英殿聚珍版》，北京中華書局。

70. 《周易經傳訓解》，（宋）蔡淵撰，景印文淵閣四庫全書本，台灣商務印書館。

71. 《周易要義》，（宋）魏了翁撰，景印文淵閣四庫全書本，台灣商務印書館。

72. 《東谷易翼傳》，（宋）鄭汝諧撰，通志堂經解本，漢京文化事業出版，1986。

73. （宋）鄭汝諧撰，景印文淵閣四庫全書本，台灣商務印書館。

74. 《朱文公易說》，（宋）朱鑑撰，通志堂經解本，漢京文化事業出版，1986。

75. （宋）朱鑑撰，景印文淵閣四庫全書本，台灣商務印書館。

76. 《易學啓蒙小傳》，（宋）稅與權撰，通志堂經解本，漢京文化事業出版，1986。

77. （宋）稅與權撰，景印文淵閣四庫全書本，台灣商務印書館。

78. 《周易輯聞》，（宋）趙汝楳撰，通志堂經解本，漢京文化事業出版，1986。

79. （宋）趙汝楳撰，景印文淵閣四庫全書本，台灣商務印書館。

80. 《用易詳解》，（宋）李杞撰，景印文淵閣四庫全書本，台灣商務印書館。

81. 《淙山讀周易》，（宋）方實孫撰，景印文淵閣四庫全書本，台灣商務印書館。

82. 《周易傳義附錄》，（宋）董楷撰，通志堂經解本，漢京文化事業出版，1986。

83. （宋）董楷撰，景印文淵閣四庫全書本，台灣商務印書館。

84. 《易學啓蒙通釋》，（宋）胡方平撰，通志堂經解本，漢京文化事業出版，1986。

85. （宋）胡方平撰，景印文淵閣四庫全書本，台灣商務印書館。

86. 《三易備遺》，（宋）朱元昇撰，通志堂經解本，漢京文化事業出版，1986。

87. （宋）朱元昇撰，景印文淵閣四庫全書本，台灣商務印書館。

88. 《水村易鏡》，（宋）林光世撰，通志堂經解本，漢京文化事業出版，1986。

89. 《泰軒易傳》，（宋）李中正撰，叢書集成印《佚存叢書》，北京中華書局，1985　北京新一版。

90. 《周易集說》，（宋）俞琰撰，通志堂經解本，漢京文化事業出版，1986。

91. （宋）俞琰撰，景印文淵閣四庫全書本，台灣商務印書館。

92. 《讀易舉要》，（宋）俞琰撰，景印文淵閣四庫全書本，台灣商務印書館。

93. 《周易象義》，（宋）丁易東撰，景印文淵閣四庫全書本，台灣商務印書館。

94. 《易圖通變》，（元）雷思齊撰，通志堂經解本，漢京文化事業出版，1986。

95. （宋）雷思齊撰，景印文淵閣四庫全書本，台灣商務印書館。

96. 《讀易私言》，（元）許衡撰，通志堂經解本，漢京文化事業出版，1986。

97. （元）許衡撰，景印文淵閣四庫全書本，台灣商務印書館。

98. 《周易本義附錄纂註》，（元）胡一桂撰，通志堂經解本，漢京文化出版，1986。

99. （元）胡一桂撰，景印文淵閣四庫全書本，台灣商務印書館。

100. 《周易啓蒙翼傳》，（元）胡一桂撰，通志堂經解本，漢京文化事業出版，1986。

101. （元）胡一桂撰，景印文淵閣四庫全書本，台灣商務印書館。

102. 《易纂言》，（元）吳澄撰，通志堂經解本，漢京文化事業出版，1986。

103. 《周易衍義》，（元）胡震著，景印文淵閣四庫全書本，台灣商務印書館。

104. 《大易象數鈎深圖》，（元）張理撰，通志堂經解本，漢京文化事業出版，1986。

105. 《周易本義通釋》，（元）胡炳文撰，通志堂經解本，漢京文化事業出版。

106. （元）胡炳文撰，景印文淵閣四庫全書本，台灣商務印書館。

107. 《周易本義集成》，（元）熊良輔撰，通志堂經解本，漢京文化事業出版，1986。

108. 《學易記》，（元）李簡撰，通志堂經解本，漢京文化事業出版，1986。

109. （元）李簡撰，景印文淵閣四庫全書本，台灣商務印書館。

110. 《周易會通》，（元）董眞卿撰，通志堂經解本，漢京文化事業出版，1986。

111. （元）董眞卿著，景印文淵閣四庫全書本，台灣商務印書館。

112. 《周易爻變易縕》，（元）陳應潤著，景印文淵閣四庫全書本，台灣商務印書館。

113. 《周易參義》，（元）梁寅撰，《景印文淵閣四庫全書》，台灣商務印書館。

114. 《周易文詮》，（元）趙汸撰，景印文淵閣四庫全書本，台灣商務印書館。

115. 《易經蒙引》，（明）蔡清撰，景印文淵閣四庫全書本，台灣商務印書館。

116. 《讀易餘言》，（明）崔銑撰，景印文淵閣四庫全書本，台灣商務印書館。

117. 《易經存疑》，（明）林希元撰，景印文淵閣四庫全書本，台灣商務印書館。

118. 《葉八白易傳》，（明）葉山撰，景印文淵閣四庫全書本，台灣商務印書館。

119. 《讀易紀聞》，（明）張獻翼撰，景印文淵閣四庫全書本，台灣商務印書館。

120. 《洗心齋讀易述》，（明）潘士藻撰，景印文淵閣四庫全書本，台灣商務印書館。

121. 《日講易經解義》，（清）牛鈕撰，景印文淵閣四庫全書本，台灣商務印書館。

122. 《周易折中》，（清）李光地等著，景印文淵閣四庫全書本，台灣商務印書館。

123. 《周易外傳》，（清）王夫之撰，景印文淵閣四庫全書本，台灣商務印書館。

124. 《易酌》，（清）刁包撰，景印文淵閣四庫全書本，台灣商務印書館。

125. 《喬氏易俟》，（清）喬萊撰，景印文淵閣四庫全書本，台灣商務印書館。

126. 《周易孔義集說》，（清）沈起元撰，景印文淵閣四庫全書本，台灣商務印書館。

127. 《豐川易說》，（清）王心敬撰，景印文淵閣四庫全書本，台灣商務印書館。

128. 《周易述》，（清）惠棟撰，景印文淵閣四庫全書本，台灣商務印書館。

129. （清）惠棟撰，皇清經解本，漢京文化事業出版。

130. 《易漢學》，（清）惠棟撰，皇清經解續編本，漢京文化事業出版。

131. （清）惠棟撰，景印文淵閣四庫全書本，台灣商務印書館。

132. 《周易考異》，（清）宋翔鳳撰，廣文書局。

133. 《六十四卦經解》，（清）朱駿聲撰，無求備齋易經集成，台北：成文出版社，民 65。

134. 《周易述義》，（清）汪由敦等奉勅撰，乾隆御纂，台北：新文豐出版，民國 68.10 初版。

135. 《易學史鏡》，（清）曹為霖撰，新文豐出版社，民 69.01 月初版。

136. 《周易本義爻徵》，（清）吳曰慎，成文出版社，嚴靈峯主編《無求備齋易經集成》第 83 冊，據清道光 26 年刊「惜陰軒叢書」本影印，民 65。

（二）其它

1. 《尚書注疏》，舊題（漢）孔安國傳，（唐）孔穎達疏，台北：藝文印書館，《十三經注疏》影印宋本嘉慶二十年江西南昌府學本，1993.09。

2. 《毛詩注疏》，（漢）毛亨傳、（漢）鄭玄箋，（唐）孔穎達疏，台北：藝文印書館，《十三經注疏》影印宋本嘉慶二十年江西南昌府學本，1993.09。

3. 《周禮注疏》，（漢）鄭玄注，（唐）賈公彥疏，台北：藝文印書館，《十三經注疏》影印宋本嘉慶二十年江西南昌府學開雕，1993.09。

4. 《儀禮注疏》，（漢）鄭玄注，（唐）賈公彥疏，台北：藝文印書館，《十三經注疏》影印宋本嘉慶二十年江西南昌府學開雕，1993.09。

5. 《禮記注疏》，（漢）鄭玄注，（唐）孔穎達疏，台北：藝文印書館，《十三經注疏》影印宋本嘉慶二十年江西南昌府學開雕，1993.09。

6. 《大戴禮記》，（漢）戴德撰，文淵閣四庫全書本，台灣商務印書館，1993.03。

7. 《春秋左傳注疏》，（晉）杜預注，唐孔穎達疏，台北：藝文印書館，《十三經注疏》影印宋本嘉慶二十年江西南昌府學開雕，1993.09。

8. 《春秋公羊傳注疏》，（漢）何休解詁、（唐）徐彥疏，台北：藝文印書館，《十三經注疏》影印宋本嘉慶二十年江西南昌府學開雕，1993.09。

9. 《論語注疏》，（魏）何晏集解、（宋）邢昺疏，台北：藝文印書館，《十三經注疏》影印宋本嘉慶二十年江西南昌府學開雕，1993.09。

10. 《論語集解義疏》，（魏）何晏著、（梁）皇侃疏，廣文書局，1978.07 再版。

11. 《論語正義》，（清）劉寶楠著，台灣中華書局：四部備要本，1981.09。

12. 《爾雅注疏》，（晉）郭璞注，（宋）邢昺疏，台北：藝文印書館，《十三經注疏》影印宋本嘉慶二十年江西南昌府學開雕，1993.09。

13. 《孟子注疏》，（漢）趙岐注，舊題（宋）孫奭疏，台北：藝文印書館，《十三經注疏》影印宋本嘉慶二十年江西南昌府學開雕，1993.09。

14. 《抱經堂本經典釋文》，（唐）陸德明著、（清）盧文弨，漢京文化事業有限公司，1880.02。

15. 《說文解字注》，（漢）許慎著、（清）段玉裁注，（民國）魯實先正補，黎明文化 事業公司，1993.07。

16. 《呂氏家塾讀詩記》，（宋）呂祖謙著，台灣商務印書館：四部叢刊本，1979.11。

17. 《詩集傳》，（宋）朱熹著，文淵閣四庫全書本，台灣商務印書館，1986.03。

18. 《四書章句集注》，（宋）朱熹著，大安出版社，1996.11。

19. 《文淵閣四庫全書總目：經部》，（清）紀昀、永瑢著，台灣商務印書館，1986.03。

20. 《四庫全書簡明目錄》，（清）永瑢、紀昀等撰，台灣商務印書館，1986.03。

二、史部

1. 《史記》，（漢）司馬遷撰，北京：中華書局，2003.7 二版。

2. 《漢書》，（漢）班固撰，（唐）顏師古注，北京：中華書局，1996.5 一版。

3. 《後漢書》，（南朝宋）范曄著，唐李賢等注，北京：中華書局，2003.8 一版。

4. 《三國志》，（晉）陳壽撰，裴松之注，北京：中華書局，2004.3 二版。

5. 《三國志》，百衲本二十四史，〔晉〕陳壽撰、〔宋〕裴松之注，宋紹熙刊本，上海涵芬樓藏本，臺北：臺灣商務印書館，1981.1

6. 《晉書》，（唐）房玄齡等著，鼎文書局出版，民 68 年 2 月 2 版。

7. 《隋書》，（唐）魏徵等著，鼎文書局出版，民 68 年 2 月 2 版。

8. 《舊唐書》，（後晉）劉昫等撰，北京：中華書局，2002.12 一版。

9. 《新唐書》，（宋）歐陽脩、宋祁著，北京：中華書局，2003.7 一版

10. 《宋史》，（元）脫脫撰，台北：鼎文書局，1983.11 三版。

三、子部

1. 《莊子口義》，（宋）林希逸著，弘道文化事業有限公司，民 61 出版。

2. 《莊子集解》，（清）王先謙著，華正書局，民 64 年出版。

3. 《莊子因》，（清）林雲銘著，廣文書局，民 57 出版。

4. 《南華經解》，（清）宣穎著，宏業書局，民 58 出版。

5. 《莊子集註》，（清）阮毓崧著，廣文書局，民 61 出版。

6. 《莊子集釋》，（清）郭慶藩，台北：天工書局，民 78.09 出版。

7. 《陸宣公奏議》，中華書局四部備要本，臺灣：中華書局出版，民國 55 年 3 月臺 1 版。

8. 《張子全書》，（宋）張載著，四部備要本，中華書局，民 55.03 台二版。

9. 《二程全書》，（宋）程顥、程頤著，四部備要本，中華書局，民 55.03 台二版。

9. 《朱子語類》，（宋）黎靖德編，文津出版社，1986.12。

10. 《宋元學案》，（清）黃宗羲原著、全祖望補修，華世出版社，1987.09 台一版。

四、集部

1. 《韓昌黎全集》，（唐）韓愈撰，中華書局出版四部備要本，民 55.03 月台一版。

2. 《歐陽文忠公集》，（宋）歐陽修著，台灣商務印書館四部叢刊，1979.11 一版。

3. 《欒城集》，（宋）蘇轍撰，台灣中華書局，1973 台二版。

4. 《陸象山先生全集》，（宋）陸象山撰，台灣中華書局，四部備要本。

5. 《絜齋集》，（宋）袁燮撰，台灣商務印書館：文淵閣四庫全書本，1986.07。

6. 《蒙齋集》，（宋）袁甫著，新文豐出版社，1984.06。

7. 《北溪大全集》，（宋）陳淳著，文淵閣四庫全書本，台灣商務印書館，1986.03。

8. 《五峰集》,（宋）胡宏著,台灣商務印書館:文淵閣四庫全書本,1986.07。

貳、近代著作

一、專書

（一）小學類

1. 《殷墟甲骨文引論》,馬如森,高雄:復文圖書出版社,1997.01 初版一刷。

2. 《遂公盨──大禹治水與爲政以德》,北京:保利藝術博物館編著,2002.10 第一版第一次印刷。

（二）易學類

1. 《易事理學序論》,劉百閔,學不倦齋出版,遠東發行,民 54.05 出版。

2. 《周易事理通義》,劉百閔,學不倦齋出版,遠東發行,民 54.06 初版。

3. 《胡瑗的義理易學》,林益勝,臺灣商務印書館出版,民 63 出版。

4. 《兩漢十六家易注闡微》,徐芹庭,台北:五洲出版,民 64 出版。

5. 《魏晉四家易研究》,簡博賢,台北:文史哲出版,民 75 出版。

6. 《易學源流》,徐芹庭,台北:國立編譯館主編,民 76 年 8 月初版。

7. 《易傳道德的形上學》,范良光,台灣商務印書館,1990.04 二版。

8. 《易學哲學史》,朱伯崑,藍燈出版社,民 80.09 初版。

9. 《周易研究史》,廖名春等著,湖南出版社,1991.07 一版。

10. 《易傳與道家思想》,陳鼓應,臺灣商務出版,1994。

11. 《周易縱橫談》,黃慶萱,台北:東大圖書公司,民 84.03。

12. 《比較易學論衡》,李煥明,台北:文史哲出版社,民 84.11 初版。

13. 《程伊川易學述評》,胡自逢,台北:文史哲出版,民 84.12 初版。

14. 《易經研究》,徐芹庭,台北:五洲出版,民 86 初版。

15. 《象數與義理》,張善文,台北:洪葉文化出版社,1997.01 初版一刷

16. 《兩漢象數易學研究》上下冊,劉玉建,廣西教育出版,1997.09 第三次印刷。

17. 《李光易學研究》,徐正桂,供學出版社,民 87 年 2 月初版。

18. 《易學乾坤》,黃沛榮,臺北:大安出版社,1998.08 出版。

19. 《周易全解》,金景芳、呂紹綱,台北:韜略出版社,民 88 年 11 月初版二刷。

20. 《易學識小》,胡自逢,台北:文史哲出版,民 89 年 3 月初版。

21. 《二十世紀中國易學史》,楊慶中,北京人民出版社,2000.02 月 1 版。

22. 《簡帛思想文獻論集》，王博著，台灣古籍出版有限公司，2001.05 初版一刷。

23. 《易經系統觀》，牛實爲，廣東珠海出版社，2001.07 第 1 版。

24. 《《周易》異文校証》，吳新楚，廣東人民出版社，2001.08 第一版。

25. 《周易時義研究》，林文欽，國立編譯館出版，鼎文總經銷，民 91 出版。

26. 《周易學說》，馬振彪遺著、張善文整理，廣東花城出版社，2002.01 一版。

27. 《細説易經六十四卦》上下冊，徐芹庭，北京：中華書店，2002.08 一版

28. 《大易集說》，劉大鈞主編，巴蜀書社，2003.06 一版。

29. 《解讀不盡的寶藏——神妙的周易智慧》，王新春，北京：新華書店，2004.05。

30. 《阜陽漢簡《周易》研究》，韓自強著，上海古籍出版社，2004.07 一版。

31. 《易學與史學》，吳懷祺，台北：大展出版社，2004.12 初版。

32. 《義理易學鉤玄》，林麗眞，台北：大安出版社，2004.11 出版。

33. 《臺灣易學史》，賴貴三主編，台北：里仁書局，2005.02 初版。

34. 《周易辭海》，郭文友，四川巴蜀書社，2005.05 第 1 版。

35. 《和境——易學與中國文化》，張立文主編 莫艮副主編，北京：人民出版社，2005.03 第一版。

36. 《周易古史觀》，胡樸安，上海古籍出版社，2005.08 第 1 版

37. 《易學與生態環境》，楊文衡，台北：大展出版社，2005.08 初版。

38. 《周易經傳研究》，楊慶中，北京商務印書館，2005.11 第 1 版。

39. 《歷代易學要籍解題》，張善文，台北：頂淵文化事業，2006.02 初版。

40. 《歷代易家考略》，張善文，台北：頂淵文化事業有限公司，2006.02 初版。

41. 《漢宋易學解讀》，余敦康，北京：華夏出版社，2006.07 一版。

42. 《易學思想與時代易學論文集》，賴貴三，台北：國立編譯館，2007 年初版。

43. 《大易集釋》，劉大鈞主編，上海古籍出版社，2007.05 一版。

44. 《周易古義老子古義》，楊樹達，上海古籍出版社，2007.06 第 1 版。

45. 《朱震的易學視域》，唐琳，北京：中國書店，2007.07 第 1 版第 1 次印刷。

46. 《漢唐巴蜀易學研究》，金生楊，四川：巴蜀書社，2007.08 第 1 版。

47. 《項安世《周易玩辭》研究》，賴貴三，古典文獻研究輯刊五編第 14 冊，台北：花木蘭文化出版社，2007.09 初版。

（三）經學類

1. 《春秋三傳比義》，胡樸隸，台灣商務印書館出版。

2. 《中國經學史的基礎》，徐復觀，台北：學生書局，民 71。

3. 《經學歷史》，皮錫瑞，台北：藝文印書館，1996.08 初版。

4. 《經子解題》，呂思勉，台灣商務印書館，1996.05 台二版。

5. 《經學史》，日·安井小太郎，林慶彰等譯，台北：萬卷樓圖書公司，1996.10 初版。

6. 《經學研究論叢》，林慶彰主編，台北：學生書局出版。

7. 《經學通論》，葉國良等編著，台北：國立空中大學出版，民 85.01 初版。

8. 《四書章句集注》，（宋）朱熹著，台北：大安出版社，1996.11。

9. 《群經概論》，周子同，台灣商務印書館，1997.01 台一版。

10. 《兩漢經學今古文平議》，錢穆，聯經出版社，收入《錢賓四先生全集》。

11. 《東漢讖緯學新探》，黃復山，台北：學生書局，2000.02 初版。

12. 《古今兼綜——兩漢經學》，王葆玹，台北：萬卷樓圖書公司，民 90 出版。

13. 《宋代經學之研究》，汪惠敏，台北：師大書苑出版，1989.04。

14. 《宋明經學史》，章權才，廣東人民出版社，1999.09。

15. 《明代經學研究論集》，林慶彰，台北：文史哲出版社，民 83 年 5 月初版。

16. 《清初的群經辨偽學》，林慶彰，台北：文津出版，民 79 年 3 月出版。

17. 《通志堂經解研究論集》，林慶彰、蔣秋華主編，中研院文哲所出版，2005.08。

18. 《尚書釋義》，屈萬里，台北：中國文化大學出版部，民 84 年 7 月二版。

19. 《詩經研究史概要》，夏傳才，台北：萬卷樓圖書公司，1993.07。

20. 《論語體認》，姚式川，台北：東大圖書公司，1993.11。

（四）史學類

1. 《中國通史》，李方晨，三民書局，民 81 年 2 月 6 版。

2. 《中國史學史》，潘德深、王仲孚，台北：五南圖書公司出版，民 83 初版。

3. 《二十五史新編——修訂版》，李國章、趙昌平主編，上海古籍出版社，1997 年 11 月第 1 版，2004 年 3 月第 4 次印刷。（1、《史記》2、《漢書》3、《後漢書》4、《三國志》5、《西晉書》《東晉書》6、《宋書》《南齊書》《梁書》《陳書》7、《魏書》《北齊書》《周書》《隋書》8、《唐書》9、《五代史》10、《北宋史》《南宋史》11、《遼史》《金史》《西夏史》12、《元史》13、《明史》14、《清史》15、《晚清史》）

4. 《中國通史》（修訂本），白壽彝總主編，上海人民出版社，2004.07 第 1 版。

5. 《二十四史全譯》，許嘉璐主編，漢語大詞典出版社，2004 年出版。

6. 《中國歷史——先秦卷》，張豈之主編，北京：高等教育出版社，2006.04 出版。

7. 《中國歷史——秦漢魏晉南北朝卷》，張豈之主編，北京：高等教育出版社， 2005.11 第 1 版第 6 次印刷。

8. 《中國歷史——隋唐遼宋金卷》，張豈之主編，北京：高等教育出版社，2006.04 第 7 次印刷。

9. 《中國通史》上冊，傅樂成，台北：大中國圖書公司，民國 93.03 三十版。

10. 《中國通史》下冊，傅樂成，台北：大中國圖書公司，民國 92.10 三十版。

11. 《南宋高宗偏安江左原因之探討》，張峻榮，台北：文史哲出版，1986.03。

12. 《宋史研究集》，台北：國立編譯館出版，1997.12 初版。

13. 《中國古代文明十講》，李學勤，上海：復旦大學出版社，2005.09 月第 1 版。

14. 《隋唐五代史》上下冊，王仲犖，北京：中華書局出版，2007.11 月第 1 版。

（五）思想類

（1）中國哲學

1. 《中國哲學發展史》，任繼愈主編，北京：人民出版社，1985.02 初版。

2. 《中國哲學範疇精粹叢書——理》，張立文主編，中國人民大學出版社，1989.03 一版。

3. 《中國哲學大綱》，張岱年，台北：藍燈文化事業公司，81 年 4 月出版。

4. 《新編中國哲學史》，勞思光，台北：三民書局，民 82 年 8 月七版。

5. 《中國思想史》，韋政通，台北：水牛出版社，民 83 年 4 月出版。

6. 《中國哲學範疇精粹叢書——道》，張立文主編，漢興書局，1994.05 初版。

7. 《中國哲學認識論》，羅光，台北：學生書局，民 84.12 初版。

8. 《中國哲學範疇發展史(人道篇)》，張立文，中國人民大學出版社，1995.08 初版。

9. 《中華道統思想發展史》，蔡方鹿，中華道統出版社，1996.02 初版。

10. 《中國哲學範疇精粹叢書——心》，張立文主編，七略出版社，1996.11 初版。

11. 《中國哲學範疇精粹叢書——性》，張立文主編，中國人民大學出版社，1996.02 初版。

12. 《中國哲學思想史・先秦篇》，羅光，臺灣：學生書局，民 85 出版。

13. 《中國哲學思想史・元明篇》，羅光，臺灣：學生書局，民 85 出版。

14. 《中國哲學現代觀》，李日章，高雄：復文圖書公司，民 86 年 10 月修定版。

15. 《中國思想史》，張豈之主編，臺北：水牛出版社，89 年 7 月一版五刷

16. 《中國學術思想史論叢》，錢穆，台北：聯經出版社，收入《錢賓四先生全集》。

17. 《中國哲學史》，王邦雄、岑溢成、楊祖漢、高柏園編著，空大圖書公司，民 89 年 4 月初版三刷。

18. 《中國學術思想史》，林啟彥，台北：書林出版，2000.12 一版五刷。

19. 《中國哲學思想批判》，韋政通，水牛出版社，民 89 再版。

20. 《古代思想文化的世界——春秋時代的宗教倫理與社會思想》，陳來，北京：三聯書店出版，2009.04 一版。

（2）先秦諸子

1. 《先秦諸子學》，嵇哲，洪氏出版社，71 年 1 月再版。

2. 《先秦諸子繫年》，錢穆，聯經出版社，收入《錢賓四先生全集》。

3. 《先秦道法思想講稿》，王叔岷，中研院文哲所出版，民 81 年 5 月。

4. 《先秦諸子論叢》，唐端正，台北：三民書局，民 84.11 四版。

5. 《先秦儒道舊義新知錄》，何師澤恆，台北：大安出版社，2004.08 第 1 版。

6. 《論語新解》，錢穆，聯經出版社，收入《錢賓四先生全集》。

7. 《孔子》，韋政通，台北：東大圖書公司，1996.10 初版。

8. 《孔子傳》，錢穆，蘭臺出版社，民 89.11 出版。

9. 《孔孟荀哲學》，蔡仁厚，台北：學生書局，1999.09 初版五刷。

10. 《老子四種——老子王弼注　老子河上公注　馬王堆帛書老子郭店竹簡老子》，（魏）王弼等著，台北：大安出版社，1999.02 初版。

11. 《老莊哲學》，胡哲敷，台灣中華書局，民 68.02 台七版。

12. 《莊老通辨》，錢穆，台北：東大圖書公司，民 80.12 出版。

13. 《莊子纂箋》，錢穆，聯經出版社，收入《錢賓四先生全集》。

14. 《莊子總論及分篇評注》，李勉，台灣商務印書館，民 79.08 出版。

15. 《莊學研究》，崔大華，北京：人民出版社，1997.05 出版。

（3）**儒家哲學**

1. 《儒家哲學》，梁啓超，台灣中華書局，民 69 台七版。
2. 《董仲舒與新儒學》，黃朴民，台北：文津出版社，民 81 年。
3. 《儒家的心學傳統》，楊祖漢，台北：文津出版社，1992.06 初版。
4. 《儒家哲學片論》，吳光，允晨出版，民 82.08 初版二刷。
5. 《原始儒家道家哲學》，方東美，黎明文化事業公司，民 82.06 四版。
6. 《儒家生命哲學》，羅光，台北：學生書局，民 84.09 初版。
7. 《儒家哲學》，吳汝鈞，台灣商務印書館，1995.12 初版。
8. 《儒家哲學的體系續編》，羅光，台北：學生書局，民 85 出版。

（4）**魏晉玄學**

1. 《兩漢魏晉之道家思想》，陶建國，台北：文津出版社，民 75 初版。
2. 《郭象與魏晉玄學》，湯一介，谷風出版，1987 出版。
3. 《王弼》，林麗真，台北：東大圖書公司，1988.07 初版。
4. 《魏晉思想史》，許抗生，台北：桂冠圖書公司，1992.02 初版。
5. 《魏晉玄談》，孔繁，台北：洪葉出版社，1994.02 初版。
6. 《郭象》，湯一介，台北：東大圖書公司，1999.01 初版。

（5）**宋明清學術**

1. 《宋儒風範》，董金裕，台北：東大圖書公司，1979.10 初版。
2. 《宋明理學研究》，張立文，中國人民大學出版社，1985.07 初版。
3. 《宋明道學》，孫振青，千華書局，1986.9 初版。
4. 《宋明理學史（上下）》，候外廬、邱漢生，張豈之主編，人民出版社，1987.06 初版。
5. 《中國宋代哲學》，石訓等著，河南人民出版社，1992.12 初版。
6. 《宋明理學——南宋篇》，蔡仁厚，台北：學生書局，1993.09 增版。
7. 《宋明理學》，陳來，遼闊教育出版社，1994.09 初版。
8. 《宋明理學——北宋篇》，蔡仁厚，台北：學生書局，1995.08 初版。
9. 《宋明理學之概念與歷史》，陳榮捷，中研院文哲所出版，1996.06 初版。
10. 《宋明理學概述》，錢穆，台北：學生書局，1996.09。
11. 《程顥程頤與中國文化》，蔡方鹿，貴州人民出版，民 85。
12. 《程明道思想研究》，張德麟，台北：學生書局，1986.03 初版。
13. 《程顥・程頤》，李日章，台北：東大圖書公司，1986.10 出版。
14. 《南宋陸學》，崔大華，北京：中國社會科學出版社，1984.05 第 1 次印刷。

15. 《呂東萊之文學與史學》，劉昭仁，台北：文史哲出版社，民 75.1 初版。

16. 《朱熹思想研究》，張立文，谷風出版社，1986.10 出版。

17. 《朱熹》，陳榮捷，台北：東大圖書公司，1990.02 初版。

18. 《朱熹哲學思想》，金春峰，台北：東大圖書公司，1998.05 初版。

19. 《楊簡》，鄭曉江、李承貴著，台北：東大圖書公司，1996.10 初版。

20. 《楊萬里評傳》，張瑞君，南京大學出版社，《中國思想家評傳叢書》第 95 冊，2006.4 第一版第 2 次印刷。

21. 《中國近三百年學術史》，錢穆，台北：台灣商務印書館，1995.09 台二版。

（6）四庫學

1. 《四庫提要辨證》，余嘉錫，台北：藝文出版社，民 54 年初版。

2. 《文化視野下的《四庫全書總目》》，周積明，北京：中國青年出版社，2001.10 北京第 1 版。

3. 《《四庫全書總目》學術思想研究》，張傳峰，上海：學林出版社，2007.06 第 1 版 1 刷。

（7）佛學

1. 《曹源一滴水——介紹禪宗》，陳光天，台北：台灣商務印書館，1992.08。

2. 《六祖壇經箋註》，丁福保箋註，台北：新文豐出版社，1993.12 初版。

3. 《印度佛學的現代詮釋》，吳汝鈞，台北：文津出版社，1995.06 二刷。

4. 《中國佛學的現代詮釋》，吳汝鈞，台北：文津出版社，1995.06 初版。

5. 《金剛經哲學的通俗詮釋》，吳汝鈞，台灣商務印書館，1997.02。

6. 《佛教思想發展史論》，楊惠男，台北：東大圖書公司，1997.08 再版。

7. 《中國佛性論》，賴永海，佛光文化事業有限公司，1997.09 初版。

8. 《經典禪詩》，吳言生，台北：東大圖書公司出版，2002.11 初版一刷。

二、學位論文

1. 《宋人疑經改經考》，葉國良，國立台灣大學文史叢刊，1978.06。

2. 《歐陽修之經史學》，何澤恆，國立台灣大學文史叢刊，1975。

3. 《兩漢尚書學及其對當時政治的影響》，李偉泰，國立台灣大學文史叢刊，民 65.06 初版。

4. 《王弼及其易學》，林麗真，國立台灣大學文史叢刊，民 66.02 初版。

5. 《北宋易學考》，王基西，臺灣師範大學國文所碩論，民 67。

6. 《兩漢儒學研究》，夏長樸，國立台灣大學文史叢刊，民 67.02 初版。

7. 《張載易學之研究》，陳正榮，臺灣師範大學國文所碩論，民 68。

8. 《馬浮研究》，劉又銘，政治大學中文研究所碩士論文，民 73。

9. 《朱子易學研究》，江弘毅，臺灣師範大學國文所碩論，民 74。

10. 《伊川易學研究》，江超平，臺灣師範大學國文所碩論，民 75。

11. 《楊萬里易學之研究》，黃忠天，高雄師範大學國文所碩論，民 77。

12. 《項安世《周易玩辭》研究》，賴貴三，臺灣師範大學國文所碩論，民 78。

13. 《俞琰生平與易學》，林文鎮，臺灣師範大學國文所碩論，民 79。

14. 《宋易大衍學研究》，江弘毅，台灣大學中文所博士論文，民 80 年 6 月。

15. 《朱子以理學詮釋易學之研究》，金尚燮，臺灣大學哲學研究所博論，民 80。

16. 《王弼及程頤易學思想之比較研究》，周芳敏，臺大中文所碩論，民 81。

17. 《朱震《漢上易傳》研究》，陳志淵，臺灣師範大學國文所碩論，民 82 年。

18. 《南宋心學易研究》，康雲山，高雄師範大學國文所博論，民 83 年。

19. 《俞琰易學思想研究》，林志孟，中國文化大學中文所博論，民 83。

20. 《宋代史事易學研究》，黃忠天，高雄師範大學國文所博論，民 84 年。

21. 《李光史事易研究》，林麗雯，臺灣師範大學國文所碩論，民 84。

22. 《先秦兩漢的隱逸》，王仁祥，國立臺灣大學文史叢刊，民 84.05 初版。

23. 《吳澄易學研究》，涂雲清，國立臺灣大學中文所碩論，民 87 年。

24. 《紀昀與乾嘉學術》，張維屏，國立臺灣大學文史叢刊，民 87.06 初版。

25. 《從伊川易傳探伊川思想》，蔡府原，臺灣師範大學國文所碩論，民 88。

26. 《化經學為心學──論慈湖之經學思想與理學之開新》，劉秀蘭，臺灣大學中文所碩士論文，民 88。

27. 《周易美學觀探微》，戴妙全，台灣師範大學國文所碩論，民 88 年。

28. 《《易傳》陰陽思想研究》，劉馨潔，臺灣師範大學國文所碩論，民 89 年。

29. 《周濂溪「天人關係」研究》，潘南霏，淡江大學中文所碩論，民國 89 年。

30. 《魏晉易學「生生」思想研究》，李瑋如，臺灣師範大學國文所碩論，民 89。

31. 《宋元易學的復古運動》，許維萍，東吳大學中文所博論，民 90。

32. 《周易象傳研究》，顏榮發，高雄師範大學國文所碩論，民 90.12。

33. 《朱熹醫、易會通研究》，楊雅妃，高雄師範大學國文所博論，民 92。

34. 《胡瑗《周易口義》明體達用研究》，戴琡蓉，輔大中文所碩論，民 92。

35. 《元代《易》學的時位觀》，涂世元，政治大學中文所碩論，民 92 年。

36. 《《誠齋易傳》研究》，簡世和，中興大學中文所碩論，民 93。

37. 《胡瑗易學哲學研究》，吳茂松，佛光人文社會學院哲研所碩論，民 93。

38. 《朱熹易學研究——對程頤易學的傳承與開新》，楊國寬，玄奘大學中文所碩論，民 93。

39. 《《郭氏傳家易說》研究》，盧佩宏，高雄師範大學國文教學碩士論文，民 94。

40. 《鄭剛中易學研究》，林鴻翎，銘傳大學應用中文系在職專班碩論，民 95。

41. 《《東坡易傳》研究》，楊子萱，政治大學哲研所碩論，民 95。

42. 《金士升易學研究》，陳韋銓，高雄師範大學經學研究所碩士論文，民 95.06。

43. 《《程氏易傳》研究》，劉樂恒，華東師範大學哲學系碩士論文，2006 年。

44. 《張載《橫渠易說》研究芻議》，馬鑫炎，陝西師範大學碩士論文，2007 年。

三、期刊論文

1. 〈宋儒的歷史觀〉，張壽平著，孔孟月刊：第十一卷第三期，民 61.11。

2. 〈程頤、程顥在中國經學史上的地位〉，蔡方鹿，《經學研究論叢》第二輯，（聖環圖書公司，1994.10）。

3. 〈程頤易學的特點及其在中國易學史上的地位〉，蔡方鹿，《周易研究》總第 19 期，1994 年第 1 期。

4. 〈易經對人類三大問題的提出及其解決之道〉，高懷民，收錄在《詮釋與創造——傳統中華文化及其未來發展》沈清松主編，聯經出版社，民 84 年。

5. 〈朱熹的易學解釋學〉，李蘭芝，《周易研究》，1997 年第 2 期。

6. 〈略論「參證史事」的楊萬里易學〉，傅榮賢，《周易研究》，1997 年第 3 期。

7. 〈王安石易學與其新學及洛學〉，耿亮之，《周易研究》，1997 年第 4 期。

8. 〈《易經》形式結構中所蘊涵之義理〉，黃沛榮，《漢學研究》第 19 卷第 1 期（民 90.06）

9. 〈引史證經 義取鑑戒——楊萬里《誠齋易傳》試探〉，胡楚生，《興大人文學報》第三十二期（2002.06）。

10. 〈《用易詳解》論述〉，劉秀蘭，《經學研究論叢》第十二輯，民 93.12。

11. 〈《莊子》的生死觀〉，劉秀蘭，《問學》第八期，民 94.06。

12. 〈《用易詳解》對孔子的論述〉，劉秀蘭，《孔子學術思想》，民 94.9.28。

13. 〈《莊子》之知識論探究〉，劉秀蘭，《問學》第九期，94.12。

14. 〈《詩經》愛情詩的表現方式——以男女交往爲題〉，劉秀蘭，《東方人文學誌》第五卷第三期，2006.09。

15. 〈「程頤之學本於至誠」的觀點論略〉，劉秀蘭，《經學研究論叢》第十四輯，2006.12。

16. 〈史事宗易學研究方法析論〉，黃忠天，《周易研究》，2007 年第 5 期。

17. 〈《程氏易傳》的成書及流傳考〉，姜海軍，《周易研究》，2007 年第 5 期。

18. 〈論林希元《易經存疑》的義理發揮與致用思想〉，楊自平，《中國文哲研究集刊》第三十二期，2008 年 3 月。

四、論文集

1. 〈《周易程氏傳》思想研究〉，金春峰：《周易研究論文集》，（北京師範大學出版，1990.05 一版）。

2. 〈論以史治易〉，林忠軍收入《國際易學研究》第五輯，北京華夏出版，1999 年 9 月。

3. 〈《童溪易傳》對孟子及其思想的引述〉，劉秀蘭，第一屆青年經學學術研討會，94.11.24

4. 〈從《易》占試論儒道思想的起源——兼論易乾坤陰陽字義〉，鄭吉雄，《經學研究論叢》第十四輯，林慶彰主編，臺灣學生書局，2006.12。

5. 〈以史証《易》與史事宗〉，曾華東，收入《大易集釋》中，上海古籍出版社，2007.5 一版。

6. 〈周易與道家的隱逸思想〉，商原李剛，收入《大易集釋》中，上海古籍出版社，2007.5 一版。

7. 〈李覯的易學和經世致用〉，韓鄭炳碩，收入《大易集釋》中，上海古籍出版社，2007.5 一版。

8. 〈《易・坤・六二》爻義重探〉，何師澤恆，屈萬里先生百歲誕辰國際學術研　討會論文集，國家圖書館等主編，2007.5。

9. 〈論上博楚竹書《周易》的易學符號與卦序——濮著《楚竹書《周易》研究》讀後〉，何師澤恆，臺大中文學報第三十期，2009.6。

附錄一 「中國歷史人物與《易經》卦爻辭的比附對應」

（以宋《易》爲主）

簡稱對照表：

書　名	簡　稱	書　名	簡　稱
《周易口義》	《口》	《溫公易說》	《溫》
《東坡易傳》	《東》	《伊川易傳》	《伊》
《吳園易解》	《吳》	《周易新講義》	《講》
《紫巖易傳》	《紫》	《讀易詳說》	《讀》
《易小傳》	《小》	《漢上易傳》	《漢》
《周易窺餘》	《窺》	《易變體義》	《變》
《周易經傳集解》	《栗》	《郭氏傳家易說》	《郭》
《周易義海撮要》	《海》	《楊氏易傳》	《楊》
《周易玩辭》	《玩》	《誠齋易傳》	《誠》
《大易粹言》	《粹》	《厚齋易學》	《厚》
《童溪易傳》	《童》	《周易總義》	《總》
《西谿易說》	《西》	《易翼傳》	《翼》
《周易輯聞》	《輯》	《用易詳解》	《用》
《淙山讀周易》	《淙》	《周易傳義附錄》	《附》
《周易集說》	《琰》	《泰軒易傳》	《泰》
《易外傳》	《外》	《周易本義爻徵》	《徵》

歷史人物表：→（4122：第四章→第一節→二→（二））

歷史人物	歷史人物	歷史人物
殷高宗 312 / 3311	傅說 3311 / 3313	殷紂王 316 / 6216
飛廉、惡來 325	姜太公 4223	周宣王
周平王 7111	周幽王 316	魯桓公 6213
宮之奇	魯昭公 3333	孔子 6117
曾子	顏闔 6117 樊姬 6114	商鞅 5113
秦始皇 521	秦二世 316 / 326 / 522	李斯 6221 / 6222
叔孫通 4222	項羽 5151/6	漢高祖 8221
蕭何 4125	張良 6123	陳平、周勃 4143
韓信 4125	漢文帝 3213 / 4125	文景之治 5152
賈誼、晁錯	漢武帝 4141 / 521 / 6216 / 7311	馬邑之謀 323
衛青 3323	公孫弘 6224	汲黯 3216
漢昭帝 3412 / 4142 / 5131	霍光 3333	霍氏諸子 3333
張安世 3323/7112	漢元帝 6211	漢成帝 6214
揚雄 6221 / 孟光	漢光武帝 314	嚴光 4122
明德馬皇后 6116	呂強 3211	馬援
梁冀 324	申屠蟠 4224	陳寔 4225
董卓 324	王允	呂布 6221
荀彧	劉備	孔明 3412
曹丕 7231	高貴鄉公 3333	阮籍 6226
桓溫 324	唐太宗 322/4134/7232	房、杜 4121
魏徵 3213 / 4134	唐高宗 6214	武則天 6225
狄仁傑 3211	五王 4136	韋后 6225
唐玄宗 421	李林甫 4211	楊國忠
安史之亂 421	唐肅宗	郭子儀
房琯 323	唐代宗 4224/6212	唐德宗 317 / 6217
陸贄 317 / 6217	唐憲宗 6215	裴度 6215

【商朝】

◎「以杞包瓜」〈姤・九五〉的殷高宗《口》

《周易口義》：〈乾・九二〉〈姤・九五〉〈既濟・九三〉〈未濟・九四〉。《東坡易傳》：〈既濟・九三〉。《伊川易傳》：〈姤・九五〉〈既濟・九三〉。《吳園周易解》：〈既濟・初九〉。《紫巖易傳》：〈大畜・象曰〉〈大畜・象曰〉〈坎・六四〉〈咸・九五〉〈巽・九二〉〈既濟・九三〉。《讀易詳說》：〈蒙・象曰〉〈頤・上九〉〈益・象曰〉〈既濟・九三〉。《易小傳》：〈鼎・論曰〉〈既濟・九三〉〈未濟・九四〉。《漢上易傳》：〈既濟・九三〉。《周易窺餘》：〈大有・六五〉〈既濟・九三〉〈未濟・九四〉。《易變體義》：〈解・上六〉〈鼎・六五〉〈小過・六二〉〈既濟・九三〉〈既濟・六四〉〈未濟・六五〉。《周易經傳集解》：〈蒙・六五〉〈需・卦辭〉〈既濟・九三〉。《郭氏傳家易說》：〈蒙・六五〉〈大有・象曰〉〈蠱・象曰〉〈既濟・九三〉〈未濟・九四〉。《周易義海撮要》：〈乾・上九〉〈泰・六五〉〈姤・九五〉〈既濟・九三〉〈未濟・九四〉。《復齋易說》：〈既濟・九三〉。《楊氏易傳》：〈既濟・九三〉。《周易玩辭》：〈既濟・三四〉〈未濟・未濟九四既濟九三〉。《誠齋易傳》：〈蒙・六五〉〈泰・六五〉〈臨・九二〉〈賁・六五〉〈无妄・初九〉〈晉・六五〉〈睽・九二〉〈井・九三〉〈艮・六五〉〈渙・九二〉〈既濟・六四〉。《大易粹言》：〈蒙・六五〉〈大有・象曰〉〈蠱・象曰〉〈大畜・象曰〉〈姤・九五〉〈既濟・九三〉〈未濟・九四〉。《厚齋易學——易輯注》：〈既濟・九三〉。《厚齋易學——易輯傳》：〈泰・六五〉〈大畜・卦辭〉〈鼎・九三〉〈艮・六五〉〈既濟・九三〉〈既濟・九五〉。《童溪易傳》：〈无妄・九五〉〈既濟・象曰〉〈既濟・九三〉。《周易總義》：〈蠱・六五〉〈既濟・九三〉。《西谿易說》：〈升・九二〉〈鼎・九三〉〈既濟・九三〉〈既濟・九五〉。《易通》：〈既濟・九三〉。《周易卦辭經傳訓解》：〈既濟・九三〉《易翼傳》：〈需・卦辭〉〈比・初六〉〈益・六二〉〈姤・九五〉〈既濟・九三〉〈未濟・九四〉。《周易輯聞》：〈泰・六五〉〈大畜・卦辭〉〈既濟・九三〉〈未濟・九四〉。《用易詳解》：〈大畜・象曰〉〈遯・上九〉〈姤・九五〉〈既濟・九三〉〈未濟・九四〉。《淙山讀周易》：〈既濟・九三〉。《周易傳義附錄》：〈泰・六五〉〈姤・九五〉〈既濟・九三〉。《周易集說》：〈既濟・九三〉。《易象義》：〈鼎・九三〉〈既濟・九三〉〈既濟・九五〉。

解說：

一、「以杞包瓜」的殷高宗：（殷高宗）武丁在祭祀成湯時，發生雉（野雞）飛上鼎耳啼叫的不吉之兆。武丁恐懼，謀於祖己，祖己勉之修政行德。又夢舉傅說，提拔賢士，如杞樹對瓜的包納，而殷果大治，武丁遂成為中興之君。（〈姤·九五〉《口》）

二、「利見大人」的殷高宗：高宗得傅說是「利見大人」。傅說是難得的治國之才，所以對高宗來說，是大人，也如同貴人。（〈乾·九二〉《口》）。

三、「童蒙之吉」的殷高宗：高宗對傅說是學而後臣之，即以一種學習的心態來就教於傅說的，而傅說也不吝指正高宗，如同對童蒙的啟發一般，「高宗自以其德弗類而學於傅說」（《誠》），「學焉而後臣」（《郭》），「高宗之於傅說，皆學然後臣之。」（《粹·引楊龜山之語》）。（見〈蒙·六五〉）

四、「伐鬼方」的殷高宗：高宗伐鬼方，為執政的敗筆。宋《易》認為從「小人勿用」〈既濟·九三〉這一爻辭來看，高宗恐曾有用小人的記錄。

◎「利涉大川」〈頤·上九〉的傅說《讀》

《周易口義》：〈乾·九二〉〈姤·九五〉。《吳園周易解》：〈離·六二〉。《紫巖易傳》：〈大畜·象曰〉〈大畜·象曰〉〈坎·六四〉〈巽·九二〉。《讀易詳說》：〈蒙·象曰〉〈頤·上九〉〈益·象曰〉〈既濟·九三〉。《易小傳》：〈鼎·論曰〉。《周易窺餘》：〈大有·六五〉。《易變體義》：〈鼎·六五〉〈小過·六二〉〈既濟·六四〉。《郭氏傳家易說》：〈蒙·六五〉〈蠱·象曰〉。《周易義海撮要》：〈姤·九五〉〈困·卦辭〉。《誠齋易傳》：〈蒙·六五〉〈咸·六二〉〈睽·九二〉〈井·九三〉〈井·九五〉〈漸·六二〉〈既濟·六四〉。《大易粹言》：〈乾·初九〉〈蒙·六五〉〈蠱·象曰〉。《厚齋易學》：〈大畜·象曰〉〈升·九二〉。《童溪易傳》：〈无妄·九五〉〈既濟·象曰〉。《西谿易說》：〈升·九二〉。《易翼傳》：〈需·卦辭〉〈比·初六〉。《周易輯說》：〈中孚·九二〉。《用易詳解》：〈大畜·象曰〉〈大畜·初九〉〈姤·九五〉〈既濟·九三〉〈未濟·九四〉。

說明：

一、「有隕自天」的傅說：高宗在「夢」中遇傅說。傅說上天被高宗求才之誠所感動，所以降下傅說以輔之，佐高宗成為中興之主。（「高宗感於夢寐」〈姤·九五〉《伊》），（「商高宗恭默思道，夢寐求賢，得傅說。」〈大畜·象曰〉《紫》），（「高宗之傅說得之於帝夢」〈姤·九五〉《用》）。

二、「利涉大川」的傅說：高宗對傅說倚重甚深，如同舟楫，助高宗涉大川，
理國政。（〈頤‧上九〉〈益‧卦辭〉《讀》）。

◎「初登于天，後入于地」〈明夷‧上六〉的殷紂王《周易集解》

《周易集解》：〈明夷‧上六〉。《讀易詳說》：〈明夷‧上六〉。《用易詳解》：〈明
夷‧上六〉。

一、「初登于天，後入于地」的殷紂王：紂王居天子之位，資辨捷疾，聞見甚
敏，又材力過人，簡直就如日之升天，可謂尊貴至極，前景一片看好；
然沈溺聲色，嬖婦人，唯「妲己之言是從」。不僅作淫聲，以爲靡靡之樂；
又「酒池肉林」，男女相俱，爲長夜之飲。狗馬奇物，更是充斥宮室。而
縱欲敗度，不敬鬼神的後果，也終於讓他徹底亡國毀滅，此時即如日之
入于地。可以說直接從光明墮落到黑暗，從天上跌落入谷底，終成殷商
朝政的終結者。

二、「夬履」的殷紂王：紂王剛愎拒諫，殺比干，比干諫而死，又能手格猛獸，
力大無窮，不僅「知足以距諫」，「言足以飾非」，又不聽人勸，「以爲皆
出己下」，終於成爲中國歷史上最出色的暴君。

◎「入于左腹，獲心意」〈明夷‧六四〉的飛廉惡來《口》

《周易口義》：〈明夷‧六四〉。《吳園周易解》：〈明夷‧六四〉。《讀易詳說》：
〈明夷‧六四〉。《周易經傳集解》：〈否‧卦辭〉〈否‧上九〉。《誠齋易傳》：〈剝‧
上九〉〈明夷‧六四〉〈艮‧六二〉。《童溪易傳》：〈屯‧上六〉〈剝‧上九〉。《周
易總義》：〈明夷‧六四〉。《用易詳解》：〈遯‧九四〉〈明夷‧六四〉〈明夷‧
上六〉。《涼山讀周易》：〈明夷‧九三〉〈明夷‧六四〉。

一、「入于左腹，獲心意」的飛廉惡來：「入于左腹」，即以陰邪之心虜獲主上
歡心，而投其所好，如飛廉、惡來的邪佞，因之能成爲紂王腹心之臣，
出門庭作威作福，危害天下。

【周朝】

◎「歸妹愆期，遲歸有時」〈歸妹‧九四〉的姜太公《微》

《周易口義》：〈乾‧九二〉〈屯‧卦辭〉〈隨‧象曰〉〈蹇‧九五〉。《溫公易說》：
〈姤‧象曰〉。《橫渠易說》：〈師‧卦辭〉。《伊川易傳》：〈蠱‧上九〉。《吳園

周易解》：〈蹇・卦辭〉。《周易新講義》：〈明夷・六五〉。《紫巖易傳》：〈師・九二〉〈屯・六二〉〈剝・象曰〉〈遯・六二〉〈明夷・六二〉〈明夷・六四〉〈蹇・初六〉〈萃・象曰〉〈革・六二〉。《讀易詳說》：〈乾・九五〉〈觀・六四〉〈夬・象曰〉〈升・卦辭〉〈升・六五〉。《漢上易傳》：〈師・卦辭〉〈蠱・上九〉〈蹇・初六〉。《易變體義》：〈坤・六二〉〈解・九四〉〈漸・上九〉。《周易經傳集解》：〈泰・九二〉〈賁・上九〉〈大畜・上九〉〈明夷・初九〉〈明夷・六四〉。《郭氏傳家易說》：〈師・卦辭〉〈否・象曰〉〈否・九四〉〈賁・六五〉。《周易義海撮要》：〈乾・文言・九三〉〈乾・九二〉〈蠱・上九〉〈遯・上九〉〈蹇・九五〉。《周易玩辭》：〈師・師貞〉〈師・丈人吉无咎〉。《誠齋易傳》：〈師・卦辭〉〈大畜・象曰〉〈比・卦辭〉〈咸・六二〉〈賁・初九〉〈明夷・初九〉〈明夷・六二〉〈升・初六〉〈升・九二〉。《大易粹言》：〈乾・九二〉〈師・卦辭〉〈泰・九二〉〈否・象曰〉〈否・九四〉〈蠱・上九〉〈賁・六五〉〈大過・象曰〉。《厚齋易學》：〈蠱・上九〉〈賁・六五〉〈升・九二〉。《童溪易傳》：〈姤・卦辭〉〈明夷・六二〉。《周易總義》：〈革・序〉。《西谿易說》：〈蠱・上九〉〈睽・九二〉〈升・九二〉。《易翼傳》：〈需・卦辭〉〈比・初六〉。《周易輯聞》：〈師・象曰〉〈明夷・六二〉〈旅・象曰〉。《用易詳解》：〈師・象曰〉〈大畜・九二〉〈明夷・初九〉。《淙山讀周易》：〈明夷・初六〉。《周易傳義附錄》：〈蠱・上九〉。《易象義》：〈師・九二〉。《周易本義爻徵》：〈歸妹・九四〉

解說：

一、「歸妹愆期，遲歸有時」的姜太公：愆，過失。「歸妹愆期」，指女子已過適婚年齡，卻遲遲未嫁；然非不嫁，只是晚嫁、遲嫁。然晚嫁實有所待，待何？待良緣。假以時日，機緣成熟，良緣自現，如姜太公八十才遇文王而建功立業一般。因此卜到這一爻，是提醒占卜者要有耐心。耐心等待才能勘破玄機，所以爻辭提醒「遲歸有時」，暗示命中發達屬晚期。對一般人來說，八十或已行將就木；然人各有命，因此等待並非無所事事，只是謹慎選擇，否則所從非人，問題更大。即感覺若不適宜，不如暫緩行之，或進德修業、韜光養晦，以蓄積能量，不妨學習〈乾〉卦初九爻「潛龍勿用」之精神，沈潛便是。因此「愆期」是延期，並非過期，爲另擇佳期。清吳日慎《周易本義爻徵》即說：「愆期以待，欲得佳配，孟光是也。如太公八十而遇文王，孔明三顧而許昭烈，亦其義也。」

二、「明夷于飛」的姜太公：太公避紂難，隱於海濱，可以說「明夷于飛」（〈明夷·初九〉《誠》《用》）。明夷是光明被傷，表示亂世。亂世之時不可爲，宜遯隱以避禍，飛指速度之快。之後追隨有德之文王，符合〈隨·上六〉的情況。

三、「用拯馬壯」的姜太公：文王危難之際，太公等人猶如壯馬，及時拯之，有「用拯馬壯」之功，所以楊萬里說：「馬壯之拯也」（〈明夷·六二〉《誠》）。

四、文王賓之而不敢臣之，甚爲禮遇，即〈觀·六四〉「觀國之光」之意。

五、「利見大人」的姜太公：太公與文王君臣合德，如〈乾〉卦的九五爻與九二爻，二者交相爲利，對雙方來說，皆是「利見大人」（《口》）。

六、姜太公輔佐文王以道升進，由西伯進展到三分天下有其二的局面，並進一步創建周朝，擁有八百年之國祚，符合〈升〉卦之意。

　　七、太公「遇」文王而定天下，即〈姤〉遇之意。（〈姤〉，《溫》）

◎「恐懼修省」〈震·象曰〉〈震·六二〉的周宣王《讀》

《周易口義》：〈蒙·上九〉。《伊川易傳》：〈屯·九五〉。《紫巖易傳》：〈蠱·象曰〉〈坎·象曰〉〈睽·卦辭〉〈解·卦辭〉。《易小傳》：〈蠱·初六〉。《漢上易傳》：〈屯·九五〉〈師·卦辭〉〈渙·六四〉。《易變體義》：〈否·上九〉。《周易經傳集解》：〈蠱·序〉〈旅·卦辭〉。《郭氏傳家易說》：〈坤·初六〉〈師·卦辭〉〈師·九二〉〈屯·九五〉〈蠱·象曰〉〈蠱·九三〉。《周易義海撮要》：〈屯·九五〉〈蠱·初六〉〈蹇·象曰〉〈渙·六四〉。《大易粹言》：〈坤·初六〉〈屯·九五〉〈師·卦辭〉〈師·九二〉〈小畜·象曰〉〈蠱·象曰〉〈蠱·九三〉〈大畜·象曰〉。《厚齋易學》：〈蠱·六五〉〈困·九五〉。《童溪易傳》：〈晉·卦辭〉〈益·六三〉〈震·象曰〉〈渙·六四〉。《周易傳義附錄》：〈屯·九五〉〈復·象曰〉。《易象義》：〈旅·六五〉。《讀易詳說》：〈蠱·初六〉〈剝·卦辭〉〈解·卦辭〉〈震·六二〉。《誠齋易傳》：〈旅·六五〉〈未濟·九四〉〈未濟·六五〉。《周易總義》：〈否·上九〉〈蠱·六五〉〈坎·象曰〉〈旅·六五〉。《易翼傳》：〈否·九五〉〈蹇·象曰〉。《周易輯聞》：〈震·卦辭〉。《用易詳解》：〈師·九二〉〈剝·象曰〉〈坎·象曰〉〈晉·卦辭〉〈姤·九五〉〈震·象曰〉。

解說：

一、「恐懼修省」的周宣王：宋《易》對周宣王「遇災而懼」的中興之功頗爲肯定。（〈蠱·初六〉、〈剝·卦辭〉、〈解·卦辭〉、〈震·六二〉《讀》。《周

易輯聞》說：「宣王遇災而懼，必側身修行，乃可弭太甚之旱。」（〈震·卦辭〉）；《用易詳解》則說：「宣王亦遇災而懼，因其恐懼而自修自省。」（〈震·象曰〉）

二、「傾否」的周宣王：周宣王能結束前朝的弊政，另開新局。（〈否·上九〉《變》《總》）

三、「幹父用譽」的周宣王：「幹父用譽」指振衰起敝，稱讚宣王的中興之業。（意同前）。

◎「恒不死」〈豫·六五〉的周平王《郭》

《周易集解》：〈益·六四〉。《紫巖易傳》：〈繫辭下——二與四同功〉。《易小傳》：〈蠱·初六〉。《郭氏傳家易說》：〈豫·六五〉。《周易玩辭》：〈豫·六二、六五〉。《誠齋易傳》：〈需·九五〉〈蠱·九二〉〈睽·九二〉〈震·六五〉〈小過·卦辭〉〈未濟·六五〉。《大易粹言》：〈豫·六五〉。

解說：

一、「恒不死」的周平王：平王東遷後，天子地位大不如前，無法號令諸侯，已成名存實亡之共主，如〈豫〉卦之六五爻，雖居君位，然無實權，下堂見諸侯，空有其位。如人生病，僅得不死而已，郭雍說：「君德微矣」，「僅能守其位」，「恒不死」而已。（〈豫·六五〉《郭》）

◎「濡其首」〈未濟·上九〉的周幽王《童》

《讀易詳說》：〈蠱·初六〉。《誠齋易傳》：〈蠱·九二〉。《大易粹言》：〈大畜·六五〉。《童溪易傳》：〈歸妹·上六〉〈兌·上六〉〈未濟·上九〉。《淙山讀周易》：〈恆·六五〉。

解說：

一、「濡其首」的周幽王：「幽王之荒廢无度」，沈迷女色不知節制，終致濡首滅頂之凶。（〈未濟·上九〉《童》）

二、「從婦凶」的周幽王：幽王寵幸褒姒，牽就女人而亡國，即「從婦凶」。（〈恆·六五〉《淙》）

三、「引兌」的周幽王：兌為悅，幽王為博佳人一笑，費盡心思，甚至不惜以國家安全為賭注，因此宋《易》以「引兌」譏之。（〈兌·上六〉《童》）

◎不能「閑有家」於「未變」〈家人‧初九〉的魯桓公《輯》

《周易口義》：〈比‧六三〉。《漢上易傳》：〈比‧六三〉。《周易義海撮要》：〈比‧六三〉。《周易輯聞》：〈家人‧初九〉。《用易詳解》：〈家人‧初九〉。《誠齋易傳》：〈家人‧初九〉。《童溪易傳》：〈家人‧初九〉。

解說：

一、不能「閑有家」於「未變」的魯桓公：「閑有家」是對家人的規範。閑指木閂，爲鎖門的橫木，指對家人行爲的約束。而約束失敗的例子如春秋時期的魯桓公即是。桓公對夫人文姜與齊襄之兄妹亂倫行徑，不事先防範，加以制止，事後才來責備，致二人惱羞成怒，而動殺機。桓公最後被齊襄所派的力士彭生所拉殺，而死於非命，並導致齊、魯二國差點反目，幾成國際醜聞，這就是正家不力的嚴重後果。（〈家人‧初九〉《輯》《用》《誠》《童》）

◎「不拯其隨，其心不快」〈艮‧六二〉的宮之奇《徵》

《學易記》：〈小畜‧象曰〉。《周易本義爻徵》：〈艮‧六二〉。

一、「不拯其隨，其心不快」的宮之奇：「不拯其隨，其心不快」，意指不能拯救別人的妄隨之失，所以內心不悅、不快。如宮之奇無法說服「虞」公不要去做損人又不利己的事，更不應輕忽敵「寇」之野心。即沒有必要去幫助晉國滅掉「鄰國」，到最後還自食惡果，連帶被收拾。晉國想要攻打虢國，必須向虞國借道。對此，宮之奇強烈反對，並向虞公分析「唇亡齒寒」的道理。認爲晉國（晉獻公）不可能就此滿足的，虢國被滅，下一個一定就是虞國。然虞公並沒有聽從宮之奇之勸，仍借道於晉，結果就在虢國被滅後，虞國也順道被滅。因爲晉師在返回途中，「襲」擊虞國，一併解決。至於宮之奇，則在意見不被接納，在無法說服虞公勿借道於晉後，舉「族」遷徙，另尋生機。此無非告訴世間人，勿因貪圖一時小利而萬劫不復，更不必無事惹事，去吹縐一池春水，無端引起災禍。清吳曰慎《周易本義爻徵》云：「腓，最易動，而能止之，是人臣之守身者不失乎中正矣！然立於人之朝，諫不行，言不聽，不能拯其所隨之失，則是危而不持，顛而不扶，於心安乎？故其心不快也。如宮之奇懦則不能彊諫，而虞公卒受晉假道之賂，宮之奇以其族行，後晉滅虢，遂滅虞也。」此篇後爲《左傳》名篇，即《宮之奇諫假道》。（〈艮‧六二〉，《徵》）

二、「施未行也」的宮之奇：宮之奇的建議不被虞公採納，所謂「施未行也」。
不過元朝李簡《學易記》則批評宮之奇不夠「強諫」、堅定，才會無法及
時制止虞公的荒謬之舉：「趙氏曰：『宮之奇懦而不能強諫，志不健也。』」
（〈小畜・象曰〉，《學易記》）。

◎「无魚起凶」〈姤・九四〉的魯昭公《栗》

《溫公易說》：〈姤・九四〉。《伊川易傳》：〈屯・九五〉。《易小傳》：〈大壯・
論曰〉。《漢上易傳》：〈屯・九五〉。《周易經傳集解》：〈姤・九四〉〈旅・九三〉
〈小過・九三〉。《郭氏傳家易說》：〈屯・九五〉。《周易義海撮要》：〈屯・九
五〉。《周易玩辭》：〈屯・九五〉〈小過・九三 九四〉。《誠齋易傳》：〈否・九
四〉〈大過・九五〉〈旅・九三〉〈小過・卦辭〉。《大易粹言》：〈屯・九五〉。《童
溪易傳》：〈姤・九四〉。《周易總義》：〈旅・九三〉〈小過・九四〉。《周易輯聞》：
〈豫・六五〉。《用易詳解》：〈坤・上六〉〈旅・九三〉。《周易傳義附錄》：〈屯・
九五〉。

（以〈姤・九四〉、〈屯・九五〉〈旅・九三〉為主）

說明：

一、「无魚起凶」的魯昭公：魚指民。「无魚」，指无百姓的支持。魯昭公在公
室長期失去權力的情況下，仍擅自出兵，攻打季氏，欲奪回政權，結果
失敗，流亡他國，並客死異鄉，雖說其情可憫，其行卻不妥，所以林栗
以「起凶」來驗證，他說：「初既與二遇矣，四又隔于九三，遠不相及，
是臨淵而羨魚者也，故曰「起凶」。包而无魚，則亦已矣，何咎之有；起
而爭之，斯為凶矣。……魯昭公將去季氏，宋樂祁曰：「无民而能逞其志
者，未之有也。靜以待民，猶可，動必憂。」昭公卒不克而出死于乾侯，
「起凶」之證也。」即九四遠民，所以包无魚。「起凶」，表示有所行動
則反致凶險，不如貞靜處之為宜。

二、「大貞凶」的魯昭公：（參高貴鄉公條）。

◎「困而不失其所亨」〈困・象曰〉的孔子《用》

《用易詳解》：〈困・象曰〉。（餘刪略）

一、「困而不失其所亨」的孔子：生前雖困，死後卻亨通的，莫如孔子。孔子
的一生雖然困頓流離，然從政的挫敗並沒有讓他意志消沈；另謀出路，

反而在教育界大放異彩。因爲孔子返回魯國後，整理詩書禮樂（整理教材），作《春秋》，教化門弟子。由於「有教無類」（不分階級的教育原則），「因材施教」（適才適性的教育方法），所以三千弟子中，有以「德行」著稱者，有以「言語」著稱者，有以「政事」、「文學」著稱者，成爲推動平民教育的「至聖先師」（因孔子弟子多半出身貧賤，如顏淵、子路、子貢等。而沒有知識平民化，學術向下流動，就不會有之後戰國的「布衣卿相」，平民崛起之局，如蘇秦、張儀的拜相，因此孔子形同在推動歷史的前進）。此外，更是「儒家」思想的開創者。二千年來，陪伴無數知識分子或誠意正心、或修身齊家、或治國平天下，成爲中國學術思想的主流。綜觀孔子的一生，雖然道不遇時，周遊列國始終未受重用，然奮發精神卻終究鼓舞人心（「知其不可而爲之」的執著），道德操守更爲永恆的典範，根本就不受生前困頓所限，所以李杞才會在〈困·象曰〉說：「其身雖困而其道則亨」。無疑勉勵天下失意者應更積極面對人生；又或者人生在世，遇未必遇，不遇又未必不遇。

◎「視履考祥，其旋元吉」〈履·上九〉的曾子《外》

《易外傳》：〈履·上九〉。（見《五峰集》）

一、「視履考祥，其旋元吉」的曾子：履，履歷。〈履〉卦，表示走人生的路。上九，居一卦之終，喻人生的終點。「視履考祥」是生命終結時，回過頭來檢視這一生的所作所爲、所行所事，以總結吉凶，考察是否吉祥。「其旋元吉」表示吉祥，自始至終，且善始善終。人生在世，有好的開始當然很好，但有好的結束更重要，能善始慎終者，如曾子即是。曾子謹遵孔子之教，認爲身體髮膚，受之父母，不敢毀傷，因此戒慎恐懼，戰戰兢兢。臨終之際，還召門弟子開衾視之，以示手腳健全，證明並無損傷，以此還報父母之恩。因爲父母「全而生之」，己當「全而歸之」，所以曾子是孔門弟子中以「孝」著稱者，胡宏即說：「曾子啓手足，可謂「視履考祥」矣！必得正而斃，可謂「其旋元吉」矣！」《論語卷八·泰伯第八》亦云：「曾子有疾，召門弟子曰：『啓予足，啓予手。』詩云：『戰戰兢兢，如臨深淵，如履薄冰。』而今而後，吾知免夫！」而《孝經卷一·開宗明義第一章》便說：「身體髮膚，受之父母，不敢毀傷，孝之始也。立身行道，揚名於後世，以顯父母，孝之終也。」故行孝以不毀爲先，揚名爲後。

◎「舍車而徒，義弗乘也」〈賁‧初九〉的顏斶《讀》

《讀易詳說》：〈賁‧初九〉。

一、「舍車而徒，義弗乘也」的顏斶：賁者，賁飾，人生在世，名利地位皆屬外在裝飾，而非內在本質（善良、正直）。「舍車而徒」，即捨棄乘車的富貴，寧願徒步行走，安步當車。因為有些富貴，雖得之宜然；然有些則根本具有爭議，不合道義，所以爻辭才會說「義弗乘也」，意指在道義上根本不能乘坐、接受。對於這種具有爭議的富貴，應該審慎從之，甚至斷然拒絕。因為與其日後可能遭遇奇禍，不如平淡而遠離禍患更實際，如顏斶即是。顏斶對齊宣王的無禮徵召，不以為然，並在「斶前」與「王前」的爭辯中，堅守士君子之尊嚴，毫不畏懼宣王與左右群臣之指責；雖然宣王之後也改變態度，表示願與斶共富貴；然斶幾經思考，還是決定捨棄出仕，回歸本真，以清靜遠辱。因此，「舍車而徒，義弗乘也」即孔子所云，「不義而富且貴，與我如浮雲。」《論語‧述而》，即將不義之富貴視如浮雲，無所動於心。

◎「艮其身，止諸躬」〈艮‧六四〉的樊姬《誠》

《誠齋易傳》：〈艮‧六四〉。

一、「艮其身，止諸躬」的樊姬：艮為山，為止。樊姬在無法勸說楚莊王不食禽獸之肉後，便以身作則，自止其身，以不食獸肉來表示抗議，從端正自己做起；後莊王改邪歸正，振作國事，樊姬之功不小。

◎「聰不明也」〈噬嗑‧上九‧象曰〉的商鞅《誠》

《讀易詳說》：〈巽‧九五〉。《周易窺餘》：〈旅‧六五〉。《誠齋易傳》：〈噬嗑‧上九〉〈无妄‧九五〉〈咸‧六二〉〈大壯‧上六〉〈萃‧六三〉〈繫辭下——將叛者〉。《童溪易傳》：〈睽‧九二〉。《易翼傳》：〈革‧初九〉。《用易詳解》：〈比‧六三〉〈巽‧九五〉。《周易集說》：〈繫辭下——將叛者〉。

解說：

一、「比之匪人」的商鞅：即所比非人。（〈比‧六三〉《用》）。

二、「聰不明也」的商鞅：商鞅不聽人勸而致禍患。（〈噬嗑‧上九〉《誠》）。

三、「萃如嗟如」的商鞅：商鞅作法自斃，最後連容身之處都沒有，結局悽慘。（〈萃‧六三〉《誠》）。

【秦朝】

◎「反君道」〈復・上六〉的秦始皇《西》

<u>《周易口義》</u>：〈乾・用九〉〈蒙・上九〉〈泰・上六〉。<u>《溫公易說》</u>：〈蠱・初六〉。<u>《伊川易傳》</u>：〈蒙・上九〉〈師・六五〉。<u>《紫巖易傳》</u>：〈復・上六〉〈姤・九五〉。<u>《讀易詳說》</u>：〈觀・象曰〉〈震・象曰〉。<u>《漢上易傳》</u>：〈蠱・六五〉。<u>《周易窺餘》</u>：〈師・六五〉。<u>《郭氏傳家易說》</u>：〈噬嗑・象曰〉。<u>《楊氏易傳》</u>：〈觀・上九〉。<u>《周易玩辭》</u>：〈比・地上有水〉〈蠱・往見吝 裕蠱〉〈恆・初六 上六〉。<u>《誠齋易傳》</u>：〈需・九五〉〈否・象曰〉〈小畜・六四〉〈大有・六五〉〈觀・象曰〉。<u>《大易粹言》</u>：〈蒙・上九〉〈師・六五〉〈噬嗑・象曰〉。<u>《童溪易傳》</u>：〈蒙・上九〉〈師・六五〉〈蠱・初六〉〈蠱・六四〉〈觀・象曰〉。<u>《西谿易說》</u>：〈師・六五〉〈復・上六〉。<u>《易翼傳》</u>：〈无妄・九五〉。<u>《用易詳解》</u>：〈履・九五〉〈蠱・初六〉〈繫辭傳上〉。<u>《周易傳義附錄》</u>：〈蒙・上九〉〈師・六五〉。

解說：

一、「反君道」的秦始皇：宋《易》以〈師〉卦、〈蒙〉卦指責秦始皇窮兵黷武的軍事政策，因為好大喜功，最後拖垮整個帝國，李過在〈復・上六〉說：「反君道也。」（《西》）

二、「夬履」的秦始皇：夬，決也。「夬履」為過剛之意，秦皇、漢武皆有過剛用武之失。（〈履・九五〉《用》）

◎「裕父之蠱」〈蠱・六四〉的秦二世《童》

<u>《周易口義》</u>：〈泰・上六〉。<u>《溫公易說》</u>：〈蠱・初六〉。<u>《讀易詳說》</u>：〈坤・初六〉。<u>《漢上易傳》</u>：〈比・象曰〉。<u>《周易經傳集解》</u>：〈豐・上六〉〈旅・序〉。<u>《周易玩辭》</u>：〈蠱・往見吝 裕蠱〉。<u>《誠齋易傳》</u>：〈小畜・九三〉〈否・象曰〉〈晉・九四〉〈旅・上九〉〈巽・上九〉〈繫辭下〉。<u>《童溪易傳》</u>：〈蠱・六四〉。<u>《大易粹言》</u>：〈大有・象曰〉。<u>《周易輯聞》</u>：〈豫・六五〉。<u>《用易詳解》</u>：〈蠱・初六〉。

解說：

一、「裕父之蠱」的二世：蠱是腐敗，敗壞，不過同時也談治蠱之道，即起死回生的方法。然二世胡亥根本能力不足，其昏庸極愚，葬送秦祚，所以是在「裕父之蠱」（〈蠱・六四〉《童》）。即沒有能力解決父輩的弊端，反更趨惡化。

二、「夫妻反目」的二世：君臣關係如夫妻關係，二世受制於趙高，倒持泰阿，致君臣反目，簡直被趙高玩弄於股掌之中。（〈小畜・九三〉《誠》）

◎「巽在牀下」〈巽・上九〉的李斯《誠》

《溫公易說》：〈蠱・初六〉。《誠齋易傳》：〈否・象曰〉〈頤・六二〉〈大壯・上六〉〈夬・上六〉〈升・象曰〉〈巽・上九〉。《易翼傳》：〈革・初九〉。

解說：

一、「巽在牀下」的李斯：李斯執迷權位，患得患失，才會對趙高言聽計從，根本喪失一個讀書人該有的判斷力，過度巽順到簡直反常了，才會自廢武功，自招滅絕，因此聖人戒「巽在牀下」（〈巽・上九〉《誠》）。此即告訴世間人，失去尊嚴及被人左右之事，應慎思而後行。為人處世，要有最基本的原則及堅持。

二、「拂經」的李斯：經是常，拂經是違背倫常。李斯輕信趙高之言，二人狼狽為奸，篡改詔書，廢太子（扶蘇），立胡亥，致有妄行之禍。這種不行正道的作為，即是「顛頤，拂經。」（〈頤・六二〉《誠》）。

◎「不利君子貞」〈否・卦辭〉的叔孫通《讀》

《伊川易傳》：〈坎・六四〉。《讀易詳說》：〈否・卦辭〉。《周易義海撮要》：〈節・初九〉。《大易粹言》：〈坎・六四〉。《童溪易傳》：〈坎・六四〉。《用易詳解》：〈履・初九〉。《周易傳義附錄》：〈坎・六四〉。
（以〈坎〉卦六四爻為主）

解說：

一、「不利君子貞」的叔孫通：「不利君子貞」，即不利君子「行」正道，因為〈否〉卦是亂世，所以退避為上策，如叔孫通即是。叔孫通在秦末天下大亂之際，面對二世的昏愚，能詭辭以避禍，虛與委蛇，應付二世，設法保命逃出宮中，在亂世中求全。之後率領一群儒生投靠劉邦，佐劉邦定天下，並制定朝儀，建立秩序，著實發揮儒學善世、淑世的功能。（〈否・卦辭〉《讀》）

◎「包无魚」〈姤・九四〉的項羽《玩》

《讀易詳說》：〈乾・用九〉〈小畜・九五〉〈夬・象曰〉〈漸・九三〉。《周易義

海撮要》：〈隨・卦辭〉。《周易玩辭》：〈屯・居貞 行正〉〈屯・六爻總義〉〈姤・九五〉。《誠齋易傳》：〈同人・上九〉〈夬・初九〉〈渙・卦辭〉。《厚齋易學》：〈屯・上六〉。《周易總義》：〈屯・九五〉。《西谿易說》：〈屯・九五〉〈屯・上六〉。《易翼傳》：〈震・六二〉。《用易詳解》：〈屯・初九〉〈屯・六二〉〈屯・九五〉〈屯・上六〉〈姤・九二〉〈繫辭傳・上〉。

解說：

一、「包无魚」的項羽：魚指百姓。與劉邦相比，項羽不得民心而失天下。勇悍且殘暴，阬秦降卒「二十餘萬」，極其不仁；又西屠咸陽，放火燒秦宮室，大火三月不熄。種種舉措，大失人心。由於性格的缺失，終與帝業擦身而過，因此宋《易》以「包无魚」（〈姤・九二〉《玩》《誠》《用》）來形容。

二、「屯其膏」的項羽：膏是美食，喻利益。項羽與群雄逐鹿天下之際，對於有功的將領，卻捨不得分封，這種利益捨不得與別人分享的性格，連韓信都不以為然。有婦人之仁，卻無恢弘的氣度，怎能得天下？宋《易》認為就是「屯其膏」。

三、不知「施祿及下」的項羽：「施祿及下」，謂將利益分給下屬，照顧底下的人。相形之下，項羽不及劉邦，所以一流人才皆流向劉邦，成為成就大位的致命傷。

【漢朝】

◎「包有魚」〈姤・九二〉的漢高祖《玩》

《周易口義》：〈乾・初九〉〈師・上六〉〈既濟・卦辭〉。《東坡易傳》：〈大畜・象曰〉。《伊川易傳》：〈坎・六四〉。《吳園周易解》：〈大壯・九四〉。《紫巖易傳》：〈坎・六四〉。《讀易詳說》：〈乾・用九〉〈師・六三〉〈小畜・象曰〉〈小畜・九五〉〈否・上九〉〈大過・象曰〉〈解・卦辭〉〈損・初九〉〈旅・九四〉。《易變體義》：〈師・上六〉〈解・九四〉。《周易經傳集解》：〈師・六五〉〈師・上六〉〈睽・初九〉〈解・象曰〉〈損・九二〉〈革・九五〉。《郭氏傳家易說》：〈乾・初九〉〈同人・九四〉。《周易義海撮要》：〈乾・初九〉〈乾・九二〉〈師・六五〉〈師・上六〉〈泰・象曰〉〈隨・卦辭〉〈蠱・初六〉〈解・象曰〉。《周易玩辭》：〈屯・居貞 行正〉〈屯・六爻總義〉〈離・上九〉〈姤・九五〉〈豐・勿

憂〉。《誠齋易傳》：〈比・上六〉〈屯・卦辭〉〈師・象曰〉〈師・六四〉〈謙・六五〉〈隨・九五〉〈蠱・六四〉〈賁・六五〉〈解・卦辭〉〈益・六四〉〈姤・初六〉〈姤・九二〉〈鼎・初六〉〈震・卦辭〉〈震・六二〉〈歸妹・六五〉〈豐・象曰〉〈旅・上九〉〈未濟・六五〉。《大易粹言》：〈乾・初九〉〈同人・九四〉〈坎・六四〉〈離・六五〉。《童溪易傳》：〈屯・六三〉〈坎・六四〉〈鼎・九四〉〈師・上六〉。《周易總義》：〈屯・序〉〈屯・初九〉。《西谿易說》：〈屯・六四〉〈屯・九五〉〈比・卦辭〉〈比・初六〉〈比・六二〉〈萃・卦辭〉。《易翼傳》：〈賁・六五〉〈震・六二〉。《用易詳解》。〈屯・初九〉〈屯・六二〉〈屯・六三〉〈屯・九五〉〈師・上六〉〈大畜・六四〉〈姤・九二〉〈困・九二〉〈革・初九〉。《周易傳義附錄》：〈坎・六四〉。《周易集說》：〈師・上六〉。

解說：

一、「包有魚」的高祖：劉邦舉措得民心，如約法三章，所以可以「包有魚」，得天下。魚指民，意指天下，得民即是得天下。（〈姤・九二〉《玩》《誠》《用》）

二、「利出否」的高祖：高祖結束秦末動亂，下開漢朝，如鼎去穢物一般，可以「利出否」而納新食，建立新朝代，（〈鼎・初六〉《誠》），因此為「濟屯之主」（〈屯・初九〉《用》），是屯難之世百姓的希望。

三、不知「童牛之牿」的高祖：高祖誅殺功臣，為人詬病，宋儒認為因劉邦昧於「童牛之牿」（〈大畜・六四〉《用》）的道理，才會發生韓、彭叛變之憾事。

◎「渙其群」〈渙・六四〉的蕭何《西》

《讀易詳說》：〈旅・九四〉。《易變體義》：〈師・上六〉〈解・九四〉。《周易經傳集解》：〈隨・九四〉〈損・九二〉。《周易玩辭》：〈屯・居貞 行正〉〈豐・勿憂〉。《誠齋易傳》：〈蠱・六四〉〈大過・九二〉〈未濟・九二〉。《周易總義》：〈屯・序〉〈屯・六四〉。《西谿易說》：〈屯・象曰〉〈比・初六〉〈渙・六四〉。《用易詳解》：〈繫辭下・上古穴居而野處〉。《周易傳義附錄》：〈坤・文言〉。清・《周易本義爻徵》：〈履・九四〉。

解說：

一、「渙其群」的蕭何：「渙其群」，指渙散之時整合群才，如蕭何即是。宋《易》對蕭何為劉邦留住人才一事極為稱許，認為這是劉邦能定天下的主因之一。（〈渙・六四〉《西》）

二、「履虎尾，愬愬終吉」的蕭何：清吳曰慎在《周易本義爻徵》說：「漢武帝時，朝廷多事，督責大臣自公孫弘後，丞相比坐事死，惟石慶以醇謹得終，合於此爻。○漢高帝殺戮功臣，蕭何以善處得免亦是。」

◎「高尚其事」〈蠱‧上九〉的張良《紫》

《伊川易傳》：〈坎‧六四〉。《紫巖易傳》：〈蠱‧上九〉〈坎‧六四〉〈遯‧上九〉。《讀易詳說》：〈乾‧九五〉〈蠱‧上九〉〈損‧初九〉〈既濟‧六四〉。《易小傳》：〈夬‧論曰〉。《漢上易傳》：〈坎‧六四〉。《易變體義》：〈解‧九四〉〈漸‧上九〉。《周易義海撮要》：〈泰‧象曰〉〈坎‧六四〉。《周易玩辭》：〈屯‧六爻總義〉〈遯‧六爻〉。《誠齋易傳》：〈履‧九二〉〈履‧上九〉〈大有‧上九〉〈蠱‧九三〉〈臨‧初九〉〈賁‧六五〉〈豐‧初九〉〈中孚‧六四〉。《大易粹言》：〈坎‧六四〉〈睽‧九二〉。《童溪易傳》：〈坎‧六四〉〈渙‧上九〉。《周易總義》：〈屯‧序言〉〈屯‧六四〉〈蠱‧上九〉。《西谿易說》：〈比‧六二〉〈屯‧象曰〉〈渙‧上九〉。《易翼傳》：〈震‧六二〉。《用易詳解》：〈屯‧六四〉。《淙山讀周易》：〈蠱‧上九〉〈遯‧上九〉。《周易傳義附錄》：〈坎‧六四〉。

解說：

一、「納約自牖」的張良：宋《易》認為張良計安太子，謀略思考過人，即〈坎‧六四〉的智慧（《伊》）。

二、「高尚其事」的張良：張良佐高祖定天下後，「功成身退」，「功高位重而主不疑」，灑脫自適，不眷戀亦不貪圖名利富貴，是知進退之道者，也是帝王心中最理想的臣子典範，宋《易》稱讚有加，因此在〈履‧上九〉《誠》、〈大有‧上九〉《誠》、〈蠱‧上九〉《紫》《讀》《總》《淙》、〈遯‧上九〉《紫》《淙》（「肥遯」指瀟灑自適）、〈損‧初九〉《讀》（「已事遄往」，宋儒解釋為事情完成便離開）、〈漸‧上九〉《變》、〈渙‧上九〉《童》《西》、〈既濟‧六四〉《讀》都有不少的肯定，以「上爻」居多。

三、「已事遄往」的張良：李光在〈損‧初九〉說：「功成不居而知退避，庶乎合上之心志也。……漢惟張子房一人，既佐沛公以有天下，則願與赤松子遊，封留足矣！是能亟退而酌損之也。」即張良之舉能合上之志，符合帝王對臣子的期待。

◎「地道光」〈坤・六二〉的陳平周勃《用》

《周易口義》:〈離・卦辭〉。《紫巖易傳》:〈遯・上九〉。《讀易詳說》:〈蠱・九二〉〈夬・九三〉。《周易玩辭》:〈訟・象曰〉〈豐・勿憂〉。《誠齋易傳》:〈大壯・九四〉〈困・九四〉〈漸・九三〉〈小過・六二〉。《童溪易傳》:〈需・九二〉〈鼎・九四〉。《周易總義》:〈屯・序〉〈夬・九三〉。《西谿易說》:〈比・初六〉。《易翼傳》:〈遯・九三〉〈夬・九三〉〈夬・上六〉。《周易輯聞》:〈噬嗑・六五〉。《用易詳解》:〈坤・六二〉〈師・象曰〉〈比・六四〉〈巽・初六〉〈未濟・九二〉。

解說:

一、「地道光」的陳平、周勃:李杞說:「漢之周勃、霍光者,號為社稷之臣,誅呂安劉,擁昭立宣,辦大事、立大功于談笑之頃。」(〈坤・六二〉《用》)

二、「曳其輪」的陳平周勃:陳平、周勃於不動聲色中轉移呂氏政權,歸還劉氏,有安邦定國之功,符合〈夬〉卦去小人及〈未濟〉卦九二爻「曳其輪」的精神。即時機未到,不必輕舉妄動,由於沈得住氣,遂得穩定大局。

◎「敦厚之吉」〈艮・上九〉的周勃《周易爻變易縕》

《周易爻變易縕》:〈艮・上九〉。

一、「敦厚之吉」的絳侯周勃:〈艮〉卦上九說:「敦艮之吉,以厚終也。」即敦厚之意。若論何人足以當之?漢之周勃。周勃對漢室的功績為:一、於秦末天下大亂,即楚漢相爭之際,從高祖定天下,成為開國功臣。二、安定劉氏政權,匡國家難。呂后死後,周勃與陳平合力,誅除諸呂,迎立孝文皇帝,為另一項輝煌政績。三、景帝時,晁錯因削地政策而爆發七國之亂,賴周勃之子周亞夫(封條侯)才得平定。因此,從周勃到周亞夫,從高帝到景帝,父子二代遂成劉氏四代政權之最後穩固者。而七國之亂平後,漢政權才告統一,並真正走向「中央集權」,從而為武帝打下紮實根基,使繼任的劉徹可以無後顧之憂,集中國力,全力北進,襲擊匈奴,與匈奴進行最頑強的作戰;並西通中亞,打通西域文明,開啟中國歷史之新紀元。其實周勃對漢室、對劉邦的忠誠,劉邦生前便瞭然於心,因此臨終之際才會說出「安劉氏者必勃也」的話。而此後的歷史發展也誠如劉邦所言,幾度危急,皆賴周氏父子扭轉乾坤,所以元朝陳

應潤以「敦艮」,「敦厚」來形容周勃,是頗爲傳神的。因艮者,山也,以喻周勃不動如山,「重厚」的個性;敦者,純樸,以喻周勃不善言語,沒什麼文采,而木質的一面,所以司馬遷才會說他「鄙樸人也」。然往往即是此種性格之人才能屬以大事,委以重任。《史記卷五十七‧絳侯周勃世家第二十七》即云:「勃爲人木彊敦厚,高帝以爲可屬大事。」《史記卷八‧高祖本紀第八》亦云:「(劉邦病危)已而呂后問:『陛下百歲後,蕭相國即死,令誰代之?』上曰:『曹參可。』問其次,上曰:『王陵可。然陵少戇,陳平可以助之。陳平智有餘,然難以獨任。周勃重厚少文,然安劉氏者必勃也,可令爲太尉。』呂后復問其次,上曰:『此後亦非而所知也。』」至於《史記卷五十七‧絳侯周勃世家第二十七》也提到文帝到「細柳營」勞軍,而留下深刻印象,並在結束後高度稱讚周亞夫之軍事才能,以「眞將軍」來形容、讚嘆他。更在臨終之際告誡太子景帝,若有危急時要重用周亞夫,可見周勃父子忠於朝廷而被漢室倚任之特質:「孝文且崩時,誡太子曰:『即有緩急,周亞夫眞可任將兵。』文帝崩,拜亞夫爲車騎將軍。」所以陳應潤在〈艮‧上九〉「敦艮,吉。象曰:敦艮之吉,以厚終也。」即以「敦厚之吉」來形容周勃:「上九亦變〈坤〉,通卦爲〈謙〉,故有敦艮之吉。謙德君子,敦厚不肯妄動,得止之道,所以能厚終也。漢周勃爲人木強敦厚,以爲可屬大事,上用爲相以立文帝,敦厚之吉也。」

◎「困于酒食」〈困‧九二〉的韓信《用》

《讀易詳說》:〈乾‧九五〉〈師‧初六〉〈師‧六三〉〈小畜‧九五〉〈旅‧九四〉。《周易經傳集解》:〈師‧六五〉。《周易玩辭》:〈屯‧六爻總義〉。《誠齋易傳》:〈大過‧九二〉〈井‧卦辭〉〈革‧九四〉〈漸‧九五〉〈巽‧初六〉。《厚齋易學》:〈井‧卦辭〉。《周易總義》:〈屯‧序〉〈屯‧六三〉。《西谿易說》:〈屯‧象曰〉〈比‧初六〉。《周易輯聞》:〈大有‧六五〉。《用易詳解》:〈屯‧九五〉〈困‧九二〉。

解說:

一、「困于酒食」的韓信:指韓信在發跡之前的窮困際遇,連飯都吃不飽,還要婦人接濟,甚至忍受胯下之辱,足見上天對英雄豪傑的磨練,李杞《用易詳解》在〈困‧九二〉說「韓信寄食于漂母,困亦甚矣。」

◎「弗損益之」〈損・上九〉的漢文帝《讀》

《讀易詳說》:〈損・卦辭〉。《易小傳》:〈巽・九二〉。《周易經傳集解》:〈師・六五〉。《周易義海撮要》:〈蠱・初六〉。《周易玩辭》:〈革・六爻次序〉。《誠齋易傳》:〈需・九二〉〈小畜・象曰〉〈大有・初九〉〈恆・初六〉〈家人・九三〉〈損・卦辭〉〈損・上九〉〈萃・六二〉〈革・九五〉〈艮・初六〉〈歸妹・六五〉〈既濟・九五〉。《童溪易傳》:〈謙・六五〉〈賁・六五〉〈頤・卦辭〉。《易翼傳》:〈既濟・六二〉〈既濟・九五〉。《用易詳解》:〈訟・上九〉。《淙山讀周易》:〈萃・上六〉。《周易傳義附錄》:〈賁・六五〉。

解說:

一、「弗損益之」的漢文帝:「弗損益之」,即無損於民,又深自減損,才能增益天下。文帝尚節儉,「頤」養天下,「損」民之疾,「益」民之利,與〈頤〉卦、〈損〉卦、〈益〉卦、〈賁・六五〉的精神相通。

二、「征不服」的漢文帝:文帝警覺對匈奴的「和親政策」並不能徹底解決問題,必要時仍需改以武力征討,所以策略是亦戰亦和,以戰求和。(〈謙・六五〉《童》)

◎「富家大吉」〈家人・六四〉的文景之治《徵》

《周易本義爻徵》:〈家人・六四〉。

一、「富家大吉」的文景之治:西漢初年,文景四十年的休養生息,國家富庶、經濟繁榮,糧食多到堆在倉庫裡放到發黴「腐敗」,《漢書卷二十四上・食貨志第四上》便記載當時豐盛的情況:「至武帝之初七十年間,國家亡事,非遇水旱,則民人給家足。……京師之錢累百鉅萬,貫朽而不可校。太倉之粟陳陳相因,充溢露積於外,腐敗不可食。」因此史稱「文景之治」。而二代帝王節儉、守法、謙讓,以身作則,更一心為民,幾乎具備了理想帝王可以擁有的諸多優良特質,所以清吳日慎《周易本義爻徵》即以務本生財形容之,「務本以生財,撙節以致用,所以能富其家也。……富家如陶朱、猗頓之流,又如漢文景恭儉重農,當時府庫充滿,人給家足是也。」

◎「晉如摧如」〈晉・初六〉的賈誼《用》

《紫巖易傳》:〈歸妹・象曰〉。《讀易詳說》:〈革・卦辭〉。《易小傳》:〈无妄・九五〉。《周易經傳集解》:〈剝・六四〉〈大畜・雜卦〉〈鼎・九三〉〈豐・卦辭〉。

《誠齋易傳》：〈小畜・象曰〉〈大有・初九〉〈賁・六二〉〈恆・初六〉〈大壯・初九〉〈姤・上九〉〈歸妹・六五〉。《童溪易傳》：〈乾・文言・初九〉〈小畜・卦辭〉〈謙・六五〉〈賁・六五〉。《西谿易說》：〈恆・初六〉。《易翼傳》：〈既濟・六二〉。《用易詳解》：〈大畜・九三〉〈晉・初六〉〈豐・九四〉〈旅・象曰〉。《淙山讀周易》：〈萃・上六〉〈井・九三〉。《周易傳義附錄》：〈小過・卦辭〉。《周易本義爻徵》：〈漸・初六〉。

解說：

一、「晉如摧如」的賈誼：「晉如摧如」，指前進受挫，以官場的不得志來說，賈誼即是。賈誼，洛陽人，自幼好學，通諸子百家之學，二十二歲即拜為「博士」，受到文帝極大的賞識，一年中，即超遷為「太中大夫」。然文帝雖賞識他，卻無法進一步重用他。因文帝初即位，猶不敢更動舊制；此外，又因周勃、灌嬰等老臣的反對，指責他專欲擅權，文帝不得已，只好將他外放為長沙王太傅，後又轉為梁懷王太傅。不料懷王墮馬而亡，賈誼自責失職，為傅無狀，於是在哀傷中死去，年僅三十三。賈誼的一生，雖有短暫的少年得志，平步青雲，而極受文帝青睞，仍終不免抑鬱而終，所以李杞才會以「晉如摧如」來形容。其實賈誼是漢初著名的政論家，《治安策》更是萬言書之祖，內容頗有遠見，何以終未見用？在於他生錯了朝代。賈誼出生在高祖、文帝時期，當時的政治思想是傾向「黃老」道家的清靜無為，施政與民休息，與賈誼儒家型的思維模式並不能相容（從〈過秦論〉「仁義不施，攻守之勢異也。」的仁義觀點即可看出；而儒家思想，晚至武帝才抬頭，因武帝喜用儒術），而漢初儒道又互黜（對立），所以即便文帝頗為欣賞他，亦因時機不對頭而難以重用他；即便思想政策具有前瞻性，亦因時代的腳步跟不上他的超前思維而被埋沒；然歷史終究還他公道，因為之後漢朝的政經發展，走的就是賈誼這條路，因此如果賈誼死後有知，又將作何感想？而一位具有高度政治才華的青年知識分子的隕落，到底是個人的造化，抑或大時代的走向所致，還是其實只是時機未到！因此人生在世，時也、運也、命也！

二、「小子厲有言，无咎」的賈誼：清吳曰慎在《周易本義爻徵》說：「如賈誼始進漢廷，文帝問之，絳灌之徒譖之於帝，謂洛陽少年專事紛更，是小子厲有言也。誼雖以是取困，然於名義何損哉！是无咎也。」（〈漸・初六〉）

◎「濡其尾」〈未濟·卦辭〉的晁錯《誠》

<u>《誠齋易傳》</u>：〈豫·初六〉〈隨·初九〉〈蠱·九三〉〈離·卦辭〉〈革·初九〉〈未濟·卦辭〉。

解說：

一、「濡其尾」的晁錯：「小狐」渡河，尾巴浸溼了，因此恐有渡不了河的憂慮，不像「大狐」輕而易舉，三二下就過了，所以叫〈未濟〉，即還沒成功。表示成就某件事，因能力不足，而有一番折騰，或心有餘而力不足。此時若不是敗事，也極有可能留下遺憾，或讓當事人痛心疾首。總之，表示事情的結局並不是很理想，如景帝時的七國之亂，晁錯因削地政策而自罹殃禍，雖忠於朝廷，然其結局不免令人唏噓；而對於老師的犧牲，更讓景帝深自究責，成為無法挽回的傷痛，因此楊萬里說：「惟其才之能濟，而恨其小且弱，故狐幾濟而衰，力不能以舉其尾，如事之幾成而敗，才不能以畢其功，萇弘、晁錯、房琯是已。」（《誠》）

◎「不節之嗟」〈无妄·九五〉的漢武帝《西》

<u>《周易口義》</u>：〈大畜·象曰〉〈益·六三〉。<u>《溫公易說》</u>：〈蠱·初六〉。<u>《橫渠易說》</u>：〈節·六三〉。<u>《伊川易傳》</u>：〈蒙·上九〉〈師·六五〉。<u>《紫巖易傳》</u>：〈比·九五〉〈復·上六〉〈姤·九五〉。<u>《讀易詳說》</u>：〈觀·象曰〉〈革·象曰〉〈震·象曰〉。<u>《漢上易傳》</u>：〈蠱·六五〉。<u>《周易窺餘》</u>：〈師·六五〉。<u>《郭氏傳家易說》</u>：〈師·初六〉。<u>《周易義海撮要》</u>：〈蒙·上九〉〈歸妹·象曰〉。<u>《楊氏易傳》</u>：〈蠱·象曰〉〈革·象曰〉。<u>《周易玩辭》</u>：〈恆·初六　上六〉〈革·六爻次序〉。<u>《誠齋易傳》</u>：〈需·九五〉〈訟·象曰〉〈小畜·卦辭〉〈履·九四〉〈履·九五〉〈大有·初九〉〈大有·六五〉〈无妄·九五〉〈既濟·九三〉。<u>《大易粹言》</u>：〈蒙·上九〉〈師·初六〉〈師·六五〉〈節·六三〉。<u>《厚齋易學》</u>：〈鼎·前序〉。<u>《童溪易傳》</u>：〈蒙·上九〉〈師·六五〉〈蠱·初六〉〈觀·象曰〉〈无妄·九五〉〈益·六三〉。<u>《西谿易說》</u>：〈師·六五〉〈大有·初九〉〈復·上六〉〈鼎·卦辭〉。<u>《易翼傳》</u>：〈同人·九五〉〈无妄·九五〉。<u>《周易輯聞》</u>：〈豐·上六〉〈節·六三〉。<u>《用易詳解》</u>：〈履·九五〉〈蠱·初六〉〈坎·六四〉〈咸·上六〉〈節·六三〉。<u>《淙山讀周易》</u>：〈謙·六五〉〈无妄·九五〉〈損·卦辭〉〈未濟·上九〉。<u>《周易傳義附錄》</u>：〈蒙·上九〉〈師·六五〉。清<u>《周易本義爻徵》</u>：〈履·九五〉。

解說：

一、「无疾而藥」、「勿藥有喜」的漢武帝：「勿藥有喜」意謂著不吃藥其實更好，因爲有些病，其實不藥自癒，吃藥反而有害，所以不能隨便服用藥物。如同漢武（劉徹）征伐匈奴，雖有正當理由，然窮兵黷武，沒有節制，對國家反而不利，所以〈无妄・九五〉才會説「无妄之藥，不可試也。」意即這種藥不可試，試了恐怕有難以想像的後果。（《童》）

二、「夬履之屬」的漢武帝：「夬履之屬」，指過度剛決，致不良後果，而有危屬。清吳日愼《周易本義爻徵》説：「如漢武帝雄才大略，剛果有爲，然興土木，求神仙，建封禪，縱遊觀，征四夷，致海內虛耗，百姓疲弊，此夬履之屬也。」（參秦始皇條）。

三、「不節之嗟」的漢武帝：嗟是感傷。武帝用兵沒有節制而造成遺憾、感傷、哀痛。戾太子事件（喪子之痛）與李廣利兵敗投降匈奴的打擊，使武帝晚年「輪台」悔過，下詔罪己，以認錯的心重新調整治國方略。由於顧託得人，委任霍光，終於成功挽救自己失策所帶來的悲劇。身爲帝王，能眞切反省，此爲「大勇」。（〈節・六三〉《西》《輯》《用》）

◎「田无禽」〈小過・〉的馬邑之謀《微》

《童溪易傳》：〈恆・上六〉。《周易本義爻徵》：〈恆・九四〉。

一、「田无禽」的馬邑之謀：「田无禽」指毫無所獲，如馬邑之謀即是。清吳日愼《周易本義爻徵》説：「凡所處非其地，所乘非其時，所爲非其分，所交非其人，皆久而無功也。如漢武帝用王恢謀，使五將率材官三十餘萬，匿馬邑旁谷中，使轟壹詐誘匈奴入塞，欲襲擊之，匈奴得鴈門尉史告其事，遂引兵還，是田无禽也。」（恆・九四））

◎「匪其彭」〈大有・九四〉的衛青《誠》

《誠齋易傳》：〈大有・九四〉〈頤・六四〉。《周易經傳集解》：〈隨・九四〉。《用易詳解》：〈師・象曰〉。

解說：

一、「匪其彭」的衛青：「匪其彭」，即不讓自己的權力過度膨脹。衛青對權勢能自我節制，楊萬里就説：「衛青之不薦士，張安世之遠權勢，可謂有『匪其彭』之明矣！」（〈大有・九四〉《誠》）

二、「丈人吉」的衛青：衛青率軍攻打匈奴，是丈人之師，「丈人者，師之主
　　也。威譽德業足以服三軍之心。」（〈師・卦辭〉《用》）

◎「見金夫」〈蒙・六三〉的公孫弘《誠》

《紫巖易傳》：〈蠱・六四〉〈解・六三〉。《讀易詳說》：〈節・六四〉。《誠齋易
傳》：〈蒙・六三〉〈小畜・卦辭〉〈小畜・象曰〉〈節・九二〉。《用易詳解》：〈巽・
九三〉。《淙山讀周易》：〈節・九二〉。

解說：

一、「頻巽」的公孫弘：弘見風使舵，迎合上意，其實是標準的小人。（〈巽・
　　九三〉《用》）。

二、「見金夫」的公孫弘：「見金夫」，指女子勢利。如公孫弘為迎合武帝的心
　　意，可隨時背棄與同僚的約定，改去附和武帝的意見。意謂有利可圖，
　　即可改變原則，所以楊萬里才會說：「公孫曲學以阿世，即六三見利而失
　　身，斯女不可取也。」（〈蒙・六三〉《誠》），然雖是如此，武帝還是相當
　　器重他，認為他很誠實，承認自己很虛偽。

◎「益之用凶事」〈益・六三〉的汲黯《口》

《周易口義》：〈大畜・象曰〉〈益・六三〉。《紫巖易傳》：〈益・六三〉。《讀易
詳說》：〈謙・象曰〉〈益・六三〉〈兌・上六〉。《周易經傳集解》：〈益・六三〉。
《周易義海撮要》：〈大有・九四〉〈蠱・九三〉〈益・六三〉。《誠齋易傳》：〈小
過・六二〉〈繫辭傳下〉。《童溪易傳》：〈益・六三〉。《西谿易傳》：〈益・六三〉。
《周易輯聞》：〈益・六三〉。《周易集說》：〈益・六三〉〈繫辭傳下〉。

解說：

一、「益之用凶事」的汲黯：宋《易》對汲黯的評論以〈益〉卦六三爻為主。
　　〈益〉卦論有益百姓之事，六三爻談凶災的應變之道。汲黯曾奉武帝之
　　命前往河內救助百姓失火。然途經水旱饑貧之地，黯遂權變輕重，改以
　　賑濟災民為先。之後也得到武帝的肯定讚許，表示能通權達變，處置得
　　宜。

二、「能止健」的汲黯：健指國君，止健即止君之不善或邪欲，促使其回歸正
　　道。汲黯可讓武帝畏憚而收斂行為。（〈大畜・象曰〉《口》）

◎「幹父之蠱」〈蠱‧初六〉的漢昭帝《溫》
　「童蒙之吉」〈蒙‧六五〉的漢昭帝《外》

經部

《周易口義》:〈乾‧文言‧九三〉。《溫公易說》:〈蠱‧初六〉。《讀易詳說》:〈噬嗑‧卦辭〉。《周易義海撮要》:〈蒙‧上九〉。《周易玩辭》:〈頤‧六五　上九〉〈頤‧涉大川〉。《誠齋易傳》:〈同人‧九五〉〈睽‧上九〉。《童溪易傳》:〈蠱‧初六〉。《易翼傳》:〈同人‧九五〉。《用易詳解》:〈蠱‧初六〉。

集部

《五峰集》:〈蒙‧六五〉。

解說:

一、「幹父之蠱」的漢昭帝（孝昭）:孝昭（弗陵）能繼承武帝遺志，由霍光輔政，施政與民休息，輕徭薄役，讓破敗的漢帝國重新恢復生機，實有續漢之功。與秦二世胡亥的「裕父之蠱」相較，實有天壤之別，因此宋《易》以「有子」、「无子」來總結秦漢異數之由。(〈蠱‧初六〉《溫》《童》《用》)

二、「順以從上」的漢昭帝:孝昭委任、信任霍光，不被小人煽動，從而穩定漢室江山。(〈頤‧六五　上九〉《玩》)

三、「童蒙之吉」的漢昭帝:昭帝八歲繼位，雖為童蒙，但天資不愚，對霍光聽之信之，知為忠臣而親之，因此不為逆黨所惑。其實當初衛太子敗後（衛太子即戾太子，衛子夫所出，巫蠱之禍兵敗自殺），在皇位繼承人選上，武帝會特別屬意於昭帝，原因有三:一是昭帝「壯大多知」，才五六歲就體格壯大聰明，很像武帝，所以武帝特別喜歡他。二是昭帝的出生有異象。其母鉤弋夫人為「奇女」，懷胎十四個月才生下昭帝，而傳說堯帝也是十四個月才出生的，所以武帝「感其生與眾異」，「甚奇愛之，心欲立焉」，甚至將昭帝出生的宮殿命名為「堯母門」。三是武帝其他皇子不是「多過失」，就是早死，所以武帝最後必然要立幼子弗陵以繼承皇位，並遺詔由霍光等大臣輔政。(《漢書卷九十七上‧外戚傳第六十七上‧趙健仔》)(〈蒙‧六五〉《峯》)

◎「由頤」而「利涉大川」〈頤‧上九〉的霍光《玩》
　「龍戰」〈坤‧上六〉的霍光《讀》

《周易口義》:〈乾‧文言‧九三〉。《溫公易說》:〈蠱‧初六〉。《紫巖易傳》:〈豫‧九四〉。《讀易詳說》:〈坤‧上六〉〈蒙‧上九〉〈噬嗑‧卦辭〉。《漢上易傳》:〈小畜‧六四〉。《易變體義》:〈漸‧上九〉。《郭氏傳家易說》:〈同人‧九四〉。《周易義海撮要》:〈蒙‧上九〉。《周易玩辭》:〈頤‧六五　上九〉〈頤‧涉大川〉〈小過‧六五　上六〉。《誠齋易傳》:〈大有‧六五〉〈隨‧九四〉〈睽‧上九〉〈解‧九二〉〈困‧六三〉〈既濟‧六二〉。《大易粹言》:〈同人‧九四〉。《易翼傳》:〈同人‧九五〉。《周易輯聞》:〈大有‧九四〉。《用易詳解》:〈坤‧六二〉〈小畜‧上九〉〈大過‧初六〉。

解說:

一、「由頤」而「利涉大川」的霍光:頤是養。養天下雖是六五之責,然六五柔弱,非濟難之君,無力養天下,因此須賴上九之老臣方能養天下,如昭帝對霍光的倚賴即是。「利涉大川」,指昭帝時期的霍光,輔佐幼主,安定政局,是昭帝賴以涉大川的憑藉。此外,廢昌邑、立宣帝,又再一次完成政權的和平移轉,可謂功在社稷,實不負武帝臨終託孤。(〈頤‧六五　上九〉《玩》)。

二、「利禦寇」的霍光:「利禦寇」是利於抵禦寇虐。指霍光誅上官桀等逆黨,扭轉大局,穩定漢室。

三、「龍戰」的霍光:這是宣帝時期的霍光,功高權重而遭疑忌。而光死後,霍氏子孫亦不肖,竟意圖謀反,遂遭夷族之禍。(〈坤‧上六〉《讀》)

◎「飛鳥以凶」〈小過‧初六〉的霍氏諸子《徵》

《周易本義爻徵》:〈小過‧初六〉。

一、「飛鳥以凶」的霍氏諸子:「飛鳥以凶」,指意欲高飛,卻反有跌落谷底的凶險。霍光卒後,霍氏子孫不知節制,見權力被削,竟意圖謀反,遂被宣帝夷族。忠臣身後卻不得善終,無疑告誡世人當謹慎所行,節制所欲,不過度便不會招致禍患,如鳥飛越高,風險也越大。不高飛,便不會有墜落深谷的隕身之禍,因此占到此爻表示要停止或收斂某些行徑,警告再多走一步,恐有凶險,勿等閒視之。言高飛則凶,反之則吉。清吳日愼《周易本義爻徵》說:「過於恃勢上行,驕奢躁妄,如漢霍氏諸

子驕侈縱橫，梁冀專擅威柄，凶恣日積，卒以夷滅是也。」（〈小過・初六〉，《微》）

◎「括囊无咎」〈坤・六四〉 的張安世《用》

<u>《誠齋易傳》</u>：〈大有・九四〉。<u>《用易詳解》</u>：〈坤・六四〉〈履・九四〉〈大過・初六〉。

解說：

一、「括囊无咎」的張安世：張安世對權勢能自我減損低調，符合〈坤・六四〉「括囊」的精神，所以可以「慎不害也」，因謹慎而遠離殃禍。（《用》）

二、「匪其彭」的張安世：（參衛青條）。

三、「愬愬終吉」的張安世：愬愬，憂畏之狀。處宣帝朝，張安世因憂懼謙退而免禍患，與霍光家族的奢侈放縱而遭滅絕簡直形成強烈對比，因此爻辭才會以「吉」斷之。（〈履・九四〉《用》）

◎「孚于剝」〈兌・九五〉 的漢元帝《用》

<u>《漢上易傳》</u>：〈蠱・六四〉。<u>《周易經傳集解》</u>：〈豐・卦辭〉。<u>《誠齋易傳》</u>：〈乾・雜卦〉〈豫・六五〉〈復・六五〉〈咸・九五〉〈恆・初六〉〈鼎・六五〉〈豐・初九〉。<u>《易傳燈》</u>：〈卷二・資斧〉。<u>《用易詳解》</u>：〈蠱・六四〉〈恆・九三〉〈兌・九五〉。

解說：

一、「孚于剝」的漢元帝：孚是信任，剝指小人，「孚于剝」指信任小人。漢元帝（劉奭）信任弘恭、石顯等小人，遂被小人蒙蔽，猶不自悟，為柔弱之君。（〈兌・九五〉《用》）。楊萬里《誠齋易傳》在〈豫・六五〉、〈復・六五〉、〈咸・九五〉、〈豐・初九〉即有嚴厲的批評。

◎「不能正室」〈小畜・九三・象曰〉 的漢成帝《誠》

<u>《讀易詳說》</u>：〈歸妹，象曰〉。<u>《易小傳》</u>：〈旅・上九〉。<u>《周易經傳集解》</u>：〈豐・卦辭〉。<u>《誠齋易傳》</u>：〈小畜・九三〉〈豫・上六〉〈兌・初九〉。<u>《用易詳解》</u>：〈蠱・六四〉。

解說：

一、「不能正室」的漢成帝：漢成帝寵幸趙飛燕而危害皇室一事，《誠》在〈小

畜・九三〉論及，指責成帝有「不能正室」之失。身爲帝王，卻連一個
女人都管不住，能管什麼天下事？

◎「執其隨，往吝」〈咸・九三〉的揚雄《徵》

◎「係遯之厲」〈遯・九三〉的揚雄《童》
《童溪易傳》：〈遯・九三〉〈艮・六二〉。《誠齋易傳》：〈恆・九四〉。《周易本
義爻徵》：〈咸・九三〉。

解說：

一、「執其隨，往吝」的揚雄：〈咸〉卦談感動，人因感而動，亦因欲念而動。
「執其隨，往吝」，是提醒若執意往這條路走下去，恐會跟錯人，而有悔
吝之事，如揚雄即是，因追隨、媚事王莽而名利俱損。揚雄在易代之際
變節仕莽，然在新室官位又沒有太大升遷；後又因王莽誅殺獻符命者，
因害怕被牽連收捕，而險些跳樓喪命，因此被世人議論紛紛，與自述清
靜無爲的心志似有出入。（〈咸・九三〉《徵》）

二、「田无禽」的揚雄：因爲不管是舊政權的三世沒有升官，還是新政權（王
莽篡漢）得不到封侯，揚雄官位始終沒有太大進展，因此楊萬里以「田
无禽」來形容，認爲毫無所獲。（〈恆・九四〉《誠》）

三、「係遯之厲」的揚雄：遯者，逃也。「係遯」指該逃不逃、該避不避，有
所牽係，致有所屬，即因係而危屬，如揚雄即是。揚雄游走在新、舊政
權間，遂被世人以爲眷戀祿位，不知明哲保身，《漢書》就批評他「恬於
勢利」，王宗傳在《童溪易傳》〈遯・九三〉言其「貪位慕祿」。可見人生
在世，當斷不斷，反受其亂。

◎「歸妹愆期，遲歸有時」〈歸妹・九四〉的孟光《徵》
《周易爻變易縕》：〈歸妹・九四〉。《易經蒙引》：〈歸妹・九四〉。《周易本義
爻徵》：〈歸妹・九四〉。

一、「歸妹愆期，遲歸有時」的孟光：「歸妹」指女子出嫁（于歸），「愆期」
指婚期延誤；然延誤並非不嫁，只是良緣未現，時機未到。此無非強調
女子守貞，寧願等待，也不必所從非人，而遇人不淑，如孟光的考量即
是。孟光已年三十猶不嫁，親友介紹皆推辭，家人不解而問其故，光曰：
「欲得賢如梁伯鸞（梁鴻）者」。而梁鴻聞知，馬上下聘。婚後夫妻相敬

如賓，光每具食，必「舉案齊眉」，以示尊重；而梁鴻也喜得志同道合之女子爲妻，可共遁隱山林。可見孟光對婚配一事的執著及審慎，其實是有道理的，所以爻辭才會說「遲歸」。清吳日愼《周易本義爻徵》即云：「愆期以待，欲得佳配，孟光是也。」此即告訴世間人，世間事有時不必操之過急，水到自然渠成。時間到了，事情自然圓滿。因爲勉強來的東西，難以長久，而急就章似的組合若非渾然天成，亦不免隱藏風險。孟光之事見《後漢書卷八十三・逸民列傳第七十三・梁鴻》：「梁鴻字伯鸞，扶風平陵人。……受業太學，家貧而尚節介，博覽無不通。……執家慕其高節，多欲女之，鴻並絕不娶。……同縣孟氏有女，狀肥醜而黑，力舉石臼，擇對不嫁，至年三十。父母問其故，女曰：『欲得賢如梁伯鸞者。鴻聞而娉之。……遂至吳，依大家皋伯通，居廡下，爲人賃春。每歸，妻爲具食，不敢於鴻前仰視，舉案齊眉。』」（參姜太公條）

◎「休否」〈否・九五〉的光武帝《誠》
　善處「既濟」〈既濟・九三〉的光武帝《誠》

<u>《周易口義》</u>：〈乾・初九〉〈師・上六〉。<u>《吳園周易解》</u>：〈渙・六四〉。<u>《讀易詳說》</u>：〈乾・九五〉〈乾・用九〉〈否・卦辭〉〈否・上九〉〈恆・初六〉〈渙・九五〉。<u>《漢上易傳》</u>：〈師・上六〉〈大壯・六五〉。<u>《周易窺餘》</u>：〈師・九二〉〈既濟・象曰〉。<u>《周易經傳集解》</u>：〈師・六五〉〈師・上六〉〈剝・上九〉。<u>《周易義海撮要》</u>：〈師・卦辭〉〈師・上六〉〈同人・卦辭〉。<u>《楊氏易傳》</u>：〈損・初九〉。<u>《誠齋易傳》</u>：〈比・上六〉〈否・九五〉〈豫・六五〉〈賁・初九〉〈解・初六〉〈益・六四〉〈萃・六二〉〈震・卦辭〉〈震・六二〉〈旅・上九〉〈既濟・九三〉〈未濟・六五〉。<u>《淙山讀周易》</u>：〈頤・六二〉。<u>《童溪易傳》</u>：〈坤・文言〉。<u>《用易詳解》</u>：〈訟・六三〉〈師・上六〉〈否・九五〉〈大有・六五〉〈比・六四〉〈賁・六四〉〈賁・六五〉〈解・象曰〉。《易翼傳》：〈蠱・上九〉〈賁・六五〉。<u>《周易輯聞》</u>：〈賁・上九〉。<u>《周易傳義附錄》</u>：〈師・上六〉。<u>《周易集說》</u>：〈震・上六〉〈爻傳一・師上六〉。

解說：

一、「休否」的光武帝：否指亂世，「休否」指結束亂世（王莽之亂），開創新局（東漢），光武實當之，李杞說：「光武可謂能『休否』者也。」（〈否・九五〉《誠》《用》）

二、善處「既濟」的光武帝：光武是善處既濟之君，對功臣的安置合理而深
　　得人心，因此沒有高祖誅殺功臣，引人非議之失。此外，亦不輕用武力
　　以征討匈奴，是知守成的皇帝，因此宋《易》評價頗高。(〈既濟‧九三〉，
　　《誠》)

三、「小人勿用」的光武帝：天下既定後，光武不用武人，對戰事亦謹慎小心，
　　是「小人勿用」的良好示範。(〈師‧上六〉)

四、「繫于苞桑」的光武帝：光武深知民間苦於戰亂，因此即位後，除非不得
　　已，否則絕不輕啓戰事，以文德取代軍事。由於念茲在茲、戒慎恐懼(「繫
　　于苞桑」)，因此史家以光武稱之，表示其能光大武德。

◎「不事王侯」〈蠱‧上九〉的嚴光《誠》

《吳園周易解》：〈賁‧九三〉。《周易義海撮要》：〈同人‧卦辭〉。《誠齋易傳》：
〈蠱‧上九〉〈賁‧初九〉。《西谿易說》：〈蠱‧上九〉。《易翼傳》：〈蠱‧上九〉
〈賁‧六五〉。《周易輯聞》：〈賁‧上九〉。《用易詳解》：〈賁‧六五〉。《周易
本義爻徵》：〈漸‧上九〉。

說明：

一、「不事王侯」的嚴光：嚴光拒絕光武帝的請求，始終不爲利祿所動，堅
　　持不出仕，隱居終老。其高風亮節，世人難及。(〈蠱‧上九〉《誠》《西》
　　《翼》)

二、「志可則」的嚴光：嚴光之志可爲後世典範。(〈蠱‧上九〉《西》)

三、「其羽可用爲儀」的嚴光：「其羽可用爲儀」，表示留下德行風範，爲後人
　　景仰緬懷，清吳曰愼說：「如賢達之高致，出塵寰之外，雖其實德不爲人
　　用；然清風高節猶足以廉頑而起懦，周之夷齊、漢之嚴光是也。」(〈漸‧
　　上九〉《徵》)

◎「女之終也」〈歸妹‧雜卦〉的明德馬皇后《粟》

《周易經傳集解》：〈歸妹‧雜卦〉。

說明：

一、「女之終也」的明德馬皇后：林粟以宣帝的馬皇后謙遜、無私之女德來說
　　明「女之終也」。

◎「剝之无咎」〈剝‧六三〉的呂強《伊》

《伊川易傳》:〈剝‧六三〉。《誠齋易傳》:〈臨‧上六〉〈剝‧六三〉。《大易粹言》:〈剝‧六三〉。《童溪易傳》:〈剝‧六三〉。《周易輯聞》:〈剝‧六三〉。《用易詳解》:〈剝‧六三〉。《周易傳義附錄》:〈剝‧六三〉。

解說:

一、「剝之无咎」的呂強:宋《易》對呂強的評論,以〈剝〉卦六三爻爲主。「剝之无咎」,表示能離開上下這些小人,而獨從君子。〈剝〉卦指亂世,而呂強雖爲宦者,在東漢末期政治敗壞,小人當道之際,卻能執守正道,是小人中的君子,因此程頤、楊萬里、王宗傳、李杞……等皆予以極大的肯定。

◎「外比於賢」〈比‧六四‧象曰〉的馬援《用》

《誠齋易傳》:〈師‧卦辭〉〈比‧卦辭〉〈萃‧六二〉〈未濟‧九四〉。《用易詳解》:〈比‧六四〉〈大有‧六五〉。《周易集說》:〈震‧上六〉。

解說:

一、「外比於賢」的馬援:馬援原從隗囂,後改從光武帝,即「外比於賢」。良禽擇木而居,謹慎選擇對任何人而言,都是必要的;否則所從非人,又豈是追悔莫及,恐猶招來禍患。(〈比‧卦辭〉《誠》、〈比‧六四〉《用》)

◎「死如棄如」〈離‧九四〉的梁冀《用》

《讀易詳說》:〈豐‧上六〉。《周易義海撮要》:〈坤‧文言〉。《誠齋易傳》:〈大有‧六五〉。《用易詳解》:〈離‧九四〉。

解說:

一、「死如棄如」的梁冀:(見董卓條)。

◎「括囊无咎,愼不害也」〈坤‧六四〉的申屠蟠《徵》

《童溪易傳》:〈剝‧象曰〉。《周易本義爻徵》:〈坤‧六四〉。

一、「括囊无咎」的申屠蟠:「括囊无咎」,指囊口緊束,即謹慎言行以免咎害。清吳曰愼《周易本義爻徵》云:「靈帝時,申屠蟠見范滂等非訐朝政,公卿折節下之,乃絕跡於梁碭之間,自同傭人。及滂等罹黨錮之禍,惟蟠超然免於評論。」(〈坤‧六四〉)

◎「敬慎不敗」〈需・九三〉的陳寔《外》

《讀易詳說》:〈否・六二〉。《易外傳》:〈需・九三〉。

一、「敬慎不敗」的陳寔（陳太丘）:東漢黨錮之禍時,陳寔幸免於難,源於
　　他對宦官沒有過度疾惡對立,與李膺、范滂等人激進做法不同,胡宏說:
　　「若敬慎如陳寔,雖中常侍張讓父葬,亦往弔焉,敬慎之至也。及黨人
　　被誅,而名士因寔得免者甚眾,使范滂、李膺敬慎如此,豈有誅死之敗
　　乎!」(〈需・九三〉《外》)

◎「死如棄如」〈離・九四〉的董卓《用》

《讀易詳說》:〈蒙・上九〉。《周易經傳集解》:〈大過・九五〉〈大過・上六〉
〈小過・卦辭〉。《周易玩辭》:〈需・上六 六四〉。《誠齋易傳》:〈乾・九三〉
〈坤・文言〉〈需・六四〉〈隨・九四〉〈蠱・九二〉〈剝・六四〉〈解・九二〉
〈解・六三〉〈渙・九二〉。《大易粹言》:〈解・六五〉。《西谿易說》。〈坤・初
六〉〈坤・上六〉。《用易詳解》:〈坤・文言〉〈大有・九三〉〈離・九四〉。《淙
山讀周易》:〈大有・九三〉〈小過・上六〉。《周易傳義附錄》:〈遯・象曰〉〈夬・
九三〉。

解說:

一、「死如棄如」的董卓:董卓為亂臣賊子,「四出虜掠」,暴虐為害天下,而
　　結局亦「死如棄如」。董卓死時（為呂布所殺）,長安城中的百姓載歌載
　　舞,簡直是普天同慶,四海歡騰,「士卒皆稱萬歲」。不僅其族「盡滅」,
　　董卓還被暴屍街道,被人觀賞。時天氣漸炎熱,董卓一向「肥」胖,屍
　　體的脂肪流出地面,守屍官便在董卓的肚臍上點火燃燒,結果通宵光明,
　　燒了幾天幾夜才止;而諸袁門生又聚董卓屍體,將之燒成灰灑在路上,
　　足見百姓對他是恨之入骨,《後漢書卷七十三・董卓列傳第六十二》云:
　　「（卓死）士卒皆稱萬歲,百姓歌舞於道,長安中士女賣其珠玉衣裝市酒
　　肉相慶者,填滿街肆。……乃尸卓於市,天時始熱,卓素充肥,脂流於
　　地。守屍吏然火置卓臍中,光明達曙,如是積日。」所以李杞說:「以其
　　惡為人所共棄,而无所容于天地之間也。梁冀之跋扈,董卓之暴逆,氣
　　焰炎炎,不可制遏,適足以戕其軀而已矣!」(〈離・九四〉《用》)。

二、「不利為寇」的董卓:董卓為寇,最後仍被寇給滅了,可謂自作孽,不可
　　活。(〈蒙・上九〉《讀》)

◎「王臣蹇蹇」〈蹇・六二〉的王允《伊》

<u>《伊川易傳》</u>：〈否・九五〉〈遯・象曰〉〈蹇・九五〉。<u>《紫巖易傳》</u>：〈夬・象曰〉。<u>《讀易詳說》</u>：〈遯・象曰〉。<u>《漢上易傳》</u>：〈否・九五〉。<u>《周易玩辭》</u>：〈需・上六 六四〉〈剝・凶无咎无不利〉。<u>《誠齋易傳》</u>：〈需・六四〉。<u>《大易粹言》</u>：〈否・九五〉〈遯・象曰〉〈蹇・九五〉〈繫辭下〉。<u>《易翼傳》</u>：〈夬・象曰〉。<u>《周易傳義附錄》</u>：〈否・九五〉〈遯・象曰〉〈蹇・九五〉〈夬・九三〉。

解說：

一、「王臣蹇蹇」的王允：國難當頭，雖有心拯難而力不足，才不足以濟難，即是「王臣蹇蹇」。（〈蹇・九二〉《伊》）

二、不知「順以聽」的王允：董卓被殺後，王允因不赦西涼將士（即董卓餘孽），以致再生變亂。意即對小人除非是全部滅絕，否則有沒有必要窮追猛打，值得思考，或許留一條路令其回頭，亦是與人為善。因此宋《易》認為王允不善處置小人，「王允既誅董卓而不宥催汜」（〈需・六四〉《誠》）。

【三國】

◎「不恒其德」〈恒・九三〉的呂布《誠》

<u>《誠齋易傳》</u>：〈恒・九三〉〈萃・六二〉。

一、「不恒其德」的呂布：呂布性格反覆無常，「其德无恒」，即〈恒〉卦九三爻所言，「不恒其德」。（〈恒・九三〉，《誠》）。

二、「无所容」的呂布：呂布不恒其德而致无所容的下場，後被曹操所殺，「呂布之屢叛，人誰納我？宜其无所容身也！」（〈恒・九三〉，《誠》）。

◎「弗過防之」〈小過・九三〉的荀彧《誠》

<u>《讀易詳說》</u>：〈蒙・上九〉。<u>《誠齋易傳》</u>：〈小過・九三〉。

解說：

一、「弗過防之」的荀彧：荀彧識人不明，對曹操過度信任，以致對操的野心渾然不覺，誤以為忠臣而致禍。這說明對小人不應疏於防備，不能「弗過防之」，多一層戒心，就恐噬臍莫及。

◎「男下女」〈咸‧象曰〉的劉備《誠》

<u>《伊川易傳》</u>：〈遯‧九三〉。<u>《讀易詳說》</u>：〈小畜‧象曰〉〈旅‧九四〉。《郭氏傳家易說》：〈同人‧九四〉。<u>《誠齋易傳》</u>：〈需‧卦辭〉〈大有‧六五〉〈臨‧九二〉〈咸‧象曰〉〈睽‧上九〉〈姤‧九三〉〈萃‧六二〉〈震‧卦辭〉〈歸妹‧卦辭〉〈旅‧初六〉。<u>《大易粹言》</u>：〈屯‧六四〉〈遯‧九三〉。<u>《童溪易傳》</u>：〈小畜‧九五〉。<u>《用易詳解》</u>：〈繫辭上‧同人〉。<u>《周易傳義附錄》</u>：〈遯‧九三〉。

解說：

一、「男下女」的劉備：男指君，女指臣，男下女指君求臣，楊萬里說：「天氣先降，而後地氣升，男先下女而後女德隨，君先下臣而後臣志應，先主見孔明，得『男下女』之感矣。」（〈咸‧象曰〉《誠》）

◎「取女吉」〈咸‧象曰〉的孔明《誠》

<u>《伊川易傳》</u>：〈比‧六二〉〈隨‧九四〉〈睽‧六五〉〈蹇‧九五〉〈豐‧六二〉。<u>《紫巖易傳》</u>：〈屯‧六二〉。<u>《讀易詳說》</u>：〈小畜‧象曰〉〈鼎‧九二〉〈旅‧九四〉。<u>《漢上易傳》</u>：〈比‧六二〉。《周易經傳集解》：〈賁‧上九〉。<u>《周易義海撮要》</u>：〈比‧六二〉〈睽‧六五〉〈豐‧六二〉。《周易玩辭》：〈雜卦‧屯象〉。<u>《誠齋易傳》</u>：〈比‧六二〉〈履‧初九〉〈大有‧六五〉〈隨‧九四〉〈臨‧九二〉〈咸‧卦辭〉〈咸‧六二〉〈睽‧六五〉〈睽‧上九〉〈姤‧九三〉〈萃‧六二〉〈困‧九二〉〈歸妹‧卦辭〉〈未濟‧九二〉。<u>《大易粹言》</u>：〈比‧六二〉〈屯‧六四〉〈隨‧九四〉〈睽‧六五〉〈蹇‧九五〉〈豐‧六二〉。<u>《童溪易傳》</u>：〈師‧六四〉〈小畜‧九五〉〈隨‧九四〉〈頤‧六三〉〈豐‧六二〉。<u>《西谿易說》</u>：〈屯‧象曰〉。<u>《用易詳解》</u>：〈需‧初九〉〈師‧象曰〉。《淙山讀周易》：〈蹇‧六二〉。<u>《周易傳義附錄》</u>：〈比‧六二〉〈隨‧九四〉〈睽‧六五〉〈蹇‧九五〉〈豐‧六二〉。

解說：

一、「取女吉」的孔明：（見劉備條）。

二、「大蹇朋來」的孔明：孔明以剛明之才，輔佐幼主劉禪，即〈蹇‧九五〉《伊》的情況。程頤在〈蹇‧九五〉「大蹇朋來」則說中常之君得剛明之臣，還是可以濟大難，如劉禪有孔明的輔佐，政治還算穩定。

三、「需于郊」的孔明：〈需〉卦談等待之道，孔明高臥隆中，宜其有待也，因為等待有時是必要的過程。（〈需‧初九〉《用》）。

◎不知「出涕戚嗟」〈離·六五〉的曹丕《玩》

《周易玩辭》:〈離·九四 六五〉。《周易總義》:〈離·六五〉。

解說:

一、不知「出涕戚嗟」的曹丕:「出涕戚嗟」指流涕恐懼。曹丕與曹植爭立太子,然當知道被冊立為太子時,卻露出欣喜之色,還唯恐別人不知,絲毫沒有即將接大位者該有的戒慎恐懼,因此時人以此判斷魏祚之不昌,而且果真如此,實一語成讖。

【魏晉南北朝】

◎「大貞凶」〈屯·九五〉的高貴鄉公《伊》

《伊川易傳》:〈屯·九五〉。《讀易詳說》:〈屯·九五〉〈剝·六五〉。《漢上易傳》:〈屯·九五〉。《郭氏傳家易說》:〈屯·九五〉。《周易義海撮要》:〈屯·九五〉。《周易玩辭》:〈小過·九三 九四〉。《誠齋易傳》:〈乾·上九〉〈否·九四〉〈蹇·九五〉。《周易總義》:〈小過·九四〉。《周易輯聞》:〈乾·文言〉〈豫·六五〉。《用易詳解》:〈坤·上六〉。《周易傳義附錄》:〈屯·九五〉。《大易粹言》:〈屯·九五〉。

解說:

一、「大貞凶」的高貴鄉公:宋《易》對高貴鄉公進退維谷,政治處境堪虞的著墨最多,即〈屯〉卦九五的情況,「小貞吉,大貞凶」。表示小動作尚可,大作為必凶,即宜守成,不宜妄動。(《伊》《讀》《漢》《郭》《海》《粹》《附》)

二、「龍戰之禍」的高貴鄉公:高貴鄉公討伐司馬昭且失敗,即為「龍戰之禍」。(〈坤·上六〉《用》)

◎「伏戎于莽」〈同人·九三〉的桓溫《誠》

《周易玩辭》:〈剝·凶无咎无不利〉。《誠齋易傳》:〈屯·六二〉〈需·上六〉〈同人·九三〉〈蠱·九二〉〈恒·上六〉〈晉·九四〉〈益·初九〉〈未濟·初六〉。《周易輯聞》:〈晉·上九〉。《涵山讀周易》:〈離·九三〉。

解說：

一、「伏戎于莽」的桓溫：簡文帝去逝後，桓溫意圖篡位，然礙於忠臣（謝安、
王坦之）之故，因此始終無所得。此即如〈同人‧九三〉「伏戎于莽」、「三
歲不興」的情況。戎是兵器，莽是樹林草叢，意即躲在樹叢中窺視；然
雖處心積慮，暗設埋伏，到頭來卻仍是一場空，所以說「三歲不興」，即
三年多仍毫無所得，無疑告誡世人，機關算盡也枉然。（《誠》）

◎「飲酒濡首」〈未濟‧上九〉的阮籍《小》

《易小傳》：〈未濟‧上九〉。《用易詳解》：〈未濟‧上九〉。

解說：

一、「飲酒濡首」的阮籍：阮籍身處魏晉亂世，見時局不可為，名士亦少有全
者，遂不與世事，縱酒自樂兼自保；然卻流於傷風敗俗，行為脫軌，所
以爻辭說「濡首」（水淹到頭），表示沒有節制，致有負面影響。（〈未濟‧
上九〉‧《用》）

【唐朝】

◎「繫于苞桑」〈否‧九五〉的唐太宗《童》

《周易口義》：〈夬‧卦辭〉。《伊川易傳》：〈既濟‧六二〉。《紫巖易傳》：〈兌‧
象曰〉。《讀易詳說》：〈乾‧九五〉〈否‧卦辭〉〈蠱‧六五〉〈益‧九五〉〈巽‧
象曰〉〈兌‧九五〉〈既濟‧卦辭〉〈既濟‧九三〉。《漢上易傳》：〈既濟‧六
二〉。《周易窺餘》：〈既濟‧象曰〉。《周易經傳集解》：〈恆‧初六〉〈損‧九
二〉〈夬‧九五〉。《周易義海撮要》：〈比‧九五〉〈既濟‧六二〉。《楊氏易傳》：
〈漸‧卦辭〉。《周易玩辭》：〈小畜‧下三爻〉〈豐‧勿憂〉。《誠齋易傳》：〈師‧
六四〉〈履‧象曰〉〈隨‧九五〉〈无妄‧上九〉〈大畜‧九二〉〈解‧九二〉〈萃‧
六二〉〈艮‧六四〉〈既濟‧九三〉。《大易粹言》：〈離‧六五〉〈既濟‧六二〉
〈繫辭上〉。《童溪易傳》：〈小畜‧卦辭〉〈否‧九五〉〈蠱‧九二〉〈觀‧六
二〉〈无妄‧九五〉〈損‧九二〉〈革‧九四〉〈既濟‧六二〉。《易翼傳》：〈泰‧
卦辭〉。《用易詳解》：〈蠱‧九三〉。《涼山讀周易》：〈乾‧九四〉〈震‧卦辭〉
〈旅‧六二〉。《周易傳義附錄》：〈蠱‧卦辭〉〈既濟‧六二〉。《周易集說》：
〈象傳一〉。

解說：

一、「柔皆順乎剛」的太宗朝：「柔」是小人，「剛」是君子。唐太宗提拔君子，抑制小人，使小人皆順從君子，不致爲害朝政，因此人才濟濟，上下有序，從而締造「貞觀之治」，更是太宗引以自豪之處。（〈巽・象曰〉《讀》）

二、「繫于苞桑」的唐太宗：「繫于苞桑」指有憂患意識。即太宗在功業成就後，仍有「其亡其亡」之戒，不敢因此而懈怠。（〈否・九五〉《童》）

三、「无疾而藥」的唐太宗：太宗無端興兵高麗，宋《易》認爲這種「无妄之藥，不可試」，即指責太宗有過度之舉。（〈无妄・九五〉《童》）

◎「包荒用馮河」〈泰・九二〉的房、杜《童》

<u>《讀易詳說》</u>：〈乾・九五〉〈巽・象曰〉〈兌・九五〉。<u>《誠齋易傳》</u>：〈豐・九三〉〈渙・初六〉〈未濟・九二〉。<u>《童溪易傳》</u>：〈泰・九二〉〈否・九五〉。<u>《西谿易說》</u>：〈渙・六四〉。

一、「包荒用馮河」的房杜：房玄齡、杜如晦爲太宗收納人才，成爲用事之臣；此外，更能視人之善如己之善，取人亦不求備，「隨能收敍」，務使貴賤皆適其所，所以《新唐書》以「持眾美效之君」稱讚此二人，謂此二人能成人之美，有容人之量，因此在當世被稱爲「良相」、「名相」。（〈泰・九二〉《童》）

◎「改命之吉」〈革・九四・象曰〉的魏徵《童》

<u>《讀易詳說》</u>：〈既濟・卦辭〉〈既濟・九三〉。<u>《周易經傳集解》</u>：〈恒・初六〉〈損・九二〉〈豐・卦辭〉。<u>《周易玩辭》</u>：〈小畜・下三爻〉。<u>《誠齋易傳》</u>：〈小畜・卦辭〉〈履・象曰〉〈大畜・象曰〉〈大畜・九二〉〈萃・六二〉〈艮・六四〉〈兌・九四〉。<u>《童溪易傳》</u>：〈乾・文言・九三〉〈小畜・卦辭〉〈否・九五〉〈蠱・九二〉〈頤・六三〉〈革・九四〉。<u>《讀易舉要》</u>：〈卷四〉。

解說：

一、「改命之吉」的魏徵：王宗傳《童溪易傳》在〈革・九四〉稱讚魏徵因爲「有孚」，誠意上達，所以可以「改命之吉」，屢次改變唐太宗的意志，甚至決策詔令。

二、「能止健」的魏徵：〈大畜〉卦〈象曰〉說：「能止健」，即臣子能制止其君，諫止剛強者，如魏徵能諍諫唐太宗，以止其過，而太宗亦虛心接納，因此君臣合德，共創治世。

◎「從婦凶」〈恆・六五・象曰〉的唐高宗《讀》

《讀易詳說》：〈坤・初六〉〈小畜・九三〉〈恆・六五〉〈家人・象曰〉〈歸妹・象曰〉。《誠齋易傳》：〈小畜・九三〉〈家人・初九〉〈繫辭上——不出戶庭〉。《周易傳義附錄》：〈小畜・上九〉。《周易集說》：〈繫辭上——不出戶庭〉。

解說：

一、「從婦凶」的唐高宗：夫子制義，不宜從婦。高宗寵幸武氏，幾斷李氏政權，「夫而從婦，則牝雞司晨，家道亂矣！唐之高宗是已！」（〈恆・六五〉〈歸妹・象曰〉《讀》）

二、「不能正室」的唐高宗：李光說：「（九三）雖剛陽而反爲陰柔之所制。」（〈小畜・九三〉《讀》《誠》）

三、不能「閑有家」的唐高宗：高宗正家不力，爲婦人所制。（〈家人・初九〉《誠》）

四、「幾事不密」的唐高宗：高宗欲廢后，謀及上官儀，然幾事不密，被武后知情忌恨，遂致上官儀遭滅身之禍，此乃「君不密則失臣」的戒示。（〈繫辭上〉《誠》）。

◎「柔乘剛」〈歸妹・象曰〉的武則天《讀》

《伊川易傳》：〈坤・六五〉。《讀易詳說》：〈坤・初六〉〈蠱・九二〉〈家人・象曰〉〈歸妹・象曰〉。《周易義海撮要》：〈坤・六五〉。《誠齋易傳》：〈小畜・卦辭〉〈小畜・九三〉〈睽・九四〉〈繫辭上——不出戶庭〉。《大易粹言》：〈坤，六五〉。《童溪易傳》：〈坤・六五〉。《西谿易說》：〈姤・卦辭〉〈姤・上九〉。《周易輯聞》：〈豫・初六〉。《用易詳解》：〈坤・文言〉〈否・九四〉〈坎・六四〉。《淙山讀周易》：〈坤・六五〉。《周易傳義附錄》：〈坤・文言〉〈坤・六五〉〈小畜・上九〉。《周易集說》：〈繫辭上——不出戶庭〉。

解說：

一、「柔乘剛」（「陰乘陽」）的武則天：李光說：「然則陰之乘陽，柔之乘剛，豈非逆德也哉！……唐高宗制于武氏，……何所利哉！」（〈歸妹・象曰〉《讀》）。宋《易》批評武則天有僭越之失，以「婦居尊位」（〈坤・六五〉《淙》）。

二、「陰始凝也」的武則天：言禍起於微始。高宗對於武后，始不制之，後則不能制，如〈坤・初六〉之「履霜堅冰至」、「陰始凝也」的情況。

◎「幹母之蠱」〈蠱‧九二〉的狄仁傑《讀》

《紫巖易傳》:〈否‧六二〉。《讀易詳說》:〈蠱‧九二〉。《誠齋易傳》:〈蠱‧
九三〉〈臨‧六四〉〈睽‧九四〉〈夬‧九二〉〈困‧九四〉。《周易總義》:〈夬‧
九三〉。《用易詳解》:〈需‧六四〉〈泰‧初九〉〈否‧九四〉〈坎‧六四〉。

解說:

一、「幹母之蠱」的狄仁傑:狄仁傑以「中道」解決初唐的政治危機,事奉女
　　主,剛柔得宜,符合〈蠱‧九二〉強調的精神。

二、「納約自牖」的狄仁傑:狄仁傑每以母子親情勸說,才終於感動武則天召
　　還太子,從明處入手,符合「納約自牖」的道理。(〈坎‧六四〉《用》)

三、「遇元夫」的狄仁傑:「元夫,善士也。」指同道相助。狄仁傑薦引五王,
　　辛成安李存唐之功。在國家睽離之時,仍心念唐室,終成興復之功。(〈睽‧
　　九四〉《誠》)

◎「剛長不終」〈夬‧象曰〉的五王《讀》

《讀易詳說》:〈夬‧象曰〉。《周易玩辭》:〈需‧上六　六四〉。《誠齋易傳》:〈履‧
九四〉〈臨‧六三〉。《童溪易傳》:〈夬‧卦辭〉。《周易輯聞》:〈需‧上六〉〈臨‧
象曰〉〈夬‧象曰〉。《用易詳解》:〈需‧六四〉〈泰‧初九〉。《周易本義爻徵》:
〈小過‧九三〉。

解說:

一、「剛長不終」的五王:宋《易》對五王政變,復興唐室之功語多肯定。
　　但對於放了武三思這個禍害,導致日後宮廷的再度政變,則有諸多惋
　　惜及懲戒,即五王不懂〈夬〉卦「剛長乃終」的道理。由於剛長不終,
　　除惡不盡,才會留下關鍵禍害,致再生變亂,足為後世之戒。(〈夬‧
　　象曰〉《讀》)

二、「弗過防之」的五王:「弗過防之」,表示對小人(武三思)防備不夠,才
　　會反遭吞噬。清吳曰慎《周易本義爻徵》說:「邪正不兩立,君子防之不
　　至,必為所戕。唐五王惟失此義,故中武三思之害。」(〈小過‧九三〉《徵》)

◎「柔乘剛」〈歸妹‧象曰〉的韋后《讀》

《讀易詳說》:〈歸妹‧象曰〉。《童溪易傳》:〈夬‧卦辭〉。

◎「初吉終亂」〈既濟‧卦辭〉的唐玄宗《讀》

《周易口義》：〈乾‧用九〉。《紫巖易傳》：〈否‧象曰〉。《讀易詳說》：〈泰‧上六〉〈蠱‧初六〉〈損‧卦辭〉〈姤‧卦辭〉〈兌‧六三〉〈既濟‧卦辭〉。《周易經傳集解》：〈否‧九五〉。《周易義海撮要》：〈乾‧上九〉〈履‧象曰〉。《楊氏易傳》：〈隨‧九五〉。《誠齋易傳》：〈乾‧上九〉〈小畜‧九三〉〈否‧六二〉〈豫‧上六〉〈无妄‧上九〉〈姤‧初六〉〈鼎‧六五〉〈漸‧九三〉〈豐‧卦辭〉〈既濟‧上六〉〈未濟‧上九〉。《童溪易傳》：〈損‧九二〉。《周易輯聞》：〈鼎‧初六〉。《用易詳解》：〈泰‧上六〉〈蠱‧六五〉〈兌‧九五〉。《淙山讀周易》：〈震‧卦辭〉〈震‧上六〉〈未濟‧上九〉。《周易傳義附錄》：〈泰‧上六〉〈明夷‧六四〉。《周易本義爻徵》：〈旅‧九三〉〈兌‧九五〉〈既濟‧上六〉。

解說：

一、「初吉終亂」的唐玄宗：宋《易》對玄宗早期的用心國政與晚期的寵信小人，有許多對比批評，咸認為晚節不保，不克善始慎終，留下敗筆。(〈既濟‧卦辭〉《讀》)

二、「孚剝有厲」的唐玄宗：玄宗晚期寵幸奸臣李林甫，李排除異己，養成天下之亂，清吳日慎《周易本義爻徵》即云：「如唐玄宗初年勵精政事，幾致太平。晚年自恃無虞，專以聲色自娛，悉委政於李林甫。林甫媚事左右，迎合上意，以固其寵。杜絕言路，排抑勝己，養成天下之亂，而上不之悟也。孚剝有厲，豈不信哉！」(〈兌‧九五〉)。剝是小人，孚剝是信任小人，「有厲」表示有不吉祥，危厲之事。

三、「焚次喪僕」的馬嵬之難：次，旅舍。僕，奴僕。「焚次喪僕」指失去住所及奴僕，處境狼狽不堪，如安史之亂時玄宗奔蜀即是此狀。清吳日慎《周易本義爻徵》云：「如唐玄宗幸蜀，至馬嵬驛，將士饑疲，皆憤怒殺楊國忠，眾欲散去，此焚次喪僕之屬也。」(〈旅‧九三〉)

四、「濡其首」的唐玄宗：清吳日慎《周易本義爻徵》云：「如唐明皇晚年自恃承平，以為天下無復可憂，遂以聲色自娛，委政於李林甫、楊國忠，以致失國奔蜀是也。」(〈既濟‧上六〉)

◎「勿用取女」〈姤‧卦辭〉的李林甫《讀》

《讀易詳說》：〈姤‧卦辭〉〈兌‧六三〉〈既濟‧卦辭〉。《周易經傳集解》：〈否‧九五〉。《楊氏易傳》：〈隨‧九五〉。《誠齋易傳》：〈泰‧六四〉〈否‧六二〉〈剝‧

六二〉〈剝・六四〉。《用易詳解》：〈兌・九五〉。

解說：

一、「勿用取女」的李林甫：女指小人，李光說：「『勿用取女』者，小人勿用
也。」指李林甫為小人，不當重用之。李是唐朝的奸臣，也是玄宗晚期
國政敗壞的開端。玄宗執政的敗筆，即是肇因於罷黜賢相張九齡，而相
李林甫之際。（〈姤・卦辭〉《讀》）

◎「飛鳥離之凶」〈小過・上六〉的楊國忠《徵》

《讀易詳說》：〈既濟・卦辭〉。《周易經傳集解》：〈否・九五〉。《誠齋易傳》：
〈小畜・象曰〉〈泰・六四〉〈否・六二〉〈剝・六四〉。《童溪易傳》：〈剝・上
九〉。《周易本義爻徵》：〈小過・上六〉

解說：

一、「飛鳥離之凶」的楊國忠：「飛鳥離之凶」，喻富貴權勢達到了極點，便要
開始反向變化，走下坡了。如鳥飛過高，便有失力墜落之凶險，所以〈小
過〉上六才有「過極」之險，喻天災人禍恐難免，所以爻辭說：「弗遇過
之，飛鳥離之凶，是謂災眚。」表示有超過的嫌疑。清吳日慎《周易本
義爻徵》即云：「過之已高而甚遠，是驕亢奢侈，至於悖理之甚者。既過
之極，豈惟人眚，天災亦至，其凶可知，天理人事皆然也。如漢之竇憲、
梁冀；唐之楊國忠、元載皆被誅戮是也。」（小過・上六）《徵》）（參「霍
氏諸子」）。

◎「城復于隍」〈泰・上六〉的安史之亂《泰》

《讀易詳說》：〈蠱・初六〉〈損・卦辭〉。《誠齋易傳》：〈小畜・九三〉〈姤・
初六〉。《用易詳解》：〈泰・上六〉。《周易傳義附錄》：〈夬・九三〉。
《泰軒易傳》：〈泰・上六〉。

一、「城復于隍」的安史之亂：隍，護城河，即環繞在城牆外面的溝。有水叫
池，無水曰隍。安史之亂後，李唐由盛轉衰，如同城牆倒塌，傾覆至城
溝般，成了難以收拾的殘破局面。

◎「鼎顛趾，利出否」〈鼎・初六〉的唐肅宗《輯》

《伊川易傳》：〈蹇・九五〉。《讀易詳說》：〈師・六三〉〈蠱・初六〉〈蠱・六

五〉〈渙・卦辭〉。《周易經傳集解》：〈剝・上九〉。《大易粹言》：〈蹇・九五〉。
《周易輯聞》：〈鼎・初六〉。《涼山讀周易》：〈震・卦辭〉。《周易傳義附錄》：
〈蹇・九五〉。

解說：

一、「鼎顛趾，利出否」的唐肅宗：安史之亂，肅宗在靈武即位，子幹父蠱，
解除玄宗危機，收拾殘局，安定民心，因此有「利出否」之功。其實肅
宗的出生乃是天意。當初太平公主用事時，玄宗猶為太子。太子妃有孕，
玄宗相當憂慮，憂此婦人遭遇不測，將被太平除掉（太平公主忌諱玄宗
多子息），心不自安，於是親自煮墮胎藥，準備拿掉肅宗，沒想到恍惚之
際，夢見神仙將煮藥的鼎打翻，而同樣的夢竟連續作了三次。玄宗疑異，
詢問張說，張說認為這是天意，不必憂慮，玄宗這才決定留下肅宗。等
到太平敗誅，肅宗果然降生，而安史之亂時，就是靠肅宗重新凝聚民心，
對抗安史叛軍，見《舊唐書卷五十二・列傳第二・后妃下・玄宗元獻皇
后楊氏》：「時太平公主用事，尤忌東宮。宮中左右持兩端，而潛附太平
者，必陰伺察，事雖纖芥，皆聞於上，太子心不自安。后時方娠，太子
密謂張說曰：『用事者不欲吾多息胤，恐禍及此婦人，其如之何？』密令
說懷去胎藥而入。太子於曲室躬自煮藥，醺然似寐，夢神人覆鼎。既寤
如夢，如是者三。太子異之，告說。說曰：『天命也，無宜他慮。』既而
太平誅，后果生肅宗。」（〈鼎・初六〉《輯》）

◎「丈人吉」〈師・卦辭〉的郭子儀《用》

《伊川易傳》：〈師・六五〉〈隨・九四〉〈蹇・九五〉〈未濟・九二〉。《讀易詳
說》：〈師・卦辭〉〈師・九二〉〈既濟・六四〉。《漢上易傳》：〈師・六五〉〈未
濟・九二〉。《周易經傳集解》：〈師・六三〉。《周易義海撮要》：〈未濟・九二〉。
《周易玩辭》：〈泰否・泰九二〉。《誠齋易傳》：〈師・九二〉〈謙・九三〉〈隨・
六二〉〈隨・九四〉〈坎・九五〉〈睽・初九〉〈解・九四〉〈節・六四〉。《大易
粹言》：〈師・六五〉〈隨・九四〉〈蹇・九五〉〈未濟・九二〉。《童溪易傳》：〈隨・
九四〉。《西溪易說》：〈師・六五〉。《用易詳解》：〈師・象曰〉〈師・六五〉。《周
易傳義附錄》：〈乾・文言〉〈師・六五〉〈隨・九四〉〈蹇・九五〉〈未濟・九
二〉。《讀易舉要》：〈卷一・象占所稱〉。

解說：

一、「大蹇朋來」的郭子儀：郭子儀爲剛明之臣，濟君之蹇難，佐玄宗平定安
史之亂，爲君王得力的助手，符合〈蹇・九五〉「大蹇，朋來。」(《伊》)
之情況。

二、「有孚在道」的郭子儀：郭子儀功高不震主，功高而主不疑，《伊川易傳》
在〈隨・九四〉，《讀易詳說》在〈師・九二〉、〈既濟・六四〉皆稱許之，
認爲頗有張良之風。

三、「丈人吉」的郭子儀：郭子儀的才德足當元帥之職，李杞說：「丈人者，
師之主也。威譽德業足以服三軍之心。」(〈師・卦辭〉《用》)

◎「折足之凶」〈鼎・九四〉的房琯《用》

《周易玩辭》：〈中孚・六爻〉。《誠齋易傳》：〈履・六三〉〈未濟・卦辭〉。《用
易詳解》：〈鼎・九四〉。

一、「折足之凶」的房琯：安史之亂時，房琯向肅宗自請出兵討賊；然因錯估
情勢，又用人不當，才會導致唐軍敗績，傷亡慘重，有「鼎折足」的過
失。(〈鼎・九四〉《用》)

二、「濡其尾」的房琯：房琯因能力不足而敗事，〈未濟・卦辭〉說：「小狐汔
濟，濡其尾，无攸利。」(《誠》)(參晁錯條)。

三、「眇能視、跛能履」的房琯：「眇能視」，指瞎了一隻眼，還自以爲能看得
很清楚。「跛能履」，指跛了一隻腳，還自以爲很能行走。有不自量力之
疑慮。(〈履・六三〉《誠》)

◎「貫魚以宮人寵」而「未光」〈剝・六五〉的唐代宗《誠》

《漢上易傳》：〈夬・卦辭〉。《周易義海撮要》：〈夬・象曰〉。《周易玩辭》：〈小
過・九三 九四〉。《誠齋易傳》：〈小畜・象曰〉〈噬嗑・六五〉〈剝・六五〉〈坎・
九五〉〈大壯・六五〉〈夬・九五〉〈節・六四〉〈小過・六五〉。《童溪易傳》：
〈夬・卦辭〉。《周易輯聞》：〈夬・九五〉。《用易詳解》：〈蠱・六四〉。

一、「貫魚以宮人寵」而「未光」的唐代宗：「貫魚以宮人寵」，是指以小恩小
利安輔小人，這是代宗處置飛揚跋扈的大宦官李輔國等人的手法。然宋
《易》雖肯定其效，卻對「陰竊之」(派刺客暗殺) 的行徑有微詞。因爲
行事不夠光明，有失帝王光彩，因此也以〈夬〉卦九五爻的「未光也」
來批評。(〈剝・六五〉〈夬・九五〉《誠》)。而趙汝楳《周易輯聞》於〈夬・

九五〉也説：「唐誅李輔國，不能肆諸市朝，而嫁之盜竊，遂使鋤姦之功闇而弗彰，是爲似之。」

二、「順而止之」的唐代宗：代宗處理宦官亂政的問題，不直接與小人對決，而是尋求時機，再行解決，所以都被他解決了。（〈剝‧六五〉《誠》）

◎「亢龍有悔」〈乾‧上九〉的唐德宗《淙》

《伊川易傳》：〈蹇‧九五〉。《紫巖易傳》：〈大壯‧六五〉。《讀易詳説》：〈夬‧九五〉〈豐‧九三〉〈兌‧六三〉〈渙‧卦辭〉〈渙‧六四〉〈既濟‧卦辭〉。《易小傳》：〈巽‧九二〉。《周易玩辭》：〈巽‧巽在牀下〉。《誠齋易傳》：〈否‧象曰〉〈復‧上六〉〈離‧卦辭〉〈咸‧九四〉〈晉‧上九〉〈睽‧上九〉〈豐‧六二〉〈小過‧初六〉〈繫辭上‧天尊地卑〉。《大易粹言》：〈蹇‧九五〉〈損‧上九〉。《童溪易傳》：〈晉‧六五〉。《西谿易説》：〈否‧九五〉。《周易輯聞》：〈賁‧上九〉〈節‧六三〉。《用易詳解》：〈蠱‧六四〉〈離‧六五〉〈豐‧上六〉〈兌‧九五〉。《淙山讀周易》：〈乾‧上九〉〈晉‧六五〉。《周易傳義附錄》：〈蹇‧九五〉。《讀易舉要》：〈卦爻之占辭〉。

《泰軒易傳》：〈否‧象曰〉。

解説：

一、「亢龍有悔」的德宗：德宗性情猜忌刻薄，不聽臣子之勸，果爲自己及國家帶來災難，此爲「亢龍有悔」。方寘孫《淙山讀周易》説：「如唐德宗彊明自任，則凶可知矣！」（〈乾‧上九〉）

二、「初吉終亂」的德宗：德宗施政，早期政績不錯，以「兩税法」成爲税制典範，依貧富的等級課税，其精神仍沿用至今；然晚期則一塌糊塗，用人出問題，又沒有自覺，於是江河日下，國政日頹。（〈既濟‧卦辭〉《讀》）

三、「大蹇朋來」的德宗：奉天之圍，情勢危急，幸有李晟之助，得以解緩危機，程頤認爲符合〈蹇‧九五〉「大蹇，朋來」的情況。

四、「喪其資斧」的德宗：德宗在奉天之難後一蹶不振，對藩鎮採取姑息態度。這種振作不起來的情況，爲〈蠱‧六四〉「裕父之蠱」，也是〈巽‧上九〉「喪其資斧」《玩》的情況，即有過度妥協的傾向。

五、「孚于剝」的德宗：「孚于剝」，即信任小人。德宗個性猜忌，寵信奸臣盧杞，刻薄忠臣，致國政敗壞。（〈兌‧九五〉《用》）

◎「渙汗其大號」〈渙‧九五〉的陸贄《讀》

<u>《讀易詳說》</u>：〈豐‧九三〉〈渙‧六四〉〈渙‧九五〉〈既濟‧卦辭〉。《周易義海撮要》：〈渙‧象曰〉。<u>《誠齋易傳》</u>：〈豐‧六二〉。<u>《大易粹言》</u>：〈姤‧初六〉。<u>《厚齋易學》</u>：〈渙‧九五〉。<u>《用易詳解》</u>：〈離‧六五〉〈渙‧九五〉。<u>《周易傳義附錄》</u>：〈渙‧九五〉。

解說：

一、「渙汗其大號」的陸贄：宋《易》對陸贄的比附以〈渙〉卦九五居多。渙者渙散，有渙散就必須談拯渙之道。拯渙須靠有才能的人，如陸贄即是。陸贄在德宗奉天之難時，協助德宗引咎自責，遂感動藩鎮，緩解諸鎮叛變之危機，此為「渙汗其大號」，李光以〈渙‧六四〉「光大」稱之。

◎「震遂泥」〈震‧九四〉的唐憲宗《童》

<u>《周易經傳集解》</u>：〈否‧九五〉〈旅‧六五〉。<u>《誠齋易傳》</u>：〈小畜‧象曰〉。<u>《童溪易傳》</u>：〈震‧九四〉。<u>《西谿易說》</u>：〈否‧九五〉。

解說：

一、「震遂泥」的唐憲宗：震，振作。泥，陷泥。「震遂泥」指前期振作，卻後繼無力，不如以往，如唐憲宗李純便是。憲宗早期重用裴度，堅定信念，用兵藩鎮，在艱難險阻中貫徹意志，收河北三鎮，號稱中興之君，史稱「元和中興」，評價甚高；然後期則下滑，流於荒怠，好神仙，服食金丹，性情躁怒，宦官有死者，人人自危，致不復前期之剛健。對於這樣一位可惜的帝王，《舊唐書》語多惋惜，認為如能假以天年，唐政局或許就此改易，「惜乎服食過當，閹豎竊發，苟天假之年，庶幾于理矣！」（《舊唐書卷十五‧本紀第十五，憲宗下》），因此王宗傳以「震遂泥」形容之，而《新唐書》則說「唐之威令，幾於復振」。（《新唐書卷七‧本紀第七‧憲宗》）。

◎「損其剛」〈損‧九二〉的裴度《誠》

<u>《讀易詳說》</u>：〈師‧卦辭〉。<u>《易變體義》</u>：〈師‧九二〉。<u>《周易玩辭》</u>：〈泰否‧泰九二〉。<u>《誠齋易傳》</u>：〈小畜‧上九〉〈隨‧初九〉〈蠱‧六五〉〈坎‧九五〉〈大壯‧九二〉〈損‧九二〉〈鼎‧九二〉〈巽‧初六〉。<u>《周易輯聞》</u>：〈師‧九二〉。

解說：

一、「損其剛」的裴度：裴度早期為憲宗平淮西，面對姦人刺客，始終不畏，仍堅定信念，佐憲宗解決最棘手的藩鎮問題，河北三鎮，因此頗有建樹，成為中興名臣；然晚期則不太理朝政，不問人間事，與白居易等人優游林泉，因此《舊唐書》對他有微詞，認為「沈浮為自安計」。楊萬里在〈大壯〉卦、〈損〉卦就批評裴度安於浮沈，有損剛之疑慮；然《舊唐書》的批評，《新唐書》不以為然，而是認為這麼做是明哲保身，不完全錯誤。

後　記

　　本論文從開始構思，到如今算是完成，已歷經十四個寒暑。十四年前，經學史的課程，為了報告題目，跟教授意見相左，僵持不下。因為我執意要寫宋明理學，老師則強烈反對，甚至比我還生氣地指定我必須研究宋代史事《易》學。不過這個領域我很陌生，而且《易經》到底在寫什麼？我從來「沒」讀懂過，要如何下手？當時雖跟老師反映我的難處，但老師態度卻莫名地堅定，還嚴厲斥責我的不是，氣急敗壞地數落我一番，指責我不長進。可想可知，當天下午，我就這麼「灰頭土臉」地走出研究室，心想不寫恐怕是不行了，萬一真的被當掉。於是就這麼硬著頭皮寫了一年，斷斷續續想了一些「小」心得，才勉強把報告交上去。雖然那篇報告寫得不怎麼樣，但老先生提供了不少意見。也因為那篇報告，我發現大批原始資料從來沒被整理過，就學術思想史的脈絡來說，其實很可惜，心想有一天或許可以再深入研究，把其中的精華提煉出來。

　　但理想畢竟遙遠。畢業後，為了餬口飯東奔西走，因緣際會，多年後才又回到學校念博士，完成這個題目的研究。並在歷經多次失敗，與無數次的瓶頸後，勉力完成。人生在世，要完成一個理想，甚至只是想法，又豈是容易！艱難險阻，橫在前面的或許就是一條漫長的路，再回首已是百年身。

　　其實宋代史事《易》學是《易經》的一種解釋法，是宋人援史證《易》的大量呈現，反映宋人的觀點及時代格局與特色。目的是以史事「滲透」入易理，闡述《易經》的人事本質與傳世的實際價值。本論文在原始資料中找尋思想運行的軌跡，發掘其思維脈絡，分層解析思想之體系構造及原形。至於是一解、定解，還是舊解、新解，抑或誤解、自解，那必然是如人飲水，冷暖自知。因為仁者見仁，智者見智，而個人才（財）力有限，生命也有限，疏漏必定難免。

「滾滾長江東逝水，浪花淘盡英雄，是非成敗轉頭空，青山依舊在，幾度夕陽紅。白髮漁樵江渚上，慣看秋月春風，一壺濁酒喜相逢，古今多少事，皆付笑談中。」古今人、古今事，笑談中。或許史事《易》學所提到的那些人物早已成為歷史；但歷史不會過去，而是成為滾滾江水，奔騰不盡，在後人的緬懷與評說中，一代說過一代，終成民族記憶，千年風華。

論文寫作中，感謝指導教授周虎林老師，包容學生的選擇及堅持，開明的學風，讓研究者可以如虎添翼般地自由飛翔，真的感謝老師的支持及鼓勵；以及口試委員何澤恆老師、李威熊老師、康義勇老師、黃忠天老師在論文各方面的指正。何老師是學生《易經》的啓蒙導師，也是碩士論文的指導教授，十多年來的指導與關懷，真心感謝。而李老師對論文的評論，讓人思考概念的貫穿，與首腦理論的重要。康老師對論文剖析精準，強調核心論點，深化義理論述。黃老師則是近代史事易學研究的祖師，立下根基，讓後學有跡可尋。而劉又銘老師是大學時期學術思想史的老師，對概念的解析，一直深刻影響學生的治學方法及理論建構；而論文寫作過程中，更提供學生不少資料，彌補思路上的許多缺陷，真的謝謝老師這五年來對本論文的指正。

此外，蔡崇銘老師在左傳方面的獨特見解，可謂一針見血；林文欽老師在道教領域的理論介紹與實務教學，讓人耳目一新，開拓新視野；林慶勳老師在聲韻學的專業解析，令人印象深刻；而林晉士老師在研究室的談笑風生與孺子般的笑容與關切，讓人感覺猶如天使下凡；陳立、吳中杰老師在甲骨文、聲韻學的分析，提供上古史的材料。也感謝黃聰烈老師多年來在五術方面的講授，保存舊有文化。另外，更謝謝晉龍學長、卜五老師的勉勵，以及婉寧學妹與柏欣醫師的幫助關心；更感謝這一路上所有認識，不認識而曾幫助、支持、勉勵過我的人，如有遺漏，請多包涵。

最後，我要將這本論文獻給敬愛的　先父，因為沒有　您的嚴格督導，以我的駑鈍資質，根本難以學有所成；更感謝母親及家人的陪伴，一路勉勵我走過艱辛的歲月。更感謝上天，始終賜給我力量，指引我走到最後。

而讀者若要與我交流研究學術、五術相關問題，請直接與我聯絡，也歡迎各界讀者不吝斧正。

聯絡電話為 0975173946　E-mail 信箱 orchidyyy@yahoo.com.tw。

秀蘭　2011（100）.08